Klepzig/Klepzig

Herzkrankheiten

6. Auflage

W0379542

Herzkrankheiten

Grundbegriffe, Diagnostik, Therapie, Begutachtung, Übersichtstabellen

Harald Klepzig, Helmut Klepzig

6. völlig neubearbeitete Auflage
101 Abbildungen, 8 Farbtafeln, 83 Tabellen

1992
Georg Thieme Verlag Stuttgart · New York

Priv.-Doz. Dr. med. Harald Klepzig · Internist und Kardiologe, Abteilung für Kardiologie
Oberarzt am Zentrum der Inneren Medizin
Klinikum der Johann-Wolfgang-Goethe-Universität
6000 Frankfurt am Main

Prof. Dr. med. Helmut Klepzig · Internist und Röntgenologe
ehemals Chefarzt der Klinik für Herz- und Gefäßkrankheiten
der Krankenversorgung der Bundesbahnbeamten
6240 Königstein/Taunus

1. Auflage 1968
2. Auflage 1969
3. Auflage 1972
1. spanische Auflage 1973
4. Auflage 1982
5. Auflage 1988

Die Deutsche Bibliothek – CIP-Einheitsaufnahme

Klepzig, Harald:
Herzkrankheiten : Grundbegriffe, Diagnostik, Therapie, Begutachtung, Übersichtstabellen ; 83 Tabellen / Harald Klepzig ; Helmut Klepzig. – 6., völlig neubearb. Aufl. – Stuttgart ; New York : Thieme, 1992
Bis 5 Aufl. u.d.T.: Klepzig, Helmut: Herz- und Gefäßkrankheiten
NE: Klepzig, Helmut:

Wichtiger Hinweis:

Wie jede Wissenschaft ist die Medizin ständigen Entwicklungen unterworfen. Forschung und klinische Erfahrung erweitern unsere Erkenntnisse, insbesondere was Behandlung und medikamentöse Therapie anbelangt. Soweit in diesem Werk eine Dosierung oder eine Applikation erwähnt wird, darf der Leser zwar darauf vertrauen, daß Autoren, Herausgeber und Verlag große Sorgfalt darauf verwandt haben, daß diese Angabe dem Wissensstand bei Fertigstellung des Werkes entspricht.

Für Angaben über Dosierungsanweisungen und Applikationsformen kann vom Verlag jedoch keine Gewähr übernommen werden. Jeder Benutzer ist angehalten, durch sorgfältige Prüfung der Beipackzettel der verwendeten Präparate und gegebenenfalls nach Konsultation eines Spezialisten festzustellen, ob die dort gegebene Empfehlung für Dosierungen oder die Beachtung von Kontraindikationen gegenüber der Angabe in diesem Buch abweicht. Eine solche Prüfung ist besonders wichtig bei selten verwendeten Präparaten oder solchen, die neu auf den Markt gebracht worden sind. Jede Dosierung oder Applikation erfolgt auf eigene Gefahr des Benutzers. Autoren und Verlag appellieren an jeden Benutzer, ihm etwa auffallende Ungenauigkeiten dem Verlag mitzuteilen.

Geschützte Warennamen (Warenzeichen) werden *nicht* besonders kenntlich gemacht. Aus dem Fehlen eines solchen Hinweises kann also nicht geschlossen werden, daß es sich um einen freien Warennamen handele.

Das Werk, einschließlich aller seiner Teile, ist urheberrechtlich geschützt. Jede Verwertung außerhalb der engen Grenzen des Urheberrechtsgesetzes ist ohne Zustimmung des Verlages unzulässig und strafbar. Das gilt insbesondere für Vervielfältigungen, Übersetzungen, Mikroverfilmungen und die Einspeicherung und Verarbeitung in elektronischen Systemen.

© 1968, 1992 Georg Thieme Verlag, Rüdigerstraße 14, D-7000 Stuttgart 30
Printed in Germany
Satz und Druck: Druckhaus Götz GmbH, D-7140 Ludwigsburg (Linotype System 5 [202])

ISBN 3-13-436706-8

1 2 3 4 5 6

Vorwort zur 6. Auflage

Der rasanten Entwicklung in der Kardiologie ist es zu verdanken, daß bereits nach kurzer Zeit eine komplette Überarbeitung des Buches erforderlich wurde. Dabei wurde das Grundkonzept der 1. Auflage beibehalten, „auf engem Raum in leicht verständlicher Form das Wissen zu vermitteln, das für die ärztliche Tätigkeit in der Praxis und im Krankenhaus benötigt wird". Um mehr Raum für die Darstellung kardiologischer Erkrankungen zu erhalten, wurde bei dieser Neuauflage zum ersten Mal auf die Darstellung von Gefäßkrankheiten verzichtet. Der gewonnene Platz wurde genutzt, um zu allen wichtigen kardiologischen Erkrankungen die bisherigen Schemazeichnungen durch instruktive Original-Elektrokardiogramme, Röntgenbilder, Echokardiogramme und Herzkatheterbefunde zu ergänzen. Zahlreiche übersichtliche Tabellen wurden neu aufgenommen, so zur Endokarditisprophylaxe, Stadieneinteilung der Lungenembolie, Indikation zur Schrittmacherimplantation und kardiologischen Begutachtung. Spezialbehandlungen wie Herztransplantation, Kardiomyoplastie und implantierbarer Defibrillator werden angesprochen, auf Details hierbei wurde jedoch absichtlich verzichtet.

Wie in den früheren Auflagen wurde bei den Medikamenten der Handelsname des ersten oder des klassischen Präparates angeführt, weitere finden sich in der Roten Liste. Es wird grundsätzlich empfohlen, bei Dosierungsfragen und Überlegungen zu Nebenwirkungen auf die entsprechenden Angaben in der Roten Liste sowie den Beipackzettel zurückzugreifen.

Wie schon bei der letzten Auflage danken wir Frau Dr. med. Eve-Brigitte Klepzig herzlich für Ihre sorgfältige Mitarbeit bei der Gestaltung des Textes und der Abbildungen. Herrn Dr. med. G. D. Kneissl wird für die Echokardiogramme und Herrn Prof. Dr. med. H. Riemann für die Erlaubnis zur Veröffentlichung zahlreicher Röntgenbilder gedankt. Ein besonderer Dank gilt schließlich dem Georg Thieme Verlag, der uns erneut großzügig bei der Gestaltung der Neuauflage des Buches unterstützt hat.

Kelkheim, im Frühjahr 1992

Harald Klepzig
Helmut Klepzig

Aus dem Vorwort zur 1. Auflage

Die beängstigende Zunahme der Herz- und Gefäßkrankheiten in den letzten Jahren rechtfertigt das Erscheinen eines Taschenbuches über dieses Spezialgebiet der Inneren Medizin. Es übernimmt die Aufgabe, hierüber auf engem Raum und in leicht verständlicher Form das Wissen zu vermitteln, das für die ärztliche Tätigkeit in der Praxis und im Krankenhaus benötigt wird. Dabei mußte ich den Mittelweg zwischen einem Handbuch und einem Kompendium finden. Theoretische Erörterungen und aufwendige Untersuchungsmethoden, die den kardiologischen Zentren vorbehalten sind, mußten daher zurücktreten. Einige seltenere Krankheitsbilder habe ich dagegen mit einbezogen, da sie nach meiner Erfahrung in der Praxis bisher kaum diagnostiziert werden. Um Wiederholungen zu vermeiden, wurde mehreren Abschnitten eine einführende Betrachtung vorangestellt. Auf sie sei besonders verwiesen. Bei den therapeutischen Hinweisen führte ich die pharmakologische Bezeichnung auf und anschließend möglichst das Präparat, das zuerst auf dem Markt erschien, dessen Herstellerfirma also hier die entscheidende Forschungsarbeit geleistet hat.

Herrn Dr. med. h.c. HAUFF danke ich für die Anregung zu diesem Buch und Frau DREWS-HORN für ihre Mühe und ihr Verständnis bei der Anfertigung der Zeichnungen. Mein besonderer Dank gilt dem Georg Thieme Verlag für die ausgezeichnete Zusammenarbeit.

Königstein, im März 1968 HELMUT KLEPZIG

Inhaltsverzeichnis

Untersuchungsmethoden des Herzens

Herzinsuffizienz

Untersuchungsmethoden des Herzens

Anamnese

Bei Herzerkrankungen muß die allgemeine Anamnese durch spezielle Angaben ergänzt werden. Dabei sind 3 Fragen besonders wichtig:

1. **Wann treten die Beschwerden auf?**
2. **Verschlimmern sie sich durch körperliche Belastung?**
3. **Wie lange halten sie an?**

Von zentraler Bedeutung ist, ob die Beschwerden **durch körperliche Belastungen** ausgelöst bzw. verschlimmert werden. Wichtig ist weiterhin die **Dauer der Beschwerden:** Typische Angina pectoris klingt nach kurzer Ruhepause (maximal 20 Minuten) ab, funktionelle Beschwerden halten oft Stunden oder Tage nach einem vermeintlichen Ereignis an. Bei typischer Angina pectoris führt eine Behandlung mit Nitraten zur raschen Linderung der Symptomatik, funktionelle und die meisten extrakardial bedingten Brustschmerzen werden kaum oder gar nicht beeinflußt.

Der Patient soll die **Art der Beschwerden** präzise beschreiben: Stehen Luftnot, Herzrhythmusstörungen oder Angina pectoris im Vordergrund? Wird das eine durch das andere ausgelöst? Der Patient soll darüber hinaus möglichst genau die **Lokalisation der Beschwerden** schildern. Macht er Angaben wie „Genau dieser Punkt tut weh", oder lokalisiert er den Schmerz genau im linken M. pectoralis, so spricht dies gegen eine kardiale Erkrankung als Auslöser der beklagten Beschwerden. Der Angina-pectoris-Schmerz stellt sich demgegenüber als starke, schmerzhafte allgemeine Brustenge dar („Wie ein Ring um den Brustkorb"). Dieser Schmerz kann ausstrahlen, z.B. in den linken oder rechten Arm, zwischen die Schulterblätter, in den Oberbauch oder den Unterkiefer (näheres s. Kapitel Koronare Herzkrankheit).

Der Arzt soll auch die **Schwere der Leistungsminderung** quantifizieren:

Wie stark kann sich der Patient körperlich belasten? Kann er noch zu ebener Erde gehen? Wie groß ist seine Wegstrecke in Metern? Wie viele Etagen kann er steigen, ohne stehen zu bleiben? Kann er noch Sport treiben, wenn ja: welchen?

Besteht ein Leistungsknick, wenn ja: seit wann? Was hat ihn nach Meinung des Patienten ausgelöst?

Um mögliche **Ursachen einer kardialen Erkrankung** aufzuklären, muß nach den üblichen *Risikofaktoren* für eine koronare Herzkrankheit gefragt werden (Rauchen, Bluthochdruck, Diabetes mellitus, Fettstoffwechselerkrankungen).

Die **weitere Vorgeschichte** umfaßt Fragen nach häufigen eitrigen Halsentzündungen, rheumatischen Erkrankungen, Nieren- und Schilddrüsenkrankheiten, Venenentzündungen, Operationen, Lungenembolien sowie Lungenerkrankungen. Aufschlußreich können Angaben über Kaffee-, Tee- und Alkoholgenuß sein. Wichtig ist schließlich die Frage nach Herz-Kreislauf-Erkrankungen bei Verwandten ersten Grades.

Uncharakteristische Angaben wie „allgemeine Leistungsminderung", „Schwäche", „Antriebslosigkeit", „Müdigkeit" und „Erschöpfung" sind ebenfalls aufschlußreich, deuten sie doch auf extrakardiale, möglicherweise auch psychische Probleme hin. Bei späteren Befragungen sollten daher, falls es notwendig erscheint, sexuelle und psychische Probleme angesprochen werden.

Schließlich soll der Patient alle **Medikamente** benennen, die er zur Zeit (regelmäßig?) einnimmt bzw. welche – soweit ihm bekannt – schon versucht wurden und mit welchem Erfolg. Jeder Patient muß auch angeben, welche Medikamente er am Tag der Untersuchung eingenommen hat, um die erhobenen Befunde richtig werten zu können. Besondere Bedeutung hierbei kommt folgenden Substanzen zu: Nitraten, Betablockern und Calciumantagonisten (Verbesserung der kardialen Leistungsfähigkeit bei koronarer Herzkrankheit), Diuretika und Abführmitteln (falsch positive ST-Strecken-Senkungen im EKG durch Hypokaliämie), Antidiabetika (hypoglykämieinduzierte Hypokaliämie mit entsprechenden EKG-Veränderungen), Digitalis (falsch positive ST-Strecken-Senkung im Ruhe- und Belastungs-EKG [bei Digitoxin-Präparaten kann die Wirkungsdauer 3 Wochen betragen!]) sowie trizyklischen Antidepressiva (gelegentlich ebenfalls Auslösung falsch positiver ST-Strecken-Veränderungen). Antihypertensiv wirkende Medikamente normalisieren einen erhöhten Blutdruck; umgekehrt kann das plötzliche Auslassen dieser Medikation, z. B. anläßlich der ärztlichen Untersuchung, zum überschießenden Anstieg des Blutdrucks führen, was die Beurteilung fehlleiten kann.

Der Arzt sollte sich schließlich über bereits anderorts durchgeführte Untersuchungen und deren Ergebnisse informieren.

Inspektion

Die Betrachtung des Patienten bildet immer einen wichtigen Teil der gesamten Untersuchung. Krankhafte Verfärbungen der Haut und sichtbaren Schleimhaut, Atemnot und äußerlich erkennbare Merkmale der Konstitution sind sogleich erfaßbar. Einige bei Herzerkrankungen charakteristische Veränderungen sind bekannt. So weist ein Herzbuckel (**Voussure**) auf einen konnatalen oder in der frühen Jugend erworbenen Herzfehler hin. Starke Pulsationen der Schlagadern finden sich bei vergrößertem linksventrikulärem Schlagvolumen (z. B. bei Aorteninsuffizienz). Die Mehrzahl der Symptome jedoch, die man bei der einfachen Betrachtung erfassen kann, sind nicht spezifisch für eine Herzerkrankung. **Atemnot** und eine **Zyanose** können beispielsweise auch durch Erkrankungen der Lunge oder hämatologische Krankheiten verursacht werden; eine **Einflußstauung** kann auf Malignomen oder einer Struma beruhen; peripheren **Ödemen** liegt meistens eine chronisch-venöse Insuffizienz zugrunde (Tab. 1).

Mittels der Inspektion können wir daher keine Diagnose stellen, sie gibt uns aber die Richtung an, in der weiter geforscht werden muß.

Palpation

Die Palpation hat in der Diagnostik von Herzkrankheiten große Bedeutung. In erster Linie geht es dabei um das **Tasten** der **Leber.** Eine leichte Vergrößerung oder Verhärtung der Leber ist sehr oft das erste Zeichen eines Herzversagens (Rechtsinsuffizienz).

Die Breite der Leber beträgt beim Menschen durchschnittlicher Größe in der Medioklavikularlinie etwa 9 cm und wird perkutorisch bestimmt. Zur Prüfung der Leberkonsistenz läßt man den Kranken tief einatmen und die Luft anhalten. Jetzt liegt die Leber weit frei. Ihre Druckempfindlichkeit kann geprüft und ihre Konsistenz mit der der Gegenseite, die nur die Spannung der Bauchwand aufweist, verglichen werden. Bei normaler Konsistenz ist der Leberrand sehr weich, er erscheint dünn und scharf. Eine Stauung läßt den Rand stumpf und fest werden. Bei einer Stauungszirrhose wird sie steinhart. Differentialdiagnostisch kommen natürlich alle anderen Veränderungen der Leber in Betracht.

Der **Leberpuls** wird am besten in tiefer Inspirationsstellung getastet. Bei schwerer Herzinsuffizienz vermißt man ihn aufgrund der begleitenden Trikuspidalinsuffizienz nur selten. Um eine Verwechslung mit den Pulsationen der Aorta abdominalis zu vermeiden, legt man die Hand lateral des M. rectus auf. Die Pulsationen sind besser an den Bewegungen der ruhig liegenden Hand zu sehen als zu tasten.

Der **Herzspitzenstoß** ist meist leichter zu palpieren als zu sehen. Wir lassen dazu den Kranken langsam ein- und ausatmen, damit das Herz sich so verschieben kann, daß der Spitzenstoß zwischen den Rippen hervorkommt.

Sehr laute Herzgeräusche sind als **Schwirren** tastbar, am besten über dem auskultatorischen Punctum maximum. Ihm liegt stets ein organischer Herzfehler zugrunde.

Das Fühlen des **Pulses** kann wichtige Aufschlüsse geben. So lassen sich Herzrhythmusstörungen mit und ohne peripheres Pulsdefizit diagnostizieren (s. S. 265); ein harter, fester Puls spricht für einen arteriellen Hochdruck oder eine Volumenbelastung der linken Herzkammer.

Tabelle 1 Zusammenstellung der wichtigsten differentialdiagnostischen Ursachen der bei der Inspektion auffallenden kardial bedingten Veränderungen

Symptom	kardial bedingt	extrakardial bedingt
Dyspnoe	Linksinsuffizienz oder Globalinsuffizienz des Herzens bis zum Lungenödem	respiratorische Insuffizienz Azidose bei Koma usw. Störung des Atemzentrums hämatologische Krankheiten
Zyanose	Rechts-links-Shunt Herzinsuffizienz	respiratorische Insuffizienz örtliche Zirkulationsstörung Polyzythämie, Polyglobulie arteriovenöses Aneurysma der Lunge
Einflußstauung	Druckerhöhung im rechten Vorhof (z. B. Perikarderguß)	Struma Mediastinaltumor
Ödem	Rechtsinsuffizienz, Globalinsuffizienz des Herzens	Nierenerkrankungen Eiweißmangel Leberzirrhose Hypothyreose örtliche Lymphstauung chronische venöse Insuffizienz Calciumantagonisten Antirheumatika
Verstärkte Pulsationen (A. carotis, Spitzenstoß)	Aorteninsuffizienz Ductus Botalli app. Aortenisthmusstenose arteriovenöses Aneurysma	großes Schlagvolumen durch Aufregung oder nach Belastung Überfunktion der Schilddrüse arterielle Hypertonie
Gelbfärbung der Skleren	Leberstauung	Hämolyse, Leber-Gallen-Erkrankungen
Herzbuckel (Voussure)	angeborener oder früh erworbener Herzfehler	rachitische Thoraxdeformierung
Trommelschlegelfinger	Rechts-links-Shunt, chronisches Cor pulmonale	respiratorische Insuffizienz u. a.

Unterschiedliche Pulsintensitäten zwischen den Extremitäten finden sich bei der Aortenisthmusstenose sowie peripheren Gefäßstenosen. Auf den Pulsus paradoxus und alternans wird auf S. 282 eingegangen.

Zur Palpation gehört auch die Feststellung von peripheren **Ödemen.** Diese treten zuerst an den Unterschenkeln auf, bei überwiegend bettlägerigen Patienten auch an den Rückenpartien.

Perkussion

Die bei der Perkussion beobachteten Schalländerungen geben Hinweise auf die Herzgröße, auf die Größe der Leber und auf Stauungsergüsse im Pleuraraum oder auf einen Spontanpneumothorax. Röntgenuntersuchung und Echokardiographie liefern zwar zuverlässigere und detalliertere Ergebnisse, doch stehen sie nicht immer zur Verfügung, z. B. bei Hausbesuchen.

Auskultation und Phonokardiographie

Das Abhören der Herztöne und -geräusche hat eine ganz überragende Bedeutung in der Herzdiagnostik. Die Phonokardiographie bleibt dabei immer nur eine ergänzende Methode, bei der mittels Frequenzfiltern tiefe, mittlere und hohe Frequenzen auf Papier aufgezeichnet werden. Mit dem Stethoskop soll man die ganze Herzgegend, auch in Seitenlage oder im Stehen und in verschiedener Atemstellung, absuchen. So wird die günstigste Position für die Herztonschreibung gefunden. Hochfrequente Geräusche entgehen aber auch unter solchen Bedingungen leicht der Darstellung, besonders wenn sie leise sind, wie z. B. bei der Aorteninsuffizienz.

Voraussetzung für eine erfolgreiche Auskultation ist ein Stethoskop, das entsprechend den physikalischen Prinzipien der Schalleitung gebaut ist.

Die Schallerscheinungen, die wir mittels des Stethoskops aufnehmen, müssen systematisch analysiert werden (Tab. 2).

Man beurteilt zuerst den Rhythmus und die normalen Herztöne. Anschließend achtet man nur auf die Systole und schließlich allein auf die Diastole, um wirklich jedes zusätzliche Geräusch zu erfassen. Dabei wird die ganze Herzgegend abgesucht. Es genügt also nicht, sich auf die üblichen Auskultationspunkte zu beschränken, wie sie in Abb. 2 aufgezeichnet sind. Bei Asthenikern finden sich z. B. die Geräusche einer Mitralstenose 2 Interkostalräume tiefer als gewöhnlich, bei stark vergrößerten Herzen hört man das Geräusch einer Mitralinsuffizienz oft erst in der Axillarlinie. In jedem Falle muß über dem Herzspitzenstoß auskultiert werden. Für eine solche Untersuchung benötigt man mehrere Minuten. Der Patient muß mehrfach in Exspirationsstellung den Atem anhalten, bei Verdacht auf Klappenfehler läßt man ihn sich nach

Tabelle 2 Analyse des Herzschalls

1. Herzrhythmus	rhythmisch leicht arrhythmisch ganz arrhythmisch atmungsunabhängig Störung des Grundrhythmus durch Extraschläge	
2. Herztöne	Charakter	gespalten betonte Segmente zusätzlicher Herzton
	Lautstärke	paukend
3. Zusätzliche Geräuschphänomene (Abb. 1)	Charakter	spindelförmig bandförmig Austreibungsgeräusch Crescendo – Decrescendo
	Lautstärke	1/6: sehr leise, eben noch wahrnehmbar 2/6: leise, jedoch sofort erkennbar 3/6: mittellaut, durch die aufgelegte Hand hörbar 4/6: laut, noch proximal des Handrückens hörbar 5/6: sehr laut, von der aufgelegten Hand bis zum Unterarm hörbar 6/6: Distanzgeräusch, ohne Stethoskop hörbar
	zeitliche Lage	systolisch/diastolisch proto: im Anfang meso: in der Mitte tele: am Ende holo: über die ganze Zeit prä: vor
4. Punctum maximum		
5. Fortleitung	in die Karotiden zwischen die Schulterblätter bis zur Axillarlinie	

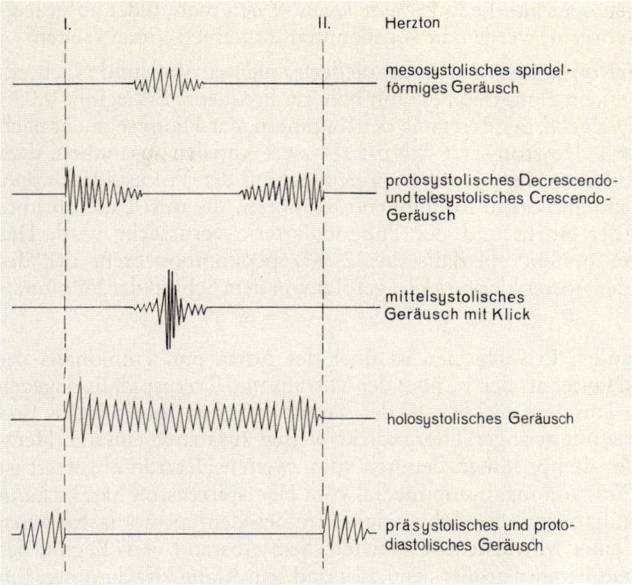

Abb. 1 Zur Bezeichnung der Herzgeräusche. Die Herztöne sind nicht eingezeichnet

Abb. 2 Schematische Darstellung der typischen Auskultationsstellen. Auskultationsstelle der Aortenklappen (1), der Pulmonalklappen (2), der Mitralklappen (4) und der Trikuspidalklappen (3), Erbscher Punkt (5), A. carotis (6). Außerdem muß bei Verdacht auf Vitium auch der gesamte schraffierte Bezirk abgehorcht werden

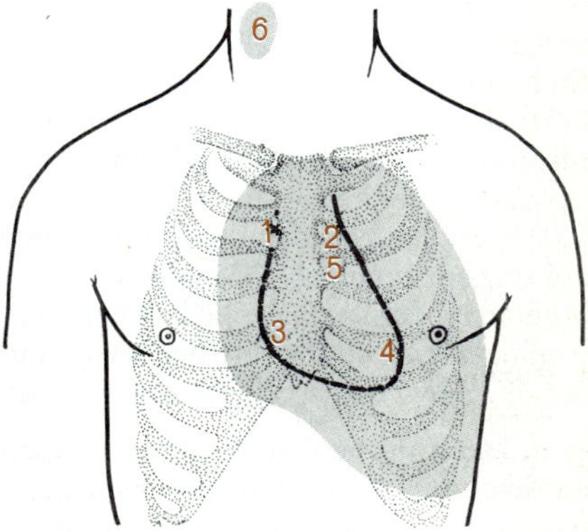

vorn beugen oder auf die linke Seite legen. Wenn man in der aufgezeigten Weise vorgeht, werden die sogenannten „stummen Vitien“ selten.

Der **1. Herzton** besteht aus einem niederfrequenten Vor- und Nachsegment und einem Hauptsegment mit höherer Frequenz. Er beginnt 0,03 s nach der Q-Zacke, der Erregung der Kammern, das Hauptsegment nach 0,06 s. Der 1. Herzton setzt sich oft aus zwei Anteilen zusammen, dem Schluß der Mitralklappe und dann dem Schluß der Trikuspidalklappe. Oft ist noch eine dritte Komponente zu hören, die durch die abrupte Dehnung der Aorta und der Pulmonalarterie verursacht wird. Der **2. Herzton** besteht ebenfalls aus 2 Klappenkomponenten, der des Schlusses der Aortenklappe (A2), gefolgt von dem Schluß der Pulmonalklappe (P2).

Beim gesunden Erwachsenen ist über der Aorta und Pulmonalis der 2. Herzton lauter als der 1., über der Mitralis und Trikuspidalis dagegen der erste Ton lautstärker als der zweite. Kinder, Jugendliche und Erwachsene mit geringer Thoraxdicke weisen zusätzlich einen **3. Herzton** auf, der dumpf klingt, deutlich vom zweiten Herzton abgesetzt ist und sein Punctum maximum medial vom Herzspitzenstoß hat. Er kann differentialdiagnostische Schwierigkeiten bei dem protodiastolischen Geräusch einer Mitralstenose bereiten. Sein Abstand vom Beginn des 2. Herztones ist aber größer als 0,12 s und sein Klang viel dumpfer. Ein 3. Herzton kann als **„protodiastolischer Galopp“** die Folge eines Herzversagens sein. Dieselbe Ursache liegt einem **präsystolischen Galopp** (**4. Herzton**) zugrunde, der durch eine verstärkte Vorhofkontraktion gegen einen erhöhten Füllungsdruck erzeugt und daher besser als verstärkter Vorhofton bezeichnet wird; er fehlt beim Vorhofflimmern.

Nicht selten wird eine **Spaltung** der Herztöne beobachtet. Eine Spaltung des 1. Herztones bei Bradykardie ist normal und wird durch das verlängerte PQ-Intervall bedingt. Eine Verdoppelung des 1. Herztones findet man bei atrioventrikulären Leitungsstörungen und bei Schenkelblöcken. Eine Spaltung des 2. Herztones hört man nicht selten bei tiefer Inspiration; der Aortenton geht dann dem Pulmonalton über 0,06 s voraus, in der Exspiration beträgt dieses Intervall normalerweise nur 0,02 s. Bei Patienten mit Vorhofseptumdefekt ist dieses A2-P2-Intervall atmungsunabhängig fixiert verlängert. Spaltungen des 2. Herztones kommen auch bei Schenkelblöcken und bei rechtsventrikulärer Hypertrophie vor. So korreliert bei der Pulmonalstenose das A2-P2-Intervall mit der Schwere der valvulären Veränderung.

Leise Herztöne beobachtet man bei Lungenemphysem, Adipositas, Perikarderguß und während eines Kollapses. Die **Lautstärke der Herzgeräusche** kann nicht exakt gemessen werden, denn sie ist nicht nur von Funktion und Zustand des Herzens, sondern auch von der Leitfähigkeit seiner Umgebung abhängig. Man unterscheidet 6 Stufen (Tab. 2).

Die durch krankhafte Organveränderungen bedingten, also die „organischen“ **Herzgeräusche** werden in den entsprechenden Kapiteln besprochen. Sie entstehen nicht nur dadurch, daß der Blutstrom einen Engpaß überwinden muß oder durch eine undichte Klappe zurückströmt, sondern auch durch Wirbelbildungen innerhalb des Herzens und der großen Gefäße.

Hinzu kommen Reibegeräusche bei Perikarditis oder Pleuritis sowie Geräusche bei Stenosen oder Kurzschlüssen im Bereich der Arterien und Venen in der Nähe des Herzens. Von den Herzbewegungen ausgelöste Geräusche aus herznahen Lungenbezirken und Plätschergeräusche aus dem Magen-Darm-Kanal bleiben bei längerer Beobachtung inkonstant.

Mit Hilfe eines guten Stethoskops hört man bei fast allen Personen ein leises systolisches Geräusch. Dies ist nicht verwunderlich, wenn man bedenkt, mit welcher Geschwindigkeit Blut im Herzen durch die Herzklappen, um die Papillarmuskeln und durch die enge Kurve zwischen Einfluß- und Ausflußbahn strömen muß. Bei jungen Menschen ohne Lungenemphysem mit flachem Thorax und mit relativ dünner Brustwand ist nicht selten sogar ein leises protodiastolisches Geräusch hörbar.

Aus diesem Grunde bereitet nicht selten die Entscheidung Schwierigkeiten, ob ein Geräusch als krankhaft zu beurteilen ist. Eine einfache Unterscheidungsmöglichkeit gibt es nicht. Im allgemeinen gilt die Regel, daß organisch bedingte Geräusche lauter sind, einen höheren Frequenzgang aufweisen und weiter fortgeleitet werden. Die nicht organisch bedingten, „akzidentiellen“ Geräusche bleiben meist uncharakteristisch. Die Diagnose kann jedoch nur per exclusionem gestellt werden. Jedes möglicherweise krankhafte Herzgeräusch sollte Anlaß zu einer gründlichen kardiologischen Untersuchung sein.

Ein **Phonokardiogramm** (PKG) dient in erster Linie der Dokumentation eines Auskultationsphänomens, z. B. bei florider Endokarditis oder Klappenprothese, und einer genauen zeitlichen Zuordnung des Geräuschbefundes, z. B. bei dem sich in die Diastole fortsetzenden systolischen Geräusch des offenen Ductus Botalli. Ein normales PKG zeigt Abb. 3.

Eine zusammenhängende Besprechung aller über dem Herzen wahrnehmbaren Schallerscheinungen findet sich in den Büchern über Auskultation, Perkussion und Phonokardiographie.

Blutdruckmessung

Zu jeder gründlichen ärztlichen Untersuchung gehört die Messung des Blutdrucks. Für die klinischen Belange liefert die indirekte unblutige Messung Werte von genügender Genauigkeit. Auch die den Kliniken

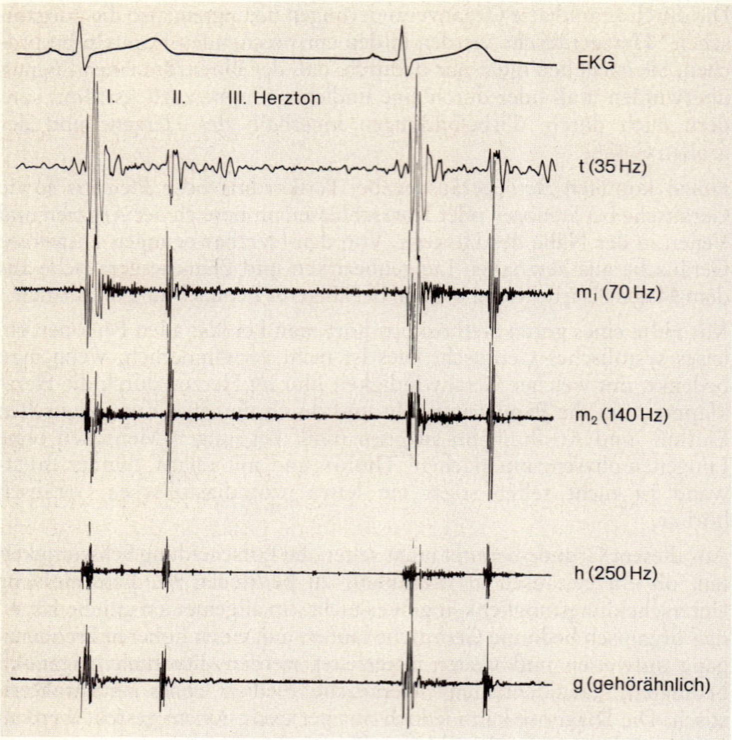

Abb. 3 Normales Phonokardiogramm eines Jugendlichen mit 3. Herzton

vorbehaltene blutige Messung hat ihre Fehlerquellen. Sie liegen in der psychischen Alteration des Kranken und in der Dämpfung innerhalb des Meßsystems.

Die indirekte Messung wird mit der Manschette von v. Recklinghausen und nach der Methode von Korotkow durchgeführt. Man setzt vor die mit dieser Methode, also indirekt, ermittelten Werte die Buchstaben RR; sie weisen auf den Erfinder des Gerätes, den italienischen Kinderarzt Riva-Rocci hin. Die Manschette soll mindestens 13 cm breit sein. Bei sehr dicken Armen wird der Blutdruck mit den üblichen Manschetten überschätzt, so daß ab 40 cm Armumfang eine Oberschenkelmanschette genommen werden sollte. Die Manschette wird so fest um den Oberarm gelegt, daß gerade noch ein Finger dazwischengeschoben werden kann. Der untere Rand der Manschette liegt etwa 2–3 cm oberhalb der Ellenbeugenfalte. Der Arm ruht entspannt auf einer Unterlage, z. B. einem Kissen, er ist leicht gestreckt und gering abduziert. Nur in dieser Stellung erreichen wir eine weitgehende Erschlaffung der Armmuskulatur.

In der A. brachialis ist wie in jedem Blutgefäß neben dem eigentlichen Druck zusätzlich der hydrostatische Druck wirksam. Der Arm muß daher so gelagert sein, daß der obere Teil der Manschette sich in Höhe der Aortenklappen befindet. Beim Liegenden befinden diese sich etwa 5 cm unterhalb des Angulus Ludovici, des Gelenkes zwischen Manubrium und Corpus sterni, beim Sitzenden und Stehenden etwa in Höhe dieses Gelenkes.

Weitere Richtlinien sind in Tab. 3 zusammengestellt.

Die **auskultatorische Blutdruckmessung** ist mit mehreren Problemen behaftet. **Herzrhythmusstörungen** können sowohl zu falsch hohen wie zu falsch niedrigen Werten führen. Bei Hypertonikern wird gelegentlich eine **auskultatorische Lücke** gefunden: Während der Druck in der Manschette fällt, verschwindet das schon bei einem höheren Druck aufgetretene Stenosegeräusch, um erst bei einem tieferen Wert wieder zu erscheinen; dem tatsächlichen systolischen Druck in der Arterie entspricht das Auftreten des ersten Geräusches. Aus diesem Grunde ist darauf zu achten, daß der Manschettendruck bei der Blutdruckmessung ausreichend hoch aufgepumpt wird, da sonst Fehler um mehr als 40 mmHg vorkommen können. Schwierig ist die Messung schließlich auch bei sehr **adipösen Armen** und bei **niedrigem Herzzeitvolumen (Schock)**. Hier kann die Bestimmung des systolischen Blutdrucks oft nur durch Tasten der Radialarterie oder besser durch eine Messung des Brachial- oder Radialispulses nach dem Doppler-Verfahren erfolgen.

Der Druck in der Manschette wird bei der **palpatorischen Methode** so hoch gepumpt, bis der Puls nicht mehr getastet werden kann und dann langsam, wie oben geschildert, abgelassen. Der Puls wird erst bei einem Druck tastbar, der etwa 5 mmHg tiefer liegt als der auskultatorisch ermittelte Wert. Den diastolischen Druck kann man mit dieser Methode nicht messen.

Als Folge einer angeborenen Anomalie oder von krankhaften Gefäßveränderungen kann der Blutdruck in einem Arm niedriger liegen als in dem anderen. Man sollte daher bei jedem Kranken mindestens einmal den Druck auf **beiden** Seiten messen. Der höhere Wert gibt den Druck in der Aorta wieder. Bei Jugendlichen mit Hypertonie gehört auch die Messung des Blutdrucks in den **Beinen** zur Erstuntersuchung (Aortenisthmusthenose). Die Manschette wird hierfür dicht oberhalb der Patella um den Oberschenkel gewickelt und die A. poplitea auskultiert oder ein Fußpuls getastet. Wenn man hierzu die normale, 13 cm breite Manschette benutzt, erscheint der Druck je nach Dicke des Oberschenkels um 20–40 mmHg zu hoch.

Tabelle 3 Richtlinien für die indirekte Blutdruckmessung

Messung bei körperlicher und psychischer Ruhe (der Patient darf nicht sprechen und muß entspannt liegen oder sitzen, die Beine nebeneinander)
Die Kleidung darf den Arm nicht einschnüren
Luftleere Blutdruckmanschette so fest anlegen, daß gerade noch ein Finger darunter geschoben werden kann; der untere Rand der Manschette soll 2 bis 3 cm oberhalb der Ellenbeuge liegen
Das aufblasbare Kissen muß über der Arterie zu liegen kommen
Die Schlauchverbindungen dürfen nicht geknickt und auch nicht vom Unterarm des Patienten komprimiert werden
Den Arm so lagern, daß die Mitte der Manschette etwa 5 cm unterhalb des Gelenkes zwischen Manubrium und Corpus sterni liegt
Bei transportablen Quecksilbermanometern muß die Säule senkrecht stehen
Nur Geräte mit gültiger Eichmarke benutzen
Auskultation genau über der A. brachialis bzw. A. cubitalis (vorher durch Tasten ermitteln)
Den Manschettendruck stets über 250 mmHg oder 30mmHg über den Wert an dem der Puls der A. radialis verschwindet, pumpen (langsam, damit kein Schmerz entsteht) und den Druck im Meßbereich des systolischen und diastolischen Blutdrucks höchstens um 2 bis 3 mmHg/s vermindern
Den systolischen Druck erst ablesen, wenn 2 Schläge hintereinander ein Geräusch verursachen (Fehlermöglichkeit durch artifizielle Geräusche oder Extrasystolen)
Bei fraglichem Ergebnis den Wert durch Tasten der A. radialis kontrollieren
Den diastolischen Druck erst ablesen, wenn Schläge nicht mehr hörbar sind
Die Messungen wiederholen, jedoch frühestens nach 15 Sekunden
Bei der Erstuntersuchung den Druck an beiden Armen messen, die identisch gelagert sein müssen

Mit zunehmendem **Alter** steigt der systolische Blutdruck an, und zwar pro Jahr um 1–2 mmHg. Bei den über 70jährigen fällt er dann häufig wieder ab. Nur einzelne Personen, vorwiegend körperlich aktive Menschen, weisen ihr ganzes Leben einen systolischen Druck zwischen 120 und 130 und einen diastolischen zwischen 75 und 85 mmHg auf. Bei älteren Patienten kann aufgrund zunehmender Wandstarre der Brachial- und Radialarterien der Blutdruck fälschlich bis 50 mmHg zu hoch gemessen werden. Hiervon muß man ausgehen, wenn bei über den systolischen Druck aufgepumpter Manschette die A. radialis nicht kollabiert, sondern noch gut fühlbar ist (Osler-Phänomen).

Der Blutdruck ist nicht konstant, er schwankt spontan und mit der Atmung um 5–10 mmHg. Zusätzliche orthostatische **Butdruckschwankungen,** die auch schon im Sitzen vorkommen können, schaltet man dadurch aus, daß man den Kranken sich hinlegen läßt. Zur Objektivierung dieser Schwankungen mißt man den Druck im Stehen, Sitzen und Liegen. Ein unterschiedlicher Abstand des oberen Manschettenrandes vom Angulus Ludovici muß dabei ausgeglichen werden.

Große Blutdruckschwankungen entstehen durch **Schmerz** oder **psychischer Erregung.** Als Schmerz genügt bei empfindlichen Patienten schon ein zu rasches Aufpumpen der Manschette. Auch Kältereize müssen vermieden werden. Der Untersuchung darf keine stärkere körperliche Anstrengung vorausgegangen sein. Eine zu volle Blase kann ebenfalls eine Blutdruckerhöhung auslösen. Die größte Schwierigkeit bereitet das Ausschalten psychischer Erregung (**Sprechstunden-Situation**). Unter ihrem Einfluß kann der Blutdruck des Gesunden systolisch 200 und diastolisch 120 mmHg erreichen. Das Ergebnis der ersten Messung darf daher nur bedingt verwendet werden. Verläßlichere Blutdruckwerte, die Ausgangspunkt für eine weitere Diagnostik und Therapie sein können, erhält man dadurch, daß man den Patienten bittet, wiederholte Blutdruckmessungen an verschiedenen Tagen und zu verschiedenen Tageszeiten unter Alltagsbedingungen vorzunehmen (Apotheke, Messungen durch Nachbarn oder Gemeindeschwester u. a.). Die **Anschaffung eines Blutdruckmeßgerätes** befürworten wir nicht in der Vorphase der Diagnostik. Sollte sich die Erhöhung der Blutdruckwerte jedoch bestätigen und liegt darüber hinaus z. B. noch eine Herzerkrankung vor, so wird die Selbstmessung durch den Patienten sehr begrüßt. Elektronische Blutdruckmesser mit digitaler Anzeige, z. T. auch mit elektrischer Pumpe und Drucker, empfehlen sich für körperlich behinderte Patienten. Im allgemeinen zeigen die Geräte korrekte Werte an, auch solche, die auf ein Mikrophon verzichten und oszillometrisch messen und daher leichter zu bedienen sind. Es entfällt die genaue Plazierung des Mikrophons in der Manschette über der Ellenbeugenarterie. Alle diese Geräte funktionieren nicht bei stärkeren Herzrhythmusstörungen. Allgemein geben sie alle Werte eher zu niedrig an. Man sollte mit diesen Geräten mindestens 2mal und bei stärkeren Abweichungen noch öfters innerhalb weniger Minuten messen. Zu Beginn der Selbstmessung muß der Arzt kontrollieren, ob der Patient bei sich die richtigen Werte ermittelt.

Beim Erwachsenen werden Blutdruckwerte bis **140/90** in Ruhe als normal angesehen, von einer Grenzwerthypertonie spricht man bis 160/95 mmHg, höhere Werte werden als Hypertonie eingestuft. Für die untere Normgrenze sollten keine Zahlen angegeben werden; sie ist individuell zu verschieden. Wie bei allen Werten in der Biologie handelt es sich auch beim Blutdruck um eine Verteilung der Normwerte im Sinne einer Gaußschen Kurve, d. h., daß im Einzelfall der Bereich der häufigsten Werte durchaus überschritten werden kann, ohne daß eine krankhafte Abweichung vorliegt. Näheres hierüber findet sich im Kapitel Hypertonie (S. 291).

Aufgrund der dargestellten Einschränkungen, die mit der Blutdruckmessung in Ruhe verbunden sind, wird seit langem an alternativen Verfahren gearbeitet. Es gibt bisher keine überzeugenden Daten, daß eine Bestimmung des **Belastungs-Blutdrucks** von Vorteil ist, da die prognostische Relevanz eines alleinig erhöhten Belastungsdrucks nicht belegt ist. Sehr vielversprechend ist dagegen die **Blutdruckmessung über 24 Stunden** mit einem kleinen tragbaren Gerät, das ähnlich wie die Recorder für das Langzeit-EKG aufgebaut ist. Dieses Verfahren erlaubt mehrere Messungen in 24 Stunden. Empfohlen werden mindestens 48 Meßpunkte, wodurch der tatsächlich im Laufe eines Tages wirksame Blutdruck erfaßt wird und nicht nur „Momentaufnahmen" erfolgen. Von einer arteriellen Hypertonie muß dann ausgegangen werden, wenn der mittlere Blutdruck über 130/80 mmHg liegt.

Dieses Verfahren ist immer dann indiziert, wenn der Arzt durch einzelne Meßwerte keine Klarheit über die Höhe des tatsächlichen Blutdrucks erhält, also zum Beispiel bei großen Blutdruckdifferenzen zwischen Selbstmessungen und Gelegenheitsmessungen in der ärztlichen Praxis (mehr als 20/10 mmHg). Auch ist die Methode sehr hilfreich, um ein Mißverhältnis zwischen Blutdruck und Organschäden aufzudecken, also wenn beispielsweise der diastolische Blutdruck konstant über 110 mmHg liegt und Organschäden fehlen oder der diastolische Druck zwischen 90 und 110 mmHg liegt, Organschäden jedoch aufgetreten sind. Schließlich kann die 24-Stunden-Blutdruckmessung einen Mosaikbaustein bei der Abklärung sekundärer Hypertonien darstellen, da bei diesen Hypertonieformen die Tagesrhythmik eingeschränkt oder aufgehoben ist.

Venendruckmessung

Sehr zuverlässig läßt sich der Venendruck an dem Verhalten der **Halsvenen** erkennen. Wir heben den Oberkörper des Patienten langsam an, bis nur noch die untere Hälfte der Halsvenen gefüllt ist. Es wird dann der Winkel zur Horizontalen gemessen. An den Halsvenen läßt sich auch gut unterscheiden, ob eine Erhöhung des Venendruckes kardial oder durch eine **Einflußstauung** bedingt ist. Wir streichen mit einem Finger die Vene zum Herzen hin aus, während ein Finger der anderen Hand durch leichten Druck das Nachströmen des Blutes vom Kopf her verhindert. Wenn wir den herznahen Finger abheben und die Vene leer bleibt, das Blut also nicht rückwärts vom Herzen her hochsteigt, kann es sich nicht um eine Herzinsuffizienz handeln, sondern um eine Einflußstauung durch Struma oder Tumor.

Der zentrale **Venendruck,** der über einen Venenkatheter gemessen wird, liegt zwischen 6 und 11 cm Wassersäule bzw. physiologischer Kochsalzlösung. Ein pathologisch erhöhter zentraler Venendruck („ZVD") kommt bei einer Druckerhöhung *vor* (Perikarderguß) oder *im* rechten Herzen (z. B. Lungenerkrankungen, Linksherzerkrankungen mit pulmonaler Hypertonie) vor. Zur Abschätzung einer Linksherzbelastung ist der ZVD jedoch schlecht geeignet, da er erst in fortgeschrittenen Fällen ansteigt. Günstiger ist hier die Messung der Kleinkreislaufdrücke (s. folgender Abschnitt). Ein ZVD unter 5 cmH_2O spricht für einen Volumenmangel.

Einschwemmkatheteruntersuchung

Die Rechtsherzkatheterisierung mit einem Einschwemmkatheter erlaubt eine Registrierung des Pulmonalarteriendruckes, des Pulmonalkapillardruckes (mittels eines aufblasbaren Ballons an der Katheterspitze) und des Herzzeitvolumens (über die gemessene O_2-Sättigung nach dem Fickschen Prinzip oder mittels Thermodilution). Damit ist eine Beurteilung der Druckverhältnisse im gesamten kleinen Kreislauf und – bei fehlenden Veränderungen im Lungengefäßbett – indirekt im linken Vorhof möglich, was bei der Beurteilung einer myokardialen Insuffizienz z. B. auf dem Boden einer koronaren Herzkrankheit, eines Vitiums bzw. einer Myokardiopathie, oder einer Lungenerkrankung von entscheidender Bedeutung sein kann. Abb. 4a bis c zeigen ein Beispiel einer Rechtsherzkatheteruntersuchung und führen die normalen Druckverhältnisse im rechten Herzen an.

Das **Risiko** der Rechtsherzkatheter-Untersuchung ist gering; tödliche Komplikationen treten nur extrem selten auf. Görnandt berichtet über keinen einzigen Todesfall bei 13 582 Untersuchungen. Periphere Venenentzündungen werden in 1–5% der Fälle beobachtet.

Nichtinvasive Registrierung von Pulskurven

Die unblutige Registrierung von arteriellen Pulskurven hat nur noch bei der Diagnostik der Aortenvitien und der Ausflußbahnstenose der linken Kammer gewisse praktische Bedeutung. Mittels eines Pulsabnehmers zeichnet man durch ein EKG-Gerät die Volumenkurve der A. carotis auf (Abb. 5). Pathologische Beispiele finden sich im Kapitel der Aortenklappenfehler.

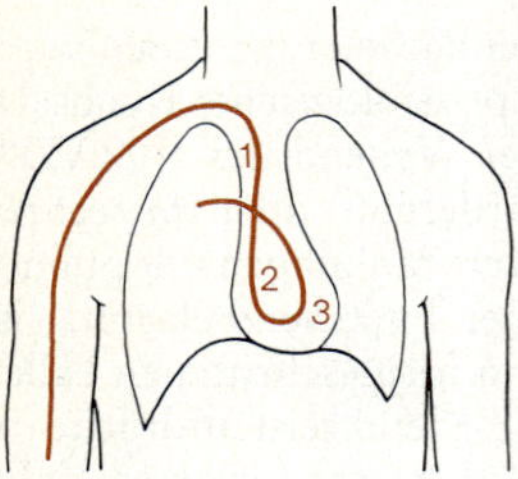

a

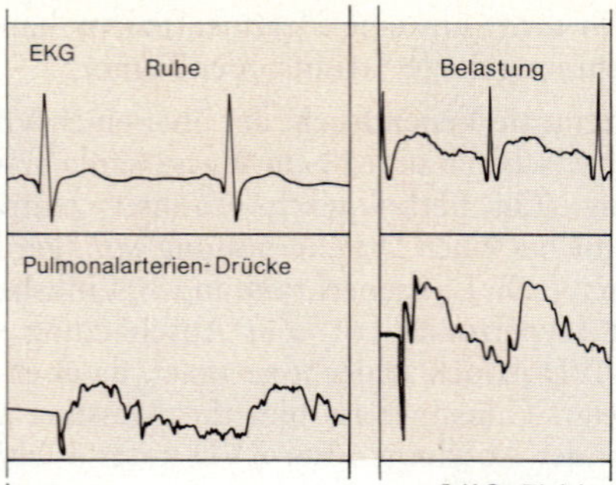

b

♂, H.O., 54 Jahre
3-Gefäß-KHK

Datum der Untersuchung:

Ruhe	Drücke in mmHg p	p̄	normal		O_2-Sättigung %	normal
Rechter Vorhof : RA		5		5		70 - 75
Rechter Ventrikel : RV	22/5		25/5			
Pulmonalarterie : PA	22/8	13	25/10	15		72 - 74
Pulmonalkapillare : PC		10		10		

Herzzeitvolumen (HZV) nach Fick:
6.3 l/min 5.7 l/min · 1,73 m²

HZV Kälteverdünnung:
____ l/min ____ l/min · 1,73 m²

normal: 5,0 - 7,0 l / min · 1,73 m²

Belastung

Mitarbeit: gut
Erschöpfung: +
Atemnot: +
Stenokardie: +++
Sonstiges: ø

Watt	O_2-Aufn. ml/min	min	HSF	PA-Drücke in mmHg p	p̄	normal		PC-Drücke p̄	norm.	PA-Sättig. %	norm.	HZV	l/min normal
25	570			/		<30/18	24		<18		58		7,5 - 13,0
50	900	3	105	50/25	35	<34/18	25	24	<18	56	55	13.2	9,0 - 15,0
75	1200			/		<38/19	28		<19		52		11,0 - 17,0
100	1520			/		<42/21	30		<21		49		12,5 - 18,5
125	1820			/		<42/22	30		<22		46		14,0 - 20,0
150	2100			/		<43/22	31		<22		43		15,5 - 21,5
175	2430			/		<43/22	31		<22		40		19,5 - 23,0

c

Abb. 4a–c
a) Das Ende des Einschwemmkatheters liegt hier in der rechten A. pulmonalis, nachdem er die V. cava superior (1), den rechten Vorhof (2) sowie den rechten Ventrikel (3) passiert hat. b) Originalregistrierung eines EKG und eines Pulmonalarteriendruckes in Ruhe und unter Belastung. c) Dazugehörige Auswertung. In Ruhe liegen ein normales Herzzeitvolumen und normale Drücke vor; unter Belastung kommt es jedoch zu einem pathologischen Druckanstieg. Ursache ist eine koronare Dreigefäßkrankheit mit Belastungsherzinsuffizienz (Stadium Roskamm/Reindell I, s. S. 43). Dieser Auswerte-Bogen wird in der Abteilung für Kardiologie der Universitätsklinik Frankfurt (Leiter: Prof. Dr. M. Kaltenbach) angewandt.
Abkürzungen: HSF: Herzschlagfrequenz; p: systolischer/diastolischer Druck; p̄: Mitteldruck; PC: Pulmonalkapillardruck; PA: Pulmonalarteriendruck; HZV: Herzzeitvolumen

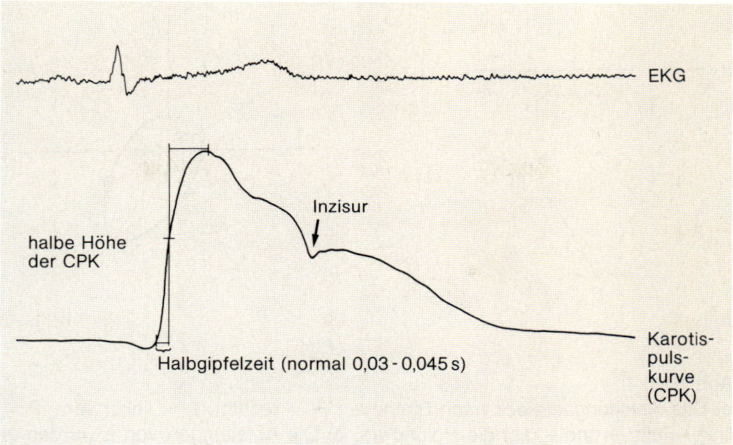

Abb. 5 Auswertung der Karotispulskurve. Deutlich sichtbar ist der erste Gipfel, die Inzisur sowie der zweite Gipfel (dikrote Welle). Die diagnostisch bedeutsame Halbgipfelzeit wird so ermittelt: Die Strecke zwischen dem Fußpunkt und dem Gipfel der Kurve wird halbiert und die Zeit gemessen, die bis zum Erreichen der Hälfte des Gipfels verstreicht

Elektrokardiographie

Bei jeder Erregung einer Muskelzelle entsteht durch Ionenverschiebung eine elektrische Potentialdifferenz. Sie ist weitgehend unabhängig von der mechanischen Kontraktion. Dieser Aktionsstrom hat eine gewisse Stärke und entsprechend der Lage der Herzmuskelzelle eine bestimmte Richtung (**Vektor**). Die elektrische Erregung aller Herzmuskelzellen addiert sich entsprechend dem Kräfteparallelogramm zu einem Summations- oder Integralvektor, der seine Richtung und Größe in einem Herzzyklus ändert. Da die linke Kammer rund doppelt so stark ist wie die rechte, bestimmt sie im wesentlichen seinen Verlauf. Bei einer Rechtsherzhypertrophie wird er nach rechts verlagert.

Mit Hilfe eines Elektrokardiographen werden Stromdifferenzen zwischen 2 Punkten der Körperoberfläche gemessen und aufgezeichnet. Je nach Lage der Ableitung kommt die Vektorschleife anders zur Darstellung. Zu einem **Standard-EKG** gehören 6 frontale Ableitungen (Extremitätenableitungen, Abb. 6a und b) und 6 horizontale Brustwandableitungen (Abb. 7). Letztere können durch weiter rechts liegende Elektroden (V_{R3} und V_{R4}) ergänzt werden (Abb. 8). Die Nomenklatur ist in

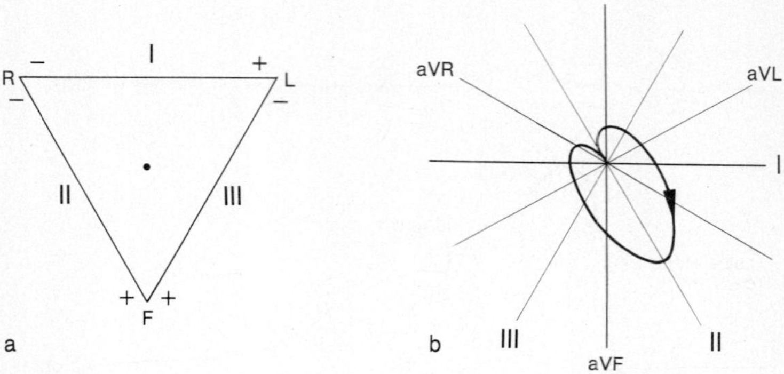

Abb. 6 a u. b

a) Das Ableitungsdreieck nach Einthoven R = rechter, L = linker Arm, F = linker Fuß; + und – gibt die Polung an. b) Die Ableitungen von a wurden in gleicher Richtung durch den Nullpunkt gezeichnet und durch die unipolaren Extremitätenableitungen von Wilson-Goldberger ergänzt (Cabrera-Kreis). Eine QRS-Schleife ist eingezeichnet

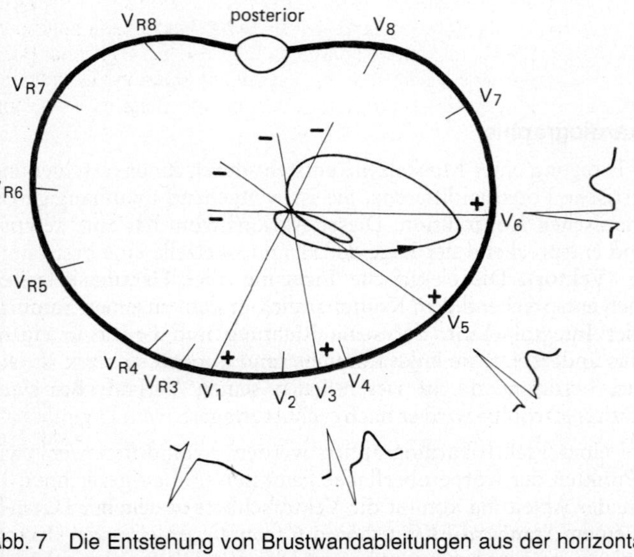

Abb. 7 Die Entstehung von Brustwandableitungen aus der horizontalen Projektion der Vektorschleifen (nach Grishman und Scherlies)

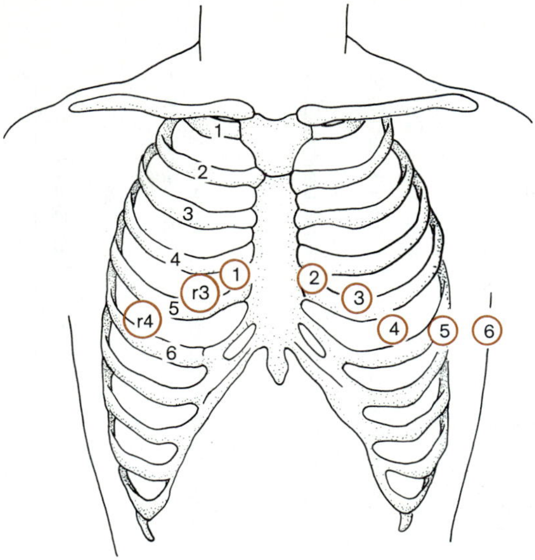

Abb. 8 Thoraxaufsicht von vorn. Die arabischen Ziffern bezeichnen die Rippen 1 = V_1, im 4. Interkostalraum, rechts neben dem Sternum. 2 = V_2, in gleicher Höhe, links neben dem Sternum. 4 = V_4, in der Medioklavikularlinie im 5. Interkostalraum. 3 = V_3, mitten zwischen V_2 und V_4. 5 = V_5, in gleicher Höhe wie V_4 in der vorderen Axillarlinie. 6 = V_6, in gleicher Höhe in der mittleren Axillarlinie. r3 = V_{r3}, symmetrisch zu V_3 auf der rechten Seite, r_4 = V_{r4} liegt rechts symmetrisch zu V_4

Abb. 9 schematisch dargestellt, Normalwerte sind in Tab. 4 zusammengestellt.

Bei der Abklärung kardialer Erkrankungen hat das EKG einen entscheidenden Stellenwert. Auf die Bedeutung wird in den einzelnen Kapiteln eingegangen. In Abb. 10 und Tab. 5 sind tabellarisch die verschiedenen Lagetypen und Blockformen zusammengestellt. Es ist wichtig darauf hinzuweisen, daß neben organischen Veränderungen im Myokard und im Erregungsleitungssystem auch Medikamente (vor allem Digitalis und Psychopharmaka) sowie Elektrolytengleisungen zu Veränderungen führen können.

Ein im Liegen unauffälliges EKG kann im Stehen (**Steh-EKG**) ST-Strecken-Senkungen sowie negative T-Wellen zeigen. Diese Veränderungen, die nicht nur bei Patienten mit orthostatischen Beschwerden, sondern auch bei gesunden Personen vorkommen können, lassen nicht den Schluß auf eine Myokardischämie zu.

Tabelle 4 Das normale EKG

	Ableitung I, II, V_4 bis V_6, aVR spiegelbildlich			Ableitung III, V_1 und V_2
	Größenangabe (mV)	Breite (s)	Form	
P	flach positiv bis 0,2	bis 0,11	wenn doppelgipfelig, Gipfelabstand bis 0,03s	positiv, negativ oder biphasisch
PQ	–	0,12–0,22 (frequenzabhängig)	waagrecht oder abwärts	–
Q	bis ¼ R kann fehlen	bis 0,04	glatt, symmetrisch	¼ R, in V_1 und V_2 kein kleines Q (selten QS)
R	bis etwa 2,5 in aVL bis 0,7	–	basisnahe Knotung normal	in V_1: R kleiner als S
S	kleiner als R	–	geringe Knotung	kleiner als etwa 2,5
QRS	–	0,07–0,11	–	–
ST	Abgang 0 oder ± 0,1	–	leicht ansteigend	–
T	mindestens ⅐ R, stets positiv	–	langsam ansteigend, steil abfallend	+, 0 oder –, in V_2 beim Erwachsenen stets +
QT_c	–	$\frac{QT}{\sqrt{\text{RR-Abstand}}} \leq 0,44$	–	–
U	flach positiv	–	–	flach positiv

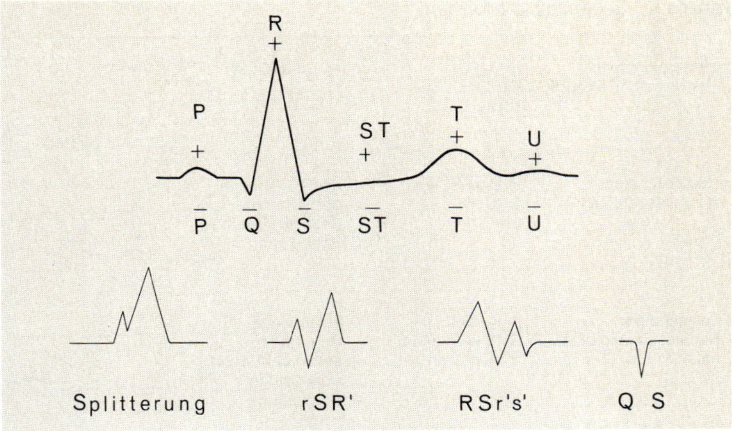

Abb. 9 Die Benennung der EKG-Ausschläge. P, ST, T und U können positiv, isoelektrisch oder negativ sein, R und R′ (bzw. r′) nur positiv, dagegen Q, S und S′ nur negativ

Die elektrische Aktivität des Herzens unter Alltagsbedingungen läßt sich durch ein **Telemetrie-EKG** oder ein **Langzeit-EKG** untersuchen. Dieses Verfahren haben besonders bei der Abklärung von Herzrhythmusstörungen große Bedeutung.

Abschließend wird darauf hingewiesen, daß neben organischen Veränderungen im Myokard und im Erregungsleitungssystem auch die Wirkung von Medikamenten (vor allem Digitalis und Psychopharmaka) sowie Elektrolytentgleisungen zu Veränderungen im Ruhe-EKG führen können.

Originalkurven finden sich bei den einzelnen Krankheiten. Bezüglich weiterer Einzelheiten wird auf spezielle EKG-Bücher verwiesen. Ein **normales EKG** ist in Abb. 11 dargestellt.

Langzeit-EKG

Ein Langzeit-EKG ist zur Beurteilung der Herzfrequenz im Tagesverlauf und zur Abklärung intermittierend auftretender EKG-Veränderungen erforderlich (supraventrikuläre und ventrikuläre **Herzrhythmusstörungen;** Erregungsleitungsstörungen). Eine Registrierung über 24 Stunden ist in aller Regel notwendig. Bei selten auftretenden Ereignissen muß über 48–72 Stunden aufgezeichnet werden. Es ist immer eine 2-Kanal-Registrierung erforderlich, um Artefakte in einzelnen Ableitungen erkennen zu können.

Tabelle 5 Schenkelblockformen

„Physiologischer Rechtsschenkelblock“	in V_1 RSr' QRS nicht verbreitert	ohne Bedeutung	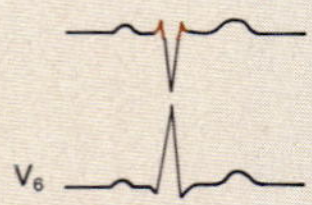
Unvollständiger Rechtsschenkelblock	in V_1 rSR', rSr' QRS nicht verbreitert	1. beim Gesunden 2. bei vermehrter Rechtsbelastung 3. Schädigung	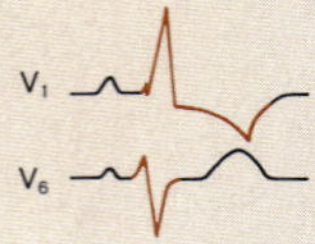
Vollständiger Rechtsschenkelblock nach *Wilson*	in V_1 rSR' QRS verbreitert S verbreitert	1. selten beim Gesunden 2. selten bei Rechtsüberlastung 3. Schädigung	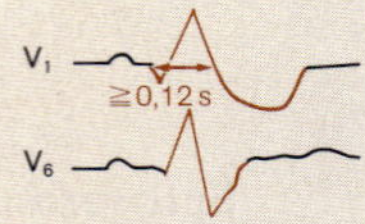
Unvollständiger Linksschenkelblock	RV_5/V_6 plump QRS unter 0,12 s	1. Linksüberlastung 2. Schädigung	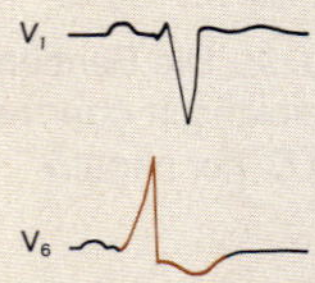
Vollständiger Linksschenkelblock	RV_5/V_6 breit QRS über 0,12 s	1. selten beim Gesunden 2. Schädigung	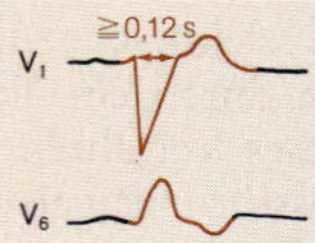
Linksanteriorer Hemiblock	$S_{II} > R_{II}$ $\sphericalangle\ \alpha < -30°$	1. beim Gesunden 2. Schädigung	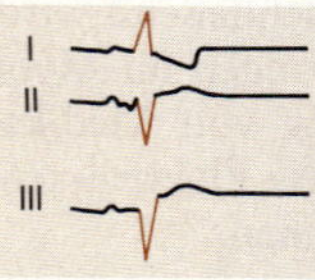
Linksposteriorer Hemiblock	$S_I > R_I$ $\sphericalangle\ \alpha > +80–120°$	Schädigung	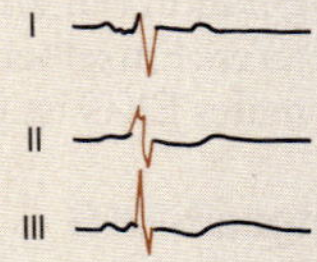
Bifaszikulärer Block	Rechtsschenkelblock + Hemiblock	Schädigung	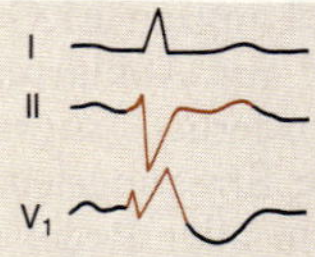
Trifaszikulärer Block	QRS > 0,13 s vollständiger AV-Block	Gefahr des Adams-Stokes-Anfalls	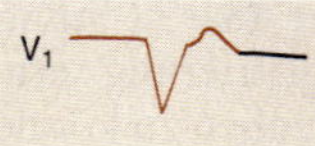

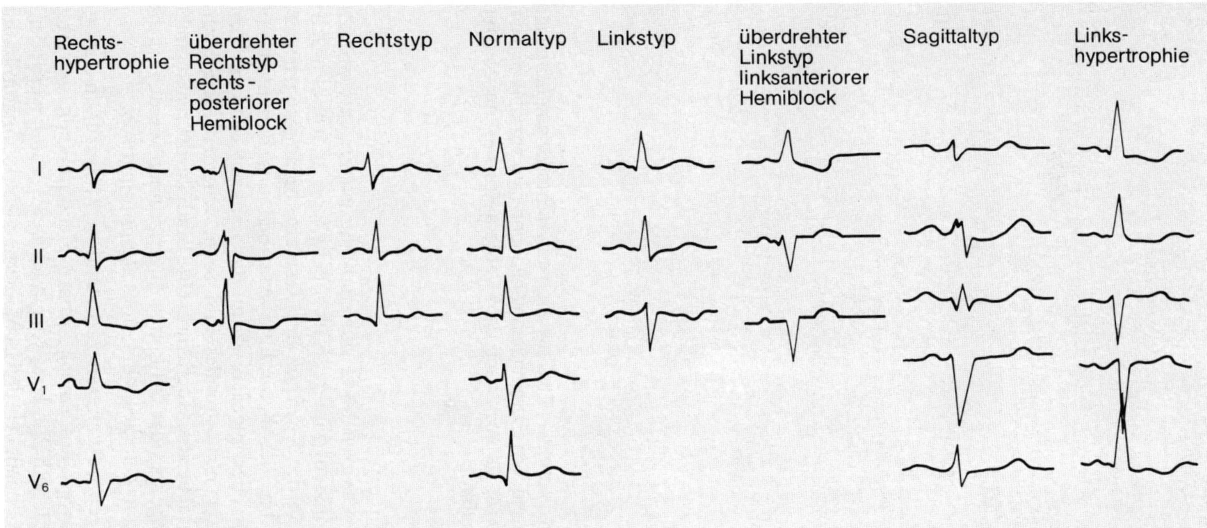

Abb. 10 Schematische Darstellung der verschiedenen EKG-Lagetypen und der EKG-Veränderungen durch Hypertrophie einer Herzhälfte. Originalkurven finden sich bei den einzelnen Krankheitsbildern

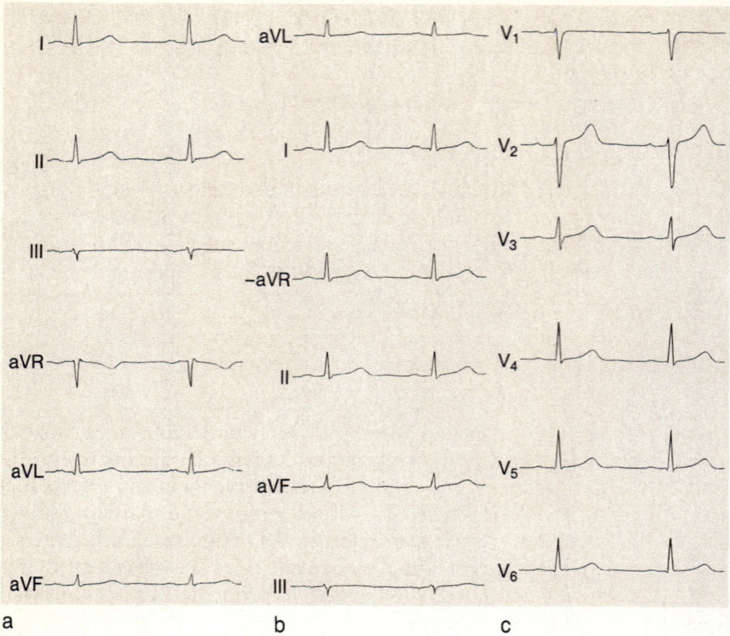

Abb. 11 Beispiel für ein normales EKG mit ungestörter Erregungsausbreitung und Erregungsrückbildung. Die Extremitätenableitungen sind sowohl nach der üblichen Schreibweise (a) als auch nach dem Cabrera-Kreis (b) angeordnet. (c): Brustwand-Ableitungen

Die Ergebnisse des Langzeit-EKG dürfen nicht isoliert interpretiert werden; vielmehr müssen weitere funktionelle und morphologische Daten zur Beurteilung der Relevanz der Resultate herangezogen werden. Auch müssen bei der Befundung Angaben des Patienten mit objektiven Daten korreliert werden: Wenn das Langzeit-EKG zur Zeit von Schwindelattacken ein normales Bild zeigt, scheiden Herzrhythmusstörungen als Ursache aus. Auch kann eine Bradykardie per se nicht als Ursache für Schwindel oder Synkopen angenommen werden: nicht selten ist der Patient zur Zeit dieses Befundes asymptomatisch.

ST-Strecken-Senkungen im Langzeit-EKG sind nicht spezifisch genug, um als sicherer Hinweis auf eine koronare Herzkrankheit gewertet werden zu dürfen; solche Befunde werden auch bei Gesunden erhoben. Da das Langzeit-EKG bezüglich der Ischämiediagnostik ohnehin kaum mehr Information als ein Belastungs-EKG ergibt, ist der Stellenwert dieses Verfahrens bei der genannten Fragestellung derzeit als nicht sehr hoch anzusehen.

Belastungs-EKG

Die kardiologische Untersuchung erfordert in aller Regel eine ergometrische Belastung. Pharmakologische Belastungen (z. B. mit Dipyridamol) oder mit Schrittmacherstimulation bleiben speziellen Fragestellungen vorbehalten. Die Aufgaben der Belastung sind

1. die Beurteilung der muskulären Reserve des Herzens,
2. die Beurteilung der koronaren Durchblutung,
3. die Beurteilung belastungsabhängig auftretender Herzrhythmusstörungen.

Die Belastung muß mit einem geeichten Gerät und einem reproduzierbaren Verfahren erfolgen. In Deutschland haben sich die Fahrradergometrie im Sitzen oder Liegen sowie die Kletterstufenbelastung eingebürgert; die in den USA praktizierte Laufbandergometrie ist hier weniger üblich. Nicht eichbare Verfahren wie der Belastungstest nach Master, das einfache Durchführen von Kniebeugen oder Treppensteigen mit dem Arzt wurden wegen der fehlenden Reproduzierbarkeit und den Risiken einer fehlenden Überwachung verlassen.

Die einzelnen Belastungsverfahren haben Vor- und Nachteile. Vorteile der **Fahrradergometrie im Liegen** sind die hohe diagnostische Treffsicherheit und die Möglichkeit, nahezu störungsfreie EKG-Kurven auch während der Belastung zu registrieren. Nachteile sind eine etwas höhere Komplikationsrate (rund 1 : 8000), die Notwendigkeit wiederholter Eichungen, der verhältnismäßig große Platzbedarf und der Preis. Die **Fahrradergometrie im Sitzen** ähnelt der im Liegen; nachteilig ist jedoch eine geringere diagnostische Treffsicherheit. Die **Kletterstufe** ist demgegenüber ein preiswertes Gerät, an dem mit sehr geringem Risiko verläßlich und mit hoher diagnostischer Sicherheit Ergometrien durchgeführt werden können.

Die Belastung am Fahrradergometer wird ansteigend gestaltet: Beginnend mit einer Anfangsleistung von 50 Watt (Trainierte: 75–100 Watt) wird alle 2–3 Minuten die Leistung um 25 Watt (Trainierte: 50 Watt) bis zur Vita maxima gesteigert. Die Belastung an der Kletterstufe erfolgt mit einer individuell dosierten Leistung, die sich an dem Anstrengungsgrad orientiert, die im täglichen Leben des Patienten zu Beschwerden führt. Sie soll über möglichst 6 Minuten erbracht werden. Die geforderte Leistung wird dabei durch die Stufenhöhe, das Körpergewicht des Patienten und die Besteigungsfrequenz (Metronom) bestimmt. Auch eine ansteigende Belastungsuntersuchung ist möglich.

Tabelle 6 gibt Richtwerte für die Belastbarkeit gesunder Probanden in Watt an. Symptomatische Patienten müssen geringer belastet werden, Hochtrainierte oder an starke körperliche Belastungen gewohnte Patienten können höher veranschlagt werden. Kriterien für den Abbruch einer Belastung werden weiter unten ausgeführt. Der Abbruch der Belastung beim Erreichen z. B. einer bestimmten Herzfrequenz ist weniger geeignet; dieses Verfahren ist kaum reproduzierbar und kann irreführen, da die Herzfrequenz neben der Konstitution von vielen Faktoren beeinflußt wird (überschießende Frequenz: Trainingsmangel, Mitralvitien, Hyperthyreose, Herzinsuffizienz; verzögerter Frequenzanstieg: gutes Training, koronare Herzkrankheit, Erregungsbildungs- und Leitungsstörungen, negativ chronotrope Medikamente).

Vor Belastung muß aus Sicherheitsgründen (Ausschluß eines frischen Herzinfarktes!) und für den Vergleich mit den erhobenen Belastungsbefunden ein vollständiges Ruhe-EKG abgeleitet werden. Während der Ergometrie muß das EKG kontinuierlich auf einem Monitor überwacht werden, um Herzrhythmusstörungen und ST-Veränderungen im EKG rechtzeitig zu entdecken. Am Ende jeder Belastungsminute sowie für mindestens 5 Minuten danach (ggf. darüber hinaus jedoch bis zum Verschwinden subjektiver und objektiver Symptome) wird ein wenigstens 3 Kanäle umfassendes **EKG** aufgezeichnet. Als diagnostisch besonders ergiebig haben sich Ableitung V_4 bis V_6 erwiesen.

Eine **Blutdruckmessung** während Belastung während der Ergometrie ermöglicht eine ungefähre Erfassung des systolischen Belastungsblutdrucks; der diastolische Blutdruck ist dagegen nicht verläßlich beurteilbar. Eine routinemäßige Messung des Blutdrucks während der Ergometrie halten wir nicht für erforderlich, da in der bisherigen Literatur keine Komplikationen allein durch einen zu hohen Blutdruck bekannt wurden. In der Praxis des Niedergelassenen wird man jedoch eine Ergometrie ab einem Ruheblutdruck von 180/100 vermeiden bzw. bei einem Blutdruck von mehr als 260 mmHg systolisch während der Belastung abbrechen. Verschiedentlich wurde belegt, daß ein plötzlicher *Blutdruckabfall* ein akutes Herzversagen ankündigt. Weitere Befunde

Tabelle 6 Richtleistungen für eine ergometrische Belastung (s. Text)

Alter	20–29	30–39	40–49	50–59	60–69	über 69 Jahre
Männer	200	175	150	125	75	50
Frauen	175	150	125	100	50	50

wie auffallende Dyspnoe, Blässe und Beschwerden weisen allerdings ebenfalls auf das Drohen einer solchen Komplikation hin.

Schließlich ist von großer Bedeutung, daß die augenblickliche Medikation dokumentiert wird. Das Ergebnis der Ergometrie wird durch eine Vielzahl von Medikamenten beeinflußt (Tab. 7). Gegebenenfalls muß eine Ergometrie ohne Medikation durchgeführt werden, wobei vor abruptem Absetzen von Betablockern wegen paradoxer Reaktionen bis hin zum Herzinfarkt gewarnt wird. Ist ein Auslassen der Medikation nicht zu verantworten, so wird die Ergometrie unter der gegenwärtigen Medikation durchgeführt, wobei dann Einschränkungen bei der Bewertung der Untersuchung zu berücksichtigen sind.

Indikationen, Kontraindikationen, Abbruchkriterien, Komplikationen

Über die Indikation zum Belastungs-EKG gibt Tabelle 8 Auskunft.

Um das Risiko der Ergometrie so gering wie möglich zu halten, sind Kontraindikationen für eine solche Untersuchung einzuhalten. In Tab. 9 sind die absoluten Kontraindikationen zusammengefaßt, in Tab. 10 darüber hinaus Kontraindikationen, die man in einer niedergelassenen Praxis berücksichtigen sollte. Werden sie berücksichtigt, ist die Untersuchung, wie eine Umfrage von Kaltenbach zeigte, mit einem sehr geringen Risiko behaftet. Es bestehen jedoch deutliche Unterschiede zwischen den einzelnen Belastungsverfahren.

Darüber hinaus sind bestimmte Vorsichtsmaßnahmen wie kontinuierliche Monitor-Überwachung und Bereitstellung eines Defibrillators und einer Notapotheke erforderlich. Tab. 11 zeigt eine optimale Ausrüstung eines Ergometerlabors auf.

Tabelle 7 Beeinflussung des Belastungs-EKG durch Medikamente

Belastungs-EKG pathologisch durch	**Belastungs-EKG normalisiert durch**
Digitoxinpräparate (3–4 Wochen vorher absetzen)	Betarezeptorenblocker (2 Tage vorher absetzen)
Digoxinpräparate (2 Wochen vorher absetzen)	Nitroverbindungen (12 Stunden vorher absetzen)
Kaliummangel (Diuretika!)	Calciumantagonisten (12 Stunden vorher absetzen)
Antiarrhythmika	
Psychopharmaka	

Tabelle 8 Indikationen zur Durchführung eines Belastungs-EKG

Untersuchung subjektiv Gesunder zur Beurteilung des Trainingszustandes und zum Ausschluß einer koronaren Herzkrankheit
Einschätzung der Belastbarkeit von Patienten mit Herzklappenfehler (Vorsicht bei Aortenstenose!) und bekannter koronarer Herzkrankheit
Objektivierung einer belastungsabhängigen Myokardischämie
Beurteilung der Effektivität einer medikamentösen, kardiologisch-interventionellen oder chirurgischen Therapie
Objektivierung des Ausmaßes der Leistungsminderung im Rahmen einer Begutachtung
Abklärung belastungsabhängig auftretender Herzrhythmusstörungen

Tabelle 9 Absolute Kontraindikationen für ein Belastungs-EKG

Frischer Herzinfarkt
Akute instabile Angina pectoris
Akute Endo- oder Perikarditis
Schwere Aortenstenose
Akute Herzinsuffizienz
Bekannte bedrohliche Arrhythmien unter Belastung
Akute Lungenembolie
Frische Bein- oder Beckenvenenthrombose
Maligne Hypertonie (diastolischer Blutdruck ständig über 120 mmHg und Organschäden)
Respiratorische Insuffizienz in Ruhe
Schweres Cor pulmonale
Apoplektischer Insult innerhalb der letzten 6 Monate
Fieber, schwere Allgemeinerkrankungen

Ein Arzt muß bei Patienten ohne erkennbares Risiko unmittelbar in der Nähe sein und *sofort* kommen können; bei Risikopatienten wird dringend die Anwesenheit des Arztes während der Ergometrie empfohlen. Die betreuenden Schwestern und Ärzte müssen die geläufigen

Tabelle 10 Relative Kontraindikationen für ein Belastungs-EKG

Herzinsuffizienz der Schwere NYHA III	
Herzinfarkt vor Ablauf von 4 Wochen	
Stenose am linken koronaren Hauptstamm	
Herzrhythmusstörungen:	ventrikuläre Arrhythmien ab LOWN IVb intermittierendes Vorhofflimmern
Linksschenkelblock (fehlende Beurteilbarkeit der ST-Strecke)	
Hypertrophe Myokardiopathie	
Hypertonie in Ruhe über 200/110 mmHg	
Herzwandaneurysma, Aortenaneurysma	
Anämie unter 10 g/dl	
Elektrolytentgleisung	

Tabelle 11 Optimale Ausrüstung für die Ergometrie

EKG-Direktschreiber mit mindestens 3 Kanälen

EKG-Monitor mit Pulsfrequenzanzeiger

Blutdruckgerät mit elektrischer Pumpe und zusätzlich elektronischem Verstärker oder automatische Blutdruckregistrierung

Große Stoppuhr

Elektrischer Defibrillator und externer Schrittmacher

Sauerstoffgerät

Intubationsbesteck

Notapotheke mit folgenden Medikamenten:
- Adrenalin 1 mg (Suprarenin) – Ampullen
- Orciprenalin 2% (Alupent) – Ampullen
- Lidocain 2% (Xylocain) – Ampullen
- Furosemid 20 mg (Lasix) – Ampullen
- Verapamil 5 mg (Isoptin) – Ampullen
- Atropin 0,5 mg – Ampullen
- Bicarbonat 8,4% – Lösung
- Kochsalzlösung
- Injektionsspritzen, Nadeln, auch für intrakardiale Injektion, Venenkatheter

Abbruchskriterien für ergometrische Untersuchungen kennen. Sie sind in Tabelle 12 zusammengestellt.

Bewertung des Belastungstests

Das Ergebnis der Belastungsprüfung ist um so zuverlässiger, je mehr sich der Patient seiner Vita maxima nähert. Bei Sportlern ist dies leicht zu erreichen, häufig jedoch nicht bei unseren Patienten, die zum großen Teil bewegungsungewohnt sind. Mangelndes Training verändert die Ergebnisse durch verstärkte Dyspnoe und relative Tachykardie wie eine Herzinsuffizienz. Zu den gleichen Veränderungen kommt es durch respiratorische Insuffizienz, stärkere Anämie, Fieber, Schlafmangel, Übertraining und nach Alkoholabusus.

Auch Medikamente nehmen, wie oben erwähnt, Einfluß auf das Ergebnis der Ergometrie (Tab. 7). Digitalispräparate verursachen ST-Strecken-Senkungen, die wie eine Myokardischämie aussehen können. Ähnliches gilt für diuretikainduzierten Kaliummangel sowie antiarrhythmisch wirkende Medikamente und Psychopharmaka. Gelegentlich werden durch Betablocker (Koronarspasmen) und Calciumantagonisten vom Nifedipin-Typ (Steal-Phänomen) paradoxe Reaktionen ausgelöst, die dann zu ischämietypischen EKG-Veränderungen führen. Umgekehrt kommt es unter antianginös wirkenden Substanzen wie Nitraten und Molsidomin, Calciumantagonisten und Betablockern (Ausnahme s. o.)

Tabelle 12 Indikationen zum Abbruch des Belastungs-EKG

Subjektive Gründe:
Angina pectoris
übermäßige Dyspnoe
Erschöpfung
Muskel- oder Gelenkschmerzen
Objektive Gründe:
klinisch:
Kaltschweißigkeit, auffällige Blässe
Zyanose
Blutdruckanstieg über 260 mmHg systolisch
Blutdruckabfall über 20 mmHg
EKG:
ischämische ST-Strecken-Senkung über 2 mm oder ST-Hebung
neu aufgetretenes Vorhofflimmern
Ketten ventrikulärer Extrasystolen
neu aufgetretene Erregungsleitungsstörungen

bei Patienten mit koronarer Herzkrankheit zu einer Verbesserung der tatsächlichen Leistungsfähigkeit und somit zu falsch negativen Ergometrieresultaten. In Zweifelsfällen muß nach entsprechender Medikationspause die Belastung wiederholt werden. Weitere Faktoren, die das Resultat der Ergometrie beeinflussen, werden auf S. 204 im Kapitel „Koronare Herzkrankheit" besprochen.

In die *Bewertung der Untersuchung* müssen subjektive und objektive Angaben, die zum Abbruch der Ergometrie führten (Tab. 12), sowie die erbrachte Belastungshöhe in Relation zur Soll-Leistung (Tab. 6) einbezogen werden. Eine ST-Senkung von 1 mm bei 100 Watt bei einem 70jährigen wiegt *wesentlich* leichter als derselbe Befund bei einem 40jährigen; und dieser Befund wiegt wiederum wesentlich leichter als eine Senkung von 3 mm bei derselben Leistung.

Echokardiographie

Die Echokardiographie, auch Ultraschallkardiographie genannt, nutzt die unterschiedliche Reflexion von Ultraschallwellen über 20 000 Hz beim Übergang von einem Medium zum anderen für die Herzdiagnostik aus. Sie wurde insbesondere von Firestone und Edler sowie von Feigenbaum gefördert. Man benutzt zur bildlichen Darstellung des Herzens den **M-**(motion-)**mode,** die eindimensionale Aufnahme (Abb. 12 und 13) und das zweidimensionale **Sector-scanning** sowie zu Flußmessungen **Doppler-Verfahren** (Abb. 14).

Die Echokardiographie nimmt heute in der Kardiologie eine Schlüsselstellung ein. So hat sie sich z. B. für die Diagnostik der Mitral- und Aortenstenose, von Perikardergüssen, der Vergrößerung von Herzhöhlen, der Hypertrophie der Ventrikelwand oder des Septums, von Bewegungsstörungen und schließlich auch von Herztumoren und -thromben als unentbehrlich erwiesen. Sowohl die Anfertigung der Kurven wie auch ihre Deutung bedürfen erheblicher Übung. In Tab. 13 werden eine Auswahl wichtiger Kriterien angegeben, die für die Interpretation von echokardiographischen Daten benötigt werden. Dabei muß bedacht werden, daß Durchmesserangaben (hier in mm) meist geschlechtsspezifisch sind und nur für den „durchschnittlichen" Menschen gelten; bei kleinen Personen sind bis zu 10% geringere Werte, bei großen bis zu 10% höhere zu veranschlagen.

Mit der **Doppler-Echokardiographie** lassen sich die Strömungsverhältnisse im Herzen und den großen Gefäßen darstellen (z. B. Nachweis einer Mitral- oder Aorteninsuffizienz oder eines Shunt-Vitiums); darüber hinaus kann anhand einer Näherungsformel auf den Kleinkreislaufdruck und Gradienten einer Klappenstenose geschlossen werden. Besser ist die Umrechnung von Klappengradienten in Klappenöffnungs-

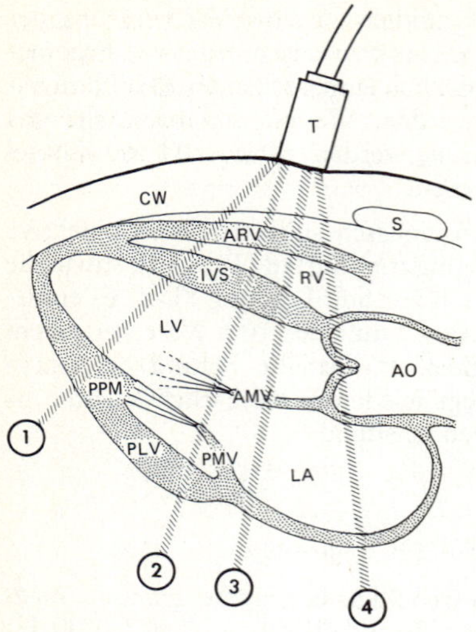

Abb. 12 Querschnitt durch das Herz und der „sweep" des Schallkopfes (T) von der Herzspitze zur Herzbasis. Die Zahlen geben die Stellung wieder, in der die Kurven von Abb. 13 gewonnen wurden. Erklärung der Abkürzungen s. dort. BW = Brustwand, S = Sternum, IVS = Interventrikularseptum (nach Feigenbaum)

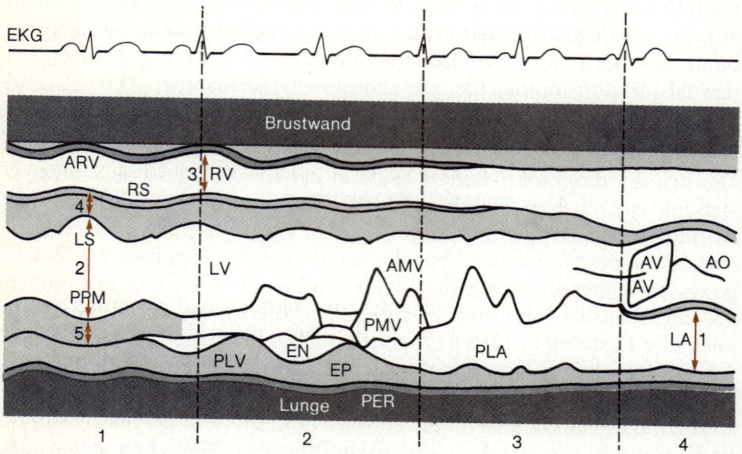

Abb. 13 Schematische Darstellung des Echokardiogramms bei Kippung des Schallkopfes aus einer apikalen Richtung zur Herzbasis. AMV = vorderes Mitralsegel, AO = Aorta, ARV = Vorderwand des rechten Ventrikels, AV = Aortenklappe, EN = Endokard des linken Ventrikels, EP = Epikard des linken Ventrikels, LA = linker Vorhof, LS = linke Seite des Interventrikularseptums, LV = linker Ventrikel, PER = Perikard, PLA = Hinterwand des linken Vorhofs, PLV = Hinterwand des linken Ventrikels, PMV = hinteres Mitralsegel, PPM = Papillarmuskel, RS = rechte Seite des Interventrikularseptums, RV = rechter Ventrikel (nach Feigenbaum). Die Zahlen beziehen sich auf Angaben in Tab. 13 bzw. Abb. 12

Tabelle 13 Echokardiographische Normwerte (in mm bzw. Prozent)

	normal	leicht	mittel	stark vergrößert bzw. eingeschränkt
Linker Vorhof (1)				
Frauen	bis 40	41–45	46–55	> 55
Männer	bis 40	41–49	50–59	> 60
Linker Ventrikel (2)				
Frauen	bis 55	56–60	61–70	> 70
Männer	bis 59	60–65	66–75	> 75
Linksventrikuläre Verkürzungsfraktion	> 28%	25–28%	20–25%	< 20%
Linksventrikuläre Auswurffraktion	> 65%	50–65%	40–49%	< 40%
Rechter Ventrikel* (3)				
Frauen	bis 60	61–70	71–80	> 80
Männer	bis 65	66–75	76–85	> 85
Interventrikular-Septum und linksventrikuläre Hinterwand (enddiastol.) (4,5)				
Frauen	bis 10	11–12	13–14	> 14
Männer	bis 11	12–13	14–15	> 15

* errechnet aus Summe von präseptalem und präaortalem enddiastolischem Diameter in der langen parasternalen Achse.

flächen (cm^2), da hierdurch das Herzzeitvolumen berücksichtigt wird. Dabei gilt die Einteilung in Tab. 14. Eine Fortentwicklung der gepulsten Doppler-Echokardiographie stellt die **Farb-Doppler-Untersuchung** dar, wobei zur Darstellung von Flußgeschwindigkeit, -richtung und -änderung 3 Farben (rot, grün, blau) benutzt werden. Strömungen auf den Schallkopf zu erscheinen rot kodiert, vom Schallkopf weg blau. Die Strömungsgeschwindigkeit wird durch die Helligkeit der Farben repräsentiert. Turbulenzen stellen sich als überwiegend grünes Farbmosaik dar. Ein Beispiel für eine deutliche Mitral- und leichte Trikuspidalinsuffizienz wird in Abb. 15 (Farbtafel I) gegeben.

Weitere, pathologische Echokardiogramme werden bei den einzelnen Krankheitsbildern besprochen.

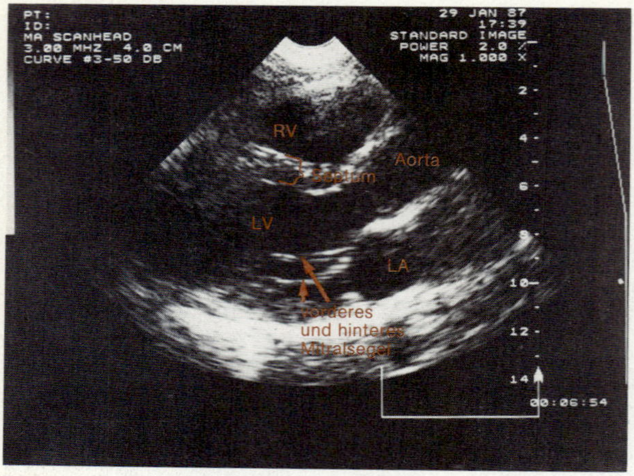

a

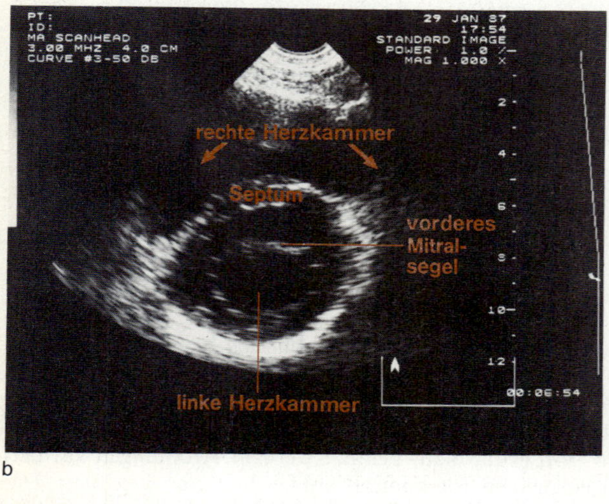

b

Röntgenuntersuchung des Herzens

Zur Abklärung von Herzerkrankungen und zur differentialdiagnostischen Abgrenzung von Lungenkrankheiten ist eine röntgenologische

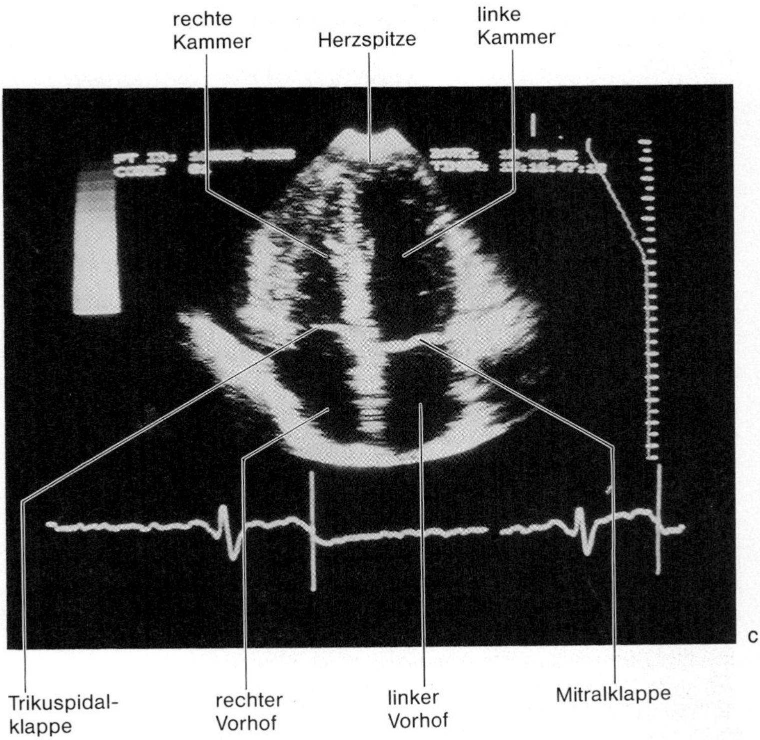

Abb. 14a–c Normales zweidimensionales Echokardiogramm
a) Parasternale lange Achse („long axis") mit Darstellung der Aorta, dahinter liegt der linke Vorhof, der über die Mitralklappe mit dem linken Ventrikel verbunden ist. Deutlich sichtbar ist das Interventrikularseptum, das den linken vom rechten Ventrikel trennt. b) Parasternale kurze Achse. Oben liegt der rechte Ventrikel, getrennt durch das Interventrikularseptum kommt der linke Ventrikel und das vordere Segel der Mitralklappe zur Darstellung. c) Apikaler Vierkammerblick. Von der Herzspitze aus lassen sich alle vier Herzkammern sowie die Mitral- und Trikuspidalklappen darstellen.
LV = linker Ventrikel, RV = rechter Ventrikel, LA = linker Vorhof, RA = rechter Vorhof

Untersuchung der Thoraxorgane erforderlich. Die in zwei Ebenen anzufertigenden Aufnahmen erlauben eine Abschätzung der Größe und Form des Herzens, eine Darstellung von Verkalkungen sowie eine Beurteilung der Lungengefäße. Die Herzhinterwand (linker Vorhof)

Tabelle 14 Klappenöffnungsflächen bei Aorten- und Mitralvitien

	normal	leicht	mäßig	schwer
Aortenstenose	> 1,5	1,0–1,4	0,7–1,0	< 0,7
Mitralstenose	> 2,5	2,0–2,5	1,0–1,9	< 1,0

läßt sich gut nach Barium-Breischluck abgrenzen. Klappen- und Koronarkalk können am besten mittels Durchleuchtung nachgewiesen werden, wobei dem letzteren Befund wegen der fehlenden Spezifität keine große diagnostische Bedeutung zukommt.

Da die Schwere kardialer Erkrankungen und die Prognose eng mit der **Herzgröße** korrelieren, ist die quantitative Bestimmung des Herzvolumens von erheblicher praktischer Bedeutung. Der **kardiothorakale Index** (Relation von Herzgröße zu Thoraxdurchmesser in Zwerchfellhöhe auf der p.-a. Aufnahme) ist wenig verläßlich, da orthostatische Verschiebungen zu Abweichungen bis 30% führen und keine Bewertung des Tiefendurchmessers des Herzens in die Beurteilung eingeht. Bei der **Herzvolumenbestimmung** fertigt man 2 senkrecht aufeinander stehende Aufnahmen am üblicherweise in Bauchlage liegenden Patienten an. Der Film-Fokus-Abstand soll dabei wenigstens 1,5 m betragen. Günstiger ist eine Entfernung von 2 m. Für die Praxis reicht es aus, beide Aufnahmen nacheinander zu belichten, ohne Phasensteuerung durch ein EKG-Gerät. Falls aus räumlichen Gründen die Röhre nicht hoch genug gestellt werden kann, benutzt man nur das Wandstativ, dreht den Patienten nach der Aufnahme im Rechts-links-Strahlengang auf die rechte Seite und belichtet in dieser Stellung das posterior-anteriore Bild. Untersuchungen von Kaltenbach u. Hopf ergaben, daß auch eine Herzvolumenbestimmung in halbsitzender Position verläßliche Resultate ergibt und gleichzeitig einer Beurteilung der Lungengefäße erlaubt.

Aus diesen beiden Aufnahmen kann die Herzgröße rechnerisch ermittelt werden. Das Vorgehen ergibt sich aus Abb. 16. Bei einem Fokus-Film-Abstand von 2 m für beide Aufnahmen beträgt der Korrektionsfaktor (F) für die geringe Verzerrung als Folge der Strahlendivergenz und für die Berechnung des Ellipsoids, das das Herz ungefähr darstellt, 0,4. Die nach der Formel $l \cdot b \cdot t$ maximal $\cdot F (= 0{,}4)$ errechnete Herzgröße wird als Herzvolumen bezeichnet. Es entspricht der Wasserverdrängung des Herzens einschließlich des Perikards und dem Ansatz der großen Gefäße. Die Größe des Herzens ist u. a. von der Statur des Patienten abhängig. Daher ist eine Normierung auf die Körperoberfläche erforderlich. Eine Bewertung wird in Tab. 15 vorgenommen.

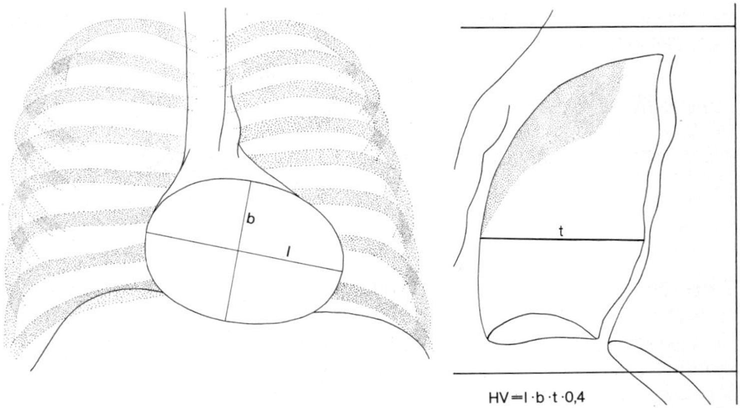

Abb. 16 Skizzen zur Berechnung der Herzgröße („Herzvolumenbestimmung") aus zwei Röntgenaufnahmen = l · b · größter senkrechter Tiefendurchmesser (t) · einem Faktor, der bei einem Abstand von 2 m 0,4 beträgt

Vergrößerte Herzen können durchaus normal sein, wenn z. B. eine vermehrte Volumenbelastung, etwa durch Schwerarbeit oder durch Sport, gegeben ist. Nähere Einzelheiten s. b. Kaltenbach u. Klepzig.

Unter den neueren Röntgenverfahren hat die **digitale Substraktionsangiographie (DSA)** vor allem bei der Lungenembolie-Diagnostik und zur Klärung anatomischer Besonderheiten des Herzens sowie der großen Gefäße entscheidende Bedeutung erlangt.

Nach Anfertigung einer Leeraufnahme wird intravenös 30–50 ml Kontrastmittel appliziert. Es folgen mit einer Frequenz von 1–3 Bildern

Tabelle 15 Bewertung des Herzvolumens

normal	Männer: bis 450 ml/1,0 m^2 oder 800 ml/1,73 m^2 Frauen: bis 400 ml/1,0 m^2 oder 700 ml/1,73 m^2
leicht vergrößert	Männer: bis 500 ml/1,0 m^2 oder 900 ml/1,73 m^2 Frauen: bis 450 ml/1,0 m^2 oder 800 ml/1,73 m^2
mäßig vergrößert	Männer: bis 700 ml/1,0 m^2 oder 1200 ml/1,73 m^2 Frauen: bis 650 ml/1,0 m^2 oder 1100 ml/1,73 m^2
stark vergrößert:	Männer: über 700 ml/1,0 m^2 oder 1200 ml/1,73 m^2 Frauen: über 650 ml/1,0 m^2 oder 1100 ml/1,73 m^2

pro Sekunde (bei manchen Geräten EKG-getriggert) Röntgenaufnahmen des Herzens bzw. der großen Gefäße.

Nuklearmedizinische Untersuchungen

Eine weitere nichtinvasive Möglichkeit zur Beurteilung des Herzens wird durch szintigraphische Untersuchungen eröffnet. Dabei kann der Herzmuskel (z. B. mit Thallium 201 oder Technetium-Isonitril) sowie der Herzbinnenraum (z. B. nach Markierung der Erythrozyten mit Technetium 99m) dargestellt werden.

Thallium-201-Myokardszintigraphie. Belastungsinduzierte Myokardischämien können in Form von reversiblen ^{201}Tl-Fixationsstörungen nachgewiesen werden. In der Praxis wird dabei so vorgegangen, daß vor Beendigung einer ergometrischen Belastung ca. 2mCi (74 MBq) des Radionuklids intravenös appliziert werden. Ischämietypisch sind Myokarddefekte im Frühszintigramm (sofort nach Belastung), die sich im Laufe der folgenden 3–4 Stunden wieder auffüllen („Redistribution"). Myokardnarben stellen sich demgegenüber als irreversible Perfusionsdefekte dar. Differentialdiagnostisch wichtig ist, daß auch schwere Ischämien (Ruheischämien) zu persistierenden Thallium-Fixationsdefekten führen können. Aus diesem Grunde wird in Zweifelsfällen die ^{201}Tl-**Reinjektion** vor der erneuten Aufnahme empfohlen, bei der sich dann ischämische, nicht narbig veränderte Bezirke normal darstellen. Die Sensitivität der ^{201}Tl-Myokardszintigramme zur Erkennung einer koronaren Herzkrankheit wird in Abhängigkeit vom Ausmaß des Gefäßbefalls mit 70–90% angegeben, die Spezifität beträgt ca. 90% (s. Farbtafel VII und VIII).

Technetium-99m-Isonitril. Diese Substanz ist im Gegensatz zum Thallium, das zum Teil auch abhängig vom myokardialen Stoffwechsel aufgenommen wird, ein reiner Perfusionsmarker. Daher kann auch keine Redistribution beobachtet werden. Bei der Untersuchung wird analog zur Thallium-Myokardszintigraphie verfahren. Die Einzeldosis ^{99m}Tc beträgt 6–15 mCi (222 bis 555 MBq). Eine Reinjektion (entweder nach einigen Stunden mit höherer Dosis oder am nächsten Tag mit gleicher Dosis) ist dann erforderlich, wenn das erste Szintigramm pathologisch ausgefallen ist. Insgesamt ist die Bildqualität deutlich höher als bei der Thallium-Szintigraphie.

Eine gute Lokalisationsdiagnostik der Myokardischämie läßt sich durch eine Myokardszintigraphie mit rotierender Gammakamera erreichen (Single photon emission computed tomography, **SPECT**).

Technetium-99m-Radionuklid-Ventrikulographie. Diese Untersuchung erlaubt eine **globale und regionale Analyse der Funktion des linken Ventrikels.** Grundlage dieses Verfahrens ist die Darstellung der Herzbinnenräume nach radioaktiver Markierung der Erythrozyten mit

10–20 mCi (370–740 MBq) Technetium-99m. Durchgeführt wird unter anderem eine Amplituden- und Phasenanalyse der Ventrikelkontraktion zur Aufdeckung regionaler belastungsinduzierter Hypokinesien sowie die Bestimmung der regionalen und globalen linksventrikulären Auswurffraktion. Normwerte und eine Bewertung pathologischer Befunde ergeben sich aus Tab. 16. Die Sensitivität zur Erkennung einer koronaren Herzkrankheit wird in der Literatur mit 56% (bei koronarer Eingefäßkrankheit) bis 93% (Mehrgefäßkrankheit) angegeben, die Spezifität liegt zwischen 50 und 100% (s. auch Farbtafel VI).

Die **Positronen-Emissions-Tomographie (PET)** stellt ein Verfahren zur Darstellung von Stoffwechselvorgängen in der Myokardzelle dar. Der Stellenwert dieser sehr teuren und aufwendigen Methode in der klinischen Kardiologie ist noch offen.

Die Strahlenbelastung der nuklearmedizinischen Untersuchung ist vergleichsweise gering; sie entspricht der der üblichen Röntgenuntersuchungen, z. B. des Magen-Darm-Traktes.

Farbstoffverdünnungskurven

Nach Injektion eines Farbstoffes (z. B. Methylenblau) in eine periphere Vene kann am hyperämisierten Ohrläppchen das Erscheinen im großen Kreislauf mittels einer Photozelle registriert werden. Bei Patienten mit Rechts-links-Shunt wird der Farbstoff vorzeitig beobachtet, die Kurve ist doppelgipflig. Bei Patienten mit Links-rechts-Shunt ist die Erscheinungszeit normal, die Verdünnungszeit jedoch verlängert. Abb. 17 gibt

Tabelle 16 Beurteilung der linksventrikulären Auswurffraktion mittels Radionuklid-Ventrikulographie

normale Ruhefunktion	> 49%
leichte Ruheeinschränkung	45–49%
mittlere Ruheeinschränkung	30–44%
schwere Ruheeinschränkung	unter 30%
normale Belastungsreaktion	Gleichbleiben oder Anstieg der Auswurffraktion
leicht eingeschränkte Leistungsreserve	Abfall um bis zu 5%
mäßig eingeschränkte Leistungsreserve	Abfall um bis zu 15%
starke Funktionsstörung	Abfall um mehr als 15%

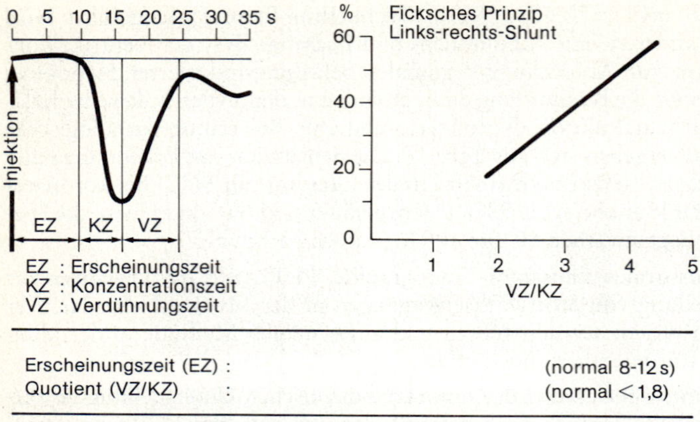

Abb. 17 Auswertung peripherer Farbstoffverdünnungskurven (s. Text) nach einem Schema, wie es in der Abteilung für Kardiologie der Universität Frankfurt (Leiter: Prof. Dr. M. Kaltenbach) angewandt wird

eine Anleitung zur Auswertung der Kurven bei Patienten mit Links-rechts-Shunt. Es wird der Quotient zwischen der Verdünnungszeit (VZ) und der Konzentrationszeit (KZ) berechnet; die Graphik im rechten Teil der Abbildung erlaubt die Umrechnung in prozentuales Shuntvolumen.

Angiokardiographie

Zur exakten anatomischen Diagnostik am Herzen dient die Angiokardiographie mit selektiver Darstellung der Herzkranzgefäße (**Koronarangiographie**) und Kammerdarstellung (**Ventrikulographie**). Klappenfehlfunktionen, Ventrikelkontraktionsstörungen, Septumdefekte, fehleinmündende Gefäße und Veränderungen in den Koronargefäßen können in mehreren Ebenen direkt sichtbar gemacht werden. Darüber hinaus ergibt sich die Möglichkeit, Myokardbiopsien zu entnehmen.

Der Zugang zum Herzen erfolgt entweder vom Bein aus durch direkte Punktion der Gefäße (Technik nach Judkins) oder vom Arm aus nach Freilegung der Gefäße (Technik nach Sones).

Diese Untersuchung ist zur differentialdiagnostischen Abklärung kardialer Erkrankungen sowie zur Klärung der Frage der Operationsindikation angezeigt.

Elektrophysiologische Untersuchung

Zur Abklärung akzessorischer Erregungsleitungsbahnen (s. S. 255 ff), zur Überprüfung einer antiarrhythmischen Therapie bei lebensbedrohli-

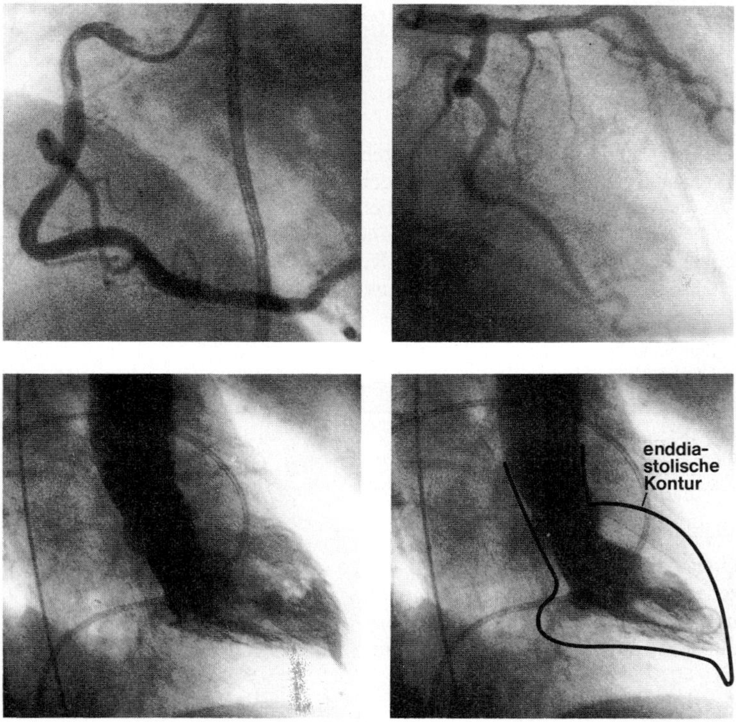

Abb. 18 Angiokardiographie des linken Herzens
a) Normale rechte Kranzarterie in links-vorderer Schrägposition. b) Normale linke Kranzarterie in rechts-vorderer Schrägposition. c) Normaler linker Ventrikel in Enddiastole in rechts-vorderer Schräge. d) Normaler linker Ventrikel in Endsystole in rechts-vorderer Schräge. Zur Orientierung: enddiastolische Kontur dazu eingezeichnet.

chen Herzrhythmusstörungen sowie vor einer Indikationsstellung zur invasiven Therapie (chirurgische Durchtrennung oder Umschneidung von akzessorischen Bahnen oder ektopischen Zentren, Katheterablation von Erregungsleitungsstrukturen, Implantation von Defibrillatoren) kann die Durchführung einer elektrophysiologischen Untersuchung des Herzens angezeigt sein. Mittels verschieden gesetzter Impulse und verschieden plazierter intrakardialer Ableitungskatheter kann das elektrische Verhalten präzise studiert werden.

Herzinsuffizienz

Pathophysiologie

Unter einer Herzinsuffizienz versteht man das Mißverhältnis zwischen Blutbedarf im Kreislauf und Angebot durch das Herz. Bei der **Belastungsinsuffizienz** kommt es nur bei speziellen Anforderungen (körperliche Belastung, Unfälle, Operationen, Fieber) zu entsprechenden Zeichen. Demgegenüber sind bei der **Ruheinsuffizienz** schon im Ruhestand Zeichen des Herzversagens nachzuweisen.

Tabelle 17 Normalwerte des suffizienten Herzens

Herzfrequenz	
in Ruhe	60–80/min
unter Belastung	220/min minus Alter
Blutdruck in der A. brachialis	
systolisch	98–120 mmHg
(noch normal bis	140 mmHg)
diastolisch	53–85 mmHg
(noch normal bis	95 mmHg)
Schlagvolumen	40–70 ml/m^2
Enddiastolisches Volumen	70–100 ml/m^2
Endsystolisches Volumen	25–35 ml/m^2
Ejektionsfraktion (Schlagvolumen geteilt durch enddiastolisches Volumen des linken Ventrikels)	55–80%
Herzindex (Herzminutenvolumen/m^2 Körperoberfläche)	2,8–4,2 l/min/m^2
Blutvolumen	1/13 des Körpergewichtes = 5–6 l
Widerstand im großen Kreislauf	770–1500 dyn s cm^{-5}
Widerstand im kleinen Kreislauf	unter 150–250 dyn s cm^{-5}
Kreislaufdrücke	s. Abb. 4c
Halbgipfelzeit der A.-carotis-Kurve (Steilanstieg bis halbe Höhe)	0,03–0,045 s

Unter physiologischen Bedingungen kann das suffiziente Herz alles anströmende Blut mit normalem Füllungsdruck aufnehmen und nach Aufsättigung mit Sauerstoff in den Lungen in den großen Kreislauf pumpen. Es leistet also Druck- und Volumenarbeit. Tab. 17 faßt Normwerte des Herz- und Kreislaufes zusammen. Ist Mehrarbeit erforderlich, so wird die Arbeit des Herzens durch den N. sympathicus und Katecholamine angeregt. Beim versagenden Herzen reichen diese Mechanismen nicht mehr aus. Das Herz greift auf den von Frank und Starling beschriebenen Mechanismus zurück, der in gewissem Umfang eine Steigerung der Leistung ermöglicht. Die Druck-Volumen-Kurve im Herzen wird hierdurch verändert. Der Füllungsdruck steigt, die Druckkurve steigt langsamer an, verläuft abgeflacht und geht verspätet zurück. Gleichzeitig vergrößert sich das enddiastolische Kammervolumen. Anfangs versucht das Myokard, durch eine *physiologische Hypertrophie* die vermehrte Belastung auszugleichen. Im Verlauf geht diese jedoch in eine *pathologische Hypertrophie* über. Eine wesentliche Rolle bei der Kompensation einer Herzinsuffizienz spielen auch verschiedene Hormone wie das **atriale natriuretische Peptid** (**ANP**), das – vermittelt durch die Dehnung in den Herzvorhöfen – die Diurese anregt.

Die Anpassungsvorgänge des Herzens werden durch die klinisch sehr bewährte hämodynamische Einteilung der Herzinsuffizienz nach Roskamm u. Reindell beschrieben, die in Tab. 18 verkürzt wiedergegeben ist (s. auch Abschnitt Rechtsherzkatheter). Diese Einteilung spiegelt sich auch in der klinischen Klassifikation der Herzinsuffizienz entsprechend einer Empfehlung der New York Heart Association wider (Tab. 19).

Ursachen

Eine Herzinsuffizienz kann sich akut oder chronisch entwickeln. Einer **akuten Herzinsuffizienz** liegt immer ein plötzliches, bedrohliches Ereignis zugrunde. Eine Anpassung an die veränderte Hämodynamik kann in

Tabelle 18 Hämodynamische Einteilung der Herzinsuffizienz

Stadium 1:	Kleinkreislaufdrücke nur unter Belastung erhöht; Herzzeitvolumen unter Belastung normal
Stadium 2:	Kleinkreislaufdrücke in Ruhe sowie unter Belastung erhöht; Herzzeitvolumen unter Belastung normal
Stadium 3:	Herzzeitvolumen in Ruhe noch normal; unter Belastung jedoch unzureichender Anstieg
Stadium 4:	Herzzeitvolumen bereits in Ruhe unzureichend

Tabelle 19 Stadieneinteilung nach Vorschlag der New York Heart Association (NYHA)

1. Normale körperliche Leistungsfähigkeit, nur klinische Hinweise auf das Bestehen einer Herzkrankheit
2. Leichte Einschränkung der Leistungsfähigkeit, Spaziergänge bis zu etwa 5 km sind noch möglich
3. Erhebliche Einschränkung der körperlichen Leistungsfähigkeit. Es sind nur noch leichte Belastungen möglich, z. B. leichte Hausarbeit
4. Jede körperliche Anstrengung verursacht Beschwerden. Ruhebeschwerden. Es muß vorwiegend Bettruhe eingehalten werden

Tabelle 20 Wichtigste Ursachen für eine akute Herzinsuffizienz

Linksherzinsuffizienz:
- akute Myokardischämie, Herzinfarkt
- Herzrhythmusstörungen
- Blutdruckabfall
- akuter Sauerstoffmangel (Anämie, Intoxikationen, Operationen, Pneumonie u. a.)
- Medikamente (Steroide, Antirheumatika, Betablocker, Kalziumantagonisten)
- akute Aorteninsuffizienz (Trauma, bakterielle Endokarditis, Kunstklappendysfunktion)
- akute Mitralinsuffizienz (Papillarmuskelsyndrom nach Herzinfarkt, bakterielle Endokarditis, Kunstklappendysfunktion)
- akuter Ventrikelseptumdefekt (Trauma, frischer Herzinfarkt)

Rechtsherzinsuffizienz:
- akute Linksherzinsuffizienz
- Lungenembolie
- akute Bronchialobstruktion (Asthmaanfall)
- akute Hypoxie

Globalinsuffizienz:
- großer Herzinfarkt
- Perikardtamponade
- Herzrhythmusstörungen
- Toxine (z. B. septischer Schock)

der Kürze der Zeit nicht eintreten. Ursachen für eine akute Herzinsuffizienz sind in Tab. 20 zusammengestellt.

Auf die Perikardtamponade wird auf S. 111 f eingegangen.

Das Herz reagiert auf eine **chronische Überlastung** recht uniform. Die Herzhöhlen dilatieren, die Füllungsdrücke steigen. Auf diese Weise können alle Herzerkrankungen im Spätstadium zur Herzinsuffizienz führen. Tab. 21 gliedert die möglichen Ursachen auf.

Den muskulären Ursachen, die in der Praxis sicherlich die häufigste Ursache einer Herzinsuffizienz darstellen, werden biochemische und neurohumorale gegenübergestellt. Eine sorgfältige Analyse der Ursachen der Herzinsuffizienz ist vor einer effizienten Behandlung erforderlich. Dabei ist es wichtig zu wissen, daß Ursache einer Rechtsherzinsuffizienz auch eine langdauernde Linksherzinsuffizienz sein kann.

Klinische Zeichen der Herzinsuffizienz

Die **akute Herzinsuffizienz** ist ein lebensbedrohliches Krankheitsbild, das in schweren Fällen mit einem Schock einhergeht (**kardiogener Schock,** definiert als Herzzeitvolumen $< 3{,}5\,l/min \cdot 1{,}73\,m^2$ bei gleichzeitig erhöhtem Pulmonalkapillardruck > 22 mmHg). Pathophysiologi-

Tabelle 21 Pathophysiologische Ursachen der chronischen Herzinsuffizienz (modifiziert nach Hegglin)

A. Mechanisch
   1. Muskuläre Überlastung durch krankhafte Druck-/Volumenbelastung oder idiopathische Muskelhypertrophie
      z. B. bei Vitien, Bluthochdruck, hypertrophischer Myokardiopathie, Lungenembolie
   2. Ausfall von Herzmuskelfasern
      z. B. bei dilatativer Myokardiopathie, Herzinfarkt, koronarer Herzkrankheit, Myokarditis, systemischen Muskelkrankheiten
   3. Behinderung der Herztätigkeit
      tachykarde und bradykarde Herzrhythmusstörungen; mechanische Behinderung z. B. bei konstriktiver Perikarditis, Herzbeuteltamponade, Vorhofmyxom und anderen Herztumoren, Endomyokardfibrose, Speicherkrankheiten

B. Biochemisch
   1. Substratmangel
      z. B. bei schwerer Anämie, mangelnde Blutzufuhr
   2. Störung der Utilisation
      z. B. bei Alkohol, Medikamenten, Vitaminmangel, Elektrolytentgleisungen, Hypothyreose, M. Addison

C. Erlahmung oder Blockierung der neuralen bzw. humoralen Stimulation
   z. B. Betablocker

D. Kombinationsform (häufigste Form)

sches Kennzeichen ist also ein stark eingeschränktes Herzzeitvolumen bei erhöhten Füllungsdrücken. Klinisch ist der Patient meist somnolent, sein Kreislauf ist zentralisiert. Liegt eine akute Lungenstauung vor, so wird die arterielle Hypoxie noch verstärkt. Aufgrund der Kreislaufdepression sistiert die Diurese, wodurch die Überwässerung zunimmt.

Bei Patienten mit **chronischer Herzinsuffizienz** entwickeln sich im Laufe der Zeit eine Reihe typischer Symptome (Tab. 22). Welche klinischen Zeichen auftreten, wird entscheidend davon bestimmt, ob eine Links- oder Rechtsinsuffizienz im Vordergrund steht.

Beiden Formen der Herzinsuffizienz sind die folgenden **Symptome** gemeinsam.

Eine **Zyanose** wird erkennbar, wenn der Gehalt an reduziertem Hämoglobin im Kapillarbereich über 5 g/dl steigt. Bei schwerer Anämie wird dieser Wert nicht erreicht, trotz erheblicher arterieller Untersättigung mit Sauerstoff kann daher eine Zyanose fehlen. Andererseits ist eine Polyglobulie immer mit einer gewissen Blaufärbung der Schleimhäute verbunden.

Klinisch muß eine periphere von einer zentralen Zyanose unterschieden werden. Bei der **peripheren Zyanose** sind vor allem Finger, Zehen, Nase, Ohren und Lippen befallen. Bei starker Kreislaufzentralisation (z. B. im Schock) können auch ganze Extremitäten zyanotisch werden. **Ursachen** für diese periphere Zyanose können eine Herzinsuffizienz, arterielle und venöse Gefäßverschlüsse, eine Polycythaemia vera sowie eine Kälteexposition sein. Dieser peripheren Form steht die **zentrale Zyanose** gegenüber, bei der die Bindehäute der Augen und die Zunge, die bei der peripheren Zynose frei bleiben, ebenfalls blau verfärbt sind. Ursachen einer zentralen Zyanose sind Vitien mit Rechts-links-Shunt, aber auch schwere Erkrankungen im Bereich der Lungen (Lungenödem, Lungenembolie, Pneumonie, chronisches Emphysem, Bronchiektasen, Pneumokoniosen, primäre und sekundäre pulmonale Hypertonie) und Intoxikationen mit Medikamenten (Nitrate, Nitrite, Chlorate u. a.) kommen in Frage.

Aufgrund des chronischen Sauerstoffmangels führt die Herzinsuffizienz im Laufe der Zeit zur **Polyglobulie.** Der günstigen Folge einer vermehrten Zahl von Sauerstoffträgern steht hier allerdings die ungünstige Steigerung des Hämatokrits und somit der Viskosität entgegen, was für das Herz Mehrarbeit bedeutet.

Schließlich löst eine langbestehende arterielle Hypoxie Veränderungen an den Fingern und Zehen aus. Es bilden sich **Uhrglasnägel** und **Trommelschlegelfinger** bzw. **-zehen.**

Ein weiteres klassisches Zeichen der Links- und Rechtsinsuffizienz ist die **Tachykardie.** Sie stellt einen Versuch des Herzens dar, die vermin-

Tabelle 22 Subjektive und objektive Zeichen für eine chronische Links- oder Rechtsinsuffizienz

	Beiden gemeinsam	Linksinsuffizienz	Rechtsinsuffizienz
Subjektive Zeichen	Müdigkeit Leistungs-schwäche	Atemnot bei geringer Belastung oder schon in Ruhe (Asthma cardiale). Schlafstörungen Hustenreiz bei Belastung und im Liegen Flaches Liegen nicht möglich	Magenbeschwerden Druck in der Lebergegend Schwere Beine Nykturie Rasche Gewichtszunahme
Objektive Zeichen			
1. Klinische	Zyanose Tachykardie Herzrhythmusstörungen Gewichtszunahme durch Wassereinlagerung Polyglobulie Kalte Akren	Dyspnoe Orthopnoe Galopprhythmus Pulsus alternans Stauungsgeräusche Asthma cardiale Lungenödem Pleuraerguß	Venenstauung Leberschwellung Periphere Ödeme Pleuroperikarderguß Aszites Kachexie
2. Untersuchungstechnische	Erhöhte arteriovenöse Sauerstoffdifferenz Verminderung der Herzzeitvolumenleistung Verschlechterung der Kontraktionsparameter	Erhöhter linksventrikulärer enddiastolischer Druck Erhöhung des Pulmonalkapillardruckes	Erhöhung des Füllungsdruckes des rechten Ventrikels Erhöhung des zentralen Venendruckes Stauungsurin Im Blut: Veränderungen durch Nieren- und Leberstauung

derte Pumpleistung des Herzens und das **Absinken des systolischen Blutdrucks** durch eine höhere Schlagfrequenz zu kompensieren. Nicht selten treten zusätzlich **Herzrhythmusstörungen** auf (neben Extrasystolen häufig vor allem Vorhofflimmern, das durch eine Überdehnung der Vorhöfe ausgelöst wird).

In fortgeschrittenen Krankheitsstadien kommt es zur **kardialen Kachexie.** Sie ist u. a. Folge einer erheblichen Einschränkung der Versorgung des Organismus mit Blut und Nährstoffen, einer erzwungenen Einschränkung der körperlichen Leistungsfähigkeit und einer erschwerten Resorption von Nährstoffen. Die Kachexie kann aber auch als „Schongang" verstanden werden; der Organismus paßt sich der verminderten Leistungsfähigkeit des Herzens an. Vergleichbar ist die Situation bei Kindern mit schweren, angeborenen Herzfehlern; sie bleiben in der Entwicklung deutlich zurück. Bei ihnen bildet sich häufig als Folge der Herzhypertrophie und -dilatation ein **Herzbuckel** (**Voussure**) aus.

Ein Leitsymptom für die **Linksherzinsuffizienz** ist die **Dyspnoe,** die sich bis zur **Orthopnoe** steigern kann. Da diese Luftnot häufig mit Giemen und Brummen einhergeht, spricht man auch vom **Asthma cardiale.** Die Luftnot wird durch mehrere Mechanismen verursacht. Zum einen entspricht das Herzzeitvolumen nicht dem aktuellen Bedarf. Weiterhin liegt eine gesteigerte Reagibilität des Bronchialsystems bei Lungenstauung vor, so daß, wie der Name „Asthma cardiale" suggeriert, in der Tat eine Bronchialkonstriktion entsteht. Dieser Vorgang und die stauungsbedingte Verlängerung des Diffusionsweges zwischen den Lungenalveolen und den Kapillaren führen zu einer arteriellen Hypoxämie. Übersteigt der Druck in den Gefäßen den kolloidosmotischen Druck (um 30 mmHg), dann tritt Flüssigkeit in die Alveolen aus. Bei chronischer Lungenstauung liegt diese Grenze höher, da die Gefäßwände verdickt sind und einem höheren Druck standhalten. Nun entstehen die typischen **Rasselgeräusche.** Eine **Superinfektion** dieses Exsudats kann diese Stauung lebensgefährlich werden lassen (**Stauungspneumonie**). Das **Lungenödem** stellt eine graduelle Steigerung dieser Stauung dar; jetzt werden große Areale der Lunge mit Flüssigkeit verlegt, die Ventilationsfläche sinkt gefährlich ab. In fortgeschrittenen Stadien der Herzinsuffizienz wird die Luftnot noch durch **Pleuraergüsse** verschärft, die die Lungen von außen komprimieren und so zu einer beträchtlichen Reduktion der Ventilationsfläche in den Lungen führen können.

Bei einer **Rechtsherzinsuffizienz** stehen Zeichen der **venösen Stauung** im Vordergrund. Die **Halsvenen** sind vermehrt gefüllt, die **Leber** ist vergrößert, verhärtet und druckempfindlich. Typisch ist der **hepatojuguläre Reflux:** Während manueller Kompression der Leber beim liegenden Patienten treten die Halsvenen stärker hervor. Dieses Phänomen wird bei Lebervergrößerungen anderer Genese nicht beobachtet.

Typisch für eine Rechtsherzinsuffizienz ist auch die **Stauungsgastritis** mit Druckgefühl im Magen, Appetitlosigkeit und Brechreiz (meist jedoch ohne Erbrechen). Diese gastrointestinale Stauung ist auch dafür verantwortlich, daß die meisten Medikamente in diesem Zustand schlecht resorbiert werden, wodurch sich der Krankheitszustand noch verschlimmert. Auch die im weiteren Krankheitsverlauf auftretende **kardiale Kachexie** kann hierdurch erklärt werden.

Weitere Begleiterscheinungen einer Rechtsherzinsuffizienz sind **Pleuraergüsse, Aszites** und **Beinödeme.** Neben dem mechanischen Problem eines erschwerten Rückflusses zum Herzen und einem verminderten Bluteiweißspiegel durch eine stauungsbedingte Synthesestörung der Leber spielt hier vor allem der **sekundäre Hyperaldosteronismus** eine entscheidende Rolle. Dieser entsteht zum einen dadurch, daß es durch die verminderte Nierendurchblutung zu einer Stimulation des **Renin-Angiotensin-Systems** kommt, was zu einer vermehrten Bildung von Aldosteron führt; hierdurch wird eine verstärkte Rückresorption von Natrium im distalen Tubulus und damit von Wasser bewirkt. Zum anderen wird Aldosteron in der funktionsbeeinträchtigten Leber vermindert abgebaut. Parallel zur Minderung der Nierenperfusion treten auch Veränderungen im Urin auf (**Stauungsurin**): Er wird konzentrierter, farbstoffreich, es können vermehrt Erythrozyten und Eiweiß nachgewiesen werden. Als Folge der vermehrten Wassereinlagerung beklagt der Patient eine **Nykturie.**

Untersuchungsbefunde bei Herzinsuffizienz

Linksherzinsuffizienz

Auskultatorisch findet sich über dem Herzen bei der Linksinsuffizienz neben einer Tachykardie oft ein Dreier- oder Vierer-**Galopp-Rhythmus** als Folge eines zusätzlichen protodiastolischen und präsystolischen Herztons. Der protodiastolische Ton entsteht durch den diastolischen Bluteinstrom in die Herzkammern und kann Ausdruck einer gestörten Elastizität („Compliance") der Ventrikel sein (s. Einleitung, S. 8). Der 4. Herzton deutet auf die vermehrte Arbeit der Herzvorhöfe bei der Füllung der Herzkammern hin. Er kann natürlich nicht beim Vorhofflimmern beobachtet werden. Als **Summationsgalopp** bezeichnet man ein Zusammentreffen beider Galoppformen. Er kommt nur bei Tachykardie vor. Der 2. Pulmonalton ist entsprechend dem erhöhten Druck in der A. pulmonalis verstärkt, während der 2. Aortenton abgeschwächt erscheint.

Spezielle laborchemische und mikroskopische Methoden sind zur Sicherung der Diagnose einer Linksinsuffizienz nicht notwendig. Man kann jedoch z. B. durch Eisenfärbung eines Sputumausstriches „Herzfehlerzellen" nachweisen, abgestoßene Lungenepithelien, die durch Stauung ausgetretene Erythrozyten phagozytiert haben. Bei chronischer Lungenstauung werden die Erythrozyten im Blut vermehrt, der Hämatokrit ist also erhöht.

Das **EKG** läßt beim Übergang von der Suffizienz zur Insuffizienz gewöhnlich zusätzliche Änderungen missen. Allein das Auftreten eines P-mitrale kann frühzeitig auf ein Versagen des linken Ventrikels hinweisen. Der Kammerteil wird außer bei Jugendlichen nach und nach linkstypischer, d.h. R wird in Ableitung I größer und S in III tiefer (s. Abb. 48, Seite 148, und Abb. 21, S. 52, schematische Übersicht in Abb. 19 und Abb. 10, S. 23). Eine Überhöhung von R in Ableitung I über 2,0 mV, in aVL über 0,7 mV und ein Überschreiten der Summe des größten S in V_1 plus des größten R in V_5 oder V_6 des Wertes von 3,5 mV (Sokolow-Lyon-Index) spricht bei Personen über 40 Jahren für eine Linkshypertrophie.

Es muß aber betont werden, daß ein normales EKG nicht das Bestehen einer Linksherzinsuffizienz ausschließt und daß umgekehrt eine typische Linkshypertrophie- oder Linksschenkelblockkurve ohne eine begleitende Linksherzinsuffizienz bestehen können.

Eine schwere Myokardschädigung geht häufig mit **Herzrhythmusstörungen** einher. Häufig sind ventrikuläre und supraventrikulären Extrasystolen bis hin zu Vorhofflimmern (verursacht durch die Dilatation der Vorhöfe). Lebensbedrohlich sind vor allem **ventrikuläre Tachykardien** (Abb. 21b), die für rund 30% aller Todesfälle bei Patienten mit schwerer Herzinsuffizienz verantwortlich sind.

Die objektive Quantifizierung der Leistungsfähigkeit hat große diagnostische und prognostische Bedeutung. Deshalb wird man bei allen Patienten, die keine Ruhebeschwerden haben, ein **Belastungs-EKG** zur

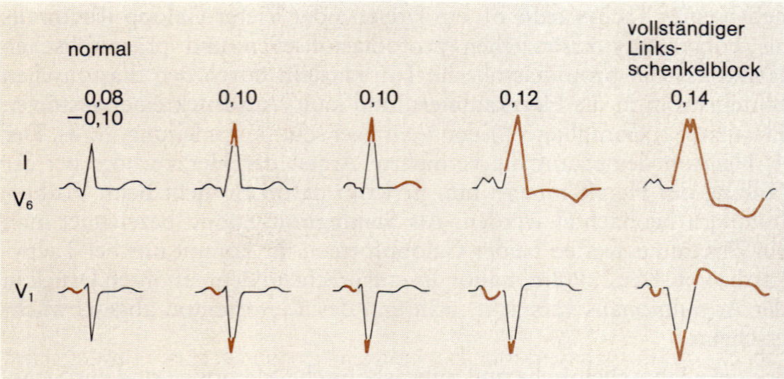

Abb. 19 Entwicklung der EKG-Veränderungen in Ableitung I/V_1 und V_6 bei chronischer Überlastung des linken Ventrikels. Die Zahlen geben die Breite von QRS an. Im frühen Stadium nimmt nur die Größe der R- bzw. S-Zacken zu. Im weiteren Verlauf kommt es zu Abflachungen bzw. Negativierungen der T-Wellen. Schließlich tritt eine Verbreiterung des Kammerkomplexes bis hin zum kompletten Linksschenkelblock ein

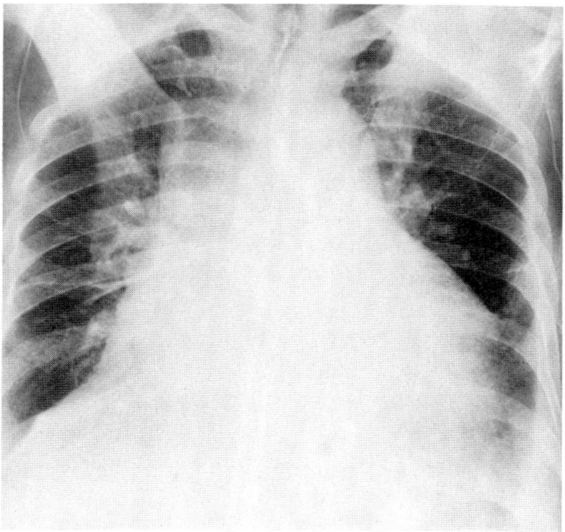

a

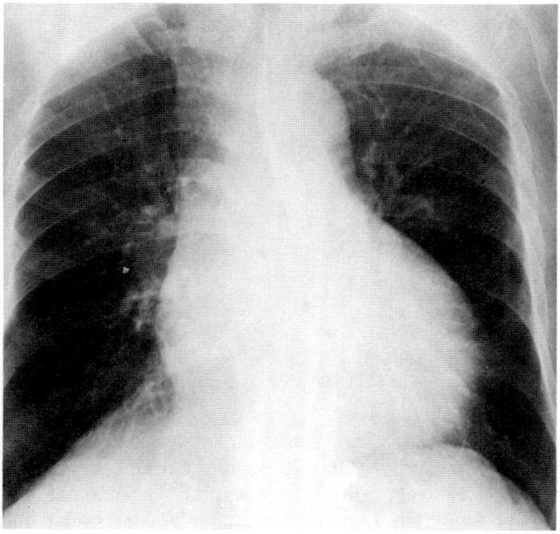

b

Abb. 20 a) Röntgenaufnahme des Thorax im Liegen bei einem Patienten mit global dekompensiertem, kombiniertem Aortenvitium: zeltförmige Vergrößerung des Herzens, z. T. durch Perikarderguß. Pleuraerguß beiderseits und rechts interlobär. Erweiterte zentrale Lungengefäße. b) nach Rekompensation findet sich nur noch eine erhebliche Vergrößerung des linken Ventrikels. Pleura- und Perikarderguß haben sich zurückgebildet, die Lungengefäßfüllung ist besonders im linken Oberfeld noch verstärkt

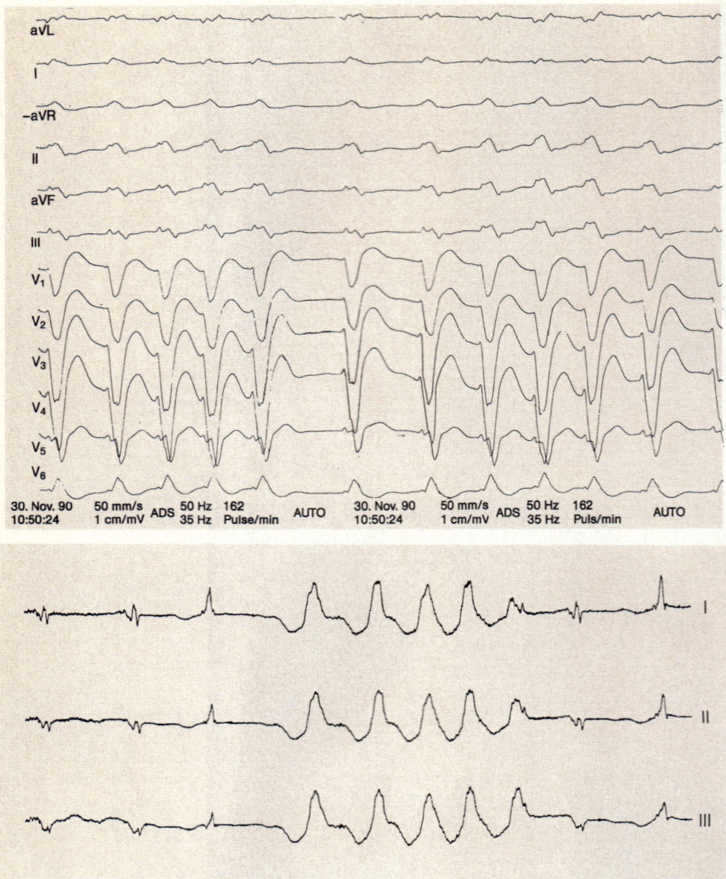

Abb. 21 a) EKG eines Patienten mit schwerster Linksherzinsuffizienz auf dem Boden einer dilatativen Myokardiopathie: Es besteht ein Linksschenkelblock und Vorhofflimmern als Hinweis auf die begleitende Vorhofbelastung. b) Im Langzeit-EKG dieses Patienten zeigten sich immer wieder selbstlimitierende kurze ventrikuläre Tachykardien

Beurteilung der momentanen Leistungsfähigkeit anstreben. Da Angaben über die subjektive Leistungsfähigkeit des Patienten großen Schwankungen unterliegen, wird hierdurch auch eine verläßliche Verlaufsbeurteilung möglich.

Die **Röntgenuntersuchung** des Herzens einschließlich der **Herzvolumenbestimmung** belegen die Vergrößerung der Herzkammern und Vorhöfe (Abb. 20). Bei der Linksherzinsuffizienz kommen eine „Umverteilung" (Dickerwerden der Gefäßkaliber der Lungenvenen in den Lungenoberfeldern), Stauungszeichen in den Lungen (unscharfe Gefäße, interstitielle oder in schweren Fällen intraalveoläre Flüssigkeitseinlagerung, Kerley-B-Linien [waagerechte Linien in den Unterfeldern]) sowie in fortgeschrittenen Stadien Pleuraergüsse hinzu.

Die **Echokardiographie** erlaubt rasch und nicht invasiv die Beurteilung der Funktion der Herzkammern, Vorhöfe und des regionalen sowie globalen Kontraktionsverhaltens. In Abb. 22a ist ein M-mode-Echokardiogramm eines Patienten mit schwerster dilatativer Myokardiopathie gezeigt (derselbe Patient wie in Abb. 19). Mittels Doppler-Echokardiographie lassen sich darüber hinaus Fehlfunktionen der Herzklappen, konnatale Vitien und mit recht großer Genauigkeit auch die Drücke im kleinen Kreislauf bestimmen. Letzteres erfolgt durch eine Messung der Geschwindigkeit des Regurgitationsstromes über der Trikuspidalklappe. Die Echokardiographie ist daher für die Feststellung der Ursache einer Herzinsuffizienz von besonderer Bedeutung.

Eine verläßliche Abklärung der Schwere und Ursache einer Herzinsuffizienz gelingt mit der **Links- und Rechtsherzkatheter-Untersuchung,** ggf. ergänzt durch eine **Myokardbiopsie.** Diese Untersuchungen erlauben die Bestimmung hämodynamischer Parameter in Ruhe sowie ggf. unter Belastung (s. Einteilung von Roskamm u. Reindell, S. 43), die Beurteilung der Klappenmorphologie, die Einschätzung der Herzkammerfunktionen sowie die Darstellung der Herzkranzgefäße. Ist es bei einem Patienten zu einer Herzinsuffizienz gekommen, so sollte man immer gute Gründe haben, eine Katheteruntersuchung nicht durchzuführen (hohes Alter des Patienten, maligne Grunderkrankung, fehlende Möglichkeit einer operativen Therapie u. a.).

Rechtsherzinsuffizienz

Meist ist die Rechtsinsuffizienz des Herzens Folge einer Linksinsuffizienz, es besteht somit eine Globalinsuffizienz (s. u.). Nur bei der Mitralstenose, bei Klappenfehlern des rechten Herzens, einigen angeborenen Herzfehlern und bei isolierter krankhafter Drucksteigerung im kleinen Kreislauf entwickelt sich eine reine Rechtsherzinsuffizienz. Während einem chronischen Versagen des linken Herzens stets eine Mehrbelastung des rechten Herzens folgt, trifft das Umgekehrte nicht zu. Lungengefäße und das linke Herz werden bei schwerer Rechtsherzinsuffizienz sogar entlastet.

Der **Auskultationsbefund** kann charakteristisch verändert sein: Der 2. Pulmonalton nimmt an Lautstärke zu und ist deutlich gespalten.

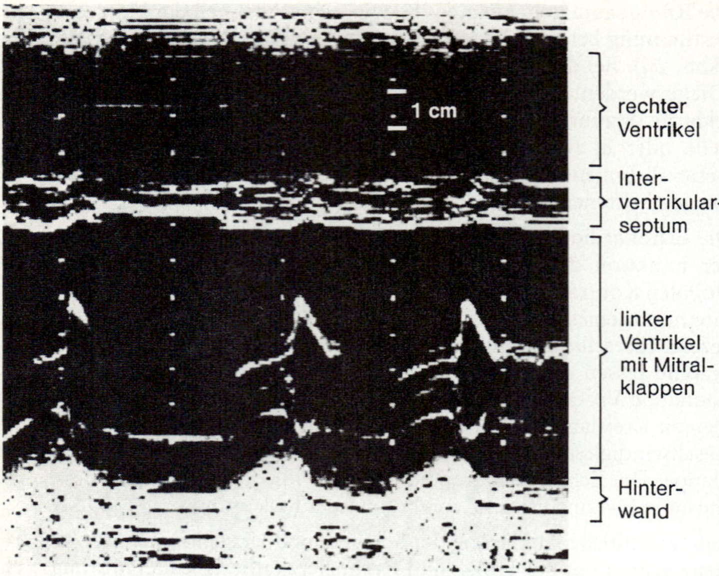
1 cm
rechter Ventrikel
Inter-ventrikular-septum
linker Ventrikel mit Mitral-klappen
Hinter-wand

a

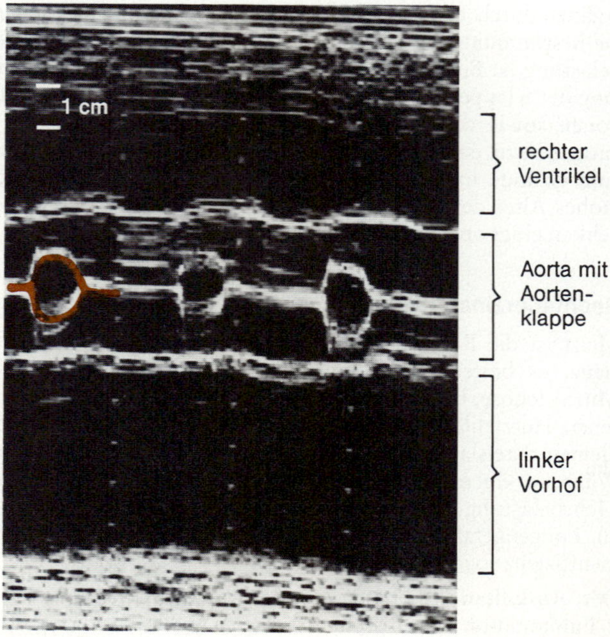
1 cm
rechter Ventrikel
Aorta mit Aorten-klappe
linker Vorhof

b

Das **EKG** läßt nicht selten Zeichen der Überlastung des rechten Vorhofs und/oder der rechten Kammer erkennen. Wir finden ein P „pulmonale" oder „dextrokardiale", also ein über 0,2 mV hohes P in Ableitung II und III sowie ein spitz positives P, ein „gotisches P" in V_1. Bei chronischer Rechtsüberlastung besteht ein Rechtstyp, wobei S I größer als R I ist, dagegen R in Vr_4 und/oder V_1 gegenüber S überwiegt, deutliches S in V_4 bis V_6 (schematische Darstellung in Abb. 23, Beispiel in Abb. 24).

Wie bei der Linksinsuffizienz lassen auch hier die Veränderungen von QRS nicht erkennen, ob der rechte Ventrikel versagt. Ein normales EKG bei Rechtsinsuffizienz ist keine Seltenheit.

Röntgenologisch ist eine Rechtsinsuffizienz dagegen mit großer Sicherheit erkennbar. Der rechte Vorhof wird größer und wölbt sich, wenn sein Mitteldruck erhöht ist, vermehrt in das rechte Lungenfeld vor (Abb. 26). Bei der Untersuchung am stehenden Kranken kann diese Veränderung dem Nachweis entgehen, wenn der Patient unter orthostatischen Blutverschiebungen leidet. Astheniker und Rekonvaleszente sollte man daher stets auch im Liegen röntgen. Eine Größenzunahme des rechten Ventrikels wird am besten während einer Durchleuchtung im 1. schrägen oder im frontalen („queren") Strahlengang erkannt. Der rechte Ventrikel legt sich vermehrt dem Sternum an. Die Lungengefäße sind ebenfalls verändert, z. B. verengt, wenn ein Strömungshindernis vor ihrem Ursprung liegt (z. B. Pulmonalstenose), oder erweitert (z. B. bei Pulmonalsklerose), wenn es sich weiter peripherwärts befindet. Ein Beispiel für ein Röntgen-Thorax-Bild einer Patientin mit schwerer pulmonaler Hypertonie auf dem Boden eines konnatalen Vitiums mit Eisenmenger-Reaktion ist in Abb. 61, S. 188, gegeben.

Einen wesentlichen Stellenwert bei der Beurteilung der Schwere einer Rechtsherzbelastung hat die **Echokardiographie.** Sie erlaubt, wie auf S. 33 ausgeführt wurde, die Bestimmung der Drücke im rechten Ventrikel sowie eine genaue Analyse der Größe und Funktion der rechten Herzkammer, des Vorhofs und der Klappenfunktion.

Eine exakte Abklärung kann durch eine **Rechtsherzkatheter-Untersuchung** erzielt werden.

◂ Abb. 22 a) Echokardiogramm eines Patienten mit schwerster dilatativer Myokardiopathie. Der linke Ventrikel zeigt – hier in der langen parasternalen Achse – kaum noch eine Kontraktion, der Abstand zwischen Septum und der Mitralklappe („E") ist stark vergrößert b) Als Folge der linksventrikulären Insuffizienz ist der linke Vorhof auf 5 cm dilatiert. Gut zu sehen ist auch die starke Einschränkung der Öffnung der Aortenklappen, bedingt durch das erheblich eingeschränkte Herzzeitvolumen

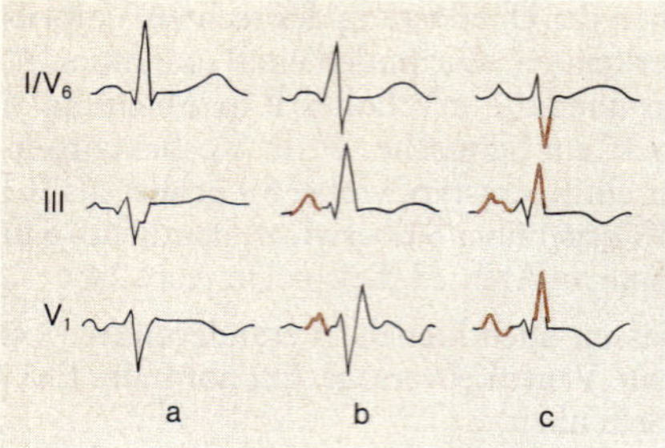

Abb. 23 Entwicklung der EKG-Veränderungen bei Überlastung des rechten Ventrikels. a) normal, b) „unvollständiger" Rechtsschenkelblock, c) pathologische Rechtshypertrophie (s. Text)

Globale Herzinsuffizienz

Hierunter versteht man das Versagen des linken und rechten Herzens. Meist ist die Insuffizienz des rechten Herzens Folge einer Insuffizienz des linken; seltener stellt sich beides gleichzeitig ein (z. B. gelegentlich bei der dilatativen Myokardiopathie). Folgt einer Linksinsuffizienz das Versagen des rechten Herzens, dann bessert sich vermeintlich der subjektive Zustand des Patienten, da die Lungenstauung abnimmt. Die Leistungsfähigkeit des Kranken sinkt jedoch hierdurch weiter ab.

Die **Beschwerden** und die **Befunde** bei der globalen Herzinsuffizienz setzen sich aus den bei der Rechts- und Linksinsuffizienz geschilderten zusammen. Der gleiche Kranke kann einmal mehr die Zeichen des Rechtsversagens aufweisen, zu einem anderen Zeitpunkt die des Linksversagens. Ein sehr empfindliches Zeichen einer Herzinsuffizienz ist eine plötzliche **Gewichtszunahme** durch eine sonst noch nicht erkennbare Wassereinlagerung.

Das **EKG** weist in den Fällen einer chronischen Rechts- und Linksherzinsuffizienz typische Veränderungen auf. In den *Brustwandableitungen* finden sich vorwiegend Zeichen einer Linkshypertrophie, dazu aber eine Kombination eines P-pulmonale mit einem P-mitrale bzw. dextro- und sinistrocardiale (P-cardiale, Schema in Abb. 25). Letztere Bezeichnung ist leider nicht zutreffend, denn alle EKG-Ausschläge stammen vom Herzen. Man spricht daher besser von einem P-biatriale, denn es entsteht durch die Überlastung beider Vorhöfe. Die *Extremitätenableitungen* weisen einen Rechtstyp auf, der im Widerspruch zu den Zeichen einer Linksüberlastung in den Brustwandableitungen steht und dadurch auf eine zusätzliche Rechtsüberlastung hinweist.

Bei Patienten mit stenosierender Koronarsklerose kann das Herz zum Ausgleich einer Insuffizienz nicht wesentlich hypertrophieren, das EKG ist daher trotz einer globalen Insuffizienz nicht oder nur uncharakteri-

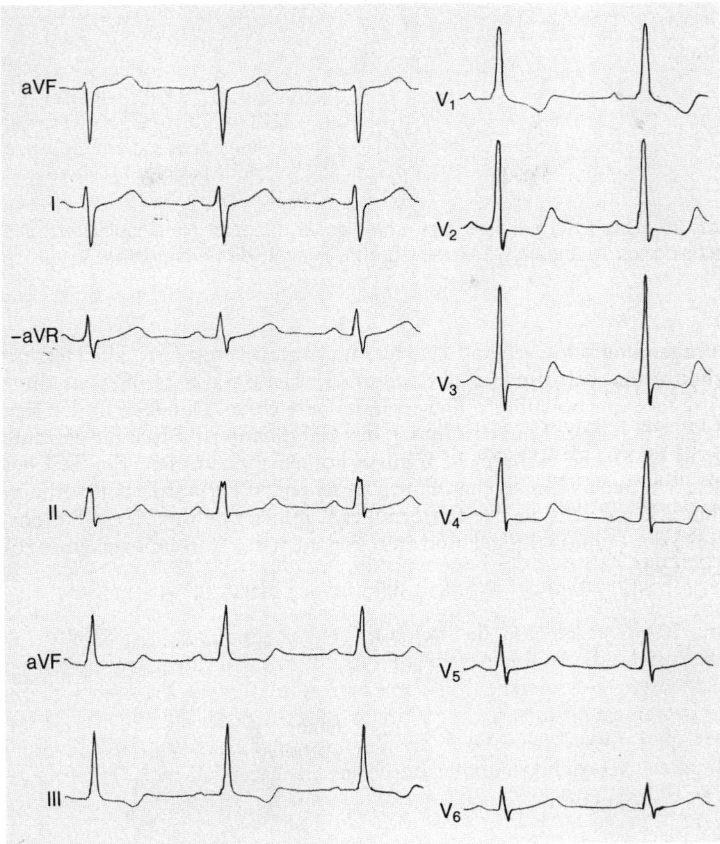

Abb. 24 Beispiel eines EKG einer Patientin mit schwerer rechtsventrikulärer Hypertrophie auf dem Boden einer hochgradigen Pulmonalstenose (Druckgradient 160 mmHg!). Auffällig ist der Lagetyp (Achsendrehung nach rechts) sowie die großen R-Zacken in Ableitung V_1 und V_2, beides Kennzeichen der Rechtsherz-Druckbelastung

stisch verändert. **Ein normales EKG schließt daher weder eine Links- noch eine Rechts- oder eine globale Insuffizienz aus.** Dies gilt besonders für ältere Personen und für den *Beginn* einer Insuffizienz, also für die Belastungsinsuffizienz.

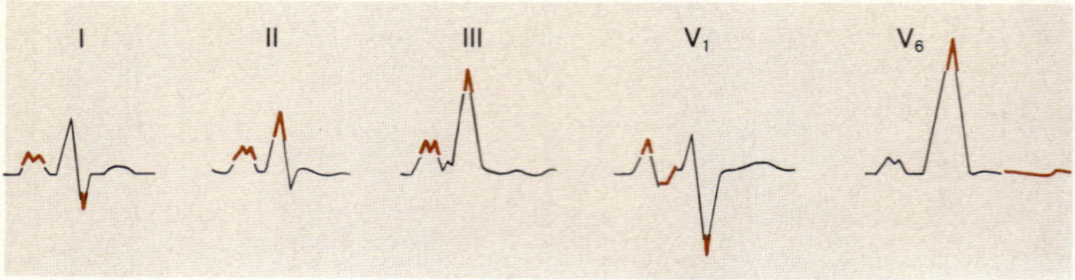

Abb. 25 Das EKG bei schwerer, chronischer, globaler Herzinsuffizienz. Die pathologisch veränderten Teile sind braun. Beachte das P-biatriale in V_1

Röntgenologisch erscheint das Herz im ganzen vergrößert, alle Herzabschnitte sind betroffen (s. Abb. 20 u. 26). Diese starke Größenzunahme wird als „Cor bovinum" (Ochsenherz) bezeichnet. Daneben finden sich die Zeichen einer Lungenstauung, das Gefäßband ist durch die gestaute obere Hohlvene verbreitert. Ergüsse können hinzutreten. Ein Teil des Herzschattens ist in solchen Fällen durch einen Perikarderguß bedingt. Man erkennt dies an der zeltförmigen Umformung des Herzschattens, wobei der Pulmonalbogen und zum Teil auch der Aortenbogen einbezogen werden.

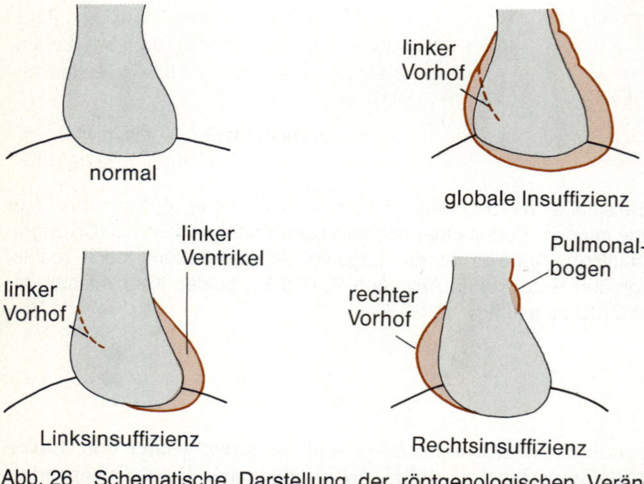

Abb. 26 Schematische Darstellung der röntgenologischen Veränderungen bei den verschiedenen Formen der Herzinsuffizienz, Beispiele finden sich auf S. 51 (Abb. 20) und S. 140 (Abb. 44)

Tabelle 23 Mindestprogramm der Untersuchungen bei Verdacht auf Herzinsuffizienz

Anamnese
Körperliche Untersuchung
Ruhe-EKG, Belastungs-EKG, wenn angezeigt
Echokardiogramm
Röntgenaufnahmen des Thorax in 2 Ebenen und mögliche Herzvolumenbestimmung
Lungenfunktion

Nuklearmedizinisch kann eine Einschränkung der links- und rechtsventrikulären Kammerfunktion gezeigt werden.

Echokardiographisch läßt sich bei globaler Herzinsuffizienz eine Vergrößerung der 4 Herzhöhlen und eine Einschränkung der Ventrikelfunktion nachweisen.

Eine Objektivierung der Hämodynamik im kleinen Kreislauf gelingt mit der **Einschwemmkatheter-Untersuchung** (s. S. 15), die sich auch zur Beurteilung eines Therapieversuches eignet. Die Schwere der Erkrankung sollte dabei aus prognostischen und therapeutischen Gründen exakt festgelegt werden (s. S. 43). Die Ursachen des Herzversagens können mittels **Linksherzkatheteruntersuchung** in den meisten Fällen geklärt werden (Nachweis einer Klappendysfunktion, Koronarerkrankung, Myokardiopathie, Myokardbiopsie).

In seltenen Fällen kann eine globale Herzinsuffizienz nichtinvasiv (s. Tab. 23) nicht sicher nachgewiesen werden. Sind invasive Untersuchungen (Links- und Rechtsherzkatheteruntersuchung) nicht indiziert (z. B. bei sehr alten Patienten), so kann ein Therapieversuch die Klärung herbeiführen. Besteht eine Insuffizienz, fühlt sich der Kranke unter der Behandlung allgemein wohler, seine Leistungsfähigkeit nimmt zu, es wird weniger Atemnot verspürt; auch der Schlaf bessert sich und die Nykturie nimmt ab.

Tabelle 24 Therapie der Herzinsuffizienz

I.	Kausal: Therapie der Grundkrankheit Ausschaltung der auslösenden Faktoren
II.	Schonung
III.	Diät
IV.	Medikamente: Herzglykoside, Diuretika, Vasodilatantien (z. B. ACE-Hemmer, Nitrate, Dihydralazin); nur in der Akuttherapie: Katecholamine sowie andere positiv inotrope Substanzen (z. B. Amrinon)
V.	Maßnahmen zur Vorbeugung von Komplikationen
VI.	Nachbehandlung: Rehabilitation, ggf. Arbeitsplatzwechsel

Behandlung der Herzinsuffizienz

Wir sind bei unserer ärztlichen Tätigkeit bemüht, eine kausale und nicht nur eine symptomatische Therapie durchzuführen. Dies gilt auch für die Behandlung der Herzinsuffizienz (Tab. 24). Dabei müssen wir zwischen der Grundkrankheit und den das Herzversagen unmittelbar auslösenden Faktoren unterscheiden.

Kausale Behandlung

Eine Übersicht über die möglichen Grundkrankheiten wurde in Tab. 20 u. 21, S. 44f, gegeben.

Eine ursächliche **Hypertonie** kann infolge des sich einstellenden Herzversagens unerkannt bleiben, da der Blutdruck im Stadium der schweren Insuffizienz absinkt. Wenn nach der Rekompensation der Druck auf zu hohe Werte ansteigt, muß er medikamentös gesenkt werden.

Ein Herzversagen bei einer diffusen **koronaren Herzerkrankung** (z. B. beim Diabetes mellitus) kann sich stumm entwickeln und löst nicht regelmäßig EKG-Veränderungen aus. Nicht selten finden sich überraschend im EKG aber auch Zeichen eines frischen **Infarktes,** der klinisch stumm blieb. Eine **Lungenembolie** als Ursache einer Herzinsuffizienz wird am Krankenbett oft nicht erkannt. Zur Therapie s. S. 235f und 311.

Herzklappenfehler sind häufig im Stadium schwereren Herzversagens mit absoluter Arrhythmie kaum hörbar, und auch röntgenologisch findet sich nur ein uncharakteristisches Cor bovinum. Hier kann das Echokardiogramm entscheidend weiterhelfen. Es muß erwogen werden, ob nach einer Rekompensation und evtl. Regularisierung eine operative Behandlung des Klappenfehlers möglich ist.

Die **Myokarditis** wird zu Beginn leicht durch die Grundkrankheit verdeckt, z. B. bei Typhus, Scharlach, Diphtherie, Virusinfektionen und rheumatischem Fieber. Entscheidend für die Prognose ist, soweit möglich, eine rasche und energische Behandlung der Grundkrankheit.

An eine exsudative oder konstriktive **Perikarditis** wird gelegentlich erst gedacht, wenn Stauungsergüsse therapierefraktär bleiben und ein hoher zentraler Venendruck vorliegt. Das Echokardiogramm erlaubt die sofortige Diagnosestellung. Diesen Patienten kann durch Perikardpunktion entscheidend geholfen werden.

Bei hochgradiger **Adipositas** werden Herz und Lungen in ihrer Funktion beeinträchtigt. Die Fettmassen lagern sich besonders um den rechten Ventrikel und zwischen seine Muskelschichten, man spricht vom **Fettherz** oder von **Lipomatosis cordis.** Durch die Verkleinerung der Thoraxhöhle und die Erschwerung der Atembewegungen kommt es zusätzlich zu einer respiratorischen Insuffizienz, der Druck in den Lungenarterien und somit auch in der rechten Kammer nimmt zu. An eine **Hyperthyreose** muß besonders bei Kranken mit der schnellen Form der absoluten Arrhythmie gedacht werden.

In vielen Fällen führt die Behandlung der hier aufgeführten Erkrankungen schon zu einer wesentlichen klinischen Besserung. Die Therapie muß jedoch gegebenenfalls um die im Folgenden beschriebenen Maßnahmen ergänzt werden.

Allgemeine Behandlung

Körperliche Schonung stellt in einem gewissen Umfang bereits eine kausale Therapie der Herzinsuffizienz dar (Abb. 27), allein die Entlastung kann zu einer Rekompensation führen. Dies wird verständlich, wenn man sich vergegenwärtigt, daß während Belastung das Minutenvolumen bis auf 30 Liter und der systolische Druck im großen und kleinen Kreislauf auf das Doppelte ansteigen können! Auch psychische Einflüsse sind nicht zu vernachlässigen, sie führen ebenfalls zu einer erheblichen Mehrbelastung des Herzens.

Strenge **Bettruhe** ist nicht in jedem Fall zu empfehlen. Wenn der Kranke noch dazu in der Lage ist, sollte er zur Toilette, zum Waschen und Bettenmachen aufstehen. Man verhindert damit wenigstens teilweise die nachteiligen Wirkungen der Bettruhe. Diese bestehen in Muskelatrophie, Entkalkung der Knochen, Neigung zu Venenthrombosen mit

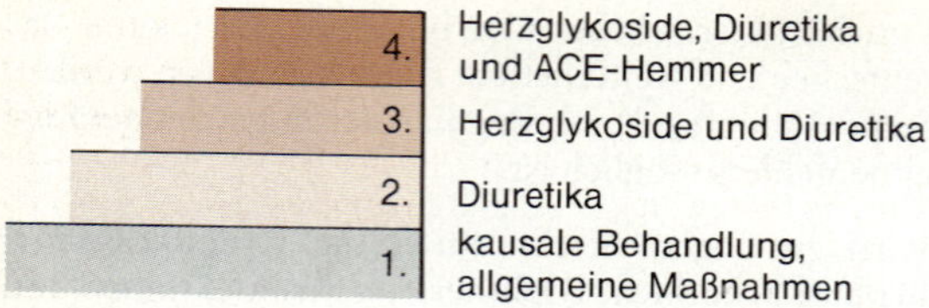

Abb. 27 Stufenschema zur Behandlung der chronischen Herzinsuffizienz. In schweren Fällen muß man mit Stufe 3 beginnen

Lungenembolie, hypostatischer Pneumonie und bei älteren Männern oft in einer Zunahme des Restharns. Besonders nachteilig ist für Herzkranke ein durch Bettruhe ausgelöster Verlust der Kreislaufökonomie. Schon nach einer 14tägigen Bettruhe lassen sich trotz der oben genannten Erleichterungen erhebliche orthostatische Störungen nachweisen. Die Schonung muß daher individuell dosiert werden. Je weniger akut und bedrohlich das Herzversagen ist, um so mehr Erleichterungen sind angezeigt, wie z. B. ein zeitweises Sitzen im Lehnstuhl oder das Aufstehen zur Nahrungsaufnahme. Der völlig Bettlägerige wird aufgefordert, häufig tief durchzuatmen, die Zehen- und Fußgelenke zu bewegen, ebenso die Finger und Unterarme, die übrigen Gelenke sollten mindestens einmal am Tag, z. B. von einer Krankengymnastin, passiv durchbewegt werden. Besonders bei älteren Patienten ist jedes vermeidbare Liegen zu unterlassen. Man beobachtet immer wieder, daß durch die Ruhe auch ein Verlust an geistigen Fähigkeiten auftritt.

Die **Temperatur** des Krankenzimmers wird so gehalten, daß der Patient sich wohlfühlt. Sowohl zu große Wärme wie Kälte bedingen eine Mehrbelastung des Kreislaufs. Bezüglich einer ausgeglichenen Ernährung von herzkranken Patienten wird auf entsprechende Diätbücher verwiesen.

Von großer Bedeutung ist eine geschickte **psychische Führung.** Einerseits soll der Kranke zunächst seinen Aktionsradius einschränken, andererseits sollte ihm Mut zum künftigen Leben vermittelt werden.

Zu Beginn der Behandlung kann man oft auf **Sedativa** nicht verzichten. Es empfehlen sich besonders Abkömmlinge der Benzodiazepinreihe, während barbitursäurehaltige Präparate und solche, die sich vom Phenotiazin oder Piperazin ableiten, nachteilige Rückwirkungen auf Herzmuskel und Kreislauf aufweisen können.

Die **Rehabilitation** nach der Rekompensierung wird auf S. 84 besprochen.

Medikamente zur Behandlung einer Herzinsuffizienz

Falls eine kausale Behandlung des muskulären Herzversagens nicht möglich ist oder nicht ausreicht, muß eine symptomatische medikamentöse Therapie erfolgen. Es bieten sich zwei Möglichkeiten:

1. Stärkung der Kontraktionskraft des Herzens (Medikamente mit positiv inotroper Wirkung).
2. Entlastung des Herzens (Diuretika, Vasodilatantien).

Die wichtigsten Präparate, die heute zur Verfügung stehen, werden im folgenden genannt. Im Anschluß daran wird ihr Einsatz bei der akuten und chronischen Herzinsuffizienz besprochen.

Herzglykoside

Zur Behandlung der Herzinsuffizienz eignen sich Pharmaka, die sich vom Fingerhut (Digitalis) ableiten. Diese Behandlungsmöglichkeit wurde von William Withering vor über 200 Jahren in die Schulmedizin eingeführt.

Zu den Herzglykosiden gehören Strophanthin und Glykoside der Digitalis purpurea und lanata.

Sie haben allgemein folgenden **Wirkungsmechanismus:**

- Normalisierung der Systole (Senkung des Füllungsdruckes, Erhöhung des systolischen Druckes, Verkürzung der Anspannungszeit, Vergrößerung des Schlagvolumens), sie wirken also positiv inotrop,
- Verlangsamung der Herzfrequenz (negativ chronotrop),
- Verlangsamung der atrioventrikulären Erregungsleitung (negativ dromotrop),
- bei Überdosierung Auslösung von Herzrhythmusstörungen, Verlangsamung der Erregungsleitung, Herabsetzung der Kontraktionskraft des Herzens.

Die Herzglykoside hemmen die Natrium-Kalium-ATPase, die den Transport von Kalium in die Zelle und Natrium aus der Zelle reguliert. Hierdurch nimmt der Einstrom von Calcium in die Myokardzelle zu, wodurch die Kontraktionskraft der Myofibrillen gesteigert wird. Die Wirkungen auf den übrigen Organismus und insbesondere die glatte Muskulatur können vernachlässigt werden, nur bei Überdosierung kommt es zu einer Reizung des N. vagus, zu gastrointestinalen und nervösen Störungen (s. u.). Die Diurese wird im wesentlichen nur durch Erhöhung einer vorher verminderten Nierendurchblutung erhöht. Eine Verbesserung der koronaren Durchblutung ist die Folge einer Schlagvolumenvergrößerung bei schwerer Herzinsuffizienz und kommt allen

Herzglykosiden in gleicher Weise zu. Die Ansicht, Herzglykoside wirken nur auf das insuffiziente Herz, trifft nicht zu. Auch beim gesunden Herzen verkürzt sich die maximale Druckanstiegsgeschwindigkeit (dp/dt), und der systolische Druck in der Aorta steigt leicht an, vorwiegend durch Erhöhung des peripheren Widerstandes. Besonders bei rascher Sättigung nimmt beim Gesunden die Herzfrequenz durch Vagusreiz ab.

Die einzelnen Glykoside zeigen grundsätzlich am Herzmuskel die gleiche Wirkung. Man kann daher mit jedem von ihnen einen Patienten rekompensieren. Unterschiede bestehen jedoch in der **Pharmakokinetik** (Geschwindigkeit des Wirkungseintritts [Tab. 25], täglicher Wirkungsverlust sowie notwendige Dosis).

Bei oraler Gabe muß die **Resorbierbarkeit** (**Bioverfügbarkeit**) berücksichtigt werden. Als Resorptionsquote bezeichnet man, wieviel Prozent einer oralen Dosis im Vergleich zur parenteralen wirksam werden. Digitoxin wird z. B. nahezu vollständig resorbiert, es besteht kaum ein Unterschied in der Dosierung zwischen der intravenösen und oralen Gabe, die Resorptionsquote wird daher mit 90–100% angegeben. Die Resorptionsquote der Digoxingruppe liegt zwischen 80 und 90%. Strophanthin wird oral kaum aufgenommen, die Resorptionsquote liegt zwischen 0 und 5%.

Von großer Bedeutung ist die Kenntnis der wirksamen Gesamtdosis, also der Glykosidmenge, die im Körper sein muß, um den optimalen Erfolg zu erzielen. Sie wird auch als **Vollwirkspiegel** bezeichnet. Im Durchschnitt liegt sie bei Digitoxin (z. B. Digimerck) zwischen 0,8 und 1,2 mg, bei der Digoxingruppe (z. B. Lanicor) um 2,0 mg.

Man kann nun nicht die tägliche Dosis addieren und so errechnen, ob man den mittleren Vollwirkspiegel erreicht hat, sondern es muß der tägliche Wirkungsverlust abgezogen werden, der durch Metabolismus

Tabelle 25 Wirkungseintritt und maximaler Effekt der wichtigsten Herzglykoside

		Einsetzen der Wirkung	Maximaler Effekt
i.v.	Strophanthin		½ Std.
	β-Methyldigoxin	2–10 Min.	
	Digoxin	15–20 Min.	2–3 Std.
	Digitoxin	2½–3 Std.	7–10 Std.
oral	β-Methyldigoxin	10–20 Min.	2 Std.
	Digoxin	2–3 Std.	5–7 Std.
	Digitoxin	4–5 Std.	7–10 Std.

und durch Ausscheidung in Harn und Stuhl entsteht. Er ist um so geringer, je fester das Glykosid an das Serumeiweiß gebunden ist und verhält sich daher entsprechend zur Schnelligkeit des Wirkungseintritts, d. h. er ist gering bei Digitoxin und größer bei Digoxin. Man bezeichnet den Wirkungsverlust als **Abklingquote.** Sie beträgt bei Digitoxin, das hepatisch eliminiert wird, z. B. 9% und bei Digoxin, das renal eliminiert wird, etwa 20%.

Aus der Abklingquote läßt sich außerdem ablesen, wie lange es dauert, bis toxische Erscheinungen zurückgehen. Im allgemeinen muß man bei Digoxin mit mindestens 2 Tagen rechnen. Das völlige Abklingen der Wirkung benötigt bei Digitoxin etwa 3 Wochen, bei der Digoxingruppe etwa 10 Tage.

Der Vollwirkspiegel muß nicht in jedem Fall erreicht werden. Im Durchschnitt kann noch ein sicher nachweisbarer Effekt bei 50% der Menge angenommen werden, ein Minimaleffekt noch bei 25%. Die toxische Grenze liegt zwischen 140 und 160% der Volldosis.

In der Praxis wird die Behandlung mit Herzglykosiden dadurch erschwert, daß nicht alle Wirkungen auf das Herz gleichzeitig einsetzen. So kann die Frequenzverlangsamung der sichtbaren Steigerung der Kontraktilität vorausgehen, oder es treten z. B. vorzeitig Herzrhythmusstörungen auf. Auch kann der individuelle Glykosidbedarf sehr verschieden sein (Tab. 26). Schließlich kann der wirksame Serumspiegel des Digoxins durch Chinidin und in geringerem Maße durch Verapamil erhöht werden, so daß gegebenenfalls eine Dosisreduktion erforderlich wird.

Intravenöse Verabreichung. Die intravenöse Gabe von Digitalis soll immer dann erwogen werden, wenn die Resorption eines oralen Präparates nicht ausreichend sichergestellt ist. Dies ist ganz besonders bei Patienten mit schwerer Rechtsherzinsuffizienz (ausgeprägte Stauungsgastritis, Einschränkung der intestinalen Aufnahme) der Fall. Nach Rekompensation kann auf eine orale Therapie umgestellt werden. Prinzipiell ist die intravenöse Gabe von Glykosiden auch zur Therapie einer Tachyarrhythmia absoluta geeignet. Hierfür sind dann akut recht hohe Dosen erforderlich. Wegen einer besseren Steuerbarkeit und einer geringeren Rate an Nebenwirkungen wird Verapamil meist bevorzugt.

Orale Verabreichung. In der Regel kann die Digitalisierung oral eingeleitet werden. Dosierungsrichtlinien und Erhaltungsdosen sind der Tab. 27 zu entnehmen.

Das Auftreten unerwünschter Nebenwirkungen kann um so sicherer vermieden werden, je langsamer man aufsättigt. Nicht ohne dringenden Grund soll man am ersten Tag die doppelte Erhaltungsdosis überschreiten, bei leichterer oder bei Belastungsinsuffizienz empfiehlt sich der Beginn mit der Erhaltungsdosis.

Tabelle 26 Hinweise auf den voraussichtlichen Glykosidbedarf

Erhöhte Glykosidempfindlichkeit	Herabgesetzte Glykosidempfindlichkeit
Myokardinfarkt	Dekompensierte Hypertonie
Schweres Herzversagen	Tachykarde Flimmerarrhythmie
Frische entzündliche Prozesse im Herzmuskel	Herzklappenfehler (ohne Mitralstenose und/oder Zyanose)
Überleitungsstörungen	Hyperthyreose
Sinusbradykardie bei Altersherz	Fieberhafte Zustände
Mitralstenose	Übergewicht
Vitien mit Zyanose	
Niereninsuffizienz	
Hypokaliämie (Störung der Reizbildung)	
Hyperkaliämie (Störung der Überleitung)	
Hyperkalzämie	
Hypomagnesiämie	
Hypoxie	
Hypothyreose	
Hohes Alter	
Untergewicht	
Kontraindikation: hypertroph-obstruktive Myokardiopathie (s. S. 106ff)	

Man sollte mit einem Präparat der Digoxingruppe (Digoxin, β-Acetyldigoxin oder β-Methyldigoxin) und mit Digitoxin Erfahrung haben. Die Vorteile der **Digoxingruppe** bestehen in ihrem relativ raschen Wirkungseintritt (Tab. 25) und einer guten Steuerbarkeit. Ihr Nachteil ist ihre verminderte Ausscheidung bei Niereninsuffizienz, die die Dosierung bei Erkrankungen der Niere und im hohen Alter erschwert. Tab. 28 gibt Hinweise für die Dosierung bei erhöhtem Serumkreatinin.

Digitoxin hat durch seine geringe Abklingquote eine sehr gleichmäßige Wirkung, die Dosierung ist unabhängig von der Nierenfunktion. Es wird zum Teil in der Leber metabolisiert, zum Teil durch den Darm

Tabelle 27 Mittlere Dosierung von Herzglykosiden

Rasche orale Sättigung (in 2 Tagen, danach Erhaltungsdosis!)			
1. und 2. Tag:	Digoxin	0,75 mg	(z. B. 3 Tabl. Lanicor)
	β-Acetyldigoxin	0,6 mg	(z. B. 3 Tabl. Novodigal)
	β-Methyldigoxin	0,3 mg	(z. B. 2 Tabl. Lanitop E)
	Digitoxin	0,3 mg	(z. B. 3 Tabl. Digimerck)
Langsame orale Sättigung (innerhalb von 6 Tagen):			
Beginn mit Erhaltungsdosis	Digoxin	0,375 mg	(z. B. 1½ Tabl. Lanicor)
	β-Acetyldigoxin	0,3 mg	(z. B. 1½ Talb. Novodigal)
	β-Methyldigoxin	0,15 mg	(z. B. 1 Tabl. Lanitop E)
	Digitoxin	0,15 mg	(1½ Tabl. Digimerck, nach 6 Tagen Dosisreduktion auf 0,07 bis 0,1 mg pro Tag, d. h. 1 Tabl. Digimerck minor oder Digimerck)

Therapeutische Serumspiegel: Digoxin 0,9–2 ng/ml; Digitoxin 9–25 ng/ml

Tabelle 28 Dosierungsrichtlinien für die Digoxingruppe bei herabgesetzter Nierenleistung

Kreatinin (mg%)	Normdosis
< 1,0	1/1
1,0–2,0	½
2,0–3,0	⅓
3,0–4,0	¼

ausgeschieden. Es empfiehlt sich daher Vorsicht bei schweren Leberfunktionsstörungen. Der Nachteil gegenüber dem Digoxin liegt im langsamen Wirkungseintritt und bei Überdosierung in langanhaltenden toxischen Zuständen (s. u.). Letztere erlebt man heute seltener, seitdem Digitoxin als Digimerck minor (0,07 mg) und pico (0,05 mg) zur Verfügung stehen.

Schwierig kann der **Wechsel zwischen Digoxin und Digitoxin** sein. Beim Übergang von Digitoxin auf Digoxin muß man berücksichtigen, daß die Wirkung von Digitoxin nur langsam abklingt, man darf Digoxin zunächst nur niedrig dosieren. Umgekehrt muß die Digitoxindosis zunächst nach Absetzen von Digoxinpräparaten etwas höher sein, als es der Erhaltungsdosis entspricht. So kann man „das Loch" nach Digoxin vermeiden.

Zur **Kontrolle,** ob der Patient die richtige Glykosiddosis erhält, sind, wenn man mit der Erhaltungsdosis beginnt, wöchentliche und, wenn nach 6 Wochen ein stabiler Zustand erreicht ist, etwa monatliche ärztliche Kontrollen sinnvoll.

Bei den Kontrollen wird beachtet:

1. Bessern sich Zeichen einer Stauung im großen oder kleinen Kreislauf (Lungenstauung, Leberstauung, Ödeme)? Nimmt das Körpergewicht ab?
2. Liegt bei Kranken mit absoluter Arrhythmie die Herzfrequenz richtig (zwischen 70–80/min)?
3. Ergeben sich Hinweise auf eine Überdosierung?

Zur Kontrolle einer Digitalistherapie eignet sich das **EKG.** Eine **Überdosierung** kündigt sich häufig durch PQ-Verlängerungen, Herzrhythmusstörungen und starke muldenförmige ST-Senkungen an.

Der **Glykosidgehalt des Serums** unter Behandlung mit der Digoxingruppe oder mit Digitoxin kann bestimmt werden, wenn Zweifel an der richtigen Dosis bestehen. Der therapeutische Bereich liegt für Digoxin zwischen 0,9–2,0 ng/ml, für Digitoxin zwischen 9 und 25 ng/ml bei Blutentnahme vor der morgendlichen Einnahme. Einige Patienten benötigen und vertragen auch höhere Dosen, andere leiden schon bei sehr niedriger Dosierung unter Nebenwirkungen. Die Serumglykosidbestimmung ergibt also nur einen groben Anhalt. Zu niedrige Spiegel beruhen gewöhnlich auf einer mangelnden Tabletteneinnahme, also auf einer schlechten Compliance des Patienten.

Dauer der Behandlung mit Herzglykosiden. Herzglykoside können ohne Verminderung ihrer Wirkung und ohne Schädigung der Herzmuskulatur über Jahrzehnte verabreicht werden. Es hat sich jedoch gezeigt, daß bei vielen Kranken mit chronischer Herzinsuffizienz nach der Rekompensation Digitalis abgesetzt werden kann, wenn keinerlei Stauungszeichen und keine absolute Arrhythmie mehr bestehen. Diese gilt vor allem dann, wenn die Ursache des Herzversagens beseitigt ist, z. B. durch Senken eines zu hohen Blutdrucks, einen Herzklappenersatz oder nach Abklingen eines Infektes. Auch einige Wochen nach Herzinfarkt kann, wenn keine Insuffizienzzeichen bestehen und das Herz nicht erheblich vergrößert ist, auf eine Dauerbehandlung verzichtet werden. Die kompensatorische Hypertrophie des gesunden Herzmuskels erlaubt in der Regel wieder eine weitgehend normale Leistungsfähigkeit. Man soll daher, wenn möglich, einen **Auslaßversuch** machen. Das probeweise Absetzen von Digitalis kann allerdings problematisch sein, da durch die vergleichsweise langsame Abklingquote der Zustand des Kranken sich so langsam verschlechtert, daß er dies anfangs gar nicht wahrnimmt. Die beste Beurteilungsmöglichkeit bietet die **Gewichtskontrolle.**

Prophylaktische Digitalisierung. Große vergleichende Untersuchungsreihen haben erbracht, daß eine prophylaktische Digitalisierung vor Operationen nicht angezeigt ist, wenn nicht schon eine Herzinsuffizienz nachweisbar ist. Die Häufigkeit postoperativer Komplikationen, besonders von Herzrhythmusstörungen, wird durch das Glykosid erhöht. Bei Patienten ohne Herzinsuffizienz und ohne Tachyarrhythmia absoluta (s. S. 265 ff) ist eine Digitalisierung kontraindiziert.

Nebenwirkungen der Herzglykoside. Eine Erhöhung des **Vagustonus** mit Verlangsamung der Herzfrequenz ist auch beim Gesunden besonders während Belastung nachweisbar und bei den bradykarden Formen der Herzinsuffizienz gefährlich. Bei einzelnen Patienten mit wechselnden tachyarrhythmischen und bradyarrhythmischen Phasen sowie dauernder Bradykardie kann aufgrund der frequenzsenkenden Wirkung Digitalis nicht verabreicht werden. Reicht zur Behandlung der Herzinsuffizienz die Gabe von Diuretika und Vasodilatantien (s. u.) allein nicht aus und sind die bradykarden Phasen bedrohlich, so wird man einen **Herzschrittmacher** benötigen.

Der Vagusreiz und lokale Reizungen verursachen die Symptome einer Überdosierung, nämlich Appetitlosigkeit, gastrointestinales Unwohlsein, Durchfall, Übelkeit und auch Erbrechen (Tab. 29).

Die häufigste Störung besteht im Auftreten von **Extrasystolen.** Hinzu kommt eine Verlängerung der Überleitung von Vorhof zur Kammer, woraus sich ein unvollständiger AV-Block (Wenckebach-Periodik) oder, bei geschädigtem Herzen, auch ein vollständiger atrioventrikulärer Block entwickeln kann. In seltenen Fällen findet sich auch eine supraventrikuläre (meist atriale) Tachykardie mit AV-Blockierung. Verschieden geformte ventrikuläre Extrasystolen können Vorläufer von Kammerflattern und -flimmern sein (näheres im Kapitel Herzrhythmusstörungen, S. 247 ff).

Neurologische Störungen treten seltener auf. Geringe Sehstörungen (z. B. in Form von Grün-Gelb-Sehen) lassen sich häufig schon unter therapeutischen Dosen nachweisen. Besonders bei alten Patienten treten

Tabelle 29 Die häufigsten Symptome einer Digitalisintoxikation

Herzrhythmusstörungen (Bradykardie, Tachykardie, Extrasystolie) AV-Blockierung Nachlassen der Herzleistung	etwa 70%
Appetitlosigkeit Übelkeit Brechreiz Erbrechen Durchfall	etwa 30%
Psychische Veränderungen (Verwirrtheit, psychotische Zustände) Schwere Sehstörungen	etwa 5%

gelegentlich Bewußtseinsstörungen, Apathie, Kopfschmerzen oder depressive Verstimmung auf. Dies gilt für die Präparate der Digoxingruppe oder Digitoxin in gleicher Weise.

Ein **Nachlassen der Herzleistung durch Überdosierung** kann die Folge einer pathologischen Bradykardie oder Tachykardie sein. Gelegentlich beobachtet man auch Kranke ohne solche Rhythmusstörungen, bei denen eine **Verminderung der Glykosiddosis** zu einer **Rekompensation** führt.

Überdosierung der Herzglykoside. Kaliummangel und alle anderen Zustände mit erhöhter Glykosidempfindlichkeit (s. Tab. 26) begünstigen das Auftreten von Überdosierungszeichen. Sie werden durch die Glykoside selbst ausgelöst, oft aber erst durch zusätzliche Umstände manifest, so z.B. durch die gleichzeitige Gabe von Diuretika, durch Durchfälle oder Erbrechen, Diabetes, Steroidgaben, Nierenerkrankungen u. a. Es empfiehlt sich daher bei länger dauernder Glykosidtherapie und regelmäßiger Ausschwemmung von Ödemen eine kaliumreiche Diät oder die medikamtentöse Substitution. Eine Unverträglichkeit besteht zwischen Herzglykosiden und **Calcium.** Die intravenöse Gabe von Calcium kann, wenn ein Kranker mit Glykosid voll gesättigt ist, einen Herzstillstand auslösen (z.B. bei der Therapie akuter Allergien). Auch bei anderen Medikamenten, die wir parenteral verabreichen, muß man auf ihren Calciumgehalt achten.

Therapie der Digitalisintoxikation. Die Behandlung toxischer Erscheinungen besteht zunächst im sofortigen Absetzen des Herzglykosids. Bei **leichter Überdosierung** tritt schon an den nächsten Tagen eine deutliche

Besserung ein, eine spezifische Therapie erübrigt sich. Man verordnet, wenn kein Erbrechen auftritt, eine kaliumreiche Diät und Kaliumsalze, bei Brechreiz oder Erbrechen Antiemetika als Supposistorien (Dimenhydrinat, z.B. als Vomex A). Bei **schwererer Digitalisintoxikation** stehen kardiale Probleme im Vordergrund. Zur Behandlung ausgeprägter ventrikulärer Herzrhythmusstörungen hat sich Diphenylhydantoin (z.B. Phenhydan, Zentropil) bewährt (Tab. 30). Bei bradykarden Rhythmusstörungen sollte vorsichtshalber ein temporärer Schrittmacher gelegt werden. Ist die **Vergiftung nicht lebensbedrohlich,** so kann mit Cholestyramin (z.B. Quantalan, 3–6 Beutel/Tag für einige Tage) der enterohepatische Kreislauf des Digitoxins unterbrochen werden und somit die Abklingzeit verkürzt werden. Bei **lebensbedrohlichen Digitalisintoxikationen** sollten Digitalisantikörper gegeben werden. Da diese jedoch aus Fremdeiweiß bestehen, ist eine Vortestung (subkutan oder konjunktival) vor der Therapie zwingend notwendig. Unter Umständen muß die Behandlung nach 10 Stunden wiederholt werden. Die Dosierung richtet sich nach der aufgenommenen Digitalismenge.

Tabelle 30 Therapie der digitalisbedingten Rhythmusstörungen

Tachykarde Rhythmusstörungen

Kalium:

- oral 40 mval 1- bis 4mal täglich (bei normaler Nierenfunktion)
- i.v. (z.B. bei Erbrechen), maximal 20 mval/h, gelöst z.B. in Glucose 5%
- Kontraindikation: Hyperkaliämie, AV-Block II/III

Antiarrhythmika:

- Diphenylhydantoin: oral 100 mg alle 4–6 h
i.v., 5mg/kg, nicht schneller als 50 mg/min

Lidocain:

- i.v., 50–100 mg, dann als Dauerinfusion 1–3 mg/min
- eventuell Chinidin, Procainamid Betarezeptorenblocker (cave: negativ dromotrope und negativ inotrope Wirkung)

Bradykarde Rhythmusstörungen

Atropin:

- Dosierung nach Herzfrequenz
- Temporärer Schrittmacher

Bei bedrohlichen Rhythmusstörungen: Digitalisantikörper

Diuretika

Diuretika stellen eine entscheidende Substanzgruppe bei der Therapie der Herzinsuffizienz dar (Tab. 31). Ihre Auswirkungen auf den Kreislauf ähneln in vielerlei Hinsicht denen des Digitalis.

Man kann drei Gruppen von Diuretika unterscheiden:

1. vorwiegend auf die Henlesche Schleife wirkende Diuretika, wie z. B. Furosemid, Etacrynsäure, Piretanid („Schleifendiuretika"),
2. auf den distalen Teil des Tubulus wirkende Diuretika wie z. B. Thiazide und
3. sogenannte kaliumsparende Diuretika wie z. B. Triamteren und Amilorid (ebenfalls auf den distalen Tubulus wirkend) oder Spironolacton (Aldosteronantagonist).

Allen nichthormonalen Diuretika ist gemeinsam, daß die Harnmenge ansteigt, vermehrt Natrium und Kalium ausgeschieden werden (bei den Thiaziden auch Calcium) und Harnsäure retiniert wird.

Schnell und kurz wirkende Diuretika. Eine akute, lebensbedrohliche Herzinsuffizienz erfordert u. a. die sofortige Einleitung einer diuretischen Therapie. Hierfür sind **intravenös applizierbare** Substanzen wie das **Furosemid** (z. B. Lasix, 10–80 mg Einzeldosis, ggf. alle 2 Stunden als Bolus, alternativ als Dauerinfusion, maximal 1500 mg/die), die **Etacrynsäure** (Hydromedin, 50–400 mg/die) und das **Piretanid** (Arelix, 6–12 mg Einzeldosis, ggf. mehrfache Wiederholung möglich, in schwersten Fällen Initialdosis bis 60 mg) geeignet. Der Vorteil dieser Substanzen liegt nicht nur im raschen Wirkungseintritt (wenige Minuten), sondern auch in der Applizierbarkeit bei einer Niereninsuffizienz. Piretanid hat darüber hinaus auch vasodilatatorische Eigenschaften, die bei der Therapie einer Linksherzinsuffizienz von besonderem Vorteil sein können. Alle diese Substanzen bleiben jedoch im anurischen Stadium wirkungslos. Eine **Überbehandlung** („viel hilft viel") muß **vermieden werden,** da ein Blutdruckabfall Nierenversagen und eine Verschlimmerung der klinischen Symptomatik resultieren kann. Die Dosierung ist daher grundsätzlich individuell und richtet sich nach dem Erfolg (Bilanzierung, Gewicht).

In weniger dramatischen Fällen ist eine **orale** Therapie mit diesen Substanzen möglich. Die Wirkung tritt dann innerhalb einer Stunde ein und hält mehrere Stunden an.

Länger wirkende Diuretika. Für die große Mehrzahl der Herzpatienten sind die Diuretika mit mittlerer Wirkungsdauer angezeigt. Die mit ihnen ausgelöste Diurese setzt langsamer ein und ist erst nach 24 Stunden

Tabelle 31 Beispiele für Diuretika

Substanzgruppe	Substanz	Beispiel	Tagesdosis
Thiazide	Butizid	Saltucin	5–10 mg
	Chlortalidon	Hygroton	25–100 mg, evtl. jeden 2. Tag
	Hydrochlorothiazid	Esidrix	12,5–25 mg
	Indapamid	Natrilix	2,5–5 mg
	Xipamid	Aquaphor	10–40 mg
Kaliumsparer	Triamteren	Jatropur, als Kombination z. B. im Dytide H und Diucomb	50–100 mg
	Amilorid	als Kombination im Moduretik und Esmalorid	
Aldosteronantagonisten	Spironolacton	Aldactone Osyrol	50–400 mg
Schleifendiuretika	Furosemid	Lasix	10–500 bis 1000 mg bei Niereninsuffizienz
	Piretanid	Arelix	1- bis 2mal 3–6mg

beendet. Zu dieser Gruppe gehört die große Reihe der **Thiazide** (z. B. Hydrochlorothiazid [Esedrix]).

Lang wirkende Diuretika. Die am längsten anhaltende Wirkung findet sich beim **Chlortalidon** (z. B. Hygroton). Die Diurese dauert, wenn auch vermindert, bis zu 72 Stunden an. Dafür setzt sie relativ langsam ein. Es ist bei besonders schwerer Herzinsuffizienz angezeigt, wenn andere Präparate nicht ausreichen. Man muß bei ihm aber häufiger mit Nebenwirkungen rechnen. Für alle länger wirkenden Diuretika gilt, daß sie ab einem Kreatinin von 2 mg/dl nicht mehr voll wirksam sind.

Kaliumsparende Diuretika. Im **Spironolacton** (z. B. Aldactone, Osyrol) (Richtdosis 50–400 mg, oral und i. v.) steht ein Stoff zur Verfügung, der die Aldosteronwirkung an den Tubuluszellen der Nieren hemmt und somit dem sekundären Hyperaldosteronismus bei Herzinsuffizienz kaliumsparend entgegenwirkt. Vorteilhaft ist auch die fehlende Beeinflussung des Glucosestoffwechsels. Nachteilig sind jedoch die recht zahlreichen Nebenwirkungen (u. a. Gynäkomastie und Potenzstörungen beim Mann, Tieferwerden der Stimme bei der Frau; Hyperkaliämie bei Niereninsuffizienz, dann auch besonders ungünstig in Kombination mit ACE-Hemmern [s. u.]). Darüber hinaus tritt die Wirkung erst nach 3–5 Tagen ein, und die diuretische Wirkung ist nicht sehr groß. Daher wird diese Substanz idealerweise mit einem Sulfonamid-Diuretikum kombiniert (z. B. Aldactone-Saltucin, Osyrol-Lasix).

Eine in mancher Beziehung dem Aldactone ähnliche Wirkung hat **Triamteren** (Jatropur), obwohl es kein Aldosteronantagonist ist, sondern seinen Wirkungsort im distalen Tubulus hat. Vorteilhaft ist, daß es rascher wirkt und billiger ist. Sein Nachteil besteht in der oft schlechten Magenverträglichkeit, besonders bei Patienten mit Rechtsherzinsuffizienz. Man kann die Verträglichkeit durch Herabsetzen der Dosis verbessern, indem man es mit anderen Diuretika kombiniert (z. B. mit Hydrochlorothiazid als Dytide H oder mit Bemetizid als Diucomb). Ein Kaliumverlust wird so vermieden und die diuretische Wirkung der Thiazide gesteigert. Ein sekundärer Hyperaldosteronismus wird jedoch nicht gehemmt. Wegen der Möglichkeit einer Hyperkaliämie sollte der Serumkaliumspiegel kontrolliert werden. In der Wirkung ähnlich ist **Amilorid** (in Kombination mit Hydrochlorothiazid, z. B. als Moduretik oder in Kombination mit Trichlormethiazid, z. B. als Esmalorid). Beide kaliumsparenden Substanzen sollten ab Serumkreatininwerten über 2 mg/dl nicht mehr eingesetzt werden. Allen kaliumsparenden Diuretika ist gemeinsam, daß sie den Glucosestoffwechsel nicht beeinflussen; sie unterscheiden sich daher wesentlich von den übrigen Diuretika.

Andere Diuretika, die nicht zu diesen Gruppen gehören, spielen bei der Therapie der Herzinsuffizienz keine wesentliche Rolle. Purinkörper allein sind nicht genügend wirksam, Carboanhydrasehemmer, wie Diamox, eignen sich nicht für die Dauerbehandlung, sie verlieren an Wirksamkeit und führen zu einem erheblichen Kaliumverlust.

Anwendung und Dosierung der oralen Diuretika. Grundsätzlich ist mit einer möglichst niedrigen Diuretikadosis zu beginnen. Es wird nach Bedarf und Erfolg gesteigert. Nach Rekompensation kann meist eine Dosisreduktion erfolgen. Zur Kontrolle der Wasserausscheidung benötigt man unbedingt eine **Waage.** Die modernen Federwaagen reichen aus. Der Kranke muß täglich morgens nüchtern, unbekleidet oder in gleicher Kleidung, sein Gewicht feststellen und notieren. Erst wenn eine stabile Rekompensation gelungen ist, genügt das wöchentliche Wiegen. **Das Wiegen ist zuverlässiger als das Messen der täglichen Harnaus-**

scheidung, die den Wassergehalt des Stuhles und die Perspiratio insensibilis nicht erfaßt. Die Gewichtsabnahme sollte 1 kg pro Tag nicht überschreiten. Eine Gewichtszunahme durch zunehmenden Appetit nach Verminderung der Stauung erfolgt langsam und gleichmäßig, sie sollte nicht zur Erhöhung der Saluretikadosis führen.

Die Diuretika verordnet man zum oder **nach dem Frühstück,** damit die Diurese nicht die Nachtruhe beeinträchtigt.

Die **gastrointestinale Verträglichkeit** der Diuretika ist gut. Magenbeschwerden oder Durchfälle sind die Ausnahme. Lediglich Triamteren, Amilorid und Etacrynsäure können zu Magenbeschwerden und Erbrechen führen. Auch Veränderungen des Blutbildes oder allergische Reaktionen sowie eine Beeinträchtigung der Leberfunktion und eine Pankreatitis treten außerordentlich selten auf. Bei allen kaliumsparenden Diuretika sind **Exantheme** beobachtet worden.

Bei der **ärztlichen Kontrolluntersuchung** wird auf das Ausmaß der peripheren Ödeme, die Pleuraergüsse, die Größe der Leber und den Aszites geachtet.

Die häufigste **Komplikation** bei den Thiaziden sowie bei den schnell wirkenden Diuretika ist durch den **Kaliumverlust** bedingt. Er wird durch die gleichzeitige Gabe von Herzglykosiden noch begünstigt. Die klinischen Zeichen eines Kaliummangels sind:

- gesteigerte Empfindlichkeit gegenüber Herzglykosiden mit Neigung zu Herzrhythmusstörungen und Erbrechen,
- allgemeine Schwäche, besonders der Beine,
- Neigung zu Meteorismus und Obstipation,
- trockener Mund, starker Durst,
- Apathie.

Es empfiehlt sich, wenn keine Einschränkung der Nierenleistung (Kreatininkontrolle!) vorliegt, nicht erst das Eintreten solcher Symptome abzuwarten, sondern schon vorsorglich mit einem „Kaliumsparer" zu kombinieren. Solange die Diuretika alternierend einen über den anderen Tag gegeben werden können, genügt meist eine **kaliumreiche Diät** (siehe entsprechende Diätbücher).

Wenn höhere Dosen der Diuretika gegeben werden müssen und die Patienten keine kaliumreiche Diät einhalten können bzw. die Kombination mit „Kaliumsparern" nicht ausreicht, verordnet man Kalium in Form von KCl (z. B. Kalinor-Brause-Tabletten oder KCl retard).

Eine weitere unerwünschte Wirkung der „Kaliumsparer" ist die **Hyperkaliämie.** Bei länger dauernder Behandlung mit Diuretika empfiehlt es sich, den Serumspiegel des Kaliums regelmäßig zu kontrollieren.

Das **EKG** kann Hinweise auf eine Hypo- oder Hyperkaliämie geben. Charakteristisch für einen Kaliummangel sind ST-Senkungen mit Abflachung von T und nachfolgender hochpositiver U-Welle. Die Veränderungen haben eine gewisse Ähnlichkeit mit denen, die durch Herzglykoside ausgelöst werden, doch kommen bei letzteren stärkere PQ-Verlängerungen oder bei absoluter Arrhythmie eine Verlangsamung der Kammerfrequenz hinzu (Abb. 28). Im EKG ist bei leichter Hyperkaliämie (Kaliumwerte von 5–6,5 mval/l) zunächst eine zeltförmige, schmale, symmetrische, hohe T-Zacke mit einer leichten ST-Senkung auffällig (auch bei gesunden Jugendlichen mit normalen Serumkaliumwerten möglich). Abb. 28 zeigt auch die weiteren EKG-Veränderungen bei schwerer Hyperkaliämie (Kaliumwerte über 6,5 mval/l).

Patienten mit schwerer Stauungsinsuffizienz, besonders mit Vorhofflimmern und großem Herzen sind **emboliegefährdet.** Diese Gefahr und die Gefahr venöser Thromben nimmt durch die Bluteindickung zu, wie sie unter forcierter Diurese auftritt. Besonders gefährlich ist die Situation dann, wenn der Patient zusätzlich bettlägerig ist. Eine gerinnungshemmende prophylaktische Behandlung, z. B. mit Heparin, ist in Verbindung mit Anti-Embolie-Strümpfen in dieser Situation unbedingt anzuraten. Besteht Vorhofflimmern, so muß eine Marcumartherapie in Betracht gezogen werden (S. 267).

Des weiteren ist zu bedenken, daß während eines schweren Herzversagens die Nieren ungenügend durchblutet werden, die **harnpflichtigen Substanzen im Blut** also **ansteigen.** Nur unter der Gabe von Schleifendiuretika werden die harnpflichtigen Stoffe ausreichend über die Nieren ausgeschieden.

Die Diuretika senken einen erhöhten Blutdruck. Bei erheblicher Verminderung des gesamten Blutvolumens sinkt auch ein normaler Druck, und es kommt zur **Kollapsneigung.** Sie läßt sich kompensieren, indem man dem Kranken etwas mehr zu trinken erlaubt und die Diuretikadosis verringert.

Bis auf die kaliumsparenden Diuretika verschlechtern alle Diuretika eine **Glucosetoleranz.** Gegebenenfalls muß eine Diabetestherapie eingeleitet werden. Die therapeutische Wirkung von Sulfonamiden zur oralen Behandlung eines Diabetes wird herabgesetzt. Auch eine **Gicht,** die wir bei bestehender Veranlagung durch Behandlung mit Thiaziden auslösen können, wird wie üblich therapiert. Bewährt haben sich hier besonders Allopurinol (z. B. Zyloric), das die Harnsäuresynthese hemmt, und Benzbromaron (z. B. Uricovac), ein Mittel, das die Harnsäureausscheidung fördert.

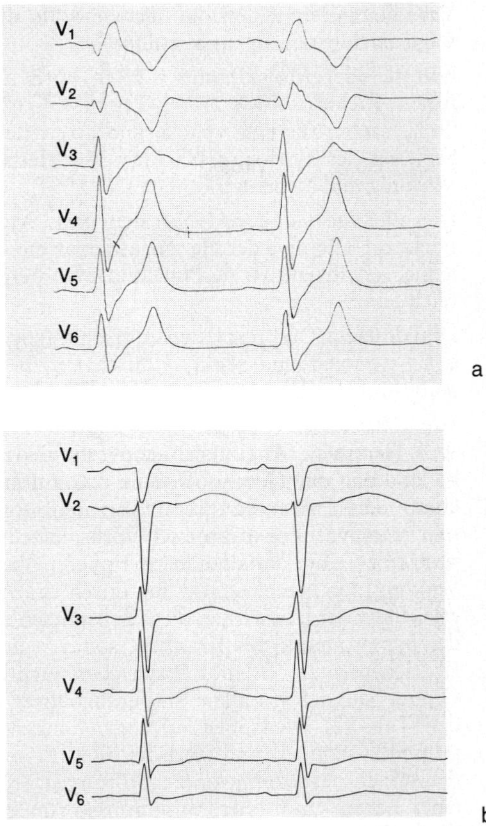

Abb. 28 a) EKG bei schwerer Hypokaliämie (K^+ 1,7 mval/l). Gut zu senken ist die große positive U-Welle in Ableitung V_2 und ST-Senkung in V_4. b) zum Vergleich: EKG bei schwerer Hyperkaliämie (K^+ 8,7 mval/l) mit auffällig hoher T-Welle in Ableitung V_4 bis V_6. Dazu Rechtsschenkelblock-artig verbreiterter Kammerkomplex

Vasodilatantien

Während Herzglykoside die Herzleistung erhöhen, entlasten Diuretika und Vasodilatantien das Herz. Sie senken den arteriellen Druck in Aorta und A. pulmonalis und vermindern den Rückstrom des Blutes zum Herzen, senken also zugleich auch die Vorlast.

Vasodilatantien stellen die nächste Stufe der Therapie dar. Es stehen folgende Substanzen zur Verfügung:

Nitrate oder **Molsidomin,** z. B. in Form von Isosorbiddinitrat (z. B. Isoket, Richtdosis 3 × 20 mg/Tag bzw. Corvaton, 2- bis 3mal 2–8 mg/Tag), sorgen für eine venöse und arterielle Vasodilatation und damit Senkung der Vor- und Nachlast des Herzens (über die antianginöse Wirkung und Nebenwirkungen s. S. 209f).

Die alleinige Gabe von Nitraten bzw. Molsidomin (z. B. Corvaton) reicht zur Therapie der Herzinsuffizienz meist nicht aus. Ihre Gabe kann jedoch ergänzend zu den im folgenden besprochenen Substanzen hilfreich sein.

Dihydralazin (Nepresol) wirkt erschlaffend auf die glatte Muskulatur der Arteriolen und senkt dadurch den peripheren Gefäßwiderstand. Aufgrund der Überlegenheit der ACE-Hemmer wurde diese Therapie verlassen.

ACE-Hemmer (Angiotensin-converting-enzyme-Hemmer) haben die Behandlung der Herzinsuffizienz revolutioniert. Durch eine Unterbrechung der Umwandlung von Angiotensinogen zu Angiotensin, einem sehr stark vasokonstriktorisch wirksamen Hormon, führen diese Substanzen zu einer anhaltenden peripheren Vasodilatation und damit zur Senkung der Nachlast. Da hierdurch die Auswurfarbeit des Herzens erleichtert wird, bewirken diese Substanzen nicht nur eine Verbesserung der Symptomatik des Kranken, sondern auch eine Verbesserung der Überlebensraten. Es gibt inzwischen mehrere Substanzen aus dieser Gruppe, die sich vor allem hinsichtlich ihrer Wirkungsdauer unterscheiden (Tab. 32). Die Nebenwirkungen hängen offenbar mit der Substanzgruppe zusammen und sind bei allen Präparaten vergleichbar: Hautreaktionen, gastrointestinale Störungen, Blutbildveränderungen (selten), Leber- und Nierenfunktionsstörungen (selten), Hyperkaliämie (besonders, wenn eine Begleittherapie mit Aldosteronantagonisten oder anderen kaliumsparenden Medikamenten stattfindet oder eine Niereninsuffizienz vorliegt), Geschmacksveränderungen und Hustenreiz. Aufgrund dieser Nebenwirkungen sind regelmäßige Blutuntersuchungen erforderlich (anfangs im Abstand von 2–3 Wochen).

Aufgrund der blutdrucksenkenden Wirkung sollte ein Beginn der Therapie mit ACE-Hemmern bei Patienten mit sehr schwerer Herzinsuffizienz nur stationär eingeleitet werden. Bei Schwerstkranken führt die periphere Vasodilatation nämlich nicht zum erwarteten Anstieg des Herzzeitvolumens, sondern zum Blutdruckabfall (evtl. Schock). Dies kann nur durch sofortige Gabe von Kochsalzlösung (250 ml NaCl 0,9% in 15–30 Min. i. v.; Vorsicht: Lungenödemrisiko bei Herzinsuffizienz), ergänzt ggf. durch Adrenalin oder Angiotensin II, aufgefangen werden.

Tabelle 32 ACE-Hemmer bei Herzinsuffizienz (Beispiele)

	Halbwertszeit	Einzeldosis	Tagesdosis
Captopril (Lopirin, Tensobon)	2 h	6,25–12,5 mg	25–37,5 mg (–75)
Quinapril* (Accupro)	3 h	5–20 mg	10–20 mg (–40)
Enalapril (Pres, Xanef)	11 h	2,5–5 mg	5–10 mg (–20)
Lisinopril* (Acerbon, Coric)	12 h	2,5–5 mg	5–10 mg (–20)
Ramipril* (Delix, Vesdil)	16 h	1,25 mg	2,5–5 mg

* Zur Zeit der Drucklegung bestand noch keine ausreichende Erfahrung und Zulassung mit diesen Substanzen bei Patienten mit Herzinsuffizienz. Die hohen, in Klammern angegebenen Dosierungen kommen in der Regel nur bei der Behandlung des Bluthochdrucks in Frage.

Besonders gut zur Therapie-Einleitung geeignet sind kurzwirkende ACE-Hemmer, wie z. B. Captopril. Die initiale Testdosis beträgt 6,25 mg. Wird dies gut vertragen, so kann die Dosis langsam auf bis das 6fache dieser Testdosis/Tag gesteigert werden. Langwirkende ACE-Hemmer wie das Enalapril eignen sich besonders in der chronischen Therapiephase. Es genügt dann die einmalige Einnahme der Substanz am Tag, was die Anwendungsfreundlichkeit der Behandlung steigert.

Positiv inotrope Substanzen

Diese Medikamente führen zu einer direkten Stimulation des Myokards. Sie sind nur zur Akutbehandlung der Herzinsuffizienz geeignet; chronische Therapieversuche verliefen enttäuschend (z. T. höhere Mortalität durch vermehrte Herzrhythmusstörungen).

Die klassische Substanz zur Therapie einer akuten myokardialen Insuffizienz ist **Dobutamin** (Dobutrex). Es führt zu einer signifikanten Steigerung des Herzzeitvolumens und zum Abfall des Pulmonalkapillardrucks. Die Richtdosis liegt zwischen 2,5 und maximal 20 μg/kg/min.

Sollte durch Dobutrex keine ausreichende Kreislaufwirkung zu erzielen sein, so muß **Adrenalin** (Suprarenin) eingesetzt werden. Die Kardiotoxizität dieser Substanz ist hoch, ein Nierenversagen tritt häufig auf. Die applizierbare Dosis liegt zwischen 0,5 und 10 mg/h.

Verschiedene neuere positiv inotrop wirkende Substanzen werden als Alternative angeboten. Sie stammen aus der Gruppe der **Phosphodiesterasehemmer: Amrinon** (Wincoram; Erhaltungsdosis: 5–10 µg/kg/min), **Enoximon** (Perfan; Erhaltungsdosis: 5–20 µg/kg/min). Diese Substanzen kommen bevorzugt dann zum Einsatz, wenn sich im Laufe der Therapie mit Katecholaminderivaten Toleranzzeichen einstellen. Da auch sie zur Toleranz führen können, wird ein z. B. alle 2 Tage alternierendes Therapiekonzept Katecholamine/Phosphodiesterasehemmer diskutiert.

Dopamin wird zur Verbesserung der Nierenperfusion während der meist begleitend auftretenden Niereninsuffizienz gegeben. Die Richtdosis beträgt 1,5–3,5 µg/kg/min. Eine höhere Dosis von Dopamin bewirkt eine Vasokonstriktion und kann so die kardiale Leistung sogar vermindern (Anstieg des Pulmonalkapillardrucks). Dopamin wird daher bei Patienten mit prärenalem Nierenversagen in niedriger Dosis mit den oben genannten Substanzen kombiniert.

Die Behandlung der akuten Herzinsuffizienz

Eine akute Herzinsuffizienz bedarf der sofortigen stationären Einweisung. Bis der Transport eingeleitet werden kann, sollte der Arzt jedoch schon einige **allgemeine Maßnahmen** einleiten: Durch die Herzbettlagerung (Hochlagern des Oberkörpers, Tieflagern der Beine) kann ein venöses Pooling erreicht werden. Durch die Gabe von Sauerstoff und eine Bronchialtoilette wird eine bessere Oxygenierung erzielt. Mittels Abbinden der Extremitäten, z. B. mit Blutdruckmanschetten, kann ein unblutiger Aderlaß bewirkt werden.

Die **medikamentöse Therapie** der **akuten Linksherzinsuffizienz** richtet sich vor allem nach dem initialen Blutdruck. Bei *normalen Blutdruckwerten* (über 100 mmHg systolisch) beginnt man mit Glyceroltrinitrat (Nitroglycerin, 0,4–0,8 mg sublingual, nach 5–10 min wiederholen). Auch die akute sublinguale Gabe von Captopril (6,25–12 mg) wird empfohlen. Zusätzlich wird intravenös ein Schleifendiuretikum verabreicht. Man sollte vorsichtig beginnen (z. B. mit 20 mg Lasix oder 6 mg Arelix) und die Dosis nur bei unzureichender Wirkung steigern. Herzglykoside haben bei der Behandlung der akuten Herzinsuffizienz keinen Stellenwert; die positiv inotrope Wirkung tritt nicht schnell genug ein, dafür besteht aber das Risiko der Induktion von Herzrhythmusstörungen. Nur bei einer Tachyarrhythmia absoluta ist es indiziert (s. S. 65).

Schließlich gehört zur Therapie der akuten Herzinsuffizienz auch die Sedierung des Patienten. Am besten hierfür ist Morphin geeignet, da es sedierende, analgetische und vasodilatatorische Effekte vereint. Die Dosis liegt zwischen 10 und 20 mg, aufgezogen in 10 ml physiologischer Kochsalzlösung, i. v. Eventuell auftretende Übelkeitsreaktionen können durch Metoclopramid (z.B. Paspertin) gut therapiert werden. Von Diazepam und seinen Derivaten wird abgeraten, da eine Analgesie fehlt und ein ausgeprägter Blutdruckabfall auftreten kann.

Liegt der Linksherzinsuffizienz eine *Hypertonie* zugrunde, so sollte die Blutdrucksenkung ebenfalls mit Nitroglycerin (0,8–2,4 mg sublingual) und einem Schleifendiuretikum angestrebt werden. Im nächsten Schritt erfolgt eine Behandlung mit Nifedipin (z.B. Adalat, 10 mg, Wiederholung nach 10 min), das als Kapsel aufgebissen und *geschluckt* werden sollte. Bei Unwirksamkeit kann auf Urapidil (Ebrantil, 12,5 mg i.v., Wiederholung nach 15 min) oder Clonidin (Catapresan, 75 μg i.v., Wiederholung nach 20 min) zurückgegriffen werden (s. S. 295).

Liegt der Linksherzinsuffizienz eine *Hypotonie* zugrunde oder hat sie zur Hypotonie geführt, so ist die Gabe von Nitroglycerin unter Umständen gefährlich, da der Blutdruckabfall verschlimmert werden kann und dann eine Zunahme der Linksherzinsuffizienz möglich ist. Schwerpunkt der Therapie liegt hier auf der Gabe von Katecholaminen (Dobutamin, Adrenalin) und auf einer vorsichtigen Gabe von Diuretika. Nitroglycerin sollte nur gegeben werden, wenn ein Therapieerfolg an Kleinkreislaufdaten (Herzzeitvolumen, Drücke) überprüft werden kann.

Bei **schwerer Linksherzinsuffizienz** sind zusätzliche Maßnahmen erforderlich. Eine protrahierte schwere respiratorische Insuffizienz (arterieller pO_2-Wert unter 55 mmHg) macht eine **mechanische Beatmung,** meist mit PEEP, erforderlich. Die Folgen einer begleitenden Niereninsuffizienz (Überwässerung, Hyperkaliämie, metabolische Azidose) lassen sich im Akutstadium nur durch Dialyseverfahren beherrschen. Kontinuierliche **Hämofiltrationsverfahren** sind wegen geringerer Auswirkungen auf den Kreislauf den diskontinuierlichen vorzuziehen. Schließlich kann eine Stabilisierung des Kreislaufs mit einer **intraaortalen Gegenpulsationspumpe** ermöglicht werden. Hierbei handelt es sich um einen ca. 20 cm langen Ballon, der über eine Femoralarterie eingeführt und in der Aorta descendens plaziert wird. Nun erfolgen EKG-getriggert diastolische Ballon-Inflationen. Durch dieses Verfahren wird der koronare Perfusionsdruck erhöht, das in der Aorta befindliche Blut in die Peripherie gepreßt und durch das plötzliche Entleeren des Ballons der Blutauswurf des Herzens in der folgenden Systole erleichtert.

Schließlich kommt im Schockzustand bei jüngeren Patienten ohne bedeutsame Begleiterkrankung und bei ausreichender Einsicht sowie Kooperation im Hinblick auf eine mögliche Herztransplantation die vorübergehende Implantation eines die Herzarbeit unterstützenden

Gerätes in Frage. Verschiedene Modelle wurden entwickelt, die entweder das Herz ganz ersetzen sollen („**Kunstherz**") bzw. dem rechten oder linken Herzen einen Teil der Arbeit abnehmen (z. B. durch Absaugen von Blut aus dem jeweiligen Vorhof und Einpumpen in die dazugehörige Schlagader). Solche Verfahren können über mehrere Wochen eingesetzt werden, bis eine ausreichende Rekompensation erzielt wird.

Die **medikamentöse Therapie** der **akuten Rechtsherzinsuffizienz** konzentriert sich auf die Senkung des pulmonalarteriellen Drucks und Steigerung des systemisch-arteriellen Drucks. Unter hämodynamischer Überwachung (Swan-Ganz-Katheter) wird einerseits vorsichtig Nitroglycerin gegeben (0,6–3 mg/h i. v.), andererseits die Kontraktionskraft des rechten Herzens und der Blutdruck im großen Kreislauf mit Katecholaminen angehoben. Häufiger als bei der Linksherzinsuffizienz ist eine mechanische Beatmung sowie eine Dialysebehandlung erforderlich.

Diese unspezifischen Maßnahmen werden, wenn immer möglich, durch eine **spezifische Behandlung** ergänzt: Liegt der Rechtsherzinsuffizienz ein schwerer Asthmaanfall zugrunde, so muß dieser durchbrochen werden. Ist sie Folge einer Lungenembolie, so sollte eine thrombolytische Therapie erfolgen, wenn keine Kontraindikationen vorliegen (s. S. 306f). Geeignet ist z. B. Urokinase in einer Dosis von 9 Millionen Einheiten über 6 Stunden. Abhängig von Verlaufsuntersuchungen ist dies zu wiederholen. Bei schwersten Lungenembolien mit Verschluß eines Pulmonalarterienhauptstammes ist eine Operation zu erwägen.

Die Behandlung der chronischen Herzinsuffizienz

Grundsätzlich soll immer eine **Beseitigung oder Besserung der Ursachen** einer Herzinsuffizienz versucht werden (z. B. Behandlung einer arteriellen Hypertonie, operative Beseitigung von Klappenerkrankungen, Therapie von Lungenerkrankungen). Die eigentliche Behandlung der chronischen Herzinsuffizienz setzt sich aus allgemeinen und speziellen Therapiemaßnahmen zusammen. Zu den **allgemeinen Maßnahmen** zählt die Einhaltung von **ausreichenden Ruhephasen** (z. B. Mittagsschlaf). Ggf. können leichte Sedativa helfen. Die **Kost** muß ausgewogen und den Kreislauf wenig belastend sein. Die **Trinkmenge** ist auf 1–2 l zu beschränken. **Tägliches Wiegen** hilft bei der Flüssigkeitsbilanzierung. Alkohol sollte anfangs völlig, später weitgehend vermieden werden. Erforderlich ist weiterhin die Regelung des **Stuhlgangs.** Salinische Abführmittel und Quellmittel wie Weizenkleie sind wegen der Belastung des Kreislaufs mit Flüssigkeit zu vermeiden. Geeignet sind beispielsweise Zäpfchen, die den physiologischen Stuhldrang unterstützen (z. B. Lecicarbon). Verschiedene **Medikamente** werden adjuvant bei der Behandlung der Herzinsuffizienz benötigt. Der vor allem nachts oft quälende Hustenreiz (Lungenstauung) sollte mit Antitussiva behandelt werden. Begleitende **Infektionen des Respirationstraktes** bedürfen je nach Situation einer antiobstruktiven, mukolytischen und auch antibiotischen Therapie. Schließlich ist bei bettlägerigen Patienten eine **Embolieprophylaxe** erforderlich (Krankengymnastik, Anti-Embolie-Strümpfe, evtl. subkutane Heparinisierung). Ist es z. B. bei Vorhofflimmern zu arteriellen Embolien gekommen oder traten Venenthrombosen auf, so ist in der Regel eine Antikoagulation angezeigt (s. auch S. 76).

Die **medikamentöse Therapie** der **chronischen Linksherzinsuffizienz** besteht in leichten Fällen aus **Diuretika.** Kann keine ausreichende Rekompensation erzielt werden oder liegt eine begleitende Tachyarrhythmie vor, so kommt **Digitalis** zum Einsatz. Den nächsten Schritt stellt die Verordnung von **ACE-Hemmern** dar. Der **Therapiebeginn** sollte möglichst unter stationären Bedingungen erfolgen (s. Seite 79). Regelmäßige ambulante Kontrollen sind erforderlich.

Läßt sich trotz aller therapeutischer Bemühungen keine Rekompensation erreichen und ist die Lebenserwartung nach aller Erfahrung auf wenige Monate beschränkt, so sollte bei ansonsten gesunden und psychisch stabilen Kranken eine **operative Therapie** erwogen werden. Ist die Herzinsuffizienz nicht zu schwer (NYHA III), so kommt eine **Kardiomyoplastie** in Betracht. Bei diesem Verfahren wird der linke M. latissimus dorsi bis auf den Ansatz vom Rücken gelöst, nach Resektion eines Teils der linken 2. Rippe in den Thorax eingeführt und um das Herz gewickelt. Vermittelt durch einen speziellen Schrittmacher wird der Muskel systolisch stimuliert. Erstaunlicherweise kommt es im Laufe einiger Wochen zum histologischen Umbau des Muskels mit einer Zunahme der langsamen (weißen) und Abnahme der schnellen (roten) Muskelfasern, so daß der genutzte Rückenmuskel in die Lage versetzt wird, Dauerarbeit zu verrichten. Voraussetzung für einen solchen Eingriff ist, daß keine bedeutsamen Herzrhythmusstörungen und keine wesentliche Mitralinsuffizienz vorliegen. Falls dieser Eingriff nicht erwogen werden kann, kommt eine **Herztransplantation** in Frage. Voraussetzung für die Durchführbarkeit dieses Eingriffs ist ein nicht wesentlich erhöhter pulmonaler Gefäßwiderstand und das Fehlen von Kontraindikationen für eine immunsuppressive Therapie (z. B. chronische Infektionen, Diabetes mellitus).

Die **medikamentöse Therapie** der **Rechtsherzinsuffizienz** besteht ebenfalls aus **Digitalis** und **Diuretika.** In schweren Fällen hat das **Spironolacton** nach wie vor seine Bedeutung erhalten (Aldactone, Osyrol; Richtdosis: 100–200 mg/Tag). Durch seine Aldosteron antagonisierende Wirkung gelingt es häufig über viele Jahre, die abdominelle Stauungssymptomatik entscheidend zu bessern und Pleuraergüsse zurückzubilden. Bei der chronischen Rechtsherzinsuffizienz ist weiterhin die Gabe von **vorlastsenkenden Medikamenten** nützlich (z. B. Isosorbiddinitrat, Richtdosis 3mal 10–20 mg/Tag).

Nachbehandlung und Rehabilitation

Die Rehabilitation soll so früh wie möglich einsetzen. Im allgemeinen spürt der Kranke selbst, wenn er genügend Reserven hat, um etwas mehr aufzustehen. Unter regelmäßiger Kontrolle des Kompensationszustandes wird die Belastung langsam gesteigert. Die Pulsfrequenz soll dabei 100/min nicht übersteigen.

Wenn ohne besondere Anstrengungen ebene Spaziergänge in gemütlichem Tempo über etwa 1 Stunde möglich sind, kann man eine Leistungssteigerung durch einen Kuraufenthalt erwägen. Unter Beibehaltung der erprobten Medikamente und unter ärztlicher Kontrolle wird mit leichten balneologischen Maßnahmen (nicht Vollbäder, Vorsicht mit Kohlensäurebädern) und aufbauender Bewegungstherapie die Kreislaufreserve erhöht. Vor unkontrollierten Bäderanwendungen muß gewarnt werden, ebenso vor Trinkkuren. Letztere führen zu einer zusätzlichen Wasser- und Natriumaufnahme. Im ganzen ist ein Zuwenig dabei besser als ein Zuviel.

Sehr wichtig ist die psychische Führung des Kranken, damit er sich nicht zu viel zumutet. Andere Patienten müssen eher etwas aufgemuntert werden, sie bilden aber die Ausnahme. Aufregungen, überhaupt psychische Streßsituationen sollen ebenso wie körperliche Überlastungen vermieden werden.

Auch die beruflichen und privaten Verhältnisse muß man mit dem Patienten besprechen. Er sollte keine körperlich zu anstrengende Arbeit verrichten, eine bequeme Möglichkeit haben, an seinen Arbeitsplatz zu gelangen und im Erdgeschoß wohnen oder einen Aufzug benutzen können. Eine Mittagsruhe ist dringend zu empfehlen, die Nachtruhe sollte möglichst 8 Stunden erreichen. Oft wird natürlich ein Kompromiß nötig. Eine salzarme Diät ist weiterhin notwendig, eine übermäßige Flüssigkeitszufuhr (z. B. bei gesellschaftlichen Veranstaltungen) muß unterbleiben.

Prognose

Günstig ist die Prognose, wenn es gelingt, die Ursache der Herzinsuffizienz zu beseitigen, wie z. B. durch das Senken eines zu hohen Blutdrucks, die Beseitigung einer Hypo- oder Hyperthyreose, die operative Behandlung von Herzfehlern oder einer chronischen Perikarditis. Auch nach einer Myokarditis als Folge von Infektionskrankheiten wird in der Regel eine Herzinsuffizienz, wenn sie überlebt wird, später gut ausgeglichen. Mit den modernen therapeutischen Möglichkeiten erlebt man aber auch in den Fällen, bei denen nur eine symptomatische Behandlung möglich ist, erstaunliche Remissionen. Selbst nach schwerstem Herzversagen mit Stauungszirrhose der Leber kann noch über viele Jahre eine Berufsfähigkeit für Bürotätigkeit erzielt werden. Das Leben wird vorwiegend durch Embolien, Herzrhythmusstörungen oder prärenale Niereninsuffizienz bedroht.

Erkrankungen des Endokards

Erkrankungen des Endokards entstehen vorwiegend durch entzündliche Vorgänge. Sie betreffen zwar alle Altersgruppen, doch bevorzugen sie die jüngeren Menschen. Eine Zusammenstellung der häufigsten gibt Tab. 33. Die wichtigsten werden im folgenden besprochen.

Endocarditis rheumatica

Als Endokarditis wird eine Entzündung der Herzinnenhaut bezeichnet. Eine häufige Ursache ist das rheumatische Fieber. Dieser Begriff ist nicht ganz korrekt, denn das Fieber kann in 50–60% der Fälle fehlen. Zu diesem Krankheitsbild, das als Immunkomplexreaktion mit Kapillarschäden gedeutet wird, gehören neben der Herzbeteiligung die Gelenksymptomatik und eine Chorea minor (Sydenham). Beim Schulkind rechnet man mit einer Herzbeteiligung in etwa 70% der Fälle, beim Erwachsenen sind es 40%. Die Chorea minor wird heute durch die guten therapeutischen Möglichkeiten nur noch selten beobachtet.

Eine erbliche Disposition ist oft erkennbar. Begünstigt wird die Erkrankung durch enges Zusammenwohnen in Kasernen, Notunterkünften u. ä.

Dem rheumatischen Fieber geht eine Erkrankung mit betahämolysierenden Streptokokken der Gruppe A 2–3 Wochen voraus. Meist manifestiert sie sich in Form einer Mandelentzündung. Sie kann aber auch nur zu einem uncharakteristischen Rachenkatarrh führen oder sogar unbemerkt bleiben.

Tabelle 33 Übersicht über die häufigsten Endokarderkrankungen

1. **Abakterielle Endokarditis**
   Endocarditis rheumatica
   Endocarditis Libman-Sacks (Lupus erythematodes)
   Endokarditis bei Karzinoidsyndrom
   Endokarditis bei Kachexie (abakterielle, thrombotische Endokarditis)
2. **Bakterielle Endokarditis**
   akute und subakute („lenta") Form
3. **Primäre Endokardfibrosen**
   Endocarditis parietalis fibroplastica Löffler
   Fibroelastose
   Endomyokardfibrose

An den meist belasteten Stellen des Endokards, also besonders an den Schlußstellen der Klappen, bilden sich stecknadelkopfgroße, glasiggrauweiße Warzen (Endocarditis verrucosa rheumatica). Auch die Sehnenfäden können befallen sein. Die sich ausbildenden Narben führen im Laufe der Zeit zu Klappendestruktionen.

Das **klinische Bild** des rheumatischen Fiebers kann sehr typisch verlaufen. 2–3 Wochen nach einer fiebrigen Angina mit weißlichen, nicht konfluierenden Belägen tritt anhaltendes **Fieber** auf. Der Kranke klagt über Abgeschlagenheit, Appetitlosigkeit und Schweißneigung, er macht einen schwerkranken Eindruck. Wenn, wie in den meisten Fällen, schmerzhafte und entzündliche **Schwellungen** eines oder mehrerer **großer Gelenke** hinzutreten, ist die Diagnose mit großer Wahrscheinlichkeit zu stellen. Ohne Behandlung klingt das Fieber in mehreren Wochen ab und neigt zu erneuten Schüben. Da die Gelenkentzündungen sehr schmerzhaft sind, wird eine Mitbeteiligung des Herzens oft nicht bemerkt. Man muß daher auf Zeichen einer Stauung im großen oder kleinen Kreislauf achten und das Herz häufig abhören.

Das rheumatische Fieber kann ganz akut verlaufen und in wenigen Tagen zum Tode durch Herzinsuffizienz führen. Andererseits kommt auch ein ungewöhnlich protrahierter Verlauf vor. Immer neue Gelenke werden befallen, außerdem auch das Bindegewebe in der Umgebung der Gelenke, wo schmerzhafte Knoten tastbar werden. Pleuraergüsse, Aszites, ein Perikarderguß als Folge einer Perikarditis und eine Myokarditis treten hinzu. Als typische Erkrankung der Haut findet sich, allerdings nur wenige Tage, das **Erythema anulare marginatum,** große kreisförmige Flecken an Oberschenkel oder Stamm. Zu dem Krankheitsbild gehört auch die **Glomerulonephritis,** die oft als nephrotisches Syndrom auftritt. Nicht spezifisch ist dagegen das **Erythema nodosum,** das man besonders auch beim Morbus Boeck sieht. Es besteht aus bis zu 4 cm großen, blauroten Knoten, vorwiegend an den Unterschenkeln und verursacht erhebliche Schmerzen. Eine Gelenkbeteiligung kann auch völlig fehlen. Die Ursache des Fiebers wird dann schwer erkennbar, man vermutet eine „Grippe“. Nicht selten bleibt der erste Schub ganz unerkannt.

An **Laborbefunden** ist zunächst eine erhebliche Beschleunigung der Blutsenkung zu erwähnen. Es besteht eine Leukozytose bis 20 000/mm^3, eine Linksverschiebung im Differentialblutbild und bei längerem Verlauf eine Anämie. Ein Anstieg des **Antistreptolysintiters** auf über 250 E zeigt einen stattgehabten Infekt mit betahämolysierenden A-Streptokokken an, beweist jedoch nicht ein rheumatisches Fieber. Sehr wesentlich ist ein Titerverlauf. In der Elektrophorese findet sich als Zeichen der akuten Entzündung eine Verminderung der Albumine und ein Anstieg der Alpha-1- und Alpha-2-Globuline.

Das **EKG** zeigt als erste Veränderung eine Verlängerung von PQ. Hinzutreten können Blockbildungen und andere Rhythmusstörungen, Änderungen der Erregungsausbreitung und -rückbildung. Im **Echokardiogramm** erkennt man meist die Verdickung (Vegetationen) und Bewegungseinschränkung der Herzklappen sowie eine Insuffizienz der Klappenfunktion.

Röntgenologisch finden sich in diesem Stadium gewöhnlich noch keine Veränderungen der Herzform, eher eine Lungenstauung.

Insgesamt muß also bei einigen Kranken die Diagnose allein klinisch gestellt werden. Nach Jones kann ein rheumatisches Fieber dann angenommen werden, wenn ein Zusammentreffen von zwei Hauptsymptomen mit einem Nebensymptom oder von einem Hauptsymptom mit zwei Nebensymptomen nachweisbar ist (Tab. 34).

Die **Spontanprognose** ist ungewiß. In der Regel kommt es zu einem Rezidiv, das weitere Veränderungen an den Klappen und einen erneuten Untergang von Herzmuskelgewebe auslöst. Rheumatisch vorveränderte Klappen neigen darüber hinaus auch zu bakteriellen oder mykotischen Infektionen (s. u.). So wird aus einem zunächst nur morphologisch nachweisbarem Vitium (warzenförmige Auflagerungen auf den Klappen) im Laufe der Jahre eine Klappeninsuffizienz mit schweren Klappendestruktionen und Verkalkungen. Schließlich tritt der Tod durch

Tabelle 34 Zur Diagnose des rheumatischen Fiebers (noch Jones und Schölmerich)

Hauptsymptome	Nebensymptome	Randsymptome
Karditis	Fieber	Gewichtsverlust
Polyarthritis	Beschleunigte BSG	Leichte Ermüdbarkeit, Unwohlsein
Chorea minor	Vorausgegangene Streptokokkeninfekte	Schwitzen
Subkutane Knoten	Verlängerte PQ-Strecke im EKG	Blässe oder Anämie
Erythema marginatum	Rheumatische Anamnese	Tachykardie
		Nasenbluten
		Erythema nodosum
		Präkordiale Schmerzen, Kopfschmerzen, Bauchschmerzen
		Erbrechen (beim Kind)

Herzinsuffizienz und embolische Komplikationen ein. Bei anderen Patienten kann es bei einem oder nur wenigen Schüben der Erkrankung bleiben. Eine Defektheilung mit nur geringgradigem Vitium ist möglich, so daß ein hohes Alter erreicht werden kann.

Die **Behandlung** hat zwei Ziele: 1. Möglichst schnell die entzündliche Reaktion zu unterdrücken und 2. die betahämolysierenden Streptokokken der Gruppe A zu eliminieren. Zudem ist Bettruhe bis zum Abklingen aller akuten Krankheitserscheinungen notwendig. Das erste Ziel wird am besten mit Cortisonderivaten erreicht, z. B. mit Prednisolon oder Prednison in einer Anfangsdosis von 40–80 mg oral, je nach Körpergewicht und Schwere der Krankheit. Mit gleicher Aussicht auf Erfolg können auch andere Cortisonderivate in entsprechender Dosierung verordnet werden. Gleichzeitig muß eine wirksame Ulkusprophylaxe begonnen werden. Sobald eine günstige Wirkung eingetreten ist, wird die Dosis langsam vermindert. Erst wenn der entzündliche Prozeß zur Ruhe gekommen ist, die akuten rheumatischen Erscheinungen abgeklungen sind und sich die Blutsenkung und das C-reaktive Protein normalisiert haben, versucht man langsam, diese Medikamente abzusetzen. Falls dies ein Rezidiv auslöst, muß zunächst wieder hoch dosiert werden. Man geht dann für längere Zeit auf eine Erhaltungsdosis über, die möglichst niedrig liegen soll. Zwischen 10 und 20 mg täglich reichen zwar meist gut aus, doch schon bei Dosen über 7,5 mg täglich muß mit Nebenwirkungen gerechnet werden, wie Magengeschwüre und Magenblutungen, Auslösung eines latenten Diabetes mellitus, Osteoporose mit Neigung zu Einbrüchen von Wirbeln und Frakturen, Resistenzverminderung gegenüber Infektionen und psychotische Bilder. Einen Kaliumverlust kann man meist durch Diät ausgleichen. Die Steroid-Nebenwirkungen bleiben geringer, wenn das Corticoid nur morgens oder nur jeden 2. Tag verabreicht wird. Bei einer Dauerbehandlung, falls sie notwendig werden sollte, versucht man, die Dosis der Cortisonderivate durch Gabe von anderen antiphlogistisch wirkenden Medikamenten zu verringern oder ganz zu ersetzen (z. B. Acetylsalicylsäure bis 8 g/Tag, oder andere nichtsteroidale Antiphlogistika).

Das zweite Ziel, die Streptokokken zu eliminieren und eine erneute Infektion zu verhindern, gelingt durch Antibiotika. Das Mittel der Wahl ist Penicillin. Geeignet ist z. B. das oral einnehmbare Phenoxymethylpenicillin (z. B. Isocillin; Richtdosis: 3mal 1,2 Mio. E/Tag). Bei Penicillinallergie kann auf ein Cephalosporin (z. B. Cephaclor [Panoral], Richtdosis: 3mal 500 mg/Tag) ausgewichen werden. Eine parenterale Therapie ist nicht erforderlich. Die antibiotische Therapie wird auch dann empfohlen, wenn der bakterielle Infekt offenbar ausgeheilt ist, und wird in dieser Dosis bis zum Abklingen der Entzündungszeichen fortgeführt.

Nach ausgeheilter Erkrankung muß eine **Langzeitprophylaxe** durchgeführt werden, und zwar bei Jugendlichen mindestens bis zum 18. Lebensjahr, in allen Altersstufen jedoch für mindestens 5 Jahre. Geeignet dafür ist z. B. Benzylpenicillin (1 Ampulle Tardocillin) alle 3–4 Wochen. Bei sehr verläßlichen Patienten kommt auch die tägliche Einnahme eines Oral-Penicillins in Betracht. Tritt eine Penicillinallergie auf, so ist zu bedenken, daß das Depotpräparat eine sehr protrahierte Wirkung hat. Eine antiallergische Therapie darf sich daher nicht auf wenige Tage beschränken. Wird Penicillin nicht vertragen, muß z. B. auf Erythromycin (z. B. Erythrocin) übergegangen werden. Diese **Rezidivprophylaxe** ist dringend angezeigt. Die Rückfallhäufigkeit der rheumatischen Endokarditis konnte hierdurch auf 0,4% gesenkt werden.

Eine **prophylaktische Behandlung** ist auch zu späteren Zeitpunkten unbedingt erforderlich, wenn z. B. gynäkologische, Hals-Nasen-Ohrenärztliche, urologische oder zahnärztliche Eingriffe vorgenommen werden sollen (s. S. 97).

Im Verlauf eines rheumatischen Fiebers kann sich eine Herzinsuffizienz entwickeln. Sie wird in typischer Weise nach den auf S. 59 ff gegebenen Richtlinien behandelt.

Die Frage, ob in jedem Fall eine Tonsillektomie zur Entfernung des Streuherdes durchgeführt werden soll, wird verschieden beantwortet. Wenn die Mandeln zerklüftet sind und viel Sekret enthalten, und besonders, wenn die Kieferwinkellymphknoten vergrößert sind, wird regelmäßig zur Operation unter Penicillinschutz geraten.

Infektiöse Endokarditis

Die große Mehrzahl der infektiösen Endokarditiden wird durch Bakterien ausgelöst. Angetroffen wird meist Streptococcus viridans (40%), Escherichia coli (15%) und Staphylococcus aureus (15%). 20% aller Blutkulturen sind allerdings steril. Bei einigen dieser Fälle kommen Pilze, Rickettsien, Chlamydien oder Viren in Frage. Die infektiöse Endokarditis betrifft vergleichbar häufig die Aorten- und Mitralklappe (jeweils ca. 30%). In rund einem Viertel der Fälle sind mehr als eine Klappe erkrankt. Eine Rechtsherzendokarditis ist seltener und wird vor allem bei Drogensüchtigen und Patienten mit lange liegenden venösen Verweilkathetern beobachtet. Eine Endokarditis wird klinisch leicht übersehen. Pathologisch-anatomische Untersuchungen zeigten, daß der Anteil klinisch nicht diagnostizierter Endokarditiden bei Verstorbenen bis zu 75% betrug.

Bei der bakteriellen Endokarditis kann man pathologisch anatomisch und klinisch zwei Verlaufsformen unterscheiden. Bei der akuten septischen Endokarditis entstehen durch die bakterielle Streuung Abszesse in verschiedenen Organen, während es bei der subakuten nicht zu Einschmelzungen kommt. Der Krankheitsverlauf ist entsprechend unterschiedlich, entweder entsteht ein schweres akutes septisches Krankheitsbild, oder die Krankheit verläuft schleichend und kann erhebliche diagnostische Schwierigkeiten bereiten. Beide Krankheitsbilder werden getrennt besprochen.

Akute septische Endokarditis

Während einer fieberhaften septischen Erkrankung können sich Bakterien (meist S. aureus, seltener betahämolysierende Streptokokken der Gruppe B) auf den Herzklappen ansiedeln. Sie führen zu Zerstörung der Herzklappen, zur Perforation und zum Abriß von Sehnenfäden. Auf den Klappen bilden sich grau-rötliche polypöse Vegetationen auf oberflächlichen Nekrosen mit fibrin- und bakterienhaltigen Thrombozytenauflagerungen. Sie können sich losreißen und Embolien verursachen. Den **Ausgangspunkt** dieser Endokarditis stellen bakterielle Infektionen, z. B. des Respirations- oder Darmtraktes, infizierter Abort, Osteomyelitis, paranephritischer Abszeß, Furunkulose, eitrige Venenentzündung, infizierter Venenkatheter und unsterile Injektionen (Drogenabhängige) oder auch verschiedene ärztliche Eingriffe dar. Gefährdet sind gesunde wie auch vorgeschädigte Herzklappen sowie künstliche Klappen.

Anfangs steht das Herz, auch wenn es schon mitbeteiligt ist, häufig nicht im Vordergrund des **Krankheitsverlaufes,** sondern die übrigen Erscheinungen der Sepsis, wie die stark wechselnden, zum Teil **hohen Temperaturen,** die Schüttelfröste, die schwere Beeinträchtigung des Allgemeinbefindens sowie die örtlichen Veränderungen als Folge der eitrigen Entzündung. Typisch sind **Mikroembolien,** die die Finger und Handflächen bevorzugen. Darüber hinaus bestehen häufig Leber- und Milzvergrößerung und Gelenk- sowie Rückenschmerzen. Die Zerstörungen im Bereich der Herzklappen führen sehr schnell zu einer **Herzinsuffizienz.**

Diagnostische Schwierigkeiten ergeben sich nur in den seltenen Fällen, in denen der Ausgangsherd nicht ohne weiteres erkennbar ist, wie bei paranephritischem Abszeß oder verschwiegenem artifiziellem Abort. Von entscheidender Bedeutung ist das Auftreten von Herzgeräuschen.

Es empfiehlt sich daher, bei Patienten mit fieberhaften Erkrankungen täglich das Herz sorgfältig abzuhören. Im Schock können die Geräusche allerdings unhörbar werden.

Alle **Laborbefunde** weisen auf einen akuten schweren entzündlichen Prozeß hin, wie starke Beschleunigung der BSG, Leukozytose mit Linksverschiebung, Anämie, Vermehrung der Alphaglobuline. Im Urin findet sich eine Albuminurie, Hämaturie, die Ausscheidung von Bakterien bzw. in seltenen Fällen auch von Pilzen. Es muß in jedem Falle versucht werden, die Krankheitserreger vor Therapiebeginn mit Blutkulturen nachzuweisen. Es werden mindestens 3 Kulturpaare (aerob und anaerob), in kurzem Abstand abgenommen, angelegt. Sie sollten bis zu 14 Tage bebrütet und zur Resistenzbestimmung benutzt werden.

Wegweisend für die Diagnose ist das **Echokardiogramm,** das die beschriebenen Veränderungen an den Klappen erkennen läßt (Abb. 29 und 30, s. auch Farbtafel II, Abb. 30b).

Die **Behandlung** besteht wenn möglich in der chirurgischen Ausschaltung des Ausgangsherdes. Gleichzeitig wird so spezifisch wie möglich antibiotisch therapiert. Konnte in den Blutkulturen kein Keim nachgewiesen werden, wird mit einer Antibiotikakombination begonnen, die mit der größten Wahrscheinlichkeit den Krankheitserreger mit erfaßt. Näheres wird auf S. 95 ausgeführt.

Falls die konservative Behandlung erfolglos bleibt und eine schwere Herzinsuffizienz oder septische Embolien entstehen, muß sobald wie möglich eine künstliche Herzklappe eingesetzt werden. Das Risiko der Notfalloperation ist jedoch hoch: Die Operationsmortalität beträgt 10–40%; mit einer tödlich verlaufenden Prothesenendokarditis muß in mehr als 5% der Fälle gerechnet werden.

Die **Prognose** der akuten Endokarditis ist in jedem Falle ernst, die Sterblichkeit liegt zwischen 20 und 40%.

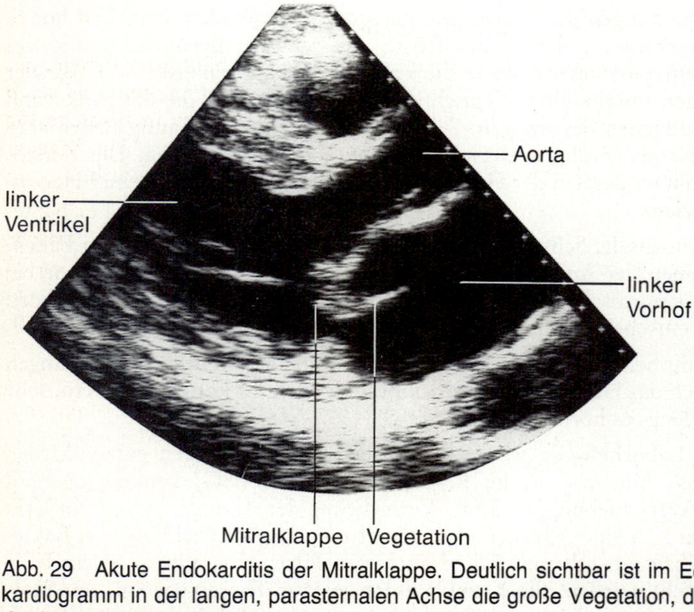

Abb. 29 Akute Endokarditis der Mitralklappe. Deutlich sichtbar ist im Echokardiogramm in der langen, parasternalen Achse die große Vegetation, die in den linken Vorhof prolabiert

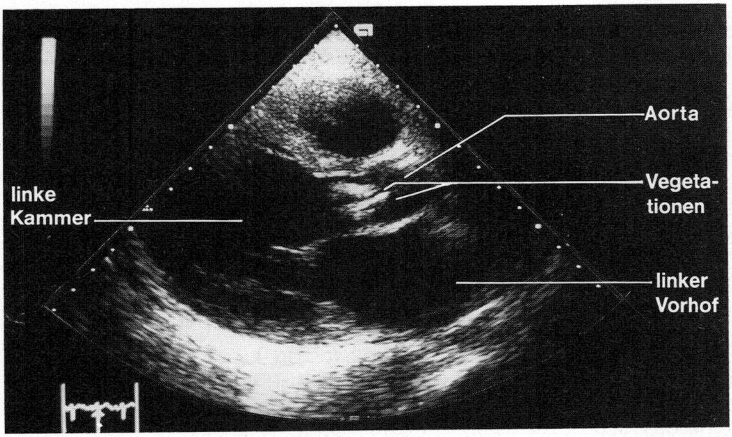

Abb. 30 a) Akute Endokarditis der Aortenklappe. Auch hier sieht man gut die flottierenden großen Klappenvegetationen (Abb. 30b: s. Farbtafel II)

Subakute Endokarditis (Endocarditis lenta)

Bei dieser Form einer Endokarditis findet sich als häufigster Erreger der S. viridans, gefolgt vom Enterococcus faecalis. Es kommen aber auch viele andere Bakterien und Pilze in Betracht, besonders auch solche, die sonst apathogen auf der Haut, in der Mundhöhle oder im Magen-Darm-Kanal leben. Es gibt Übergänge zur septischen Endokarditis.

Pathologisch-anatomisch finden sich auch bei dieser Form einer bakteriellen Endokarditis Geschwürbildungen, dazu große thrombotische Auflagerungen an den Klappen. Der Verlauf ist gekennzeichnet durch Abheilungsvorgänge im Sinne von Vernarbungen mit Schrumpfung. In den thrombotischen Auflagerungen läßt sich meist der Erreger bakteriologisch nachweisen.

Voraussetzung für diese Form der Endocarditis ist eine erworbene oder angeborene Vorschädigung der Herzklappen oder das Vorliegen konnataler Herzerkrankungen (außer Vorhofseptum-Defekt). Meist geht eine rheumatische Endokarditis voraus. Eine Bakteriämie ist, wie wir heute wissen, keineswegs selten, sie tritt schon nach kräftigem Zähneputzen auf. Meist sind es aber massivere Streuungen wie bei einer Mandelentzündung, Zahnextraktion oder einer eitrigen Nebenhöhlenentzündung.

Die **klinischen Zeichen** sind wenig charakteristisch. Es bestehen subfebrile Temperaturen, Appetitlosigkeit, Müdigkeit und Schweißneigung.

Der Erfahrene kann die Krankheit oft schon auf den ersten Blick erkennen: blasse, leicht gelbliche Haut („Café-au-lait"-Farbe), halonierte Augen, verstärkte Pulsationen der A. carotis. Häufig, in etwa 20% der Fälle, finden sich petechiale Blutungen und kleine schmerzhafte Knötchen in den Fingern als Folge von Mikroembolien (Oslersche Knötchen). Über dem Herzen hört man ein pathologisches Geräusch. Da die Patienten häufig schon vor dieser Komplikation an einem Herzfehler leiden, der mit Herzgeräuschen einhergeht, fallen Änderungen des Auskultationsbefundes allerdings oft kaum auf. Sie sind jedoch fast beweisend für diese Krankheit, so etwa das Hinzutreten einer Klappeninsuffizienz zu einer Aorten- oder Mitralstenose. Eine weiche Vergrößerung der Milz vervollständigt das typische Bild.

Außer den krankhaften Herzgeräuschen tritt kein klinisches Merkmal und kein Laborbefund regelmäßig auf (Tab. 35). Die wichtigsten **Laborbefunde** gehen aus der folgenden Tabelle hervor. Die Hämaturie ist die Folge der Herdnephritis (Löhlein). Letztere kann bei längerer Krankheitsdauer einen solchen Umfang annehmen, daß sie zur Urämie führt. Mikroembolien können auch zerebrale Störungen auslösen. An dem typischen „Café-au-lait"-Gesicht ist neben der Anämie eine leichte Vermehrung der Gallenfarbstoffe im Blut beteiligt, die durch den toxischen Erythrozytenzerfall, später auch durch eine Leberstauung bedingt ist.

Tabelle 35 Symptome bei Endocarditis lenta mit ihrer relativen Häufigkeit

Herzgeräusche	100%
BSG über 20 mm in der 1. Stunde	90%
Hämoglobin unter 12,8 g/dl	89%
Fieber	82%
Hämaturie	72%
Albuminurie	62%
Embolien	55%
Herzvergrößerung	52%
Milzvergrößerung	50%
Allgemeines Krankheitsgefühl	49%
Starker Gewichtsverlust	44%
Hämoglobin unter 9,6 g/dl	42%
Leukozytose	36%
Schüttelfrost	36%
Lebervergrößerung	34%
Gelenkschmerzen	32%
Trommelschlegelfinger	30%

In 70–80% der Fälle (je nach Methode) gelingt der bakterielle Nachweis des Erregers. Möglichst während eines Fieberanstiegs entnimmt man venöses Blut zur **Blutkultur** (mindestens 3 Kulturen in 4- bis 6stündigem Abstand).

Das **EKG** ist fast regelmäßig verändert, oft schon durch den vorher bestehenden Herzfehler. Das **Echokardiogramm** kann durch Darstellung der Klappenauflagerungen entscheidend zur Diagnose beitragen. Klappenvegetationen können ab 3 mm Größe nachgewiesen werden (Abb. 29 und 30).

Röntgenologisch zeigt sich eine dem Vitium entsprechende Umformung des Herzens, die allerdings übersehen werden kann, wenn der Kranke nur im Stehen untersucht wird. Durch die Schwächung seines Allgemeinzustandes leidet er an orthostatischen Störungen, wodurch das Herz im Stehen nur mangelhaft mit Blut gefüllt wird und sich daher nicht voll entfaltet.

Mit der Behandlung beginnt man, bevor das Ergebnis der Blutkultur bzw. das Antibiogramm vorliegt, denn es kommt auf jeden Tag Zeitgewinn an, um die Zerstörung an den Klappen nicht unnötig fortschreiten zu lassen. Man verabreicht hochdosiert bakterizid wirksame Antibiotika, z. B.:

1. bei Verdacht auf **Streptokokken:** Penicillin G (20–30 Mill. E pro Tag intravenös als Kurzinfusion), evtl. in Kombination mit Tobramycin (z. B. Gernebcin, 3 × 80 mg pro Tag intravenös als Kurzinfusion).
2. Bei Verdacht auf **Staphylokokken:** Flucloxacillin (Staphylex, 3mal 3 [–4] g täglich i. v.) plus Gentamicin (z. B. Refobacin, 3mal 80 mg täglich i. v.). Bei Staphylokokkenresistenz Vancomycin (1 g alle 12 Stunden i. v.) plus Rifampicin (z. B. Rimactan, 0,6 g i. v.).
3. Bei Verdacht auf **Enterococcus faecalis:** Ampicillin (z. B. Binotal, 3mal 3–5 g täglich i. v.) plus Gentamicin (3mal 80 mg täglich i. v.).
4. Bei Verdacht auf **gramnegative Bakterien** (Escherichia coli, Klebsiellen, Proteus): Cefotaxim (Claforan, 3mal 2 g täglich i. v.) plus Gentamicin (3mal 80 mg täglich i. v.).
5. Bei Verdacht auf **Pilzinfektionen** (z. B. Candida) erfolgt die Therapie mit Amphotericin B (ansteigende Dosierung von 0,1 auf bis zu 1 mg/kg täglich i. v.) plus Flucytosin (Ancotil Roche, 150 mg/kg täglich i. v.).
6. Bei **unklaren Erregern** richtet sich die Therapie nach der Klinik. Akute Infektionen sind meist durch Staphylokokken verursacht, subakute durch Streptokokken oder Enterokokken. In der Frühphase nach Herzklappenoperation stehen Staphylokokken und Streptokokken im Vordergrund, seltener auch einmal Pilze. In der späteren postoperativen Phase handelt es sich meist um Streptokokken, Enterokokken oder Staphylokokken.

Auf eine **Dosisanpassung** bei Leber- und Niereninsuffizienz sowie bei einem Körpergewicht unter 70 bzw. über 90 kg ist zu achten.

Die Antibiotikadosis wird erst dann vermindert, wenn sich die Temperaturen, BSG und Urinbefund normalisieren. Je nach dem inzwischen eingetroffenen Befund der bakteriologischen Resistenzprüfung wird die Therapie entsprechend weitergeführt. **Es empfiehlt sich** in jedem Fall eine **enge Zusammenarbeit mit dem Bakteriologen.** Wenn der therapeutische Erfolg ausbleibt, muß ein **chirurgisches Eingreifen** erwogen werden, z. B. die Unterbindung eines offenen Ductus Botalli (S. 171), der der Ausgangspunkt einer Lenta sein kann, oder der Ersatz der infizierten Klappen durch Prothesen. Corticoide dürfen niemals bei der Sepsis verordnet werden. Auch blutgerinnungshemmende Medikamente sind kontraindiziert.

Neben dieser spezifischen Behandlung soll Bettruhe eingehalten werden.

Die **Prognose** ist davon abhängig, ob die Behandlung so rechtzeitig einsetzt, daß stärkere Veränderungen an den Herzklappen vermieden werden, und ob die Therapie anspricht. Durch die Vernarbung nehmen die Klappenfehler in der Rekonvaleszenz noch zu.

Endokarditisprophylaxe: Nach jeder durchgemachten Endokarditis (rheumatischer, abakterieller oder bakterieller Genese) ist bei zahnärztlichen, Hals-Nasen-Ohren-ärztlichen, pneumologischen, gastroenterologischen, abdominalchirurgischen und urologischen sowie gynäkologischen Eingriffen eine antibiotische Prophylaxe erforderlich. Dabei ist gemäß den Empfehlungen der Deutschen Gesellschaft für Herz- und Kreislaufforschung zu verfahren (Tab. 36 und 37). Eine entsprechende Vorbeugung wird auch für Patienten mit angeborenen Vitien (außer Vorhofseptum-Defekt) und nach Herzklappenersatz empfohlen, da diese zu bakteriellen Endokarditiden neigen.

Andere Formen der Endokarditis

Wahrscheinlich verlaufen nicht selten entzündlich-allergische Veränderungen an den Herzklappen so gutartig, daß sie klinisch nicht bemerkt werden. Eine Sonderform stellt die **Libman-Sachs-Krankheit** dar. Es handelt sich bei ihr nicht um eine selbständige Krankheit, sondern nur um eine besondere Organmanifestation des **Lupus erythematodes.** Die Herzklappen zeigen Veränderungen, die etwas gröber als bei der rheumatischen Endokarditis sind, aber meist nicht zu hämodynamisch wirksamen Klappenfehlern führen. Fieberschübe, Gelenkschwellungen, Pleuritiden, Herdnephritis u. a. gehören zu den nicht obligaten Symptomen dieser seltenen und schwer diagnostizierbaren Krankheit. Die BSG ist extrem beschleunigt, in der Regel sind antinukleäre Antikörper nachweisbar. Leichter wird die Diagnose, wenn typische schmetterlings-

Tabelle 36 Endokarditisprophylaxe bei Patienten mit und ohne Penicillinunverträglichkeit. Die Antibiotikagabe erfolgt jeweils 60 Minuten vor dem Eingriff per os und sollte bei über mehrere Stunden andauernder Bakteriämie nach sechs Stunden wiederholt werden. Bei Kindern sind die angegebenen Dosen in üblicher Weise zu reduzieren (aus: Z. Kardiol 76 [1987]. 451–3)

Eingriffe	Ohne Penicillin-unverträglichkeit	Bei Penicillin-unverträglichkeit
Oropharynx Respirationstrakt	Penicillin 2 Mio	Clindamycin 600 mg
Urogenital-, Intestinaltrakt	Amoxicillin 2–3 g	Ofloxacin[1] 400 mg

[1] Kontraindikationen: Kinder unter 16 Jahren, Schwangere! Bei ihnen kann behelfsmäßig auf ein Oralcefalosporin ausgewichen werden.

Tabelle 37 Endokarditisprophylaxe bei Patienten mit und ohne Penicillinunverträglichkeit, wenn bei besonders hohem Endokarditisrisiko maximaler Schutz angestrebt wird. Die intravenöse Applikation sollte unmittelbar vor dem geplanten Eingriff erfolgen

Eingriffe	Ohne Penicillin-unverträglichkeit	Bei Penicillin-unverträglichkeit
Oropharynx Respirationstrakt	2 Mio Penicillin G i.v. + 0,5 g Streptomycin i.m.[1,2] oder 80 mg Gentamicin i.m.[1,2]	1 g Vancomycin[2] i.v.
Urogenital-, Intestinaltrakt	2 g Ampicillin i.v. + 80 mg Gentamicin i.m.[1,2]	1 g Vancomycin[2] i.v.

[1] Bei Patienten unter Antikoagulantien sind i.m. Injektionen kontraindiziert, dann langsame i.v. Injektion oder Kurzinfusionen.
[2] Bei Schwangeren sind Aminoglykoside und Vancomycin kontraindiziert, dann 2–4 g Cefalotin i.v.

förmige Hautveränderungen im Gesicht bestehen. Schließlich muß auch in Betracht gezogen werden, daß verschiedene Medikamente (z. B. Dihydralazin, Methyldopa und Diphenylhydantoin) einen reversiblen Lupus erythematodes auslösen können.

Ein ähnliches Bild bietet das Endokard bei der sogenannten **marantischen Endokarditis** (abakterielle thrombotische Endokarditis), die bei schweren konsumierenden Erkrankungen vorkommt.

Veränderungen an den Klappen der rechten Herzhälfte finden sich beim **Karzinoid** des Darmes, wohl als Folge der direkten Einwirkung von Serotonin (5-Hydroxytryptamin) auf das Endothel. Meist entwickelt sich eine Trikuspidalinsuffizienz und eine Pulmonalstenose. Charakteristisch ist die Neigung zu anfallsartiger bläulich-roter Verfärbung der oberen Körperhälfte („flush") mit Neigung zu Durchfällen und kolikartigen Leibschmerzen. Im Blut ist Serotonin erhöht, im Harn läßt sich vermehrt 5-Hydroxyindolessigsäure nachweisen. Die Behandlung besteht in möglichst frühzeitiger operativer Entfernung des Tumors, bevor er Metastasen gesetzt hat.

Endokardfibrose

Die primären Endokardfibrosen entstehen auf nicht-entzündlicher Basis. Die Verdickung des Endokards behindert die Kammerfunktion. Sie kann auch auf die Klappen übergreifen und diese behindern. Die Muskulatur des Herzens hypertrophiert. Die Ursache der Erkrankung ist nicht geklärt. Beim Erwachsenen geht sie nicht selten mit einer Eosinophilie einher. Löffler gab diesem speziellen Krankheitsbild den Namen **Endocarditis parietalis fibroplastica.** Man kann heute davon die **Fibroelastose (Elastofibrose)** und die **Endomyokardfibrose** unterscheiden. Letztere kommt besonders in Afrika, Südamerika und Ostasien vor.

Das **klinische Bild** der Endokardfibrosen entspricht weitgehend dem der Pericarditis constrictiva (s. S. 111). Die Behandlung besteht in körperlicher Schonung, der Gabe von Herzglykosiden und gegebenenfalls von Diuretika. Besonders bei Eosinophilie gibt man zusätzlich Cortisonderivate. Eine Heilung ist nicht möglich, die Behandlung kann aber das Leben wesentlich verlängern. In Einzelfällen wurde das chirurgische Ausschälen des fibrotischen Endokards versucht. Die Ergebnisse sind nicht sehr ermutigend.

Erkrankungen des Myokards

Bei den Myokardiopathien handelt es sich um äthiologisch meist ungeklärte Erkrankungen des Herzmuskels. Man teilt sie heute in 3 große Gruppen ein: die dilatative, die hypertrophe und die restriktive Myokardiopathie.

Dilatative Myokardiopathie

Im Vordergrund dieser Erkrankung steht eine Erweiterung der Herzkammern mit verminderter Kontraktionsleistung. Frühformen werden als latente dilatative Myokardiopathie bezeichnet, der auch das Syndrom X zuzurechnen ist. Histologisch liegen dem Krankheitsprozeß eine Myokardzellhypertrophie, ein Verlust an Myofibrillen und eine interstitielle Fibrose zugrunde.

Ätiologie

Die Ätiologie der Erkrankung ist in den meisten Fällen unbekannt. Einige Ursachen konnten jedoch aufgeklärt werden, sie sind in Tab. 38 zusammengefaßt.

Eine dilatative Myokardiopathie kann Folge einer **Myokarditis** sein. Es finden sich dann typische ultrastrukturelle Veränderungen (Rundzellinfiltrate, Myozytolysen). Eine eigenständige Myokarditis ist eine insgesamt seltene Erkrankung. Sie kann jedoch verschiedene Infektionserkrankungen begleiten. Die häufigste Myokarditis ist wahrscheinlich die **Grippemyokarditis.** Sie wird durch Viren ausgelöst, verläuft meist gutartig und verursacht nur selten klinische Erscheinungen, am ehesten eine Neigung zu Extrasystolen. Bei Patienten an der Grenze der Dekompensation kann sie jedoch ein akutes Herzversagen auslösen. In seltenen Fällen führt sie, besonders bei jungen Menschen, in wenigen Tagen zum Tode.

Besonders gefürchtet ist die **diphtherische Myokarditis.** Sie tritt entweder schon im Beginn der Erkrankung oder (häufiger) in der 2. bis 3. Krankheitswoche auf. Von der rheumatischen unterscheidet sie sich histologisch dadurch, daß ein scholliger Zerfall von Herzmuskelfasern erkennbar ist. Eine schwere Diphtherie mit Lähmungen ist fast stets von einer Myokarditis begleitet, bei der toxischen Form steht sie sogar im Vordergrund. Die früher häufig beobachteten plötzlichen Todesfälle beim ersten Aufstehen waren wahrscheinlich durch Rhythmusstörungen des Herzens (Asystolie oder hochgradige Tachykardie) bedingt. Insgesamt kann in der Regel der Krankheitsverlauf durch die frühzeitige Gabe von Diphtherieserum und Penicillin günstig beeinflußt werden.

Tabelle 38a Mögliche Ursachen einer dilatativen Myokardiopathie

1. **Infektiös bedingt:** Bakterien, Viren, Parasiten, Protozoen, Rickettsien, Pilze
2. **Entzündlich-allergisch bedingt:** rheumatische Erkrankungen, Lupus erythematodes, Dermatomyositis, Periarteriitis nodosa, eosinophile Myokarditis (Löffler), Wegnersche Granulomatose, Sklerodermie, Postkardiotomiesyndrom, Postinfarktsyndrom, Allergien (Seruminjektion, Arzneimittel)
3. **Toxische Störungen:** Alkohol, Kobalt, Arsen, Antimon, Wismut, Blei, Phosphor, Fluor, Tetrachlorkohlenstoff, Bakterientoxine, Kohlenmonoxid, Arzneimittel (s. Tab. 38b)
4. **Nutritiv-metabolische Störungen:** Eiweißstoffwechselstörungen, Thiaminmangel, Eisenstoffwechselstörungen, Amyloidose, Glykogenspeicherkrankheiten, Gargoylismus (v. Pfaundler-Hurler), Xanthomatose, Gicht, Hyper- und Hypokaliämie, Hyper- und Hypothyreose, Hyperinsulinismus, primärer Hyperaldosteronismus, Nebennierenrindeninsuffizienz, Akromegalie, Thymuserkrankungen, Anämien, Schwangerschaft, Urämie, Diabetes mellitus
5. **Infiltrative Störungen:** Tumoren, Sarkoidose, maligne Lymphome
6. **Myopathien und Neuromyopathien:** progressive Muskeldystrophie, Friedreichsche Ataxie, myotonische muskuläre Dystrophie, Myositis, Myasthenia gravis
7. **Physikalische Einflüsse:** Trauma, Bestrahlung

Wenn sich auch die EKG-Veränderungen wie Schenkelblockbilder u. a. nicht zurückbilden, so kann doch die überlebende Muskulatur mit einer kompensatorischen Hypertrophie soweit ihre Aufgabe erfüllen, daß dem Herzen für eine normale Beanspruchung genügend Reservekräfte zur Verfügung stehen. Mit einer solchen Defektheilung oder völligen Ausheilung ist in über 95% der Fälle zu rechnen.

Bei **Scharlach** können während eines septischen Verlaufs (Streptokokkensepsis) im Herzmuskel kleine umschriebene Abszesse entstehen. Diese Form wird heute kaum noch beobachtet, nachdem die Penicillintherapie eingeführt wurde. Die Spätmyokarditis ist wahrscheinlich immunologisch bedingt und befällt das Interstitium vorwiegend in der Form von Granulomen. Die klinischen und elektrokardiographischen Veränderungen unterscheiden sich nicht von den anderen Formen der Myokarditis, ihre Prognose ist im frischen Stadium besser als die der diphtherischen. Die Ausheilungsrate wird mit 95% angegeben.

Eine Mitbeteiligung des Herzmuskels bei **Tuberkulose** ist wahrscheinlich häufiger als bisher vermutet. Da sich diese Patienten körperlich sehr

Tabelle 38b Medikamente mit möglicher kardiotoxischer Wirkung (seltene Nebenwirkungen in Klammern) (nach Grötz)

1. *Zytostatika*	
Anthracycline	
– Doxorubicin	– Aclarubicin
– Daunorubicin	
– Mitoxantron	
– Epirubicin	
Nicht-Anthracycline	
– Cyclophosphamid	– Dactinomycin
– Fluorouracil	– Plicamycin
– Cisplatin	– Vincristin
2. *Herz- und Kreislaufwirksame Pharmaka*	
– Katecholamine	(– α-Methyldopa)
– Herzglykoside	(– Hydralazin)
– Fenoterol	(– Procainamid)
– Minoxidil	
– Reserpin	
3. *Hormone*	
– Corticosteroide	
– Schilddrüsenhormone	
4. *Antibiotika und Tuberkulostatika*	
– Chloramphenicol	(– Isoniazid)
– Lincomycin	(– Para-Aminosalicylsäure)
– Chlortetracyclin	(– Penicillin)
– Streptomycin	(– Sulfonamide)
5. *Psychopharmaka*	
– Lithium	– tetrazyklische Antidepressiva
– trizyklische Antidepressiva	– Neuroleptika
6. *Sonstige*	
– Organophosphate	– Chloroquin
– Paracetamol	

schonen, fällt sie klinisch nicht auf. Unter der üblichen Behandlung heilen die im Interstitium gelegenen tuberkulösen Herdchen ab.

Auch viele **andere Infektionskrankheiten** können von einer Myokarditis begleitet sein. Oft bleibt sie klinisch latent und heilt unbemerkt aus. Dies gilt z. B. für den Typhus abdominalis und andere Salmonellenerkrankungen, Borreliose, Ruhr, Keuchhusten, Kinderlähmung und viele Viruskrankheiten. Zu diesen gehört in zunehmender Häufigkeit eine AIDS-Infektion (HIV III) sowie eine Infektion mit dem Coxsackie-Virus vorwiegend der Gruppe B. Zu nennen ist weiterhin die Myokarditis bei Fleckfieber, Bang-Krankheit, Pfeiffer-Drüsenfieber (Mononukleose) und Toxoplasmose. Auch bei der Trichinose kann eine Myokardbeteiligung auftreten. In Südamerika wird häufig die Chagas-Myokarditis beobachtet, die durch Wanzen übertragen wird, wenn sie mit Trypanosoma cruzi infiziert sind. Bei Myokarditis ungeklärter Ursache empfehlen sich wiederholte Antikörpertiterbestimmungen auf die genannten Krankheitserreger.

Wesentlich seltener ist die **rheumatische Myokarditis.** Pathologisch-anatomisch finden sich ein interstitielles Ödem, Rundzellansammlungen und vereinzelt die typischen Aschoff-Knötchen. Meist zeigen sich am Herzen auch andere rheumatische Veränderungen durch Endokarditis und/oder Perikarditis. Die rheumatische Myokarditis kann mit oder ohne Herzrhythmusstörungen die Herzkraft so beeinträchtigen, daß das Herz schon in wenigen Tagen versagt. Durch rechtzeitige und energische Therapie kann dieser unglückliche Verlauf abgewendet werden (S. 89). Die weitere Entwicklung der rheumatischen Myokarditis hängt davon ab, ob genügend gesunde Muskulatur zur kompensatorischen Hypertrophie übrig geblieben ist und ob die Koronargefäße hierzu ausreichend Blut heranführen können.

Eine Reihe weiterer **nichtinfektiöser Erkrankungen** konnte für das Entstehen einer dilatativen Myokardiopathie verantwortlich gemacht werden. So ist bei einer Vielzahl von Allgemeinerkrankungen eine kardiale Beteiligung beschrieben worden. Dies gilt für **Erkrankungen der Skelettmuskulatur,** die **Hämochromatose,** die chronische **Leukämie,** die **Sklerodermie,** die **Dermatomyositis,** den **Morbus Boeck,** die **Amyloidose** und andere **Speicherkrankheiten.** Patienten in hohem Lebensalter weisen häufig eine isolierte Amyloideinlagerung im Herzmuskel auf, man spricht von einer **Altersamyloidose** des Herzens. In etwa 65% dieser Fälle entwickelt sich eine Herzinsuffizienz, die Ähnlichkeiten mit dem Herzversagen bei Klappenfehlern oder konstriktiver Perikarditis aufweist. Auch **Karzinommetastasen** im Herzmuskel oder das Übergreifen eines Karzinoms aus der Umgebung auf den Herzmuskel kommen vor.

Bei den **Elektrolytstörungen** hat die **Hypokaliämie** die größte klinische Bedeutung. Sie droht bei der Behandlung der schweren Herzinsuffizienz, die mit Ödemen einhergeht, tritt aber auch bei Durchfällen (Abführmittel), mehrfachem Erbrechen, bei chronischer Pyelonephritis und während der Anwendung der meisten Diuretika ein. Auf sie wurde schon auf S. 75 näher eingegangen und auch auf die Bedeutung des EKG zu ihrer Erkennung hingewiesen (s. Abb. 28, S. 77). Nach hochgradigem Kaliummangel fanden sich histologisch im Herzmuskel Nekrosen.

Ein **Calciummangel** beeinflußt nicht nachweisbar die Funktion des Herzmuskels, doch zeigt das EKG eine typische Verlängerung von QT durch eine auffallend breite T-Zacke. Umgekehrt verursacht die Hyperkalzämie eine kurze T-Zacke. Natriumspiegelveränderungen und auch Veränderungen des Zuckerspiegels hinterlassen keine typischen Veränderungen im EKG, obwohl sie die Herzleistung beeinträchtigen können.

Besonders genannt werden muß hier **Cadmium,** das eine „Myokarditis" auslösen kann, die der infektiösen ähnelt und oft tödlich verläuft. Sie geht mit EKG-Veränderungen und einer Herzvergrößerung einher.

Erwähnt werden müssen in diesem Zusammenhang auch **Mangelkrankheiten.** Das bekannteste Beispiel ist das **„Beriberi-Herz"** bei Mangel an Vitamin B_1 (Aneurin), das auch bei den Herzschäden durch chronischen **Alkoholismus** eine Rolle spielt. Extremer **Eiweißmangel** führt zu einer Einschmelzung der Skelettmuskulatur und betrifft dann auch den Herzmuskel (marantische Myokardiopathie).

Durch schwere **Intoxikationen** und die Gabe von **Psychopharmaka** wird der Stoffwechsel des Herzmuskels beeinträchtigt. Aus den Ergebnissen von Tierversuchen muß man annehmen, daß schon normale Dosen von Barbituraten die Kontraktionsleistung des Herzmuskels vorübergehend herabsetzen. Klinische Beobachtungen lassen eine Einschränkung der Herzleistung und Herzrhythmusstörungen unter Behandlung mit trizyklischen Antidepressiva erkennen. Phenothiazin- und Piperazinabkömmlinge können außerdem T-Abflachungen sowie PQ-Verlängerungen im EKG und auch Herzrhythmusstörungen auslösen. Bei Herzinsuffizienz sollte man daher mit Medikamenten dieser Gruppe zurückhaltend sein. Viele andere Medikamente, so besonders Adriamycin und auch Lithium, können den Herzmuskel beeinträchtigen.

Endokrine Störungen ziehen ebenfalls das Herz in Mitleidenschaft, so z. B. das **Myxödem.** Der Herzmuskel ist, wie das übrige Gewebe, von Ödemflüssigkeit durchtränkt und in seiner Funktion behindert. Das EKG gibt diagnostische Hinweise: kleine Ausschläge (als Folge der Kurzschlußwirkung des Ödems), flache bis leicht negative T-Zacken, relativ langes oder verlängertes PQ und Bradykardie. Bei der Therapie mit Schilddrüsenhormon muß man mit kleinen Dosen beginnen, um nicht bei der oft gleichzeitig bestehenden Koronarsklerose einen Herzinfarkt auszulösen. Umgekehrt sind bei der **Überfunktion der Schilddrüse** die Ausschläge relativ groß; es besteht eine Tachykardie mit hoch positivem T und P sowie kurzem PQ, solange der Herzmuskel noch nicht wesentlich geschädigt ist. Charakteristisch ist, daß eine respiratorische Arrhythmie fehlt. Eine Adynamie als Folge einer **Unterfunktion der Nebennieren** schließt auch den Herzmuskel mit ein. Zu nennen ist schließlich die **Akromegalie,** bei der sich eine erhebliche Myokardhypertrophie mit folgender Koronarinsuffizienz entwickeln kann.

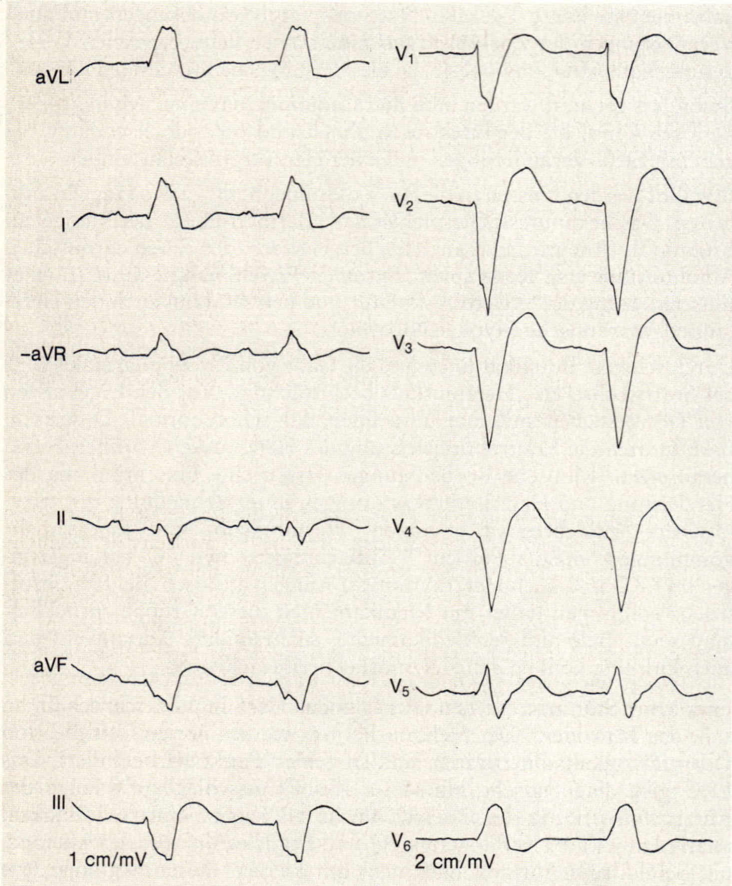

Abb. 31 Linksschenkelblock und angedeutetes P-mitrale bei einem Patienten mit schwerster dilatativer Myokardiopathie

Klinische Befunde

Die Symptome der dilatativen Myokardiopathie sind bei allen Formen sehr ähnlich. An subjektiven Symptomen werden präkordiale Schmerzen, Dyspnoe, Beklemmungen, Palpitationen und Schwindel genannt. Die schweren Formen gehen mit manifester **Herzinsuffizienz** (Links-, Rechts- oder Globalinsuffizienz) einher und lösen die entsprechenden Symptome aus. Medial der Herzspitze wird ein Galopprhythmus hörbar. Das **EKG** kann alle Veränderungen aufweisen, die überhaupt möglich sind. Typisch ist der Linksschenkelblock (Abb. 31), aber auch atrioventrikuläre Blockbildungen (ohne Einwirkung von Digitalis!), Wechsel des Lagetyps, Infarktbilder und polytope oder in Ketten auftretende ventrikuläre Extrasystolen sind Zeichen für die organische Erkrankung des Herzmuskels. Da die Veränderungen bei einer Myokarditis nur sehr kurze Zeit bestehen können, muß man, um sie zu erfassen, das EKG häufig kontrollieren.

Die **Röntgenuntersuchung,** vor allem die Bestimmung des Herzvolumens, deckt eine allgemeine Herzvergrößerung und Stauungszeichen auf (s. Abb. 20).

Das **Echokardiogramm** erlaubt die Stellung der Diagnose. Es zeigt sich die Dilatation der Herzhöhlen und die Einschränkung der Ventrikelfunktion (Abb. 22a, b, S. 54). In fortgeschrittenen Fällen läßt sich dopplerechokardiographisch eine relative Mitralinsuffizienz nachweisen. Aus dem Ausmaß der Trikuspidalinsuffizienz kann auf den pulmonalarteriellen Druck geschlossen werden.

Therapie

Die Therapie der dilatativen Myokardiopathie richtet sich zum einen, wenn möglich, **gegen die spezifische Ursache.** So müssen alle möglichen Noxen ausgeschaltet werden (Alkoholkarenz!). Bei bakteriell-infektiöser Genese sind Antibiotika erforderlich. Autoaggressionserkrankungen und eine Sarkoidose sprechen auf eine immunsuppressive Therapie an. Ist die Ursache ungeklärt oder reicht die spezifische Therapie nicht aus, so erfolgt die Therapie gemäß den im Kapitel Herzinsuffizienz gegebenen Empfehlungen. Sie umfaßt **allgemeine Maßnahmen** wie das Einhalten von Ruhe und körperlicher Schonung sowie eine vernünftige Ernährung. Die **medikamentöse Behandlung** wird an die Schwere der Erkrankung angepaßt. Bei leichter Myokardiopathie, vor allem wenn sie von Brustschmerzen begleitet wird, hat sich Verapamil als sehr wirksam herausgestellt (Richtdosis 3mal 80–120 mg/Tag). Nach mehrmonatiger Therapie kommt es subjektiv und objektiv zu einer wesentlichen Befundbesserung. Kommen Stauungssymptome hinzu, so ist ein Diuretikum empfehlenswert. Im nächsten Schritt wird die Therapie um Digitalis ergänzt, gleichzeitig sollte dann auch der Einsatz von ACE-

Hemmern erwogen werden. Bei schwerer Herzinsuffizienz gehört ein ACE-Hemmer zur Standardtherapie. Der Stellenwert einer Betablockertherapie bei dilatativer Myokardiopathie steht noch nicht fest. Ihrer positiven Wirkung (Verminderung der katecholamininduzierten Tachyarrhythmie und Gefäßkonstriktion) steht ihre negative Inotropie entgegen. In bestimmten Fällen kann eine Kardiomyoplastie oder Herztransplantation erwogen werden (s. S. 83). Ist es zu embolischen Komplikationen gekommen oder werden echokardiographisch Ventrikelthromben nachgewiesen, so ist eine **Antikoagulation** erforderlich.

Die **Prognose** der dilatativen Myokardiopathie hängt von der Schwere der Erkrankung ab. Die durchschnittliche jährliche Mortalität beträgt ca. 10%. Liegt die nuklearmedizinisch gemessene linksventrikuläre Auswurffraktion über 19%, so ist die 6-Monats-Überlebensrate sehr hoch; bei Werten unter 11% liegt sie nur noch bei 17%. Hauptrisiken sind eine therapierefraktäre Herzinsuffizienz, tödliche Herzrhythmusstörungen und thromboembolische Komplikationen.

Hypertrophe Myokardiopathie

Die hypertrophe Myokardiopathie ist eine Erkrankung, deren Ätiologie ungeklärt ist, die sporadisch auftritt, jedoch eine gewisse familiäre Häufung erkennen läßt. Der Zeitpunkt der Erstmanifestation liegt im Kindes- bzw. frühen Erwachsenenalter. Es kommt bei dieser Erkrankung zu einer konzentrischen Herzmuskelhypertrophie, die zu einer Verkleinerung meist des linken Ventrikels führt, der rechte ist seltener betroffen. Die Dickenzunahme des Septums ist dabei meist ausgeprägter als die der freien linken Ventrikelwand (asymmetrische Septumhypertrophie). Der Klappenapparat bleibt unverändert; die Septumhypertrophie kann bei manchen Patienten jedoch eine Mitralinsuffizienz auslösen. Histologisch liegt der Erkrankung eine ausgeprägte Texturstörung der Herzmuskelfasern zugrunde; die Richtung der Herzmuskelfasern ist in verschiedenen Bezirken, vor allem im Septum, ungeordnet, Überschneidungen kommen vor. Darüber hinaus ist bei einigen Patienten der mittlere Durchmesser der Herzmuskelzellen erhöht. In fortgeschrittenen Fällen kann eine interstitielle Fibrosierung dazukommen.

Pathophysiologisch steht bei dieser Erkrankung sowohl eine hypertrophiebedingte diastolische Ventrikelfüllungsstörung als auch eine Ventrikelentleerungsstörung im Vordergrund.

Klinisch kann eine **nichtobstruktive** von einer **obstruktiven** Form unterschieden werden. Die Ventrikelausflußbahn-Obstruktion hat anatomische und funktionelle Ursachen. Zum einen führt eine ausgeprägte Hypertrophie des Herzmuskels in der Ausflußbahn zur mechanischen Behinderung der Entleerung des Blutes aus der Herzkammer. Zum anderen legt sich durch die hohe Geschwindigkeit des Blutflusses in der Ausflußbahn die Mitralklappe an das Interventrikularseptum an (Venturi-Effekt) und führt so zur funktionellen Einengung. Auf diese Weise können Gradienten über 100 mmHg entstehen.

Die wichtigsten **klinischen Symptome** der hypertrophen Myokardiopathie sind: Angina pectoris, Dyspnoe, Herzrhythmusstörungen, Benommenheit, Schwindel und Synkopen. Bei der **Auskultation** hört man bei der obstruktiven Form ein Systolikum mit spätsystolischem Maximum über dem 2. ICR links oder auch über der Aorta mit evtl. Fortleitung in die Karotiden. Ein begleitendes Mitralinsuffizienzgeräusch ist möglich.

Charakteristisch für die obstruktive Form ist die **doppelgipflige Karotispulskurve** (Abb. 32). Das **EKG** zeigt bei beiden Formen der Myokardiopathie eine mehr oder weniger schwere Linksherzhypertrophie und häufig ein P-mitrale; auch ein Linksschenkelblock ist möglich.

Die nichtinvasive Diagnose der Erkrankung wird durch das **Echokardiogramm** ermöglicht: Dickenzunahme von Ventrikelwand und Septum (Septumdicke: Ventrikelwanddicke > als 1,3:1, bei der obstruktiven Form dazu abnorme Vorwärtsbewegung des vorderen Mitralsegels in der Systole [SAM: systolic anterior movement]). Hämodynamische sowie histologische Veränderungen des Herzmuskels lassen sich mittels **Herzkatheteruntersuchung** sowie **Herzmuskelbiopsie** sichern.

Zur **medikamentösen Therapie** beider Myokardiopathie-Formen werden in erster Linie Calciumantagonisten (Verapamil und Gallopamil) angewandt. Diese Substanzen führen sowohl zu einer Verbesserung der systolischen und diastolischen Ventrikelfunktion als auch zu einem Nachlassen der Beschwerden und zur Verbesserung der Leistungsfähigkeit und der Prognose. Betarezeptorenblocker sind diesen Medikamenten unterlegen, da sie nur eine Besserung der systolischen Kammerfunktion bewirken.

Vasodilatatorisch wirkende Substanzen (ACE-Hemmer, Nitrate) und **positiv inotrope Medikamente** (Katecholamine, Digitalis) sind bei der Behandlung der hypertrophen Myokardiopathie **kontraindiziert.** Lediglich in Endstadien, in denen eine Herzinsuffizienz in den Vordergrund tritt und die Erkrankung in das Bild einer dilatativen Myokardiopathie übergeht, kann ihr Einsatz versucht werden.

Tritt durch die medikamentöse Therapie kein ausreichender Erfolg ein, kommt bei der obstruktiven Form eine chirurgische Beseitigung des mechanischen Hindernisses, also eine **Myektomie,** in Frage. In vielen Fällen kann hierdurch eine eindrucksvolle Befundbesserung erzielt werden.

Die **Prognose** ist im Einzelfall schwer vorhersehbar. Spricht die medikamentöse Therapie gut an, so ist die Prognose günstig (Mortalität unter

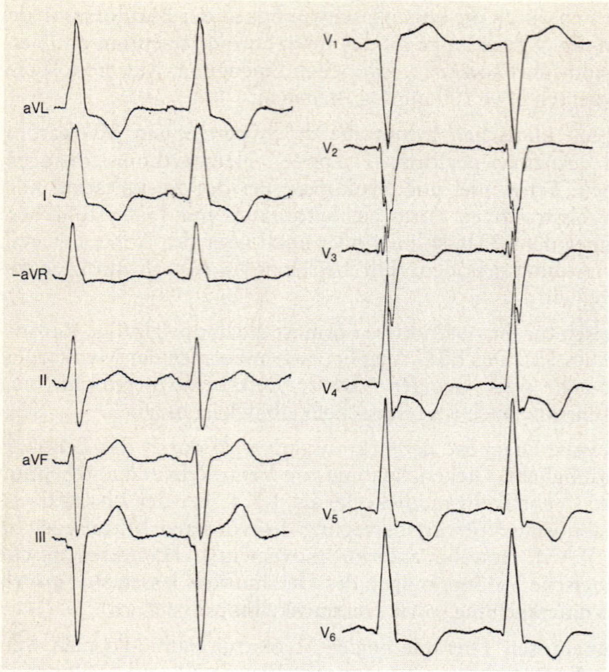
aVL
I
-aVR
II
aVF
III
V1
V2
V3
V4
V5
V6

a

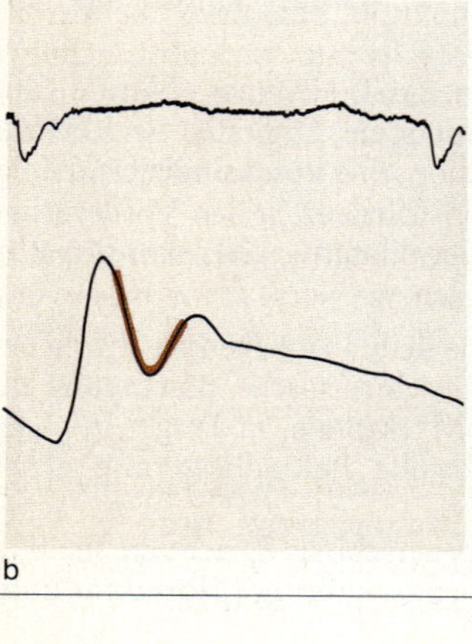

b

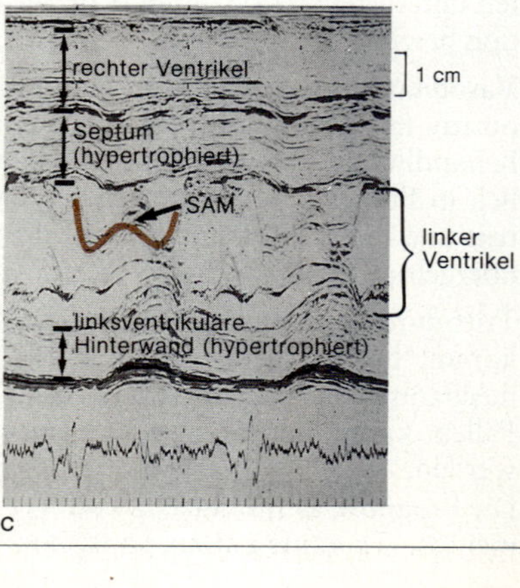
rechter Ventrikel
1 cm
Septum
(hypertrophiert)
SAM
linker
Ventrikel
linksventrikuläre
Hinterwand (hypertrophiert)

c

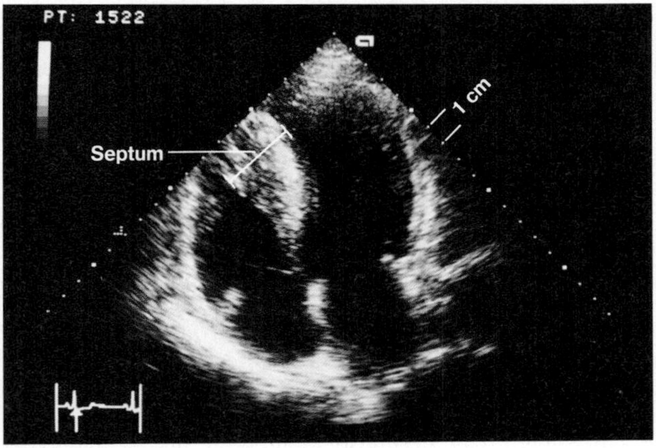

Abb. 32d

2% pro Jahr). In anderen Fällen schreitet die Erkrankung langsam fort und geht in manchen Fällen sogar in eine dilatative Myokardiopathie über. Dann wird die Prognose vor allem durch das Auftreten maligner Herzrhythmusstörungen und einer Herzinsuffizienz bestimmt. Die Jahresmortalität in diesen fortgeschritteneren Fällen liegt dann über 5%.

Restriktive Myokardiopathie

Unter dieser Bezeichnung werden verschiedene Krankheitsbilder zusammengefaßt. Kennzeichnend ist eine stark eingeschränkte diastolische und später auch systolische Ventrikelfunktion, eine deutliche Verdikkung des Myokards und eine fehlende oder nur gering ausgeprägte Dilatation der Herzhöhlen. Ursächlich kommen Einlagerungen in das

---

◀ Abb. 32a–d a) Ruhe-EKG eines Patienten mit schwerer hypertropher obstruktiver Myokardiopathie. Deutlich zu erkennen ist die schwere Linksherzhypertrophie. Dazu besteht ein P-mitrale als Hinweis auf die begleitende Vorhofbelastung;
b) Die Karotispulskurve zeigt die charakteristische Doppelgipfligkeit;
c) Im M-Mode-Echokardiogramm ist die erhebliche Septumhypertrophie zu sehen. Die Mitralklappe vollzieht während der Systole die typische Vorwärtsbewegung (SAM) in Richtung auf das Interventrikularseptum (s. Text);
d) Im apikalen 4-Kammerblick läßt das Echokardiogramm die massive Septumhypertrophie erkennen (zur Orientierung: s. Abb. 14, Seite 35)

Myokard in Frage, wie sie besonders bei der Sarkoidose, Amyloidose und Hämochromatose, aber auch bei anderen selteneren Speicherkrankheiten anzutreffen sind. Weiterhin wird sie beim hypereosinophilen Syndrom beobachtet (s. auch S. 98). Schließlich kann eine Endomyokardfibrose das Bild einer restriktiven Myokardiopathie auslösen.

Klinisch ähnelt das Bild dem der Pericarditis constrictiva mit deutlichen Zeichen einer ventrikulären Einflußstauung (s. S. 111). Das **Echokardiogramm** erlaubt die Differentialdiagnose zwischen einer restriktiven Myokarderkrankung, einer konstriktiven Perikarditis und einer hypertrophen Myokardiopathie, die zu vergleichbarer Myokardverdickung, aber erhaltener Ventrikelfunktion führt. Eine **spezifische Therapie** ist meist nicht möglich. Bei hypereosinophilem Syndrom ist jedoch eine Besserung der Beschwerden und der Prognose unter immunsuppressiver Therapie beobachtet worden. Aufgrund der bei dieser Sonderform häufigen zusätzlichen thromboembolischen Ereignisse wird eine Antikoagulation empfohlen. Die **Prognose** hängt von der Schwere der Erkrankung ab.

Erkrankungen des Perikards

Bei den Erkrankungen des Perikards stehen die entzündlichen Formen im Vordergrund. Seltener findet man Veränderungen durch Tumor, Stoffwechselstörungen, Urämie, schwere allergische Reaktionen und angeborene Defekte.

Perikarditis

Als Perikarditis bezeichnet man eine Entzündung des Endothels, das an den Perikardspalt angrenzt. Man unterscheidet eine Pericarditis sicca von einer Pericarditis exsudativa sowie eine akute und eine chronische Perikarditis. Bei der exsudativen Perikarditis enthält der Perikardialraum eiweißreiche Flüssigkeit und häufig auch Erythrozyten, Leukozyten und ggf. Bakterien. Große Fibrinmengen können sich zu Zotten zusammenballen („Zottenherz") und verkalken (Panzerherz).

Als **Ursache** kommen die Erkrankungen in Frage, die in Tab. 39 aufgeführt sind. Die Tuberkulose und das rheumatische Fieber sind im Vergleich zu früher in den Hintergrund getreten. Heute stehen Virusinfektionen, maligne und ätiologisch ungeklärte Perikarditiden im Vordergrund.

Eine **akute Perikarditis mit** rasch entstehendem **großem Perikarderguß** führt zur **Herzbeuteltamponade.** Der Herzmuskel kann sich nicht entfalten, die in das Herz einmündenden Venen werden eingeengt. Das Blut wird im großen und kleinen Kreislauf vor dem Herzen aufgestaut, der arterielle Druck sinkt. So kommt es zum Schock, der Ähnlichkeit mit dem bei akutem Herzinfarkt haben kann, zumal der Kranke auch über Druckgefühl in der Herzgegend klagt. Sogar ein akutes Abdomen kann vorgetäuscht werden. Die klinische Grunderkrankung (z. B. Virusinfekt, Tumorleiden, frischer Herzinfarkt) und die sehr leisen Herztöne führen neben den Zeichen einer Stauung vor dem Herzen zur richtigen Diagnose. Die endgültige Diagnose eines Herzbeutelergusses wird echokardiographisch gestellt. Die **akute trockene Perikarditis,** wie sie begleitend bei Virusinfekten beobachtet wird, bereitet oft erhebliche Beschwerden, ist jedoch selten bedrohlich.

In der großen Mehrzahl der Fälle liegt eine **chronische Perikarditis** vor. Sie wird oft von der Grundkrankheit überdeckt und entgeht der Diagnose, wenn der Kranke nicht häufig und sorgfältig untersucht wird. Besondere **Beschwerden** können fehlen, oder es wird nur ein untypisches Druckgefühl hinter dem Sternum angegeben. Charakteristisch ist, daß diese Schmerzen hinter dem Sternum liegen und im Gegensatz zum Herzinfarkt nie in die Arme ausstrahlen sowie sich im Liegen und beim Schlucken verstärken können.

Tabelle 39 Die häufigsten Ursachen einer Perikarditis bzw. eines Perikardergusses

Idiopathische Perikarditis
Bakteriell bedingte Perikarditis: Tuberkulose, Sepsis
Durch Viren bedingte Perikarditis
Perikarditis bei rheumatischem Fieber
Perikarditis bei Kollagenkrankheiten: Lupus erythematodes, chronische Polyarthritis, Spondylitis ankylopoetica, Sklerodermie, Dermatomyositis, Panarteriitis nodosa
Perikarditis bei Allergie oder Autoimmunprozessen: Postkardiotomiesyndrom, Postmyokardinfarktsyndrom (Dressler), schwere allergische Reaktion
Perikarditis durch Miterkrankung benachbarter Organe: Myokardinfarkt, Myokarditis, entzündliche Lungenerkrankungen, Erkrankungen des Ösophagus, Tumoren
Trauma
Perikarditis bei Stoffwechselerkrankungen: Niereninsuffizienz (urämische Perikarditis), Myxödem, Cholesterinperikarditis

Je nach dem **Verlauf** finden sich mehr Zeichen eines Perikardergusses oder einer trockenen Perikarditis. Steht der Perikarderguß im Vordergrund, so entwickeln sich Zeichen der Rechtsherzinsuffizienz (s. S. 53 ff). Die Herztöne scheinen ungewöhnlich leise, der Puls wird weich und frequent. Bei vorwiegend trockener Perikarditis sind häufig Schmerzen das Hauptsymptom. Der einzige klinische Hinweis kann das Auftreten von Reibegeräuschen sein, die die raschen Bewegungen des Herzens 3mal pro Herzaktion auslösen: während der Systole der Ventrikel, ihrer raschen Erschlaffung im Beginn der Diastole und während der Vorhofsystole. Diese Phänomene haben große Ähnlichkeit mit denen bei einem kombinierten Mitralfehler, denn das systolische Geräusch ist nicht vom 1. Herzton abgesetzt, und das diastolische liegt zu Beginn und am Ende der Diastole. Diese Geräusche haben aber einen reibenden Charakter und erscheinen näher am Ohr.

Ein typisches **Phonokardiogramm** bringt Abb. 33. Bei Adipösen sind solche Unterschiede nur schwer wahrnehmbar. Hier hat das **EKG** eine differentialdiagnostische Bedeutung. Je nach Stadium der Erkrankung

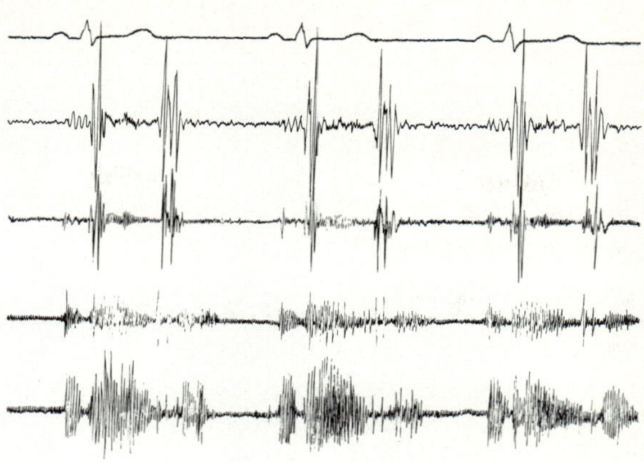

Abb. 33 Phonokardiogramm von einer Patientin mit Perikarditis. Besonders im hohen Frequenzgang (unterste Kurve) erkennt man ein präsystolisches und ein protodiastolisches Geräusch

läßt das EKG typische Veränderungen erkennen, wie sie in Abb. 34 schematisch und in Abb. 35 beispielhaft wiedergegeben sind. Sie entsprechen, auch in ihrem zeitlichen Verlauf, den Abweichungen von ST und T, wie sie beim Herzinfarkt auftreten, nur umfassen sie mehrere Ableitungen aus verschiedenen Myokardregionen. Wahrscheinlich liegt ihnen der gleiche pathophysiologische Vorgang zugrunde, eine Schädigung der Außenschicht des Myokards. Die QRS-Gruppe des EKG wird kleiner, wenn die Perikardflüssigkeit zunimmt, da sie Stromschwankungen zum Teil kurzschließt. Eine alleinige Ergußbildung wie bei Transsu-

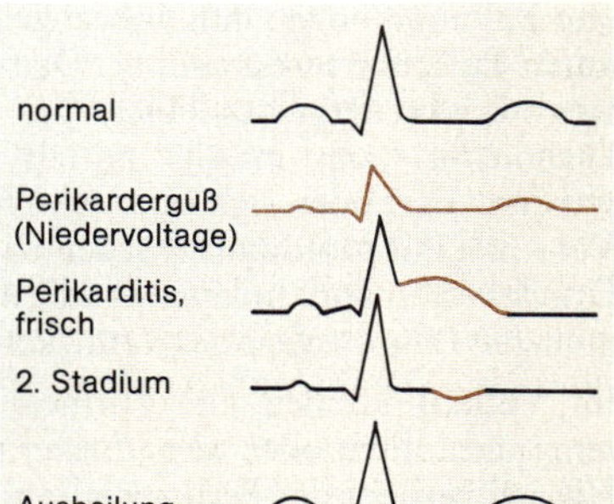

Abb. 34 Schematische EKG-Veränderungen bei Perikarditis (Ableitung V_4). Das EKG kann einen Hinweis auf die Entwicklung einer Perikarditis constrictiva geben, wenn im Anschluß an eine akute Perikarditis eine Normalisierung ausbleibt

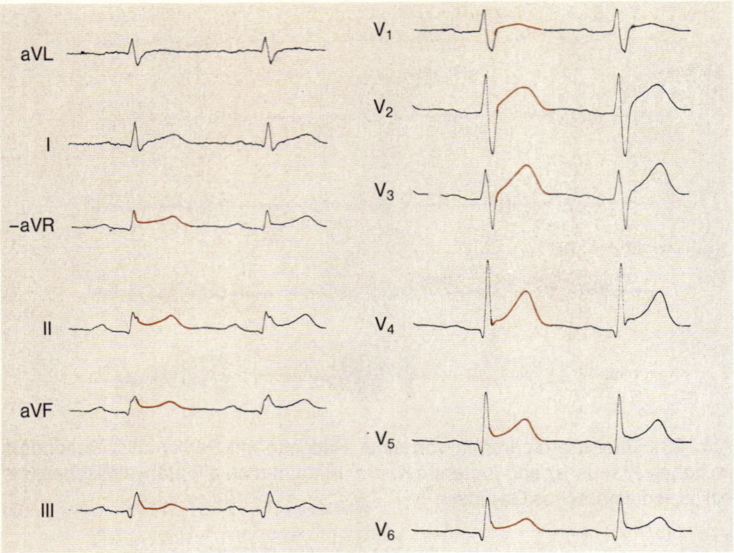

Abb. 35 Beispiel für ein EKG bei akuter Perikarditis. Die typische ST-Hebung in Ableitungen, die sowohl der Vorderwand als auch der Hinter- und Seitenwand zuzuordnen sind, ist gut zu sehen

dat oder Hämoperikard verändert nicht die Form von ST und T. Die entzündlichen Formen weisen dagegen Störungen des Erregungsrückganges auf.

Röntgenologisch imponiert eine Vergrößerung des Herzschattens mit Zeltform (bei Untersuchung im Liegen mit Sackform), wobei Aorten- und Pulmonalbogen mit einbezogen werden (s. Abb. 20, S. 51). Es sind kaum Pulsationen erkennbar. Den sichersten nichtinvasiven Nachweis eines Perikardergusses liefert das **Echokardiogramm** (Abb. 36). Die Diagnostik kann invasiv mittels **Herzkatheteruntersuchung** ergänzt werden. Es findet sich ein typischer Druckkurvenverlauf im rechten Ventrikel mit protodiastolischen Dip (niedrige bzw. normale systolische Druckwerte) und hohem enddiastolischen Druck (aufgrund der begrenzten Dehnbarkeit des Ventrikels).

Im **Verlauf** können alle Formen der Perikarditis zur Restitutio ad integrum führen oder sich zu einer chronischen Perikarditis entwickeln. Hierbei verödet der Perikardialraum ganz oder teilweise. Es bildet sich ein festes Narbengewebe, das tief bis in das Myokard reicht und oft

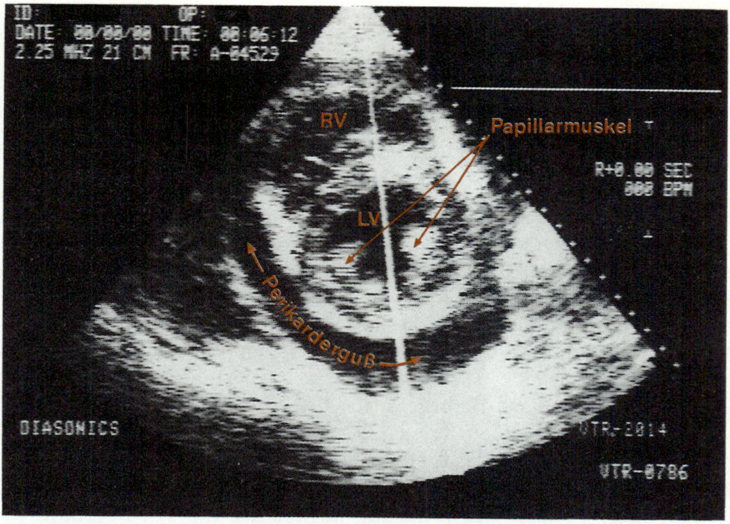

a

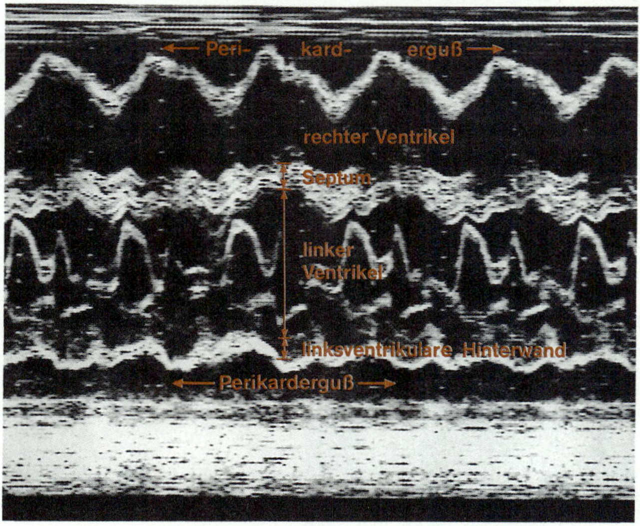

b

Abb. 36 a und b Echokardiogramm bei Perikarderguß (vergleiche Abb. 14)
a) Zweidimensionale Darstellung des linken Ventrikels in der kurzen Achse. Deutlich ist der halbmondförmig das Herz umschließende Perikarderguß zu erkennen. b) M-mode-Echokardiogramm entlang des Leitstrahls des zweidimensionalen Echokardiogramms (a) (s. Abb. 13).
LV = linker Ventrikel, RV = rechter Ventrikel

verkalkt (**Pericarditis obliterans oder constrictiva, Pericarditis calcarea** oder Panzerherz [Abb. 37]). So werden die diastolische Ausdehnung und systolische Kontraktion von Vorhöfen und Kammern behindert, die Einmündung der großen Hohlvenen und der Lungenvenen eingeengt. Schließlich entwickelt sich das **Bild einer Rechtsherzinsuffizienz.** Das **EKG** kann einen Hinweis auf die Entwicklung einer Perikarditis constrictiva geben, wenn im Anschluß an eine akute Perikarditis eine Normalisierung ausbleibt.

Die **Differentialdiagnostik** der Perikarditis kann gelegentlich Schwierigkeiten bereiten. Retrosternale Schmerzen, ST-Hebungen im EKG und ein Anstieg der kardialen Enzyme im Blut (CPK, GOT, LDH) können zur Verwechslung mit einem Myokardinfarkt Anlaß geben. Der weitere Verlauf führt dann aber meist rasch zur Diagnosefindung. So ist der Schmerzcharakter einer Perikarditis meist nicht so heftig wie der eines Infarktes. Ein Perikard-Reibegeräusch, ST-Hebungen in einer Vielzahl von Ableitungen, die nicht für das Versorgungsgebiet eines Kranzgefäßes typisch sind, sowie der echokardiographische Nachweis eines Perikardergusses können wegweisend sein. Alle diese Veränderungen sind jedoch nicht obligat. Steht die Einflußstauung im Vordergrund, so kommen an kardialen Erkrankungen vor allem die restriktiven Myokardiopathien differentialdiagnostisch in Frage (s. S. 109 f). Seltener erfolgt eine Verwechslung mit einer Rechtsherzbelastung bei pulmonalen Erkrankungen und Krankheiten im Bereich des linken Herzens. Die Echokardiographie erlaubt die rasche Stellung der Diagnose.

Die **Therapie** der Perikarditis richtet sich möglichst nach der Grunderkrankung. Bei der **akuten Perikarditis mit Herzbeuteltamponade** ist

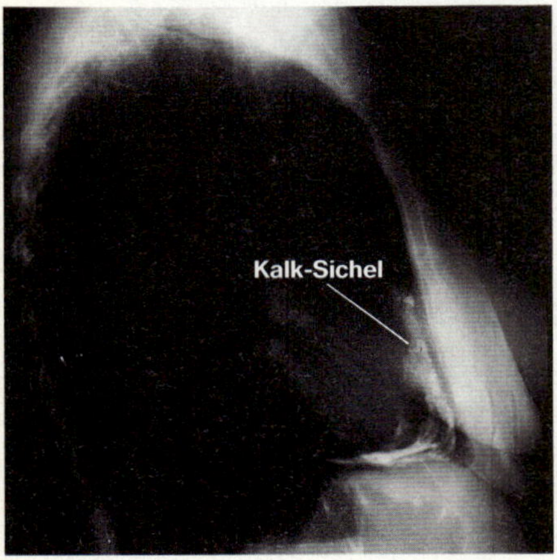

Abb. 37 Seitliches Röntgenbild einer Pericarditis calcarea mit gut erkennbarer zirkulärer Kalkspange um die ventralen und basalen Herzabschnitte

jedoch zunächst eine sofortige Entlastung mittels **Perikardpunktion** erforderlich. Hierfür geht man unmittelbar rechts neben dem Schwertfortsatz mit einer langen Nadel ein und schiebt diese (möglichst unter Röntgenkontrolle, eventuell mit Kontrastmittelgabe) in Richtung rechte Schulter vor. Auf diese Weise kann auch ein Spezialkatheter in den Herzbeutel eingelegt werden, der ein wiederholtes Abziehen des Perikardergusses über Tage erlaubt. Liegt eine Herzbeuteltamponade aufgrund eines Traumas vor, so ist eine operative Blutstillung erforderlich. Das Perikardpunktat muß auf Eiweiß, Zucker, Erythrozyten, Leukozyten, Bakterien inklusive Tuberkulose sowie pathologische Zellen untersucht werden. Falls ein großer Perikarderguß immer wieder auftritt, kommt eine operative **Perikardfensterung** in Frage. Die medikamentöse Therapie der Perikarditis richtet sich, wenn möglich, gegen die auslösende Ursache. Bestehen Hinweise auf eine infektiöse Genese des Perikardergusses, so muß z. B. antibiotisch therapiert werden. Ein maligner Perikarderguß ist einer Behandlung nur schwer zugänglich, gegebenenfalls kommt eine Instillation von Zytostatika oder radioaktiven Substanzen in Frage. Perikarditiden im Gefolge von Virusinfekten, einer Niereninsuffizienz, eines Herzinfarktes oder im Rahmen eines Postkardiotomiesyndroms werden symptomatisch mit Antiphlogistika behandelt. Unter Umständen muß auf Cortisonpräparate zurückgegriffen werden. Falls eine spezifische Therapie nicht möglich ist, werden gute Therapieerfolge mit Colchicin (Colchicum dispert) berichtet. Empfohlen wird nach einer Aufsättigung mit 3 mg am ersten und 2 mg an den folgenden beiden Tagen eine Erhaltungsbehandlung mit 1 mg/Tag über mehrere Wochen bis Monate.

Tritt im Rahmen einer **chronischen Perikarditis** eine Herzinsuffizienz auf, so muß eine **Perikardektomie** erwogen werden. Der Eingriff ist nicht risikoarm (Möglichkeit der Verletzung der Koronararterien). Es kann jedoch auf diese Weise auch Material für eine histologische Untersuchung gewonnen werden, wodurch weitere Rückschlüsse auf die Ursache der Perikarditis ermöglicht werden (z. B. tuberkulöse Perikarditis). Durch die Operation kann in der Regel die Symptomatik gebessert werden, völlige Beschwerdefreiheit ist nicht zu erzielen.

Eine Abgrenzung gegenüber der restriktiven Myokardiopathie (s. S. 109 f) kann sehr schwierig sein, zumal auch die mittels Herzkatheter gewonnenen Kurven in ähnlicher Weise verändert sind. Eine beschleunigte BSG und gelegentlich auch eine Eosinophilie lassen an letztere Diagnose denken. Entscheidend ist die Echokardiographie und die Biopsie mittels Herzkatheter.

Tumoren des Herzens

Primäre Tumoren des Herzens sind selten, sie werden im Sektionsmaterial bei etwa 0,002% gefunden. Davon unterschieden werden die häufigeren sekundären, von außen einwachsende Herztumoren. Tab. 40 zeigt eine systematische Zusammenstellung (nach Lönne u. Gebel).

Besondere Erwähnung wegen seiner relativen Häufigkeit und der Möglichkeit einer operativen Behandlung verdient das **Vorhofmyxom,** das Symptome ähnlich denen einer Mitralstenose verursacht. Sie treten meist jedoch lageabhängig auf (s. S. 122).

Die **übrigen Herztumoren** können eine Perikarditis, Herzrhythmusstörungen oder ein Herzversagen auslösen. Im EKG zeigt sich bei Lage in den Kammern oft das Bild eines Herzinfarktes.

Die **Diagnose** wird durch die Echokardiographie und Computertomographie gestellt und notwendigenfalls mit der Ventrikulographie gesichert. Gleichzeitig kann man abschätzen, ob der Tumor operabel ist, wenn eine Operation überhaupt in Frage kommt oder ob bei sekundären Tumoren eine Chemotherapie möglich ist.

Tabelle 40 Systematik der Herztumoren

I. Primäre benigne Herztumoren
   1. Myxom bzw. Pseudomyxom
   2. Rhabdomyom
   3. Andere seltene Tumoren: Fibrom, Lipom, Angiom, Teratom, Leiomyom, Xanthom, Hamartom

II. Primäre maligne Herztumoren
   1. Sarkom – mit seinen verschiedenen Formen
   2. Sonstige seltenere maligne Tumoren wie Mesotheliome, Rhabdomyosarkome

III. Sekundäre maligne Tumoren
   1. Karzinome und gelegentlich Sarkome auf dem Wege einer direkten Invasion
   2. Metastatische Karzinome oder Sarkome

IV. Neoplastische Systemerkrankungen mit Herzbeteiligung
   1. Morbus Hodgkin
   2. Non-Hodgkin-Lymphome
   3. Leukämie
   4. Neurofibromatose (von Recklinghausen)

Herzfehler

Allgemeines

Zu den angeborenen Störungen zählen u. a. Defekte der Herzscheidewände, Ausflußbahnobstruktionen, fehlabgehende oder -einmündende Gefäße und pathologische Gefäßverbindungen. Auch die Mehrzahl der beim Erwachsenen vorkommenden Herzklappenfehler beruht heute auf angeborenen Vorveränderungen. Durch eine sich aufpfropfende Endokarditis kann es dann zu einer Verschlimmerung des Klappenfehlers kommen. Die Gesamthäufigkeit angeborener Herzfehler beträgt 8–10 pro 1000 Lebendgeborener, wobei viele Defekte leicht sind oder spontan ausheilen.

Soweit die angeborenen Vitien das gleiche Krankheitsbild wie die erworbenen verursachen, werden sie zu Beginn dieses Kapitels mit diesen gemeinsam besprochen. Die übrigen folgen am Schluß des Kapitels, wobei nur auf die beim Erwachsenen vorkommenden Vitien eingegangen wird.

Eine alleinige Behinderung einer Klappenöffnung bei ungestörtem Klappenschluß wird als **Stenose,** ein mangelhafter Klappenschluß bei ungestörter Öffnung als **Insuffizienz** bezeichnet. Wenn, wie sehr häufig, beide Störungen zusammentreffen, spricht man von einem **kombinierten Klappenfehler.** Meist läßt sich entscheiden, welches Vitium überwiegt. So lautet z. B. eine exakte Diagnose „kombiniertes Mitralvitium mit vorwiegender Stenose".

Die erworbenen Fehler betreffen in der Regel die hämodynamisch am stärksten belasteten Klappen, also diejenigen der linken Kammer. Bei Männern werden dabei die Aortenklappen bevorzugt, bei Frauen die Mitralklappen.

Klappenstenosen gehen mit einer pathologischen **Druckbelastung** der vorgeschalteten Herzkammer einher und führen zur konzentrischen Muskelhypertrophie. **Klappeninsuffizienzen** führen zu einer krankhaften **Volumenbelastung** (Anpassungsdilatation) der entsprechenden Herzhöhlen und somit zu einer exzentrischen Hypertrophie.

Für die Diagnose eines Vitiums kommt der **Auskultation** des Herzens eine ganz überragende Bedeutung zu.

Sie gibt in der Regel erst Anlaß zu weiteren Untersuchungen. Auskultatorisch stumme Vitien sind die Ausnahme. Aus der Lokalisation, der zeitlichen Lage und dem Charakter des Geräusches läßt sich meist schon eine genaue Diagnose stellen. Eine Übersicht über die Geräusche bei den häufigsten Vitien bringen Tab. 41 und Abb. 38. Nähere Einzelheiten werden in den entsprechenden Kapiteln besprochen. Leise systolische Geräusche über dem Erbschen Punkt hört man bei mageren Personen

Tabelle 41 Zusammenstellung der Herzgeräusche und der sie am häufigsten verursachenden Vitien

Systolisches Geräusch	Aortenstenose (auch Ausflußbahnstenose) Mitralinsuffizienz Pulmonalstenose Trikuspidalinsuffizienz Ventrikelseptumdefekt Mitralklappenprolaps
Diastolisches Geräusch	Aorteninsuffizienz Mitralstenose Pulmonalinsuffizienz Trikuspidalstenose
Systolische und diastolische Geräusche	Kombinierte Vitien Vorhofseptumdefekt Ebstein-Syndrom offener Ductus Botalli, aortopulmonales Fenster, Koronaraneurysmen

oft, sie werden als funktionelles Geräusch bezeichnet. Ein Vitium sollte jedoch ausgeschlossen werden.

Zur Abklärung von Patienten mit pathologischen Herzgeräuschen müssen verschiedene Untersuchungsverfahren herangezogen werden. Mittels **Phonokardiogramm** gelingt eine Objektivierung sowie eine zeitliche Zuordnung der Herzgeräusche. Das **EKG** erlaubt eine Beurteilung der Hypertrophie der Vorhöfe und Herzkammern sowie eine Analyse des Herzrhythmus. Entscheidende Bedeutung hat das **Echokardiogramm.** Es ermöglicht die morphologische Beurteilung der Herzkammern und Herzklappen. Doppler-echokardiographisch können Klappeninsuffizienzen direkt nachgewiesen und Druckgradienten bestimmt werden. Leider sind nicht alle Patienten gut schallbar.

Die durch ein Vitium bedingten Umformungen des Herzens werden im **Röntgenbild** dargestellt. Die Berechnung des **Herzvolumens** erlaubt eine Quantifizierung der globalen Herzgröße und ist daher sowohl diagnostisch als auch prognostisch sehr bedeutsam. Durch **Belastungstests** kann die allgemeine Leistungsfähigkeit des Patienten beurteilt werden

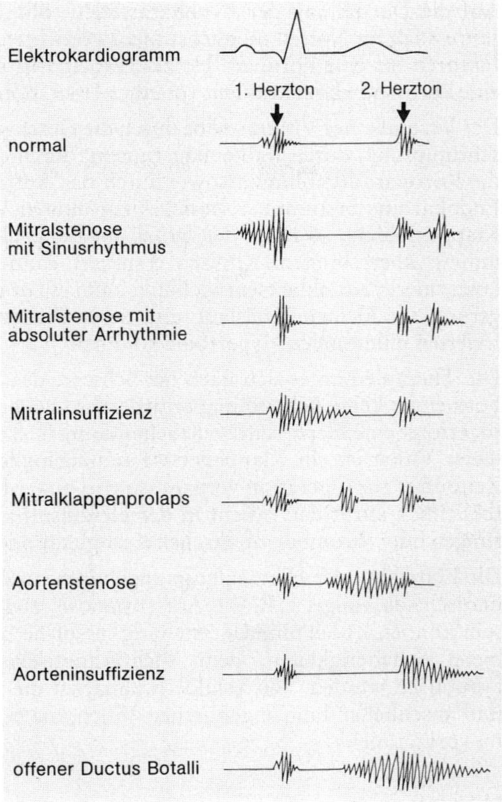

Abb. 38 Schematische Darstellung der Geräusche bei den häufigsten Vitien

und entsprechend der New York Heart Classification (NYHA) (s. S. 44) einem bestimmten Stadium zugeordnet werden. Diese durch objektive Verfahren beurteilte Leistungsfähigkeit ist bei einigen Herzfehlern (z. B. Aorteninsuffizienz) sehr viel verläßlicher als die subjektiven Angaben des Patienten zu seiner Belastbarkeit. Patienten mit Aortenklappenstenose sollten jedoch in der Regel nicht ergometriert werden.

Nuklearmedizinische Untersuchungen ermöglichen eine quantitative Bestimmung der Auswurfleistungen der rechten und linken Herzkammer, der Größe der linken Herzkammer sowie des Pendelblutes bei Klappeninsuffizienzen. Die **Herzkatheteruntersuchung** ergibt Aufschlüsse über die Druckänderungen im großen und kleinen Kreislauf, die Form und Funktion der Herzklappen sowie der Herzkranzarterien.

Auf die Darstellung der Koronararterien sollte bei Patienten über 40 Jahre auch im Notfall möglichst nicht verzichtet werden; liegen Risikofaktoren für eine koronare Herzkrankheit vor, so sollte in jedem Falle eine koronare Herzkrankheit vor einer Operation erkannt werden.

Der **Verlauf** eines Vitiums wird durch die Geschwindigkeit der Klappenschrumpfung, durch Kalkeinlagerungen, durch die muskuläre Reserve, die Koronardurchblutung sowie durch das Auftreten einer bakteriellen Endokarditis bestimmt. Kommt es zur akuten Verschlimmerung eines Klappenfehlers, so kann der Druck im Lungenkreislauf **akut** etwa 30 mmHg überschreiten. Klinisch resultiert dann ein **Lungenödem.** Bei langsamerer Krankheitsentwicklung kann es zur **chronischen** Drucksteigerung im kleinen Kreislauf und schließlich zur Entwicklung einer **fixierten pulmonalen Hypertonie** kommen.

Die **Therapie** richtet sich nach der Schwere des Vitiums. Bei leichteren Formen ist keine Behandlung erforderlich. Bei beginnender Symptomatik erfolgt eine Herzinsuffizienzbehandlung (s. S. 59 ff). Bei fortgeschrittenen Vitien ist ein Klappenersatz unumgänglich. Wird der optimale Zeitpunkt zur Operation verpaßt, so tritt eine Myokardschädigung ein, schließlich stirbt der Patient in der Herzinsuffizienz, an Rhythmusstörungen oder thromboembolischen Komplikationen.

Die Einteilung der Herzfehler in angeborene und erworbene ist problematisch, da einige, z. B. die Aortenstenose, angeboren oder erworben sein können. Auch eine Unterteilung in solche mit oder ohne Zyanose bietet Schwierigkeiten, denn nichtzyanotische können im Verlauf zyanotisch werden. Wir schildern zunächst die klassischen Herzfehler und anschließend die angeborenen Vitien, die noch im Erwachsenenalter vorkommen.

Mitralstenose

Der häufigste Herzklappenfehler beim weiblichen Geschlecht ist die Mitralstenose (Männer zu Frauen etwa 1 : 2). Sie entsteht als Folge eines rheumatischen Fiebers, seltener nach bakterieller Endokarditis oder konnatal. Dennoch bleibt bei etwa der Hälfte der Fälle die Vorgeschichte in bezug auf ein rheumatisches Fieber leer, es werden höchstens einige Mandelentzündungen angegeben. Auf die „funktionelle Mitralstenose" bei schwerer Aorteninsuffizienz (Austin Flint) wird auf S. 154 näher eingegangen.

Die Öffnungsfläche der Mitralis beträgt beim Gesunden je nach seinen Körperdimensionen 3–5 cm^2. Eine Einengung auf 2 cm^2 verursacht keine oder nur geringe klinische Erscheinungen, diese Kranken zählen zum Stadium 1 (S. 44). Ist die Mitralklappe mäßig eingeengt (Öffnungsfläche zwischen 1,0 und 1,9 cm^2), so entstehen bei stärkerer körperlicher Belastung Beschwerden. Bei schwerem Vitium (Öffnungsfläche unter 1 cm^2) kann Bettlägerigkeit bestehen. Da der linke Ventrikel nur ein kleines Schlagvolumen erhält, verringert er sein Restblut und wird kleiner. Der linke Vorhof hypertrophiert, wenn längere Zeit von ihm eine vermehrte Druckleistung verlangt wird, um mit seiner Systole genügend Blut durch die Stenose in den linken Ventrikel befördern zu können. Während körperlicher Belastung kann er versagen, es kommt dann zu einem Rückstau in die Lungenvenen. Da die Druckdifferenz zwischen Lungenarterien (A. pulmonalis) und Lungenvenen gering ist, wird durch den Rückstau auch der systolische Druck im rechten Ventrikel unter Belastung angehoben. Klinisch handelt es sich jetzt um das Stadium 2. Bei weiterer Verschlechterung findet sich schon in Ruhe eine Druckerhöhung im Lungenkreislauf, zeitweise versagt die nun hypertrophierte rechte Kammer, das Blut staut sich im rechten Vorhof (3. Stadium), und schließlich besteht dauernd eine Rechtsinsuffizienz, der Kranke befindet sich im 4. Stadium (Abb. 39).

Das **klinische Bild** ist in der Mehrzahl der Fälle sehr typisch. Der Patient klagt über vermehrte Atemnot bei körperlicher Belastung und Aufregung, auch Hustenreiz kann bestehen. Die körperliche Leistungsfähigkeit ist merklich herabgesetzt. Ein akutes Lungenödem mit blutig tingiertem Sputum (sogenannte „Herzfehlerzellen") oder eine Hämoptyse (aus varikös erweiterten und gestauten Bronchialvenen) nach körperlicher Belastung bilden oft das erste alarmierende Symptom dieses Vitiums. Der Kranke bevorzugt, mit erhöhtem Oberkörper zu schlafen, um seine Atemnot zu verringern. Herzklopfen tritt gegenüber den Klagen über Atemnot zurück. Charakteristisch sind die „Mitralbäckchen", auf jeder Wange ein bläulich-roter Fleck von über 5-Markstück-Größe. Die Lippen sind leicht zyanotisch, die Atembewegungen beschleunigt, die Extremitäten sind kühl. Durch die Vergrößerung des linken Vorhofs kommt es in fortgeschrittenen Fällen zu Schluckstörungen.

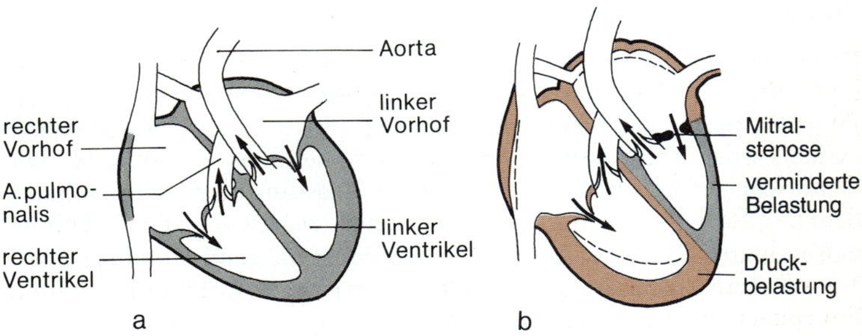

Abb. 39 Schematische Darstellung a) des normalen Herzens, b) mit einer Mitralstenose mit insuffizientem rechtem Ventrikel. Braun: vermehrte Druckbelastung

Der **Auskultationsbefund** sichert die Diagnose. Während der Vorhofsystole wird Blut durch die verengte Mitralklappe gepreßt, es entsteht ein **präsystolisches Geräusch,** das am lautesten über oder medial der Herzspitze ist, der **1. Herzton** erscheint ungewöhnlich laut und dumpf (**„paukend“**). Man erklärt sich diese Verstärkung des 1. Herztones folgendermaßen: die Mitralklappen sind verdickt und in ihrer Beweglichkeit gehemmt. Der Mitralklappenschluß erfolgt daher verspätet zu einem Zeitpunkt, in dem der Ventrikeldruck schon höher angestiegen ist als normal, so daß stärkere Schwingungen entstehen. Ein systolisches Geräusch fehlt. In kurzem Abstand vom 2. Herzton, wenn der Druck in den Kammern so weit gesunken ist, daß wieder Blut aus den Vorhöfen einströmt, findet sich ein **protodiastolisches Geräusch.** Es stellt ein Strömungsgeräusch dar, denn das während der Ventrikelsystole im linken Vorhof aufgestaute Blut passiert jetzt rasch die verengten Mitralklappen. Im Anfang dieses Geräusches liegt der **Mitralöffnungston,** ein kurzes, hochfrequentes Schwingungsbündel, durch das Auseinandertreten der steifen Klappen verursacht (Abb. 40 u. 41). Je höher der Druck im linken Vorhof ist, um so kürzer wird der Zeitraum vom Beginn der Kammerdiastole bis zur Öffnung der Mitralklappe. So gibt der Abstand des Öffnungstones vom Beginn des 2. Herztones einen Hinweis auf den Druck im linken Vorhof. Bei einem Abstand von 0,08 s und weniger kann es sich um eine sehr hochgradige Stenose oder aber auch um eine einfache Doppelung des 2. Tones handeln. Meist liegt er zwischen 0,08 und 0,12 s. Bei einem Abstand von 0,12 s liegt gewöhnlich nur eine geringe Mitralstenose vor, ab 0,13 wird die Differentialdiagnose gegenüber einem 3. Herzton schwierig. Zu einer solchen Messung benötigt man ein sauberes Phonokardiogramm, auf dem der Öffnungston regelmäßig und eindeutig dargestellt ist. Ein Öffnungston fehlt, wenn die Mitralsegel stark verhärtet sind. Bei schwerer Mitralstenose findet sich fast regelmäßig zusätzlich ein protodiastolisches gießendes Geräusch über der A. pulmonalis (Graham-Steell), das eine relative Pulmonalinsuffizienz anzeigt (s. S. 166).

Wenn die Töne leise sind, legt man den Kranken auf seine linke Seite und läßt ihn voll ausatmen und dann den Atem anhalten. Oft liegt das Punctum maximum nicht über der Herzspitze, sondern etwas weiter medial, oder auch 1 bis 2 Zwischenräume tiefer als normal. Die Geräusche werden nach einer geringen Belastung deutlicher. Je nach dem Grad der Druckerhöhung im kleinen Kreislauf wird der **2. Pulmonalton** lauter als der 2. Aortenton, sein Punctum maximum liegt meist 1 bis 2 Interkostalräume tiefer als der typische Auskultationspunkt. Ein Spitzenstoß ist nicht nachweisbar.

Bei der **körperlichen Untersuchung** achtet man besonders auf Zeichen einer Rechtsinsuffizienz, wie eine Lebervergrößerung oder eine Stauung in die Halsvenen. Über den unteren dorsalen Lungenabschnitten sind

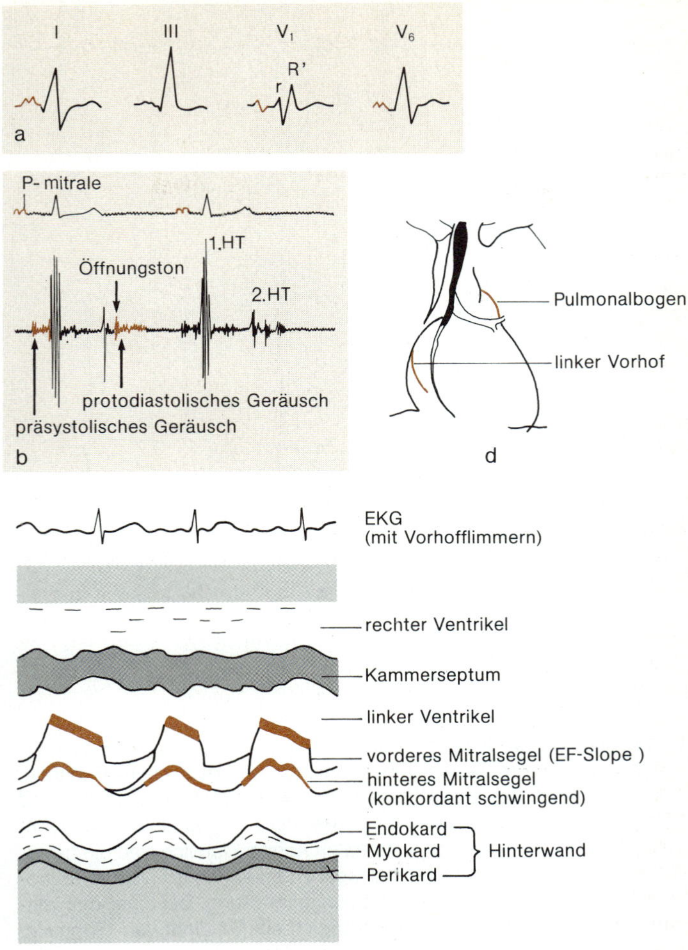

Abb. 40 a–c Schematische Darstellung:
a) Veränderungen der P-Welle im EKG, b) Phonokardiogramm mit zeitlicher Zuordnung zum EKG (HT = Herzton), c) dazugehöriges Echokardiogramm, d) Röntgenbild. Pathologische Veränderungen: braun

oft, besonders nach Belastung, „Stauungsgeräusche" hörbar, die Vorläufer eines Lungenödems sein können.

Wenn eine **absolute Arrhythmie** durch Vorhofflimmern, wie stets im weiteren Verlauf, hinzutritt, nimmt die Leistungsfähigkeit des Kranken

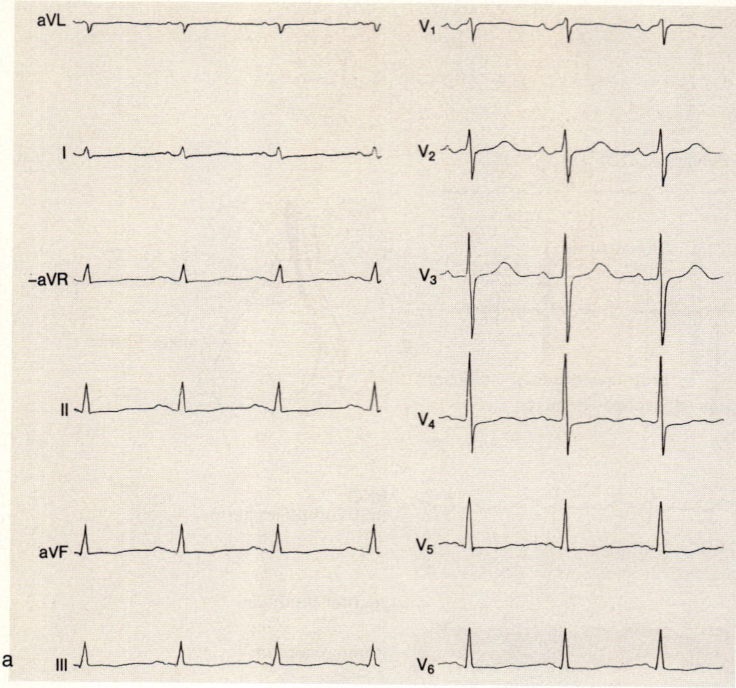

Abb. 41 Typisches Beispiel einer Mitralstenose:
a) EKG, hier noch mit erhaltenem Sinusrhythmus und deutlichem P-mitrale. b) Phonokardiogramm mit Mitralöffnungston (Möt), protodiastolischem und präsystolischem Geräusch und lautem („paukendem") 1. Herzton. c) M-mode-Echokardiogramm in der langen parasternalen Achse. Deutlich sind die bewegungseingeschränkten, verdickten Mitralsegel zu erkennen. d) Doppler-Echokardiogramm im 4-Kammer-Blick mit Gradientenmessung. Bei einer maximalen Flußgeschwindigkeit von 2,11 m/s ergibt sich ein Gradient von 18 mmHg. e) Röntgen-Thorax: gut erkennbar ist die erhebliche pulmonale Stauung bei mitralkonfiguriertem Herzen (großer linker Vorhof, kleiner linker Vorhof). f) Herzkatheter-Meßdaten im großen und kleinen Kreislauf. Eingetragen sind die Drücke (mmHg). Es besteht eine deutliche pulmonale Hypertonie. g) Simultane Druckmessung Pulmonalkapillare (PC) – linker Ventrikel (LV) mit Darstellung des Mitralklappen-Gradienten (enddiastolischer Gradient: 10 mmHg)

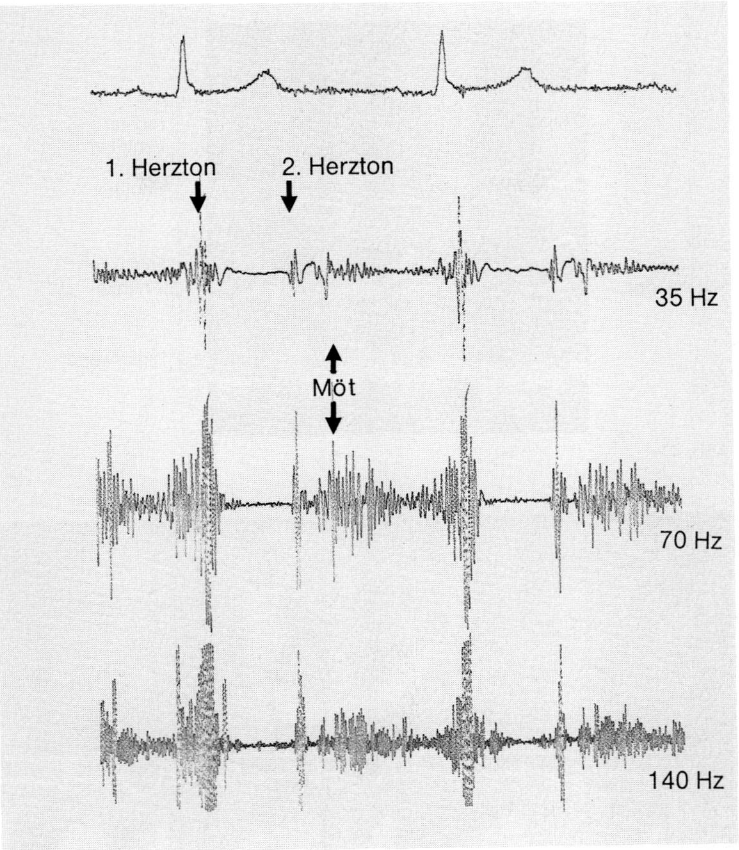

Abb. 41 b

weiter ab, er leidet aber nicht selten etwas weniger unter Atemnot, da die Lungenstauung zurückgeht und die Rechtsinsuffizienz zunimmt. In diesem Stadium kann eine Mitralstenose schwer diagnostizierbar sein. Das präsystolische Geräusch verschwindet, der 1. Herzton ist nicht mehr so paukend, der Öffnungston kann fehlen und das protodiastolische Geräusch hat Ähnlichkeit mit einem Galoppgeräusch. Eine dekompensierte Hypertonie kann z. B. sehr ähnliche Schallerscheinungen wie eine Mitralstenose in diesem Stadium hervorrufen.

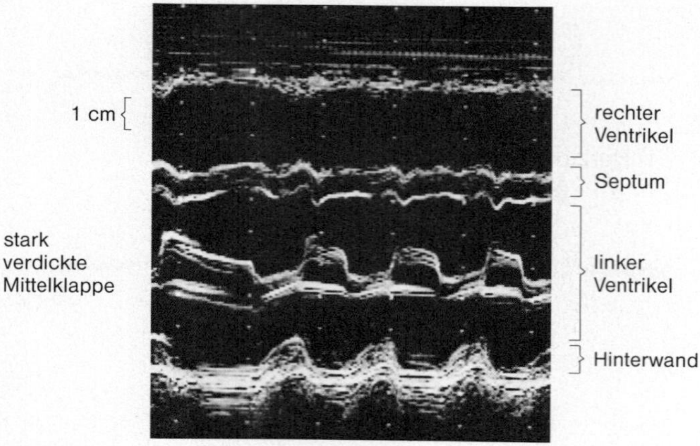

Abb. 41 c

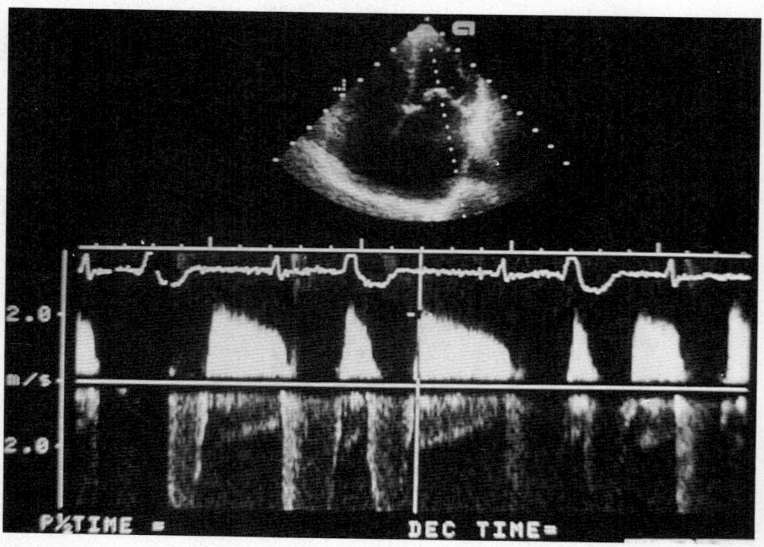

Abb. 41 d

Veränderungen des **EKG** können fehlen, in der Regel zeigt sich aber wenigstens eine Verbreiterung des negativen Anteils von P in V_1 über 0,06 s (Abb. 40 u. 41). In schweren Fällen ist ein Rechtstyp mit verbreitertem und gesplittertem „P-mitrale“ oder sinistrocardiale in

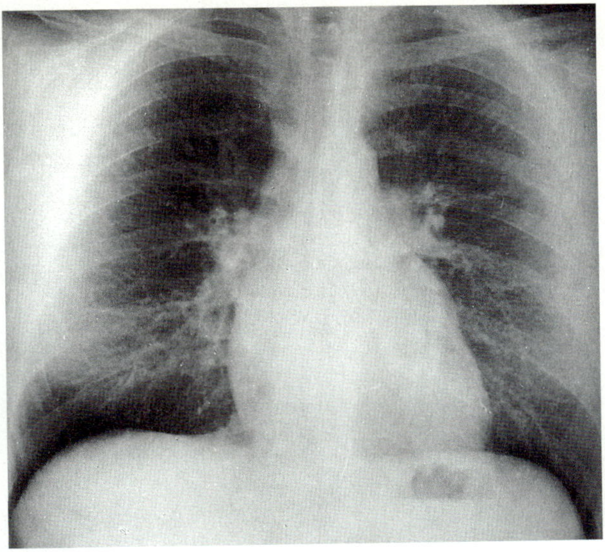

Abb. 41 e

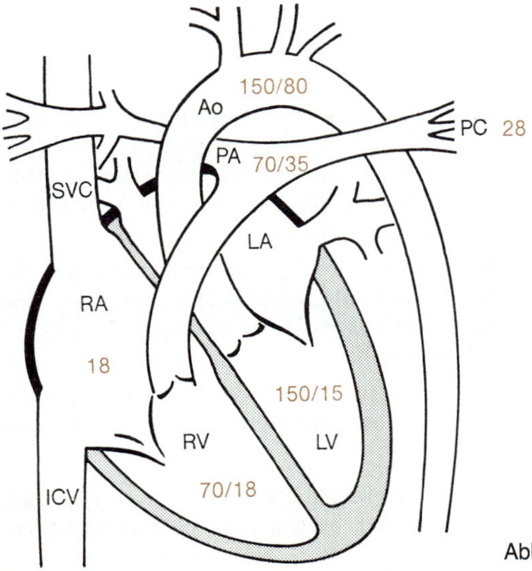

Abb. 41 f

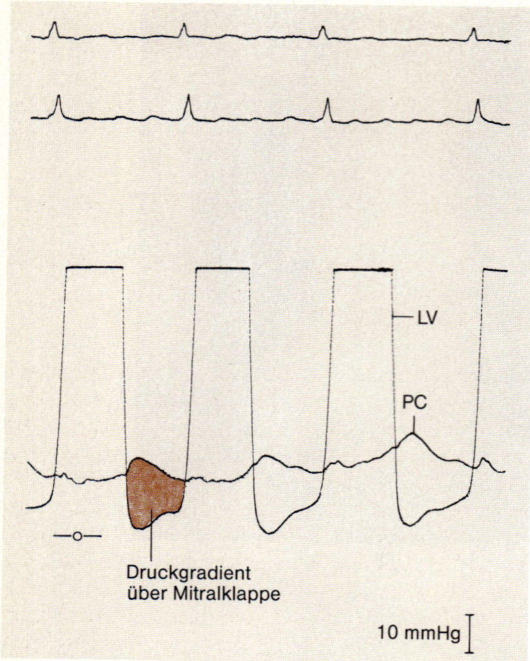

Abb. 41 g

Ableitung I und II charakteristisch, S ist in den Ableitungen I, V_5 und V_6 relativ groß, ebenso oft R in Vr_1. Schließlich tritt nicht selten ein unvollständiger Rechtsschenkelblock, also ein rSR'-Komplex (s. Abb. 23, S. 56) auf. Die P-Zacken verschwinden bei absoluter Arrhythmie, die Flimmerwellen sind meist auffallend groß.

Die **Belastungsuntersuchungen** zeigen eine Minderung der Leistungsfähigkeit. Der Puls erreicht schon während leichter Belastung relativ hohe Werte, die Blutdruckamplitude bleibt stets klein, da sich das Schlagvolumen nicht wesentlich vergrößern kann.

Das entscheidende diagnostische Verfahren bei der Mitralstenose ist die **Echokardiographie.** Folgende diagnostische Merkmale sind bedeutsam (s. Abb. 40 u. 41):

1. Das hintere Mitralsegel schwingt abhängig vom Schweregrad des Vitiums noch entgegengesetzt oder bereits parallel zum vorderen Segel.

2. Die E-Öffnungsamplitude nimmt ab.
3. Der EF-Slope als Maß für die Beweglichkeit der Klappen ist meist reduziert (normal über 70 mm/s).
4. Abhängig von der Verdickung der Klappe multiple Mitralklappenechos.
5. Die A-Welle fehlt beim Auftreten von Vorhofflimmern.
6. Eingeschränkte Klappenöffnung im zweidimensionalen Echokardiogramm.
7. Nachweis eines Druckgradienten bzw. einer reduzierten Klappenöffnungsfläche im Doppler-Echo.
8. Vergrößerung des linken Vorhofes.

Sehr charakteristisch ist auch der **Röntgenbefund** mit der kugeligen Vergrößerung des linken Vorhofs, während der linke Ventrikel verkleinert erscheint. Gibt man einen Teelöffel eines Kontrastbreies, so kann man beobachten, daß der linke Vorhof die Speiseröhre dorsalwärts verlagert, sie kann aber auch nach links oder rechts ausweichen. Das Kontrastmittel staut sich vorübergehend oberhalb des linken Vorhofs. Die Trachealbifurkation ist gespreizt. Zur Vergrößerung des linken Vorhofs gehört auch eine Vorwölbung seines Herzohres unterhalb des Aortenbogens, wodurch die Herztaille verstrichen erscheint (Abb. 41). Auf der üblichen Thoraxaufnahme wird der linke Vorhof als Kernschatten innerhalb der Herzfigur erkennbar. Eine Erweiterung der zentralen Lungengefäße und eine Vergrößerung des rechten Herzens kommen je nach dem Stadium, in dem sich der Patient befindet, hinzu. Auch wenn sich eine erhebliche Herzvergrößerung entwickelt, bleibt der linke Ventrikel klein. Bei Durchleuchtung und auf guten Seit- oder Schrägaufnahmen lassen sich oft Verkalkungen im Bereich der Klappen erkennen.

Bei der **Herzkatheteruntersuchung** ist der diastolische Druckgradient zwischen dem linken Vorhof und dem linken Ventrikel von entscheidender diagnostischer Bedeutung. Hierfür ist die simultane Registrierung entweder des Pulmonalkapillardruckes und linksventrikulären Druckes (s. Abb. 41) oder die Druckmessung im linken Vorhof (z. B. nach transseptaler Punktion vom rechten Vorhof aus) und im linken Ventrikel erforderlich. Die Herzkatheteruntersuchung erlaubt darüber hinaus das Erkennen anderer Herzklappenfehler sowie einer koronaren Herzerkrankung.

Im **Verlauf** der Krankheit beobachtet man oft eine zunehmende Verschlechterung. Sie kann bedingt sein:

- durch rheumatisches Rezidiv,
- durch zunehmende narbige Veränderungen im Bereich der Klappen oder der Sehnenfäden,

– durch eine mit dem Alter nachlassende Reservekraft des Herzens,
– durch eine sekundäre Pulmonalsklerose,
– durch eine hinzutretende Koronarsklerose.

Nur einzelne Kranke, die sich körperlich schonen können, überschreiten nie das 2. Stadium und erreichen ein hohes Alter. Eine entscheidende Verschlechterung bedeutet das Auftreten einer absoluten Arrhythmie, der oft eine Vorhofextrasystolie vorausgeht. Von jetzt an muß man mit erhöhter Gefahr von **Embolien** rechnen. Sie betrifft den kleinen Kreislauf mit Lungeninfarkten, die zusätzlich den Druck in der A. pulmonalis erhöhen, im großen Kreislauf häufig das Gehirn unter dem Bild eines apoplektischen Insults. Nach einer Embolie in die unteren Extremitäten kann eine Gefäßoperation oder Amputation notwendig werden. Bedrohlich sind auch Mesenterialembolien. Rezidivierende Niereninfarkte, die sich durch Nierenkoliken mit Hämaturie zu erkennen geben, sind oft die Ursache für eine Hypertonie oder ein Nierenversagen. – Jede „Erkältung“ oder „Grippe“ bedeutet eine lebensgefährliche Erkrankung, vor allem durch die Neigung zur Stauungspneumonie.

Durch länger bestehende Druckerhöhung im Lungenkreislauf entsteht eine Arteriosklerose, Intimaproliferation und Mediahyperplasie im Bereich der Pulmonalarterien und -arteriolen. Dies führt schließlich zu einer **fixierten pulmonalen Hypertonie,** wobei sicherlich auch eine funktionelle Komponente besteht (Spasmen). Diese kann zu einer stärkeren Flußbehinderung im kleinen Kreislauf führen, als sie die Mitralstenose selbst bildet. Man erkennt sie aus der Röntgenaufnahme an der Erweiterung der zentralen und Verengung der peripheren Lungengefäße und aus dem Ergebnis des Herzkatheters. Hier zeigt sich ein Druckunterschied zwischen dem Pulmonalkapillardruck und dem mittleren Druck in der A. pulmonalis. So tritt zur Herzinsuffizienz eine respiratorische Insuffizienz, sie kann sogar in den Vordergrund rücken. Schließlich kann diese sekundäre Pulmonalsklerose so hochgradig sein, daß ein operativer Eingriff nicht mehr angezeigt ist.

Die **Differentialdiagnose** bereitet, solange ein Sinusrhythmus besteht, nur selten Schwierigkeiten. Bei einer Herzinsuffizienz aus anderer Ursache können ein präsystolischer und ein protodiastolischer Galopp an eine Mitralstenose denken lassen, es fehlen aber der paukende 1. Herzton und die röntgenologisch nachweisbare Verkleinerung des linken Ventrikels. Ein Linkstyp im EKG kommt bei reiner Mitralstenose vor, macht sie aber unwahrscheinlich, **ein hebender Spitzenstoß schließt sie aus!** Größere Schwierigkeiten ergeben sich bei der Differentialdiagnose gegenüber einem Vorhoftumor, meist einem **Myxom,** das vom linken Vorhof aus die Mitralöffnung einengt (s. S. 118). Die Stenoseerscheinungen verstärken sich hier meist bei einer bestimmten Körperhaltung. Das Echokardiogramm ist typisch verändert.

Die **konservative Therapie** der Mitralstenose. Patienten mit **leichter Mitralstenose** bedürfen keiner speziellen **Therapie.** Stärkere körperliche Belastungen sollen sie jedoch meiden. Bei Patienten mit **mittelschwerem Vitium** setzt die Therapie an mehreren Stellen an: Vordringlich ist die Reduktion der pulmonalen Stauung. Dies wird am besten durch **Diuretika** erreicht. Weiterhin wird versucht, so lange wie möglich den **Sinusrhythmus** zu erhalten. Wirksam sind hier Verapamil (z. B. Isoptin, 3mal 80–120 mg/Tag), gegebenfalls in Verbindung mit Chinidin (3mal 0,25 g; im Handel als Kombinationspräparat Cordichin) oder Disopyramid (z. B. Rytmodul, 3mal 200 mg), seltener auch Propafenon (Rytmonorm, 3mal 150–300 mg) oder Prajmaliumbitartrat (Neo-Gilurytmal, 2- bis 3mal 20 mg). Falls ein Sinusrhythmus nicht (mehr) zu etablieren ist, muß durch eine Belastungsuntersuchung und gegebenenfalls durch ein Langzeit-EKG überprüft werden, ob das **Vorhofflimmern** mit einem **normofrequenten** Herzschlag einhergeht. Ein überschießender Frequenzanstieg unter Belastung (Frequenzen bis 200/min sind möglich!) muß vermieden werden, da dies die kardiale Leistungsfähigkeit einschränkt und sogar zum akuten Lungenödem führen kann. Zum Einsatz kommen in erster Linie Calciumantagonisten vom Verapamiltyp (z. B. 3mal 80 bis 2mal 240 mg Isoptin), in zweiter Linie auch Digitalis. In seltenen Fällen können die tachykarden Rhythmusstörungen so ausgeprägt sein, daß die Gabe von Amiodarone (Cordarex) oder eine elektrische **Ablation der atrioventrikulären Überleitungsbahnen** zur Frequenzregularisierung erforderlich werden. Bestehen **keine Vorhofthromben** (Echokardiogramm!) und ist es bisher zu keinen peripheren Embolien gekommen, so ist eine Antikoagulation in diesem Krankheitsstadium noch nicht unbedingt erforderlich. Bei **schwerer Mitralstenose** beinhaltet die Therapie über die genannten Maßnahmen hinaus Medikamente zur Vorlastsenkung (Nitrate [z. B. Isoket, 3mal 10–20 mg oder Molsidomin, z. B. Corvaton retard, 2- bis 3mal 8 mg]) sowie eine Antikoagulation. *Aggregationshemmer* wie Acetylsalicylsäure haben sich zur Thromboemboliephrophylaxe als *nicht geeignet* erwiesen. *Nachlastsenker* (ACE-Hemmer) sind bei Patienten mit Mitralstenose *nicht indiziert.*

Die optimale und zugleich **kausale Behandlung** der Mitralstenose stellt die Beseitigung des mechanischen Hindernisses dar, also die **operative Therapie.** Bei wenig verkalkten und in der Klappenbasis noch gut beweglichen Segeln kommt die **Aufdehnung** der Stenose durch einen Chirurgen oder mittels Ballonkatheter in Frage. Sind die Klappen allgemein schwer verändert, ist ab dem Stadium 3 ein **Herzklappenersatz** angezeigt. Im Stadium 4 wird der Eingriff wegen des dann stark erhöhten Risikos nicht mehr allgemein empfohlen. Die normale körperliche Leistungsfähigkeit wird auch bei rechtzeitiger Operation in der Regel nicht mehr erreicht. So bilden sich die Zeichen der pulmonalen

Hypertonie langsam (oft erst innerhalb eines Jahres) zurück; aufgedehnte und operierte Klappen haben einen hämodynamisch relevanten Restgradienten; meist besteht Vorhofflimmern fort. Eine Rhythmisierung kann einige Wochen postoperativ versucht werden, sie ist in der Mehrzahl der Fälle jedoch nicht erfolgreich.

Nach operativer Therapie ist wie üblich weiterhin eine **Endokarditisprophylaxe** erforderlich (s. S. 97).

Die **Prognose** einer unbehandelten schweren Mitralstenose ist relativ ungünstig. 2 Jahre nach Diagnosestellung leben noch 70% der Betroffenen, nach 10 Jahren nur noch 20–30%. Durch eine rechtzeitig durchgeführte Operation läßt sich die Lebenserwartung wesentlich verbessern.

Mitralinsuffizienz

Eine reine Mitralinsuffizienz ist selten. Die Genese des Vitiums ist im Gegensatz zur Mitralstenose vielfältig. Sowohl die Klappen als auch der Klappenhalteapparat können an der Entstehung beteiligt sein. Tab. 42 zeigt die Möglichkeiten auf.

Die Mitralinsuffizienz kann **akut** oder **chronisch** sein. Das akute Vitium ist in der großen Mehrzahl der Fälle durch eine Endokarditis oder einen Myokardinfarkt verursacht. In den ersten Wochen nach Klappenersatz muß auch an einen akuten partiellen Klappenausriß gedacht werden (paravalvuläre Klappeninsuffizienz). Diesem lebensbedrohlichen Krankheitsbild steht das chronische Vitium mit einem oft über viele

Tabelle 42 Ursachen einer Mitralinsuffizienz

Erkrankungen der Klappen		
	angeboren:	myxomatöse Veränderungen (Mitralklappen-Prolaps-Syndrom, s. S. 142)
		Spaltbildungen
	erworben:	Schrumpfung nach Endokarditis
		Klappenperforation (Trauma, Endokarditis)
Erkrankungen des Klappenhalteapparats		
	Schrumpfung und Vernarbung der Sehnenfäden nach Endokarditis	
	myxomatöse Umwandlung der Sehnenfäden	
	Papillarmuskel-Insuffizienz, -nekrose oder Abriß (nach Herzinfarkt)	
	Verlagerung der Papillarmuskel bei veränderter Ventrikelgeometrie (stark dilatierter Ventrikel)	
Dilatation des Klappenrings		
	starke Ventrikeldilatation, z. B. bei dilatativer Myokardiopathie	

Jahrzehnte günstigen Krankheitsverlauf gegenüber. Dem chronischen Vitium liegt bei jüngeren Patienten meist eine organische Veränderung an den Herzklappen zugrunde, bei älteren ist die Mitralinsuffizienz häufig relativer Genese (z. B. Ventrikeldilatation bei Herzinsuffizienz).

Als Folge der Schlußunfähigkeit der Mitralklappen fließt während der Ventrikelsystole etwas Blut in den linken Vorhof zurück. Diese Menge ist nicht nur von der Größe des Klappendefektes, sondern auch von der Kontraktionsgeschwindigkeit des linken Ventrikels und seinem systolischen Druck abhängig. Je höher dieser ist, um so größer wird der Reflux. Der linke Vorhof dilatiert durch den zusätzlichen Blutzufluß zunächst ohne merkliche Steigerung seines Druckes. So entwickelt sich eine Anpassungsvergrößerung des linken Vorhofs. In gleicher Weise verhält sich die linke Kammer, die ja auch eine vermehrte Volumenbelastung zu bewältigen hat (Schlagvolumen plus Refluxvolumen). In Abb. 42 ist dies schematisch dargestellt. Wenn die Anpassungsbreite des linken Ventrikels überschritten ist, steigt sein Füllungsdruck und somit der Druck im linken Vorhof und zugleich auch im Lungenkreislauf, der rechte Ventrikel muß einen erhöhten Druck leisten. Schließlich versagt auch er.

Das **klinische Bild** zeichnet sich durch fehlende Beschwerden aus, solange der linke Ventrikel suffizient ist. Vor allem wird nicht über Atemnot wie bei der Mitralstenose geklagt. Meist geben die Patienten nur auf besonderes Befragen ein verstärktes Herzklopfen bei körperlicher Belastung oder Aufregung an. Später entwickeln sich die typischen Zeichen der Links- und dann auch zusätzlich der Rechtsinsuffizienz. Es fehlen „Mitralbäckchen“ und Blutdruckveränderungen, es fällt aber schon bei der **Inspektion** ein verstärkter Herzspitzenstoß auf. Die **Auskultation** erbringt bei der reinen Mitralinsuffizienz keine diastolischen Geräusche, es findet sich nur ein systolisches Geräusch, das sich unmittelbar an den 1. Herzton anschließt (Abb. 42 u. 43). Es entsteht zu Beginn der Systole, denn schon eine geringe Druckerhöhung in der linken Kammer genügt, um das Blut durch den Klappendefekt treten zu lassen. Nur bei der „relativen“ Klappeninsuffizienz beginnt es erst später, wenn die Papillarmuskeln dem Druck nicht mehr standhalten können. **Das systolische Geräusch** klingt weich und strahlt **zur linken Axillarlinie** aus. Der 1. Herzton erscheint abgeschwächt, und oft ist ein **3. Herzton** (0,12–0,14 Sekunden nach dem 2. Herzton) hörbar. Blutdruck und Pulsfrequenz verhalten sich in Ruhe und während leichter bis mittlerer Belastung normal.

Das **EKG** ist bei ausgeprägter Mitralinsuffizienz charakteristisch verändert. Die P-Zacken entsprechen denen der Mitralstenose, die QRS-Gruppe läßt die Zeichen einer Linkshypertrophie erkennen: ein hohes R in Ableitung I, V_4-V_6 und in aVL sowie ein tiefes S in III, V_1 und V_2. Die T-Zacken bleiben in V_4-V_6 lange Zeit positiv. Wenn im weiteren

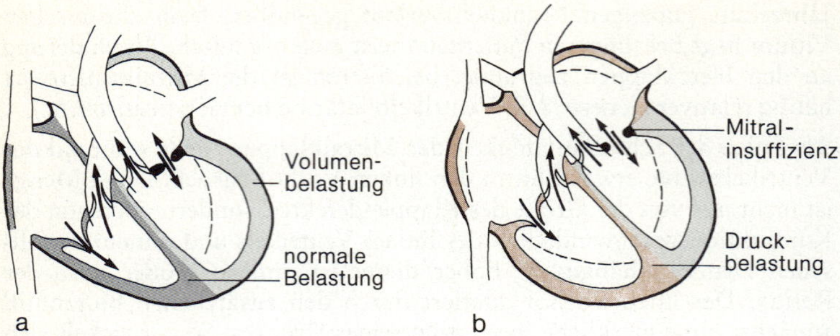

Abb. 42 a und b
Schematische Darstellung des Herzens mit Mitralinsuffizienz
a) Bei suffizientem linken und rechten Ventrikel. b) Bei Insuffizienz beider Ventrikel.
Braun: vermehrte Druckbelastung
Hellgrau: vermehrte Volumenbelastung

Verlauf eine Überlastung des rechten Herzens hinzutritt, wird der Stromverlauf in den Extremitätenableitungen wieder mehr normaltypisch, die Zeichen der Linksüberlastung in den Brustwandableitungen bleiben aber weiterhin erkennbar. Schließlich tritt Vorhofflimmern hinzu. Falls sich eine relative Trikuspidalinsuffizienz hinzugesellt, überwiegen im Extremitäten-EKG die Zeichen einer Rechtsüberlastung.

Das **Echokardiogramm** liefert bei der reinen Mitralinsuffizienz folgende indirekte Hinweise: Linker Vorhof und linker Ventrikel sind deutlich dilatiert, der rechte Ventrikel kann ebenfalls erweitert sein. Hypertrophie und Hyperkinesie von Septum und linksventrikulärer Hinterwand sind möglich. Eine akute bakterielle Mitralklappenendokarditis kann meist gut erkannt werden (Abb. 29). Deutlich sichtbar wird der Blutrückstrom in den linken Vorhof im (**Farb-**)**Doppler-Echo** (Abb. 44c [Farbtafel II]).

Der **Röntgenbefund** erlaubt in der Regel schon allein die Diagnose (Abb. 43 u. 44). Der linke Ventrikel ist vergrößert, ganz besonders auch der linke Vorhof. Beide weisen eine verstärkte entgegengesetzte Pulsation auf. Der Reflux bewirkt eine Ausdehnung des linken Vorhofs während der Ventrikelsystole, die sich am besten erkennen läßt, wenn man den Ösophagus durch einen Schluck Kontrastbrei darstellt. Dieser legt sich der Hinterwand des linken Vorhofs an und macht daher die Pulsationen des linken Vorhofes mit. Die Herzspitze erscheint ausgerundet. Oft werden Verkalkungen im Bereich der Mitralklappen erkennbar.

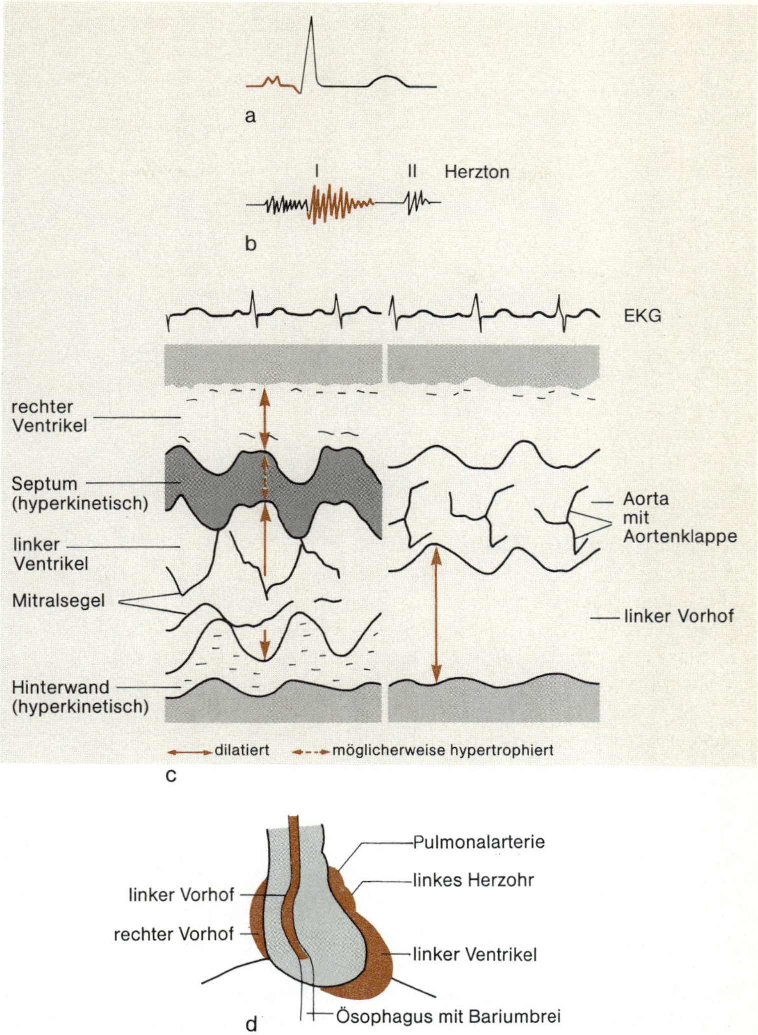

Abb. 43a–d Schematische Darstellung
a) EKG (Ableitung I, V_5 bzw. V_6), b) Phonokardiogramm, c) Echokardiogramm und d) Röntgenbild nach Bariumbreischluck bei Mitralinsuffizienz

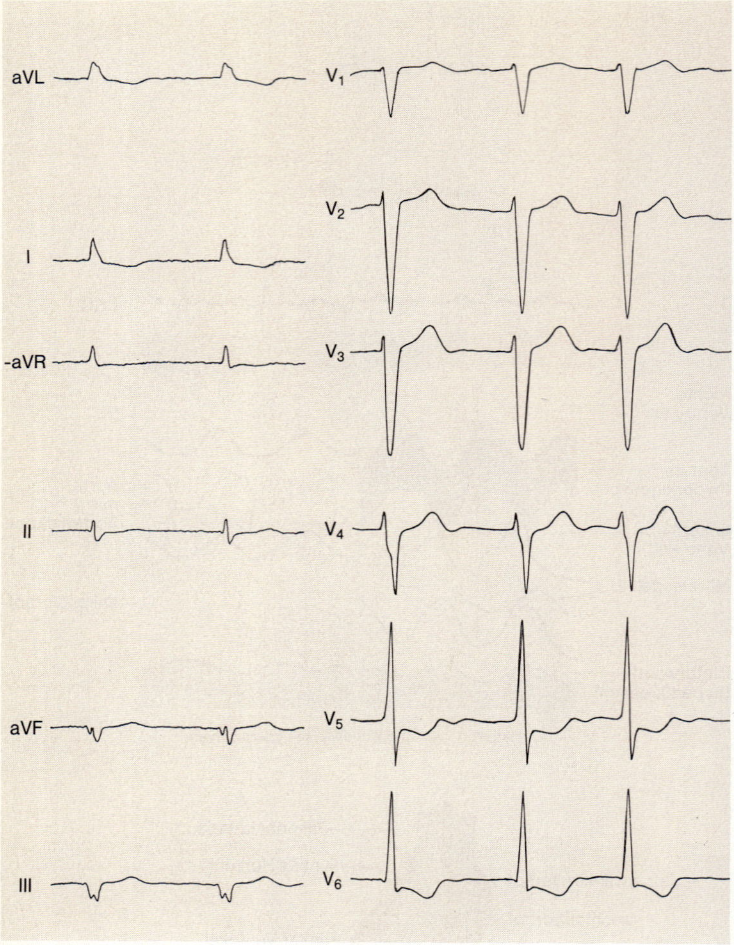

a

Abb. 44 Typisches Beispiel einer schweren Mitralinsuffizienz:
a) EKG: schwere Linksherzhypertrophie mit diskordanten T-Wellen, dazu Vorhofflimmern. b) Typisches mittel- bis hochfrequentes Systolikum über Erb und der Herzspitze. d) Röntgen-Thorax: Linkstypische Herzvergrößerung und dicke Pulmonalgefäße als Hinweis auf ausgeprägte pulmonale Stauung. e) Herzkatheter-Meßdaten. Eingetragen sind die Drücke (mmHg)
(Abb. 44c s. Farbtafel II)

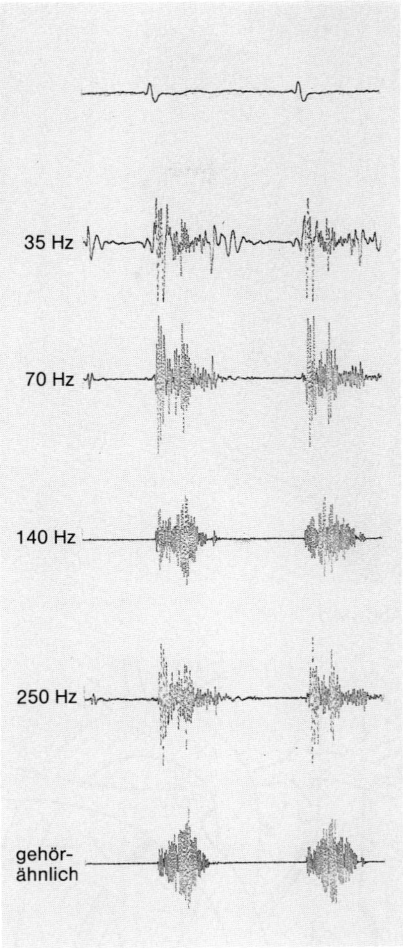

Abb. 44b

Bei der **Herzkatheteruntersuchung** findet man einen erhöhten Pulmonalkapillardruck als Ausdruck eines erhöhten linksatrialen Blutdruckes. Der Rückstrom in den linken Vorhof wird bei Kontrastmittelinjektion in den linken Ventrikel direkt nachweisbar. Im Rahmen der Herzkatheteruntersuchung ist bei reiner Mitralinsuffizienz ganz besonders die Darstellung der Herzkranzgefäße erforderlich, um ein Papillarmuskelsyndrom als Folge einer Koronarsklerose diagnostizieren zu können (s. S. 236).

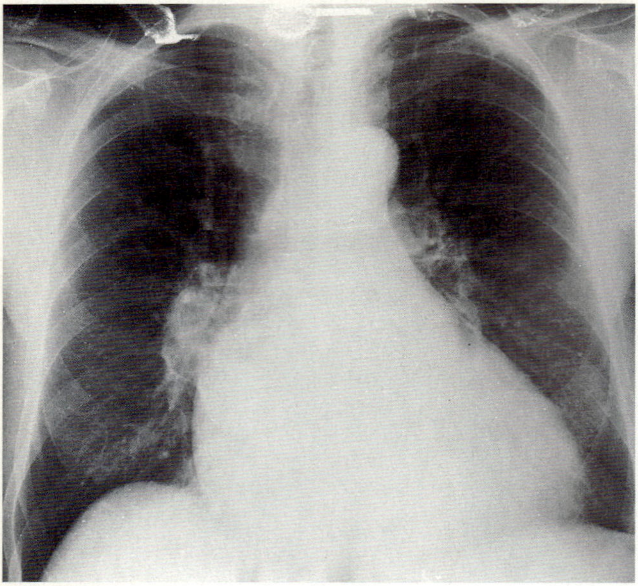

Abb. 44d

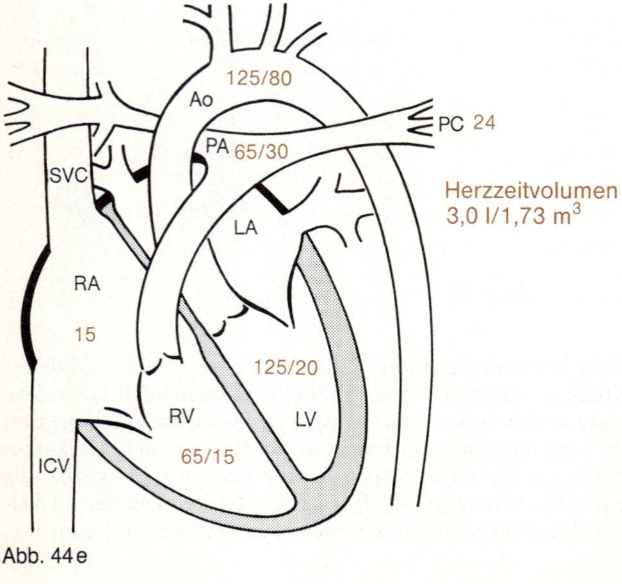

Abb. 44e

Ohne Klappenersatz entwickelt sich im **weiteren Verlauf** ein Cor bovinum mit den Zeichen eines chronischen Linksversagens. Ein Aszites ist meist das Zeichen, daß sich ein Rechtsversagen hinzugesellt hat. Viele Patienten halten sich dennoch ganz erstaunlich lange in einem erträglichen Zustand. Abb. 44 zeigt zusammenfassend die Originalbefunde eines Patienten mit schwerer operationsbedürftiger Mitralinsuffizienz.

Die auskultatorische **Differentialdiagnose** gegenüber einem kleinen Ventrikelseptumdefekt kann Schwierigkeiten bereiten. Das systolische Geräusch der Mitralinsuffizienz strahlt mehr zur Axillarlinie aus und hat oft musikalische Nebengeräusche, die Sehnenfadengeräusche genannt werden, während das des Ventrikelseptumdefektes seine lauteste Stelle links parasternal hat und lateralwärts die Herzgrenze nicht überschreitet. Letzteres hat auch mehr den Charakter eines Austreibungsgeräusches, es ist sehr hochfrequent und meist lautstärker. Diese beiden Kriterien weist auch die Aortenstenose auf, deren Geräusch ebenfalls in der Systole liegt, aber vom 1. Herzton abgesetzt ist und in die A. carotis fortgeleitet wird.

Der bei der Mitralinsuffizienz häufig hörbare 3. Herzton erweckt oft den Verdacht auf eine zusätzliche Mitralstenose. Das Phonokardiogramm zeigt aber, daß sein Abstand vom 2. Herzton größer als 0,12 s ist.

Schwierig kann trotz aller Untersuchungsergebnisse die Differentialdiagnose zwischen einer primär organischen oder sekundär relativen Mitralinsuffizienz sein. In beiden Fällen können eine starke Ventrikeldilatation und eine erhebliche pulmonale Drucksteigerung vorliegen. Die Entscheidung kann jedoch wesentliche therapeutische Konsequenzen haben (s. u.). Eine relative Mitralinsuffizienz, z. B. auf dem Boden einer dilatativen Myokardiopathie, sollte nicht operativ korrigiert werden, wohl aber ein schweres, klappenbedingtes Vitium.

Die **Therapie der akuten bakteriellen Mitralinsuffizienz** muß so lange wie möglich medikamentös sein (Antibiotika, Therapie der akuten Linksherzinsuffizienz [s. dort]), um das Risiko der Infektion der zu implantierenden Kunstklappe so gering wie möglich zu halten. Ist die Situation jedoch hämodynamisch nicht zu stabilisieren oder kommt es zu peripheren septischen Embolien, muß – wie bei akuten Mitralinsuffizienzen anderer Genese – ein notfallmäßiger Klappenersatz erfolgen.

Die Richtlinien zur **Therapie der chronischen Mitralinsuffizienz** ähneln denen, die bei der Behandlung der Mitralstenose angegeben wurden. Patienten mit **leichter Mitralinsuffizienz** bedürfen keiner Behandlung. Stärkere körperliche Belastungen sollen sie jedoch meiden. Bei Patienten mit **mittelschwerem Vitium** setzt die Therapie an mehreren Stellen an. Durch Diuretika, gegebenenfalls ergänzt durch Vorlast senkende Medikamente (Nitrate, Molsidomin) wird auf eine Reduktion der pulmonalen Stauung gezielt. In **schwereren Fällen** werden auch – wie bei der Therapie der Herzinsuffizienz geschildert – Digitalis und ACE-Hemmer verordnet. Schließlich wird so lange wie möglich das Erhalten eines Sinusrhythmus angestrebt (s. Kapitel Mitralstenose). Falls ein Sinusrhythmus nicht zu erhalten ist, muß durch Belastungsuntersuchungen und ggf. durch ein Langzeit-EKG überprüft werden, ob das Vorhofflimmern mit einem normofrequenten Herzschlag einhergeht. Anderenfalls wird die Gabe eines verapamilartigen Calciumantagonisten erforderlich (näheres s. Kapitel Mitralstenose). Auch schwere Mitralinsuffizienzen mit erheblicher Dilatation des linken Vorhofs sowie Vorhofflimmern stellen *keine Indikation zur Antikoagulation* dar; die regurgitationsbedingten Turbulenzen im linken Vorhof verhindern das Entstehen von Thromben.

Grundsätzlich soll im Stadium 3 (Beschwerden bei alltäglichen Belastungen) und immer, wenn es einmal zur kardialen Dekompensation gekommen ist, eine operative Korrektur des Vitiums angestrebt werden. Bei reiner Mitralinsuffizienz kann nicht selten eine **klappenerhaltende Operation** durchgeführt werden. Anderenfalls ist ein **Klappenersatz** erforderlich. Wie bei der Mitralstenose wird auch bei der Mitralinsuffizienz nach einem operativen Eingriff die normale körperliche Leistungsfähigkeit in der Regel nicht voll erreicht. Ein Rhythmisierungsversuch (medikamentös oder elektrisch) ist, wenn das Vorhofflimmern weniger als 12 Monate bestanden hat und die Größe des linken Vorhofs unter 5,5 cm liegt, nach einigen Wochen gerechtfertigt. Wie bei Patienten mit operierter Mitralstenose ist auch bei Patienten mit operierter Mitralinsuffizienz eine Endokarditisprophylaxe (s. S. 97) notwendig.

Die **Prognose** ist bei der reinen Mitralinsuffizienz im allgemeinen besser als bei den anderen Vitien. Entscheidend ist, daß schwere Belastungen und Komplikationen vermieden werden, und daß im höheren Lebensalter keine stenosierende Koronarsklerose die Reservekräfte des Herzens vermindert.

Mitralklappenprolapssyndrom

Das Mitralklappenprolapssyndrom stellt eine Sonderform der Mitralinsuffizienz dar. In 4–6% der Bevölkerung, häufiger bei Frauen als bei Männern, besonders wenn der Thorax flach ist, wölben sich die Mitralsegel während der Ventrikelsystole in den linken Vorhof vor und können so in schweren Fällen eine Mitralinsuffizienz zur Folge haben. Die große Mehrheit der Patienten ist **beschwerdefrei.** Gelegentlich wird über Herzklopfen, Herzschmerzen oder Herzrhythmusstörungen geklagt. Letztere können zum Kollaps führen. Zentrale Störungen, die auf Mikroembolien zurückgeführt werden können, sind extrem selten. Das

Vorwölben der Mitralsegel äußert sich **auskultatorisch** als mittelsystolischer Klick, die Insuffizienz als mittel- bis spätsystolisches Geräusch medial der Herzspitze.

Im **EKG** werden gelegentlich Veränderungen von T sowie QT-Verlängerungen gefunden und auf den verstärkten Zug der Papillarmuskeln zurückgeführt. Das **Echokardiogramm** läßt in der Systole eine typische „Hängematte" einer oder beider Mitralklappen erkennen (Abb. 45). Im typischen Fall sind die Mitralklappen verdickt. **Ein Mitralklappenprolapssyndrom darf jedoch nicht allein aufgrund des echokardiographischen Nachweises des Verwölbens der Mitralsegel diagnostiziert werden.** Vielmehr ist der zusätzliche auskultatorische Nachweis eines **Klicks und Mitralinsuffizienzgeräusches** bzw. eines entsprechenden Doppler-Signals erforderlich.

Die **Prognose** ist gut, nur in den seltenen Fällen mit ausgeprägten Herzrhythmusstörungen oder einer hämodynamisch bedeutenden Mitralinsuffizienz ist sie schwer einzuschätzen. In den meisten Fällen ist eine **medikamentöse Therapie** nicht erforderlich. Bei Rhythmusstörungen haben sich Calciumantagonisten vom Verapamiltyp und nichtkardiospezifische Betablocker wie Propranolol (z. B. Dociton 3 × 20–40 mg) bewährt. Bei starker subjektiver Beeinträchtigung kommen zusätzlich auch Antiarrhythmika in Frage.

Bei Patienten mit Mitralklappenprolapssyndrom und systolischem Geräusch sollte eine Endokarditisprophylaxe erfolgen, um das Risiko einer bakteriellen Endokarditis gering zu halten (s. S. 97).

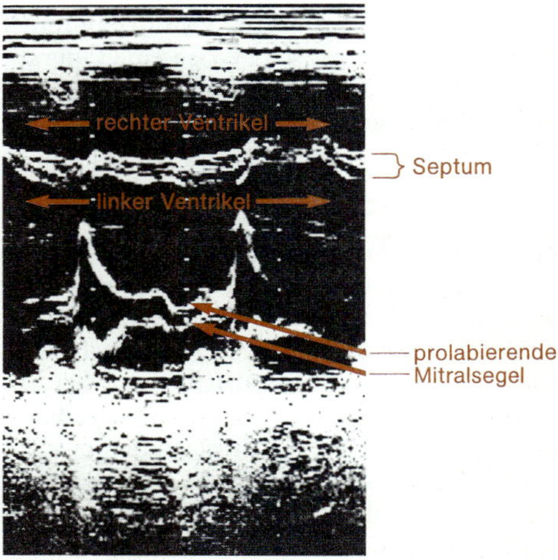

Abb. 45 M-mode-Echokardiogramm mit Mitralklappenprolaps bei einem 14jährigen Mädchen mit rezidivierendem Vorhofflimmern und schwerer Mitralinsuffizienz. Die „hängemattenartige" Wölbung der Mitralklappen in Richtung Hinterwand ist sichtbar. Die nuklearmedizinisch bestimmte Regurgitationsfraktion betrug 64%

Kombinierte Mitralvitien

Die Mitralstenose ist häufig mit einer Mitralinsuffizienz verbunden, die Mitralinsuffizienz fast immer mit einer Stenose. Je nachdem, welcher Fehler überwiegt, treten mehr Beschwerden wie Herzklopfen (Mitralinsuffizienz) oder Atemnot (Mitralstenose) in den Vordergrund. Ein hebender Herzspitzenstoß schließt eine vorwiegende Stenose aus! Ein Rückschluß aus der Lautstärke der einzelnen Geräusche auf das Vorwiegen eines Vitiums ist nur sehr bedingt möglich. Man kann nur sagen, wenn die Geräusche einer Stenose sehr laut sind, der 2. Pulmonalton stark akzentuiert ist und das systolische Geräusch zurücktritt, überwiegt die Stenose. Umgekehrt läßt die Lautstärke des systolischen Geräusches nicht auf das Ausmaß der Insuffizienz schließen. Die Zeichen einer krankhaften Linkshypertrophie im EKG schließen eine vorwiegende Mitralstenose aus. Auch die Echokardiographie kann entscheidend zur Differentialdiagnose beitragen. Große Bedeutung hat für die Entscheidung schließlich die Röntgenuntersuchung. Der linke Vorhof erscheint bei der Mitralstenose zwar deutlich vergrößert, doch nicht so stark wie bei der Insuffizienz. Die linke Kammer ist bei der Mitralstenose klein, dagegen bei der Insuffizienz vergrößert und pulsiert verstärkt. Die Pulsationen der Aorta sind dagegen normal.

Die Entscheidung, welches Vitium überwiegt, hat klinische Bedeutung. Bei der vorwiegenden Mitralstenose ist häufig eine Embolieprophylaxe angezeigt, Vasodilatatoren sind hingegen wegen verstärkter Kollapsgefahr nicht indiziert, während sie bei überwiegender Mitralinsuffizienz günstig wirken und die Emboliegefahr gering ist.

Die **Differentialdiagnose** kann gegenüber dem Vorhofseptumdefekt Schwierigkeiten bereiten (s. S. 181f). Man sollte stets an diese Möglichkeit denken, da bei einem Vorhofseptumdefekt in den meisten Fällen auch bei geringen Beschwerden eine Operation angezeigt ist. Die Echokardiographie und eine Röntgenuntersuchung bringen in der Regel die differentialdiagnostische Klärung.

Aortenstenose

Bei der Aortenstenose liegt ein valvuläres (80%), subvalvuläres (15%) oder supravalvuläres (5%) Hindernis in der Ausflußbahn des linken Ventrikels. Die Mehrzahl der Aorten*klappen*stenosen beruht auf kongenitalen Klappenanomalien oder erworbenen degenerativen Klappenveränderungen. Die rheumatische Endokarditis ist heute in den Hintergrund getreten. Die Stenose ist leichtgradig, wenn die Klappenöffnungsfläche noch über 1,0 cm^2 liegt; in mäßig schweren Fällen erreicht sie nur einen Wert zwischen 0,7 und 1 cm^2, in schweren liegt sie unter 0,7 cm^2. Hier kann an der erkrankten Klappe ein Druckgradient von über 100 mmHg entstehen. Der hohe intraventrikuläre Druck führt zu einer konzentrischen Muskelhypertrophie. Wenn das Myokard im Laufe der Zeit nicht mehr ausreichend mit Blut versorgt wird, geht diese schließlich in eine exzentrische Hypertrophie über (Abb. 46).

Das **klinische Bild** ist gekennzeichnet durch ein relativ kleines Minutenvolumen, das sich bei Belastung nicht genügend vergrößert, einem niedrigen Blutdruck mit kleiner Amplitude, der Neigung zu Herzrhythmusstörungen und im Stadium der muskulären Insuffizienz durch eine Lungenstauung. Eine Minderdurchblutung der Koronararterien löst eine Angina-pectoris-Symptomatik aus.

Jüngere Personen haben erstaunlich wenig Beschwerden. Nach erschöpfender körperlicher Belastung weisen ein Kollaps oder eine Lungenstauung erstmalig auf das Vitium hin. Die Minderdurchblutung des Gehirns steht sonst gewöhnlich im Vordergrund der Beschwerden. Sie kann zu Schwindel und typischen synkopalen Anfällen bei körperlicher Anstrengung führen. Bei anderen Kranken überwiegen pektanginöse Beschwerden. Sie sind durch den niedrigen mittleren Aortendruck, somit auch geringeren Koronarperfusionsdruck, und den überhöhten Sauerstoffbedarf des linken Ventrikels bedingt. Hinzu kommen oft gefährliche Herzrhythmusstörungen.

Bei Patienten mit schwerer Aortenklappenstenose entsteht eine Belastungs- oder Ruhedyspnoe nicht nur durch eine zunehmende Einschränkung des Herzminutenvolumens, sondern darüber hinaus nicht selten auch durch eine sich hinzugesellende Anämie, die ihre Ursache in einer mechanischen Zerstörung der Erythrozyten bei der Passage der Stenose hat.

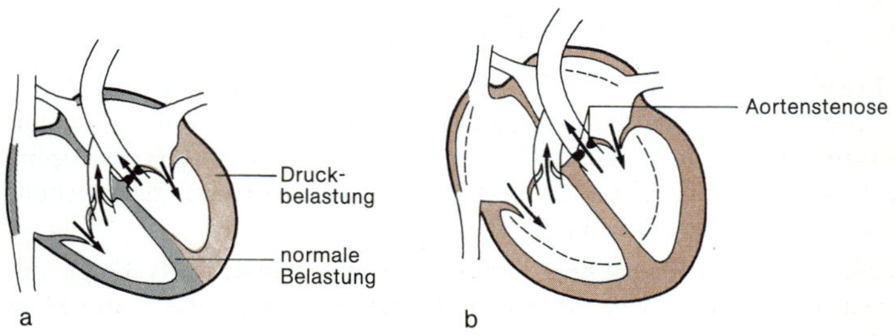

Abb. 46 a und b Schematische Darstellung des Herzens bei Aortenstenose a) mit suffizientem rechten und linken Ventrikel, b) bei Insuffizienz beider Ventrikel („Mitralisation").
Grau: normale Belastung
Braun: vermehrte Druckbelastung

Die **klinischen Befunde** sind so typisch, daß die Diagnose nicht schwerfällt. Der Puls erscheint wenig frequent (rarus), leicht unterdrückbar (parvus) und träge ansteigend (tardus). Die Blutdruckmessung trägt ebenfalls zur Diagnose bei, der systolische Wert liegt niedrig, der diastolische dagegen normal oder leicht erhöht. Die Blutdruckamplitude ist daher klein und wird auch während und nach Belastung nicht wesentlich größer. **Auskultatorisch** imponiert ein lautes systolisches Geräusch mit Punctum maximum über der Aorta (Abb. 47 u. 48). Es handelt sich um ein typisches Austreibungsgeräusch, vom 1. Herzton abgesetzt, mit **systolischem Crescendo – Decrescendo** (spindelförmig). Man empfindet es als zischend oder fauchend. Wenn es sehr laut ist, läßt es sich auch mit der aufgelegten Hand tasten. Es wird in beide Karotiden fortgeleitet. Gleichzeitig wird der 2. Herzton leiser. Die Lautstärke des Geräusches geht nicht mit der Stärke der Stenose parallel. So können selbst bei lautstarkem Geräusch Beschwerden fehlen, umgekehrt ist ein typischer Auskultationsbefund bei dekompensierter Aortenstenose (durch das stark herabgesetzte Herzminutenvolumen) gelegentlich nicht zu erheben.

Das **EKG** ist linkstypisch und zeigt in schwereren Fällen eine Linksherzhypertrophie. Veränderungen der P-Zacke weisen auf eine Insuffizienz der linken Herzkammer oder auf das gleichzeitige Bestehen eines Mitralvitiums hin.

Mit **Belastungstests** muß man bei Patienten mit Aortenstenosen sehr **zurückhaltend** sein. Es empfiehlt sich nicht, bis zur Vita maxima zu steigern, denn es besteht die Gefahr, daß schwer beeinflußbare Herzrhythmusstörungen oder ein Blutdruckabfall auftreten.

Hilfreich ist die **Pulskurve** der A. carotis. Sie läßt einen trägen (Halbgipfelzeit über 0,06 s), von einer oder mehreren Stufen unterbrochenen Anstieg erkennen, dem sich die Schwingungen des Geräusches aufpfropfen. So entsteht die typische **Hahnenkammkurve** (Abb. 47 u. 48).

Im **Echokardiogramm** finden sich Bewegungseinschränkungen und Verdickungen der Aortenklappen, besonders deutlich bei zweidimensionaler Darstellung. Hinzu kommt meist eine konzentrische Hypertrophie der linken Kammer. Eine Quantifizierung der Aortenklappenstenose gelingt mit der Dopplertechnik.

Der **Röntgenbefund** erscheint anfangs wenig typisch. Als Folge der konzentrischen Hypertrophie ist die Herzspitze ausgerundet, das Herz im ganzen aber nicht vergrößert. Erst durch ein Versagen der linken Herzkammer entwickelt sich das typisch vergrößerte Aorten- oder „Schuh"-Herz. Eine Vergrößerung des linken Vorhofes zeigt an, daß die linke Kammer zumindest zeitweise versagt oder daß gleichzeitig ein Mitralfehler vorliegt. In diesen Fällen kommen deutliche Zeichen der Lungenstauung hinzu. Die Aorta ascendens ist oft ausgeweitet (poststе-

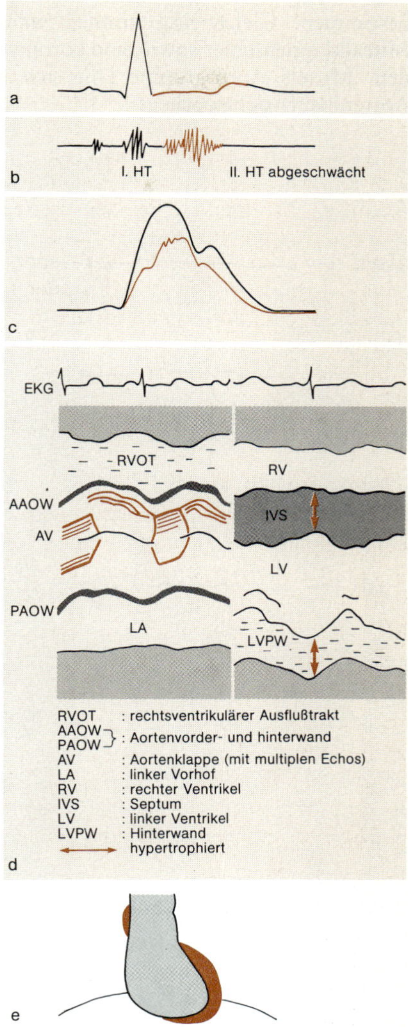

Abb. 47a–e Schematische Darstellung: a) EKG (Linksherzhypertrophie), b) Phonokardiogramm (HT = Herzton), c) Karotispulskurve (typischer Hahnenkamm), d) Echokardiogramm, e) röntgenologische Herzkonfiguration bei Aortenstenose

notische Dilatation) und pulsiert verstärkt. Bei älteren Patienten lassen sich Verkalkungen im Bereich der Aortenklappe nachweisen.

Bei der **Herzkatheteruntersuchung** läßt sich der für die Therapiewahl entscheidende Druckgradient zwischen linkem Ventrikel und Aorta bestimmen. Gleichzeitig können während dieser Untersuchung ein Mitralklappenfehler sowie eine koronare Herzerkrankung erkannt werden. Mittels Aortographie läßt sich feststellen, ob eine begleitende Aorteninsuffizienz vorliegt.

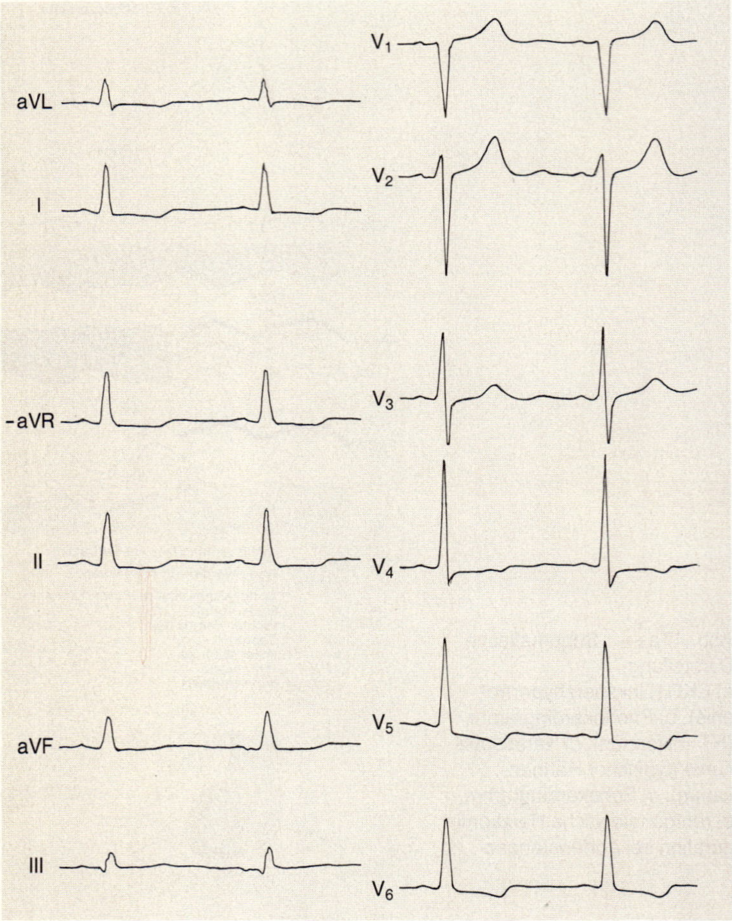

Abb. 48 Typisches Beispiel einer mäßig schweren Aortenstenose.
a) EKG: deutlich erkennbar ist die Linksherzhypertrophie mit diskordanten T-Wellen linkspräkordial und einem Sokolow-Lyon-Index von 4,2 mV. b) Phonokardiogramm und Karotispulskurve mit typischem Hahnenkamm. c) Herzkatheter-Meßdaten dieses Patienten. Eingetragen sind die Drücke (mmHg)

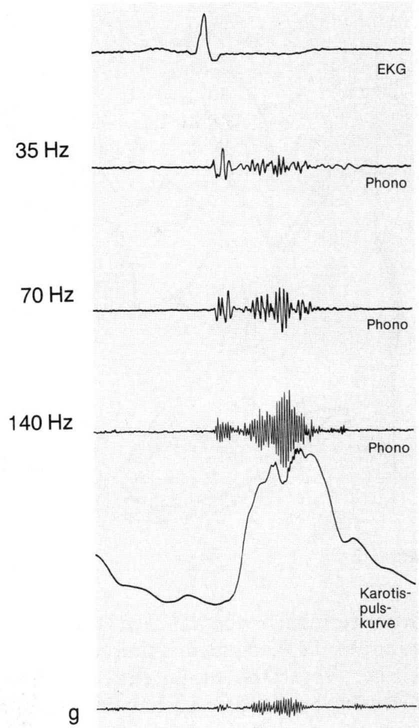

Abb. 48b

Abb. 48 zeigt zusammenfassend Originalbefunde eines Patienten mit mittelschwerer Aortenstenose.

Im **Verlauf** einer Aortenstenose wird nicht selten ein hohes Alter erreicht. Wenn der linke Ventrikel aber einmal versagt, und dies kann auch schon in jungen Jahren geschehen, sind die Kompensationsmöglichkeiten des Herzens gering. Es bildet sich bald ein globales Herzversagen aus. Die akute Insuffizienz des linken Ventrikels führt zum raschen Druckanstieg im Lungenkreislauf und kann ein Asthma cardiale oder ein Lungenödem auslösen. Der Tod tritt häufig unter den Zeichen einer akuten Linksherzinsuffizienz oder als Folge von Rhythmusstörungen ein.

Die **Differentialdiagnose** muß gegenüber anderen Vitien mit einem lauten systolischen Geräusch getroffen werden. Hier kommt in erster Linie die Pulmonalstenose in Frage. Das Punctum maximum liegt bei ihr aber links neben dem Sternum, das EKG ist rechtstypisch und die Lungenfelder erscheinen röntgenologisch hell. Das Eisenmenger-Syn-

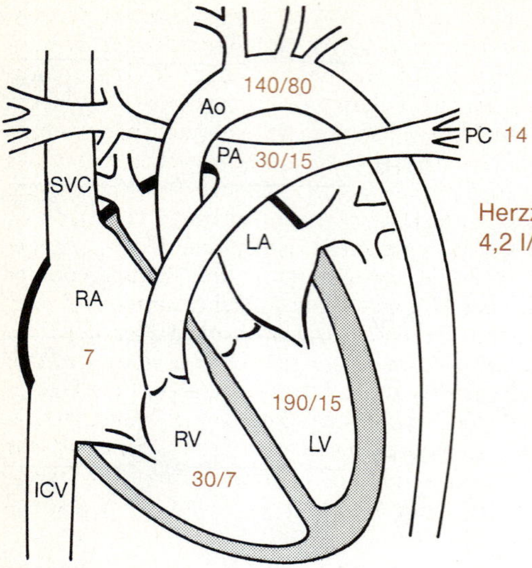

Abb. 48c

drom verursacht ebenfalls ein lautes systolisches Geräusch, es wird aber kaum in die Karotiden weitergeleitet, die Lungengefäße sind weit. Ein kleiner Ventrikelseptumdefekt (Morbus Roger) kommt ebenfalls in Betracht. Sein Geräusch hat den lautesten Punkt gleichfalls links vom Sternum, doch tiefer (in Höhe des 3.–4. Interkostalraumes). Es fehlt auch die typische Verkleinerung der Blutdruckamplitude. Schließlich muß die hypertroph-obstruktive Myokardiopathie abgegrenzt werden, wobei die Unterscheidung zur Aortenstenose nichtinvasiv mittels Karotispulskurve und Echokardiogramm zu erzielen ist (s. S. 106f).

Die **Therapie** der Aortenstenose richtet sich nach der Schwere der Erkrankung. Patienten mit **leichter Aortenstenose** (NYHA-Stadium 1) bedürfen keiner speziellen Therapie; große körperliche Anstrengungen (z. B. 10 km Jogging, Bergsteigen) sollen sie jedoch vermeiden. Auch bei Patienten mit **mäßig schwerer Aortenstenose** (NYHA-Stadium 2) ist eine medikamentöse Therapie meist nicht angezeigt. Da das Herz nicht geschwächt ist, werden Digitalis und Diuretika nicht benötigt. Ebenso sind Vorlastsenker (Nitrate) nicht erforderlich. Nachlastsenker sind bei Patienten mit Aortenstenose kontraindiziert. Die Patienten können sich alltäglichen Belastungen aussetzen, sie dürfen jedoch nicht bis an die Grenze gehen, bei der Dyspnoe oder Brustschmerzen auftreten. Bei Patienten mit **schwerer Aortenstenose** (NYHA-Stadium 3) besteht aus kardiologischer Sicht die Indikation zum operativen Eingriff. Medikamente dienen nur zur entsprechenden Vorbereitung. Bestehen Zeichen einer Herzinsuffizienz, so kommen Digitalis und Diuretika zur Anwendung. Zur Vorlastsenkung können auch Nitrate oder Molsidomin in niedriger Dosis eingesetzt werden (z. B. initial versuchsweise 5 mg Isoket oder 2 mg Corvaton). Da diese Substanzen jedoch auch nachlastsenkend wirken – und Nachlastsenker sind bei Aortenstenosen wegen des Auslösens schwerer Blutdruckabfälle kontraindiziert – muß der Einsatz mit großer Vorsicht erfolgen. Bestehen Herzrhythmusstörungen, so ist nach entsprechender Abwägung eine antiarrhythmische Therapie angezeigt (näheres s. S. 250 ff). Der **Klappenersatz** ist, unabhängig von der klinischen Symptomatik bei Klappenöffnungsfläche, unter 0,7 cm^2 angezeigt. Bei kompensierten Patienten liegt in diesen Fällen der Gradient über 60 mmHg, bei dekompensierter Aortenstenose kann er aufgrund des niedrigen Herzzeitvolumens darunter liegen. Eine Operation sollte auch bei entsprechender klinischer Symptomatik und nachgewiesenem hämodynamisch relevantem Vitium erfolgen (Öffnungsfläche unter 1 cm^2). Bei dekompensiertem Vitium (NYHA 4) ist das Operationsrisiko stark erhöht, so daß eine Operation nicht mehr generell empfohlen werden kann.

Die Operationssterblichkeit liegt bei Patienten in stabilem Zustand unter 5%. Nach der Operation bleibt die Belastbarkeit der Patienten nicht selten eingeschränkt. Dies hat seine Ursache darin, daß die künstliche Klappe der Entleerung des linken Ventrikels ein größeres Hindernis entgegensetzt als die natürliche (Reststenose mit einem Druckgradienten von 20–40 mmHg), und daß das Myokard meist schon vorgeschädigt ist.

Als palliativer Eingriff ist bei inoperablen, hochsymptomatischen Patienten die Sprengung der Aortenklappenstenose mittels Ballonkatheter erprobt worden. Die Gefahr besteht hierbei im Absprengen von Klappenmaterial, einem baldigen Rezidiv, sowie in einer Perforation des linken Ventrikels während des Eingriffs. Aorteninsuffizienzen werden seltener beobachtet. Langzeitergebnisse sind mit einer relativ hohen Letalität belastet.

Lehnt der Patient eine Operation ab oder ist er aufgrund einer schwersten Herzinsuffizienz inoperabel, so bleibt nur die konservative Therapie des Herzversagens, wie sie auf S. 59 ff beschrieben wurde. Vorlastsenkende Medikamente können dabei vorsichtig eingesetzt werden, da sie zu einer Reduktion der Lungenstauung führen. Zurückhaltung ist demgegenüber mit Nachlastsenkern angebracht. Sie können zum Schock führen, da aufgrund der Aortenstenose eine adäquate Steigerung des Herzzeitvolumens unter Umständen nicht möglich ist.

Die **Prognose** der Aortenstenose ist bei konservativer Behandlung schlecht, wenn Synkopen, Angina pectoris oder Dyspnoe auftreten. Die Lebenserwartung beträgt nach Einsetzen der Herzinsuffizienz durchschnittlich 2 Jahre, nach Synkopen noch 3 Jahre und nach Beginn einer Angina pectoris maximal 5 Jahre. Wie bei allen anderen Herzklappenfehlern ist die Endokarditisprophylaxe angezeigt (S. 97).

Aorteninsuffizienz

Die Ursachen einer Aortenklappeninsuffizienz sind in Tab. 43 zusammengefaßt.

Bei der akuten Aorteninsuffizienz stehen akute bakterielle Endokarditiden, bei chronischem Vitium degenerative Klappenveränderungen im Vordergrund. Die chronische Aorteninsuffizienz befällt Männer und Frauen im Verhältnis 3:1.

Durch den Defekt strömt während der Ventrikeldiastole Blut aus der Aorta in die linke Kammer zurück. Dieses Pendelblut muß bei der nächsten Systole zusätzlich zum normalen Schlagvolumen befördert werden. So kommt es zu einer Volumenüberbelastung des linken Ventrikels. Diese gibt Anlaß zu einer Anpassungsvergrößerung, auch wenn noch keine muskuläre Insuffizienz besteht. Falls der linke Ventrikel versagt, wird der linke Vorhof vermehrt druck- und volumenbelastet (relative Mitralinsuffizienz) und anschließend auch das rechte Herz (Abb. 49). So resultiert im Endzustand eine allgemeine Herzvergrößerung, ein sogenanntes Cor bovinum.

Die **akute Aorteninsuffizienz** ist oft ein lebensbedrohliches Krankheitsbild. Zugrunde liegt meist eine akute bakterielle Zerstörung der Klappen mit folgender massiver Volumenbelastung des linken Ventrikels (Abb. 30). Da dieser an die Regurgitation nicht angepaßt ist, kommt es rasch zum Linksherzversagen, Lungenödem und Schock. Eine mögliche schwerwiegende Komplikation ist die Perforation einer Aortenklappen-

Tabelle 43 Ursachen einer Aorteninsuffizienz

Akute Aorteninsuffizienz
akute Endokarditis
Trauma
dissezierendes Aortenaneurysma
Chronische Aorteninsuffizienz
myxomatöse Klappendegeneration, u. a. bei angeborenen Bindegewebserkrankungen
kongenitale Klappenanomalien
Folgezustand nach bakterieller oder rheumatischer Endokarditis
arterielle Hypertonie mit Dilatation des Klappenrings
Lues
Kollagenosen

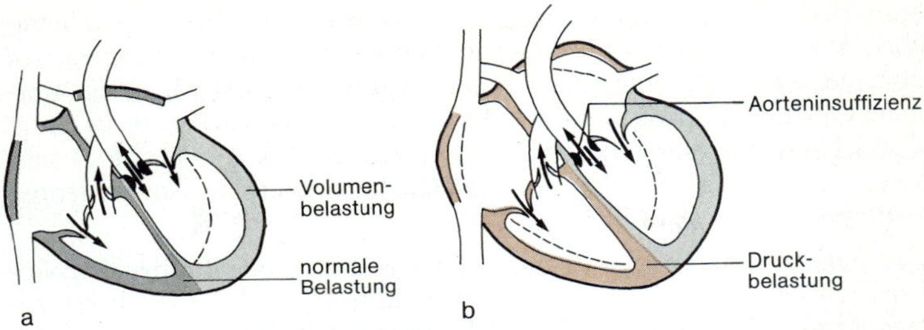

Abb. 49a und b Schematische Darstellung des Herzens bei Aorteninsuffizienz.
a) Mit suffizientem rechten und linkem Ventrikel, b) bei Insuffizienz beider Ventrikel.
Braun: vermehrt druckbelastet, hellgrau: vermehrt volumenbelastet

Tasche in den rechten Ventrikel (Sinus-Valsalva-Aneurysma), so daß zu der akuten Linksherzbelastung durch die Aorteninsuffizienz auch noch ein akuter Links-rechts-Shunt entsteht. Eine notfallmäßige Operation ist oft unumgänglich.

Weit häufiger ist die **chronische Aorteninsuffizienz.** Die **klinischen Erscheinungen** sind Folge des vergrößerten Schlagvolumens und später zusätzlich der Linksinsuffizienz des Herzens. Der Kranke fühlt sein Herz schon in Ruhe klopfen. Seine körperliche Leistungsfähigkeit bleibt oft noch lange Zeit gut, denn der linke Ventrikel verfügt über erhebliche Reservekräfte, besonders wenn sich das Vitium langsam entwickelt und wenn der Patient noch jung ist. Typisch ist dann jedoch das Auftreten von Dyspnoe. Im höheren Alter tritt oft eine Angina pectoris hinzu, da die Durchblutung der Koronararterien infolge des niedrigen diastolischen Aortendrucks herabgesetzt und die Koronarreserve eingeschränkt ist.

Die Diagnose „Aorteninsuffizienz" kann oft schon bei der **Inspektion** gestellt werden. Der Patient weist ein gerötetes Gesicht auf, die Halsschlagadern pulsieren verstärkt, ebenso sieht man den nach links und unten verlagerten Herzspitzenstoß. Das Bild hat Ähnlichkeit mit einer Hyperthyreose. Über der **Auskultations**stelle der Aorta (2. ICR rechts parasternal), oft lauter noch über dem Sternum selbst oder zur Herzspitze hin, findet sich ein **Diastolikum,** das sich unmittelbar an den 2. Herzton anschließt (Abb. 50 u. 51). Es hat gießenden Charakter und ist nicht selten so hochfrequent, daß es bei rascher Auskultation der Aufmerksamkeit entgeht. Wichtig ist, daß man über ein Schlauchstethoskop verfügt, das hohe Schwingungen gut überträgt. Gelegentlich ist das Diastolikum so kräftig, daß es über dem Sternum mit der flachen Hand getastet werden kann. Nach körperlicher Belastung, im Sitzen und besonders in Exspirationsstellung wird es deutlicher. Bei einer erheblichen Aorteninsuffizienz hört man ein systolisches Austreibungsgeräusch über der Aorta als Folge einer relativen Aortenstenose, denn das normale Ostium ist für das erhöhte Durchflußvolumen zu eng, es sei denn, das Schlagvolumen ist durch ein Versagen des linken Ventrikels sehr klein. Es kann aber auch eine zusätzliche organische Aortenstenose vorliegen.

Der Puls ist schnellend und stark (celer et altus), der Blutdruck systolisch erhöht (Folge des großen Schlagvolumens) und diastlisch erniedrigt, da der Windkessel durch den Klappendefekt ein Loch hat. Infolge der vergrößerten Blutdruckamplitude pulsiert das Blut noch in den Kapillaren. Bei leichtem Druck auf das Nagelende wird der Kapillarpuls durch rhythmische Verschiebung der weißen Zone erkennbar. Über den peripheren Gefäßen ist als Folge des großen Schlagvolumens ein systolisches Geräusch hörbar, das auch als Doppelton erscheinen kann.

Nicht selten finden sich medial der Herzspitze zusätzlich die Geräusche einer Mitralstenose. Dies kann durch eine gleichzeitige rheumatische Veränderung der Mitralklappen bedingt sein, ebenso durch einen Galoppton bei Insuffizienz der linken Kammer oder aber auch „funktionell" als **Austin-Flint-Geräusch,** wenn das zurückströmende Blut das aortale Segel der Mitralklappe zurückdrängt. Bei letzterem fehlt der Mitralöffnungston. Die Lautstärke des Geräusches geht nicht parallel mit der Schwere der Aorteninsuffizienz, eher schon der diastolische Blutdruck. Bei der indirekten Messung findet sich in schweren Fällen ein diastolischer Wert von Null.

Das **EKG** weist die Zeichen einer Linksbelastung auf. Es finden sich überhöhte R-Zacken in Ableitung I, aVL, und V_4 bis V_6, S ist in V_2 und V_3 tief negativ. Die T-Zacken sind zu Beginn der Erkrankung und in leichteren Fällen hoch positiv, wobei ST leicht gehoben verläuft. Sonst findet man auch die typische Verlagerung von ST und T unter die Nullinie in den Ableitungen I, II und V_4 bis V_6 (Abb. 50 u. 51). Veränderungen der P-Zacken treten erst beim Versagen der linken und später auch der rechten Kammer hinzu.

Das **Phonokardiogramm** trägt zur Objektivierung bei; man beobachtet aber immer wieder Fälle, bei denen auch trotz optimaler Registriertechnik das Geräusch nicht oder nur fraglich dargestellt wird. Die **Pulskurve** der A. carotis ist in schweren Fällen durch das Fehlen einer Inzisur charakteristisch umgeformt.

Das **Echokardiogramm** weist die entsprechenden Veränderungen auf: Vergrößerung des linken Ventrikels und Dickenzunahme seiner Hinterwand. Das Echo der Mitralklappe und gelegentlich auch des Septums zeigen im Stadium der Klappenöffnung feine Flatterbewegungen. **Farb-Doppler-echokardiographisch** kann der diastolische Regurgitationsjet

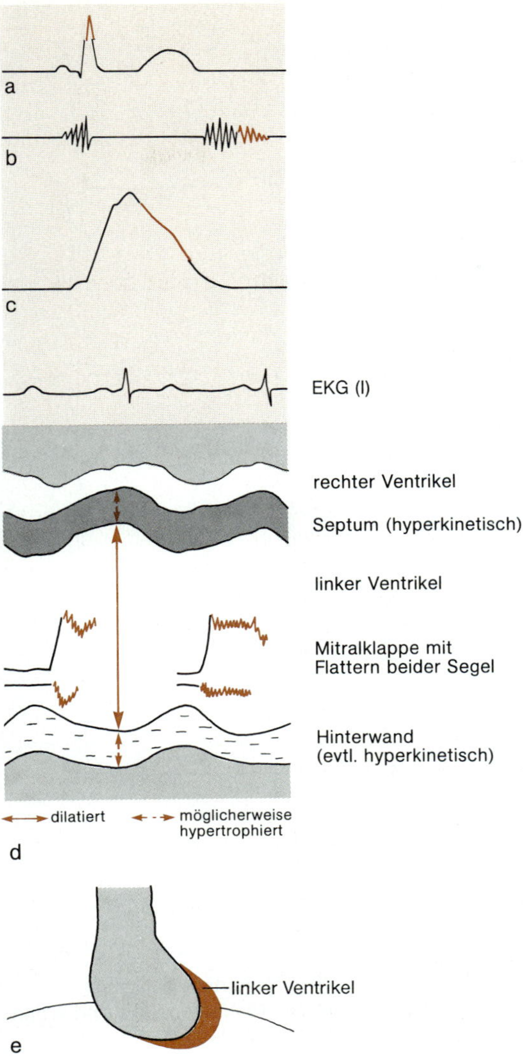

Abb. 50 a–e Schematische Darstellung:
a) EKG, Ableitung V_5, b) Phonokardiogramm, c) Karotispulskurve, d) Echokardiogramm, e) röntgenologische Herzkonfiguration bei Aorteninsuffizienz

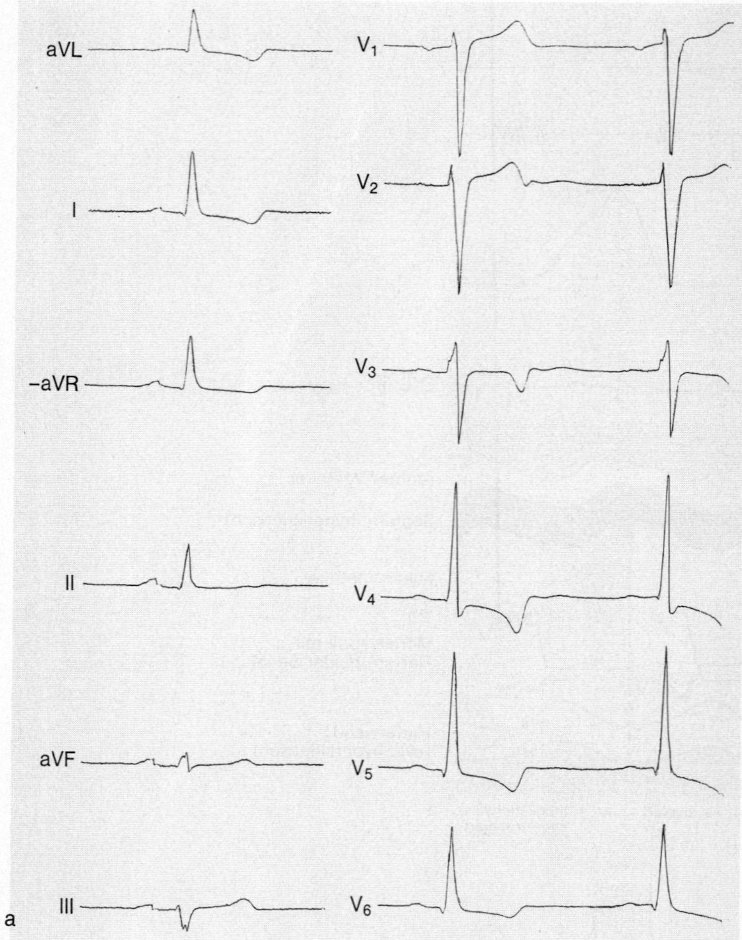

Abb. 51 a–g Beispiel eines Patienten mit schwerer Aorteninsuffizienz
a) EKG mit erheblicher Linksherzhypertrophie; die Kammerendteile sind in den linkspräkordialen Ableitungen bereits diskordant zu den R-Zacken
b) Im Phonokardiogramm ist gut das hochfrequente Diastolikum zu sehen, dazu leises systolisches Austreibungsgeräusch
c) die Karotispulskurve zeigt keine Inzisur
d) Im parasternalen Echokardiogramm ist gut die erhebliche Dilatation des linken Ventrikels zu erkennen
e) Farb-Doppler-echokardiographisch sieht man einen großen Regurgitationsstrom (rote Farbsäule) diastolisch in den linken Ventrikel zurückströmen (apikaler 2-Kammer-Blick) (Farbtafel III)

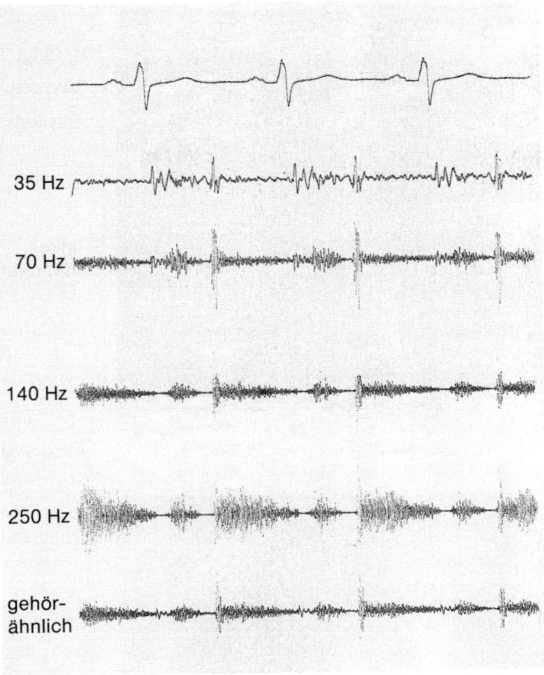

Abb. 51 b

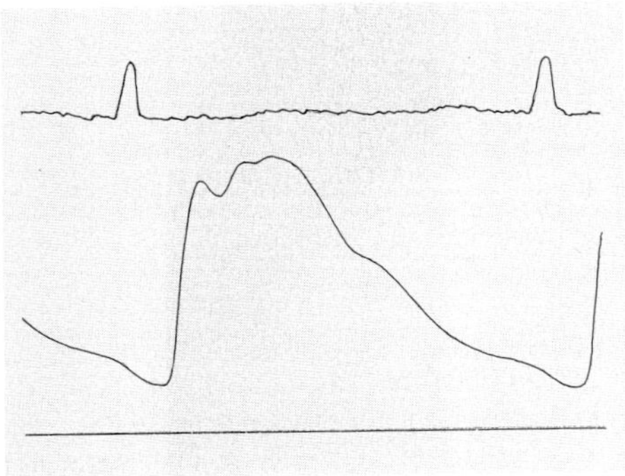

Abb. 51 c

f) Radiologisch zeigen sich die erhebliche Vergrößerung des Herzens, aber noch keine wesentlichen Stauungszeichen
g) Herzkatheter-Meßdaten; beachtenswert ist der niedrige diastolische Aortendruck (Drücke im mmHg schwarz eingetragen)

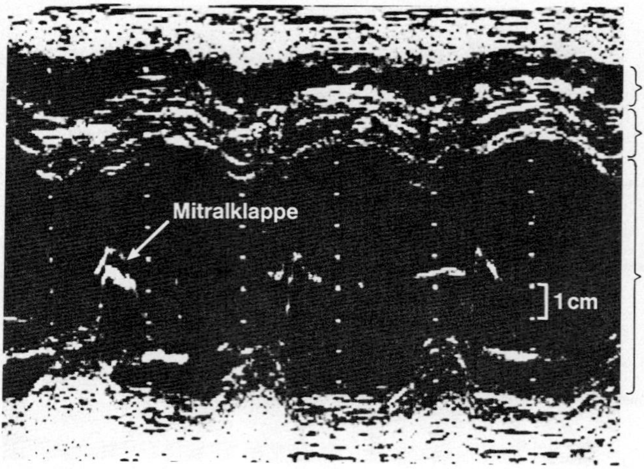

Abb. 51 d

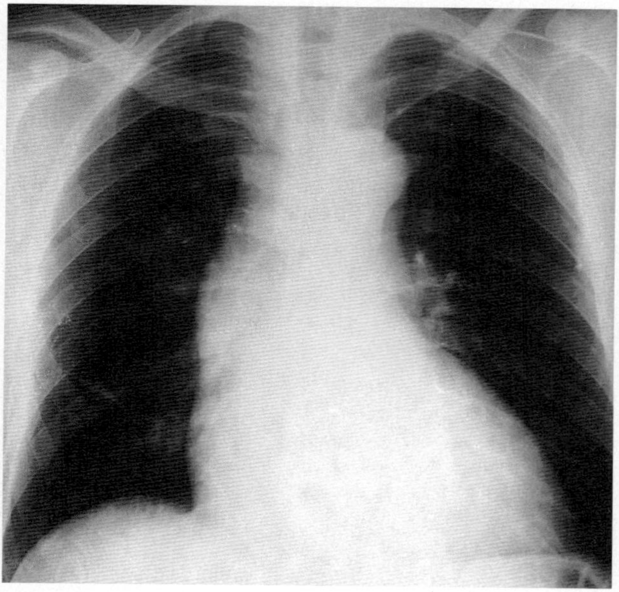

Abb. 51 f

direkt sichtbar gemacht werden. Aufgrund seiner Breite und Ausdehnung im Ventrikel ist eine Abschätzung der Schwere des Vitiums möglich (Abb. 51 und Farbtafel III).

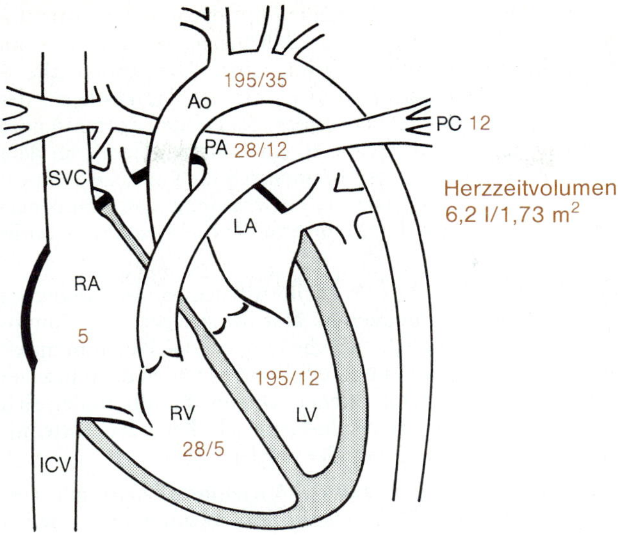

Abb. 51 g

Nuklearmedizinisch kann die Regurgitation und die linksventrikuläre Auswurffraktion quantifiziert werden, was besonders bei der Verlaufsbeurteilung des Vitiums von großer Bedeutung sein kann.

Das **Röntgenbild** trägt wesentlich zur Diagnose bei. Solange keine muskuläre Insuffizienz der linken Kammer vorliegt, bleibt der linke Vorhof normal. Ist das Vitium hämodynamisch bedeutsam, so stellt sich ein vergrößerter linker Ventrikel dar, der verstärkt pulsiert. Diese Pulsationen pflanzen sich in die Aorta fort. Auch im Endstadium, wenn das ganze Herz zu einem Cor bovinum vergrößert ist, vermißt man die verstärkten Pulsationen der Aorta nicht. Oft kann man Klappenverkalkungen erkennen. Bei der luischen Genese fällt eine besondere Erweiterung der Aorta ascendens als Folge der Mesoaortitis auf.

Bei der **Herzkatheteruntersuchung** kann man nach Injektion von Kontrastmittel in die Aorta ascendens direkt die Regurgitation in den linken Ventrikel nachweisen. Dazu sollten die Koronararterien dargestellt werden.

Der **Verlauf** ist über viele Jahre, oft Jahrzehnte stabil. Neben der Mitralinsuffizienz ist die Aorteninsuffizienz das Vitium, das am besten toleriert wird, besonders wenn es sich langsam entwickelt und in früher Jugend entsteht. Treten jedoch Zeichen der Herzinsuffizienz oder pektanginöse Beschwerden auf, so ist eine myokardiale Schädigung zumeist bereits eingetreten. Daher müssen Patienten mit chronischer Aorteninsuffizienz sorgfältig (d. h. anfangs in ca. 2jährlichen Abständen; wenn das Krankheitsbild progredient erscheint, unter Umständen alle 6 Monate) kardiologisch untersucht werden. Ziel ist das Festlegen des optimalen Operationszeitpunktes. Da anders als bei der Aortenstenose kein direkter Meßwert existiert (wie z. B. ein Druckgradient), ab dem eine klare Operationsindikation besteht und auch die klinische Symptomatik erheblich täuschen kann, muß die Entscheidung zum Klappenersatz unter Berücksichtigung vieler Meßwerte (Tab. 44) und des zeitlichen Verlaufs erfolgen.

Die **Differentialdiagnose** der reinen Aorteninsuffizienz ohne systolisches Geräusch bereitet keine Schwierigkeiten. Nur die seltene, reine Pulmonalinsuffizienz macht ähnliche Schallerscheinungen, das Punctum maximum liegt bei ihr aber über der Pulmonalis, und es fehlen die typischen Veränderungen des Pulses. Beim offenen Ductus Botalli findet sich zusätzlich ein endsystolisches Crescendo-Geräusch. Bei jeder Aorteninsuffizienz sollte nach einer Lues gefahndet werden.

Bezüglich der **Behandlung einer akuten Aorteninsuffizienz** gilt vergleichbares wie bei der akuten Mitralinsuffizienz. Wenn immer möglich versucht man, die hämodynamische Situation zu stabilisieren und die Infektion zu behandeln (s. Therapie der akuten Linksherzinsuffizienz; Antibiotika). Hierdurch wird das Risiko einer Endokarditis der zu implantierenden Kunstklappe möglichst gering gehalten. Kann die hämodynamische Situation nicht stabilisiert werden oder kommt es zu peripheren Embolien, ist ein Klappenersatz unumgänglich.

Tabelle 44 Beurteilungskriterien zu der Schwere einer Aortenklappeninsuffizienz

	leicht	mäßig schwer	schwer
EKG	leichte Hypervoltage, T-Welle positiv	deutliche Hypervoltage, T-Welle positiv	schwere Hypervoltage, T-Welle negativ
Inzisur	erhalten	leicht verstrichen	verstrichen
Herzvolumen $(/1{,}73\ m)^2$	< 1000 ml	1000–1200 ml	> 1200 ml
Enddiastolischer Kammerdurchmesser	< 6 cm	6–7 cm	> 7 cm
Regurgitationsfraktion	< 40%	41–65%	> 65%

Patienten mit leichter bis mäßig schwerer **chronischer Aorteninsuffizienz** brauchen keine medikamentöse **Therapie.** Bei mäßig schweren Vitien wird von starken körperlichen Belastungen jedoch abgeraten. Auch Patienten mit schwerer Aorteninsuffizienz können häufig über viele Jahre ohne Operation weiter geführt werden. Zeichen einer leichten Belastungsherzinsuffizienz sprechen gut auf Digitalis und Diuretika an. Ob durch Vasodilatantien (Dihydralazin, ACE-Hemmer) eine signifikante Entlastung des linken Ventrikels mit Regression der Hypertrophie erzielt werden kann, ist bei Patienten ohne Zeichen einer Herzinsuffizienz zweifelhaft. Die Indikation zum operativen Eingriff muß gestellt werden, wenn die klinische Symptomatik des Patienten dazu zwingt und an der hämodynamischen Relevanz des Vitiums kein Zweifel besteht. Oligosymptomatischen Patienten wird dann zur Operation geraten, wenn objektive Befunde auf eine rasche Progression des Vitiums hinweisen (Zunahme der EKG-, Echo- und Röntgenmeßwerte um mehr als 10%/Jahr) oder bereits Hinweise auf eine Ventrikelschädigung bestehen (z. B. linksventrikuläre Auswurffraktion unter 40%).

Ohne Operation ist die **Prognose** einer schweren, nicht mehr voll kompensierten Aorteninsuffizienz ungünstig, meist werden dann nur noch wenige Monate oder Jahre überlebt. Durch einen Klappenersatz kann das Leben meist um viele Jahre oder Jahrzehnte verlängert werden.

Wie bei allen Herzklappenfehlern ist bei Patienten mit Aorteninsuffizienz eine Endokarditisprophylaxe erforderlich (s. S. 97).

Kombinierte Aortenvitien

Häufiger als eine reine Aortenstenose bzw. -insuffizienz sind die kombinierten Formen, wobei die Symptome beider Klappenläsionen mehr oder weniger ausgeprägt zusammentreffen.

Die Behandlung richtet sich nach den oben gegebenen Richtlinien.

Kombinierte Aorten- und Mitralvitien

Das Zusammentreffen aller 4 bisher beschriebenen Vitien ist durchaus häufig, wenn eine subtile Diagnostik betrieben wird. Bei sorgfältiger Untersuchung ist jeder Fehler einzeln erkennbar. Die Entscheidung, welche Veränderung überwiegt, ist bei der Frage der Indikation zu einem operativen Eingriff von Bedeutung. Bei überwiegendem Mitralvitium entschließt man sich leichter zum gleichzeitigen Aortenklappenersatz, da dies das postoperative Risiko nicht wesentlich erhöht. Bei Aortenvitien mit weniger schweren Mitralvitien ist dagegen die Entscheidung zum Doppelklappenersatz schwieriger, da postoperative Komplikationen nach Mitralklappenersatz häufiger sind.

Vitien der Trikuspidalklappe

Die **Trikuspidalstenose** ist meist mit einer Mitralstenose kombiniert. Sie kommt daher auch bei Frauen häufiger vor als bei Männern. Da der rechte Vorhof sehr dünnwandig ist, kann er nur in begrenztem Umfang aus eigener Kraft die Stenose überwinden und genügend Blut in die rechte Kammer fördern. Er entwickelt entsprechend der vermehrten Druckbelastung eine Hypertrophie seiner Muskulatur, doch schon bald versagt er und dilatiert.

Klinisch treten die Zeichen des Rechtsversagens mit deutlicher Zyanose auf. Bei überwiegender Trikuspidalstenose fehlt jede Lungenstauung. In tiefer Inspiration tritt die vergrößerte Leber hervor, selten ist eine Leberpulsation durch die Vorhofaktion zu fühlen. Die **auskultatorischen** Phänomene sind die gleichen wie bei der Mitralstenose, das Punctum maximum liegt aber statt über der Herzspitze über dem Sternum in Höhe des 4. bis 5. ICR bzw. dicht links oder rechts daneben. Das **EKG** weist ein P-pulmonale auf. Im **Echokardiogramm** findet sich ein der Mitralstenose vergleichbares Echomuster, und für die Beurteilung gelten entsprechende Kriterien. **Röntgenologisch** wird die Vergrößerung des rechten Vorhofes sichtbar, die Lungengefäße erscheinen ungewöhnlich eng. Die Diagnose der Trikuspidalstenose, auch als begleitendes Vitium, ist wichtig, da sie gut einer **Operation** oder **Ballondilatation** zugänglich ist. Das Risiko liegt nicht höher als bei der Mitralstenose.

Die isolierte, organische **Trikuspidalinsuffizienz** ist sehr selten. Häufiger handelt es sich um eine relative Insuffizienz durch die Ausweitung des Klappenringes bei einem Cor bovinum oder um ein Versagen der Papillarmuskeln, die infolge einer Schädigung die Trikuspidalklappen nicht am systolischen Durchschlagen in den rechten Vorhof hindern können. Eine Trikuspidalinsuffizienz wird verhältnismäßig häufig bei Rauschgiftsüchtigen beobachtet. Hier ist sie Folge einer bakteriellen Endokarditis, da das injizierte Material immer infiziert ist. Beobachtet wird sie weiter beim Karzinoid, wobei sie allerdings meist keine schweren Ausmaße erreicht. Schließlich gehört eine schwere Trikuspidalinsuffizienz zum Morbus Ebstein (s. S. 191).

Klinisch entwickeln sich sehr rasch die Zeichen des Rechtsversagens, wobei besonders die Neigung zu Ödem- und Aszitesbildung auffällt. Man erkennt die Trikuspidalinsuffizienz an den Pulsationen der Halsvenen und an dem systolischen Leberpuls, der in tiefer Inspirationsstellung durch das Auflegen einer Hand nachgewiesen werden kann. Um nicht Aortenpulsationen zu erfassen, tastet man über dem lateralen Anteil der Leber. Das systolische **Geräusch**, das die Trikuspidalinsuffizienz auslöst, hat große Ähnlichkeit mit dem der Mitralinsuffizienz, seine lauteste Stelle befindet sich aber über dem unteren Sternum in Höhe des 4.–5. ICR bzw. dicht links oder rechts daneben.

Im **EKG** finden sich Hinweise auf eine Überlastung der rechten Kammer oder ein vorher linkstypischer Stromverlauf wird normaltypisch. Ist die Trikuspidalinsuffizienz relativer Genese, so weist das Extremitäten-EKG oft einen Rechtstyp auf, während die Brustwandableitungen als Folge der vorangehenden Linksinsuffizienz eine Linkshypertrophie erkennen lassen. Dazu kommt in fortgeschrittenen Fällen Vorhofflimmern. **(Farb-)Doppler-echokardiographisch** kann das Vitium direkt sichtbar gemacht werden (Abb. 52, Farbtafel III). Bei der **Röntgenuntersuchung** fällt die systolische Expansion des rechten Vorhofes als Folge des Refluxes aus der rechten Kammer auf. Rechter Vorhof und Ventrikel sind vergrößert, letzterer pulsiert ebenfalls verstärkt. Eine Lungenstauung fehlt auch bei diesem Vitium. Im **Verlauf** der Trikuspidalinsuffizienz entwickelt sich gewöhnlich eine Stauungszirrhose der Leber, die zu einer Vermehrung der Gallenfarbstoffe im Blut und im Urin führt. Dabei besteht oft über lange Zeit ein verhältnismäßig gutes Befinden. Die körperliche Leistungsfähigkeit ist natürlich stark eingeschränkt.

Differentialdiagnostisch ist die Trikuspidalinsuffizienz gelegentlich nicht leicht von einer Mitralinsuffizienz zu trennen. Auch ist eine Abgrenzung zur Pericarditis constrictiva bzw. Perikardtamponade (kein Leberpuls) sowie zur restriktiven und dilatativen Myokardiopathie erforderlich. Die Therapie der relativen Trikuspidalinsuffizienz entspricht dem auf S. 84 angegebenen Vorgehen bei Rechtsherzinsuffizienz. In schweren Fällen sind eine chirurgische Rekonstruktion der Klappe oder ein Klappenersatz zu erwägen.

Vitien der Pulmonalklappen

Die **Pulmonalstenose** tritt meist angeboren auf, entweder als isolierte Pulmonalstenose oder mit anderen Fehlbildungen kombiniert. Männer und Frauen werden gleich häufig betroffen. Selten ist eine Pulmonalstenose Folge einer rheumatischen Endokarditis oder von Endokardveränderungen beim **Karzinoid** des Magen-Darm-Kanals. Das von ihm gebildete Serotonin löst meist gleichzeitig Veränderungen an den Trikuspidalklappen aus und geht mit einer Neigung zu plötzlichem Erröten (flush) und Durchfällen einher. Serotonin oder eines seiner Stoffwechselprodukte, wie die 5-Hydroxyindolessigsäure, sind im Urin nachweisbar.

Die Stenose kann in einer Verengung des Klappenostiums bestehen (valvuläre Stenose, etwa 90%) oder unterhalb liegen (infundibuläre Stenose, etwa 10%). Um die Stenose zu überwinden, entwickelt der rechte Ventrikel eine konzentrische Hypertrophie, die später mit zunehmender Schädigung in eine exzentrische übergeht. **Beschwerden** fehlen oft über viele Jahre. Die rechte Kammer behält die im embryonalen Leben physiologische Hypertrophie bei und kann daher ohne myogene Dilatation einen ähnlichen systolischen Druck wie die linke aufbringen.

Allein die maximale körperliche Leistungsfähigkeit ist eingeschränkt. Viele Patienten klagen später vorwiegend über eine verstärkte Belastungsdyspnoe. Eine Zyanose gehört nicht zum Bild der reinen Pulmonalstenose, es sei denn, sie wäre schwer dekompensiert. Sie verhält sich in dieser Beziehung gleich der Aortenstenose. Des weiteren leiden die Patienten unter rascher Ermüdbarkeit und Schwindelneigung. Als Zeichen einer rezidivierenden Stauung vor dem Herzen findet man in fortgeschrittenen Fällen eine vergrößerte und verhärtete Leber. Schließlich bildet sich das volle Bild der Rechtsinsuffizienz aus.

Auskultatorisch hat die Pulmonalstenose große Ähnlichkeit mit der Aortenstenose. Das laute systolische Austreibungsgeräusch ist vom 1. Herzton abgesetzt und reicht bis zum 2. Pulmonalton, der abgeschwächt und gespalten sein kann. Es ist am lautesten im 2. ICR links neben dem Sternum und strahlt nach links in das Lungenfeld, jedoch nicht in die Halsschlagadern, aus. Meist ist es auch tastbar. Im **EKG** wird die Rechtshypertrophie bei Erhöhung des Mitteldruckes im rechten Ventrikel auf über das Doppelte des Normalen erkennbar. R ist in Ableitung I kleiner als S, ebenso meist in V_6. In Vr_4 und oft auch in V_1 überwiegt R gegenüber S, wobei ein kleines Q vorausgehen kann (Abb. 53). Das **Echokardiogramm** liefert bei Verwendung der M-mode-Technik häufig falsch negative Ergebnisse. Bei zweidimensionaler Darstellung ist die Sensitivität der Untersuchungsmethode besser, aber zur Diagnosesicherung oft nicht ausreichend. **Röntgenologisch** ist, solange noch eine volle Kompensation besteht, das Herz eher kleiner als normal. Die Herzspitze erscheint abgerundet, sie wird vom rechten Ventrikel übernommen, die arteriellen Lungengefäße zeigen sich nur als schmale Schatten. Die Hili sind klein. Der Stamm der A. pulmonalis weist meist eine „poststenotische Dilatation“ auf. Die entscheidende diagnostische Maßnahme ist die **Rechtsherzkatheter-Untersuchung** mit direktem Nachweis eines Druckgradienten.

Die **Differentialdiagnose** bereitet in typischen Fällen kaum Schwierigkeiten. Leichtere Pulmonalstenosen lassen die röntgenologischen und elektrokardiographischen Zeichen vermissen. Das Geräusch dauert nur kurz, der 2. Pulmonalton ist kaum abgeschwächt.

Bei leichten Vitien ist keine spezielle **Therapie** erforderlich. Ab einem Druckgradienten von 50 mmHg besteht die Indikation zur invasiven Therapie. Begleitend können Diuretika erforderlich werden. Mit Digitalis ist man bei Patienten mit Rechtsherz-Belastungszeichen im allgemeinen vorsichtig. Die Stenose wird heute fast ausschließlich mittels Ballonkathetern aufgedehnt. Der Eingriff ist risikoarm und mit einer hohen Erfolgsrate bei minimaler Rezidivrate verbunden.

Die Erfolge sind am besten, wenn noch keine erhebliche Rechtsinsuffizienz eingetreten ist, und wenn man schon in der Kindheit oder spätestens im frühen Erwachsenenalter eingreift. So kann sich das Lungenge-

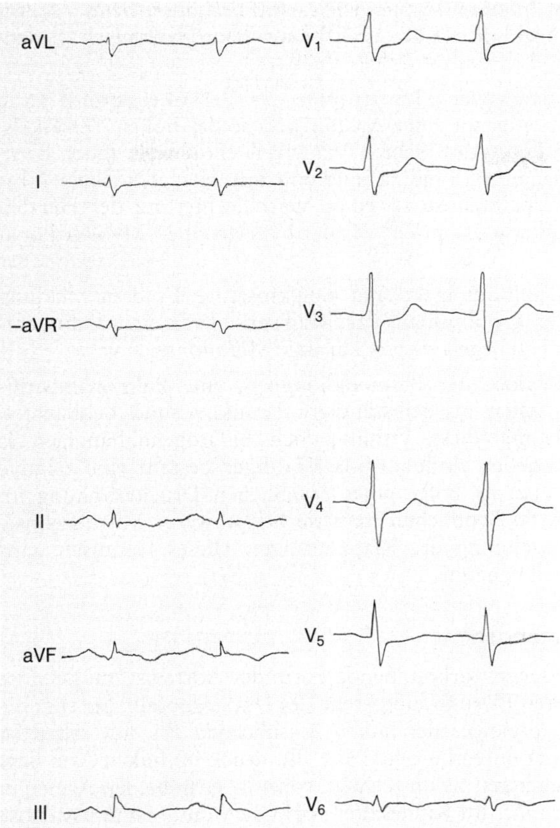

Abb. 53 EKG eines Patienten mit schwerer Pulmonalstenose (Gradient 70 mmHg). Die Herzachse ist rechtsgedreht; das große R in V_1 sowie das Überwiegen von S über R in V_6 weisen auf die rechtsventrikuläre Druckbelastung hin (s. Text)

fäßsystem den normalisierten Bedingungen anpassen. Eine sorgfältige kardiologische Untersuchung muß allerdings vorausgehen, denn oft ist die Pulmonalstenose mit anderen Mißbildungen vergesellschaftet, wie mit einem Ventrikelseptumdefekt und einer teilweisen Transposition der arteriellen Gefäße (Morbus Fallot, S. 189).

Die **„relative Pulmonalstenose"** hat keine eigene klinische Bedeutung. Sie entsteht als Folge eines schon in Körperruhe erhöhten Durchflußvolumens durch die Pulmonalklappe, wie es sich besonders beim Vorhofseptumdefekt findet (S. 181f) und bleibt hämodynamisch bedeutungslos.

Als Folge einer exzessiven Hypertrophie des Ventrikelseptums kann sich, meist gleichzeitig mit einer Ausflußstenose des linken Ventrikels, eine muskuläre Stenose des rechten Ventrikels entwickeln (auch Bernheim-Syndrom genannt). Eine Behandlung mit Herzglykosiden führt durch Zunahme der Stenose zu einer Verschlechterung der Herzleistung. Die Behandlung entspricht der der hypertrophen Myokardiopathie (s. S. 106f).

Als angeborene Fehlbildung kommt eine einseitige Unterentwicklung oder ein Fehlen der A. pulmonalis vor. Man spricht von einer Pulmonalatresie. In diesem Fall liegen weitere kardiale Mißbildungen vor.

Eine Schlußunfähigkeit der Pulmonalklappen, eine **Pulmonalinsuffizienz,** wird nur selten als selbständiges Krankheitsbild beobachtet. Gelegentlich findet man dieses Vitium jedoch bei Drogenabhängigen als Folge einer bakteriellen Endokarditis. Häufiger besteht eine relative Pulmonalinsuffizienz als Folge einer erheblichen Druckerhöhung im kleinen Kreislauf. So beobachtet man sie bei schwerer Mitralstenose, wohl durch Überdehnung des Klappenringes. Dieses Geräusch wird nach Graham-Steell benannt.

Aortenisthmusstenose

Die beim Erwachsenen vorkommende Form der Aortenisthmusstenose liegt an der früheren Einmündungsstelle des Ductus Botalli. Sie engt die Aorta distal des Abganges der linken A. subclavia ein, nur selten ist auch dieser Abgang miteinbezogen. Der Blutdruck im linken Arm liegt in diesem Falle niedriger als im rechten, sonst ist er in beiden Armen in gleicher Weise erhöht. Im Kindesalter wirkt sich diese Isthmusstenose meist noch nicht merklich aus. Beim Wachstum der Aorta während des Entwicklungsalters bleibt die Enge jedoch unverändert und wird daher schon unter leichterer Belastung und sogar unter Ruhebedingungen kritisch. Durch den Ausbau von Kollateralgefäßen versucht der Körper, genügend Blut in die untere Körperhälfte zu bringen (Abb. 54). Dennoch ist der Blutdruck oberhalb der Stenose erhöht.

Die Patienten, häufiger Männer als Frauen (etwa 3 : 1), können beschwerdefrei sein oder sie klagen über mangelnde körperliche Leistungsfähigkeit, vermehrtes Herzklopfen, Kopfschmerzen, Ohrensausen, Nasenbluten und über kalte Füße. Bei der Betrachtung fällt eine Rötung des Gesichtes und eine verstärkte Pulsation der Halsschlagadern auf. Gelegentlich kann man sogar die Pulsationen der Kollateralgefäße in der Gegend der Schulterblätter beobachten, in der Regel lassen sie sich gut tasten. Über dem Herzen, das in den späteren Stadien nach links

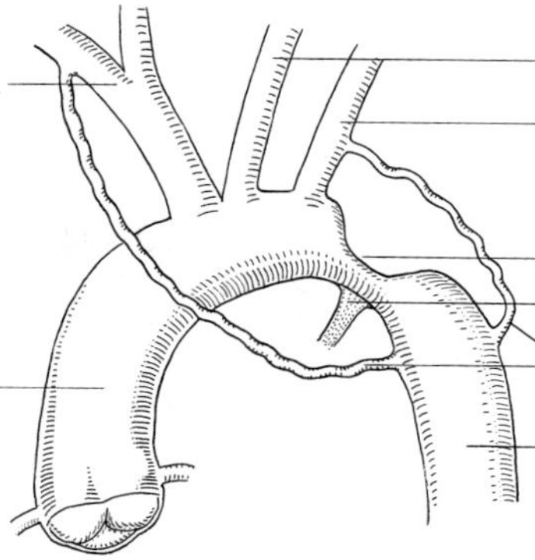

Abb. 54 Schematische Darstellung der Isthmusstenose der Aorta

vergrößert ist, hört man ein rauhes systolisches Geräusch, das deutlich vom 1. Herzton abgesetzt ist. Es kann auch über dem Rücken gefunden werden und dort bis in den Anfang der Diastole hineinreichen. Der Blutdruck wird im rechten Arm, meist zugleich auch im linken erhöht gefunden, die Pulse der Beinschlagadern lassen sich nicht oder nur abgeschwächt tasten.

Das **EKG** zeigt bei hämodynamisch relevanter Einengung typischerweise eine Linkshypertrophie. Das **Röntgenbild** erlaubt beim Kranken über 20 Jahren die Diagnose. Durch die erweiterte A. carotis beiderseits erscheint das obere Mediastinum breit. Der Anfangsteil der Aorta ist erweitert, der Aortenknopf pflegt zu fehlen. Die stenosierte Stelle läßt sich meist nur nach Kontrastmittelinjektionen mit ausreichender Genauigkeit erkennen. Wegweisend sind Rippenusuren, Defekte an der unteren Rippenkante infolge der Ausweitung der Interkostalarterien, die als Umgehungsgefäße dienen (Abb. 55). Diese Rippenveränderungen sind allerdings nicht pathognomonisch für die Isthmusstenose, sie kommen auch bei anderen angeborenen Vitien vor. Bei jüngeren Kranken fehlen sie meist, und auch die anderen Veränderungen bleiben diskret. Im **Echokardiogramm** kann man beim Kind die stenosierte Stelle der Aorta erkennen.

Für die **Differentialdiagnose** genügen meist die Ergebnisse der einfachen klinischen Untersuchungsmethoden. Die führenden Symptome, Blutdruckerhöhung im Bereich der oberen Körperhälfte (oft als essentielle Hypertonie gedeutet) bei aufgehobenen oder abgeschwächten Pulsen der unteren Körperhälfte, kommen auch noch bei tiefer liegenden Stenosen der Aorta vor. Vor einem operativen Eingriff sollte daher eine Aortographie durchgeführt werden (Abb. 56a).

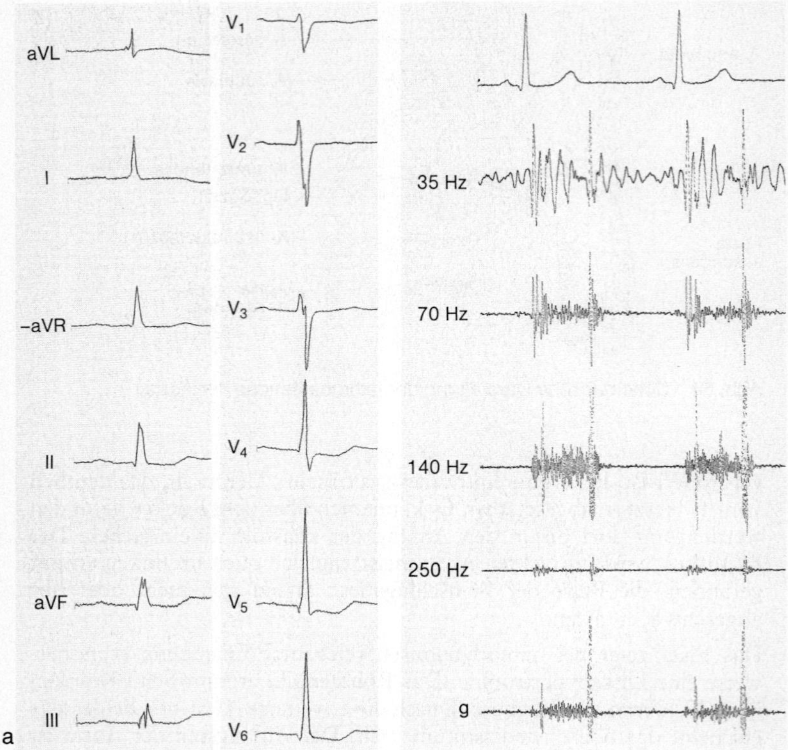

Abb. 55 Beispiel für eine Aortenisthmusstenose (Gradient 60 mmHg)
a) Das EKG zeigt die typische Linksherzhypertrophie
b) Im Phonokardiogramm erkennt man das rauhe, vom 1. Herzton abgesetzte Systolicum

Die **Therapie** besteht, wenn keine Kontraindikation vorliegt, in der operativen Ausschaltung der Stenose. Bis zu welchem Alter dies möglich ist, hängt vom Allgemeinzustand, von den Reserven des Herzens und von dem Ausmaß der Sklerose des proximalen Aortenabschnittes ab. Lage und Länge der Stenose bestimmen das operative Vorgehen. Das Operationsrisiko liegt unter 5% Sterblichkeit. Mehrere Jahre nach der

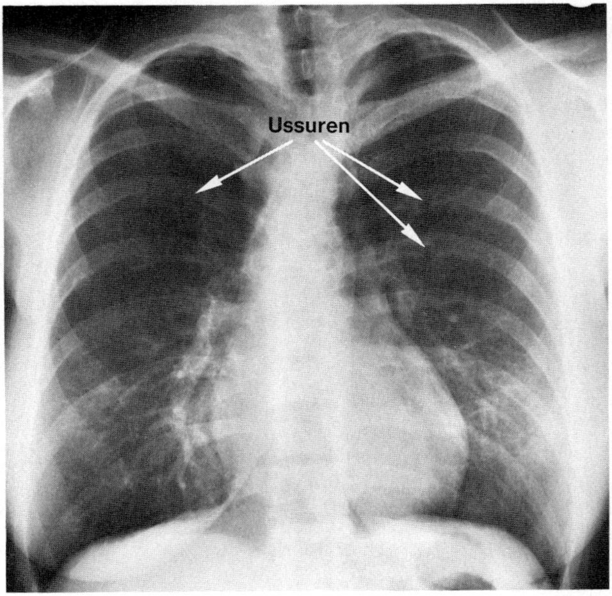

c) Das Röntgenbild läßt die charakteristischen Ussuren an den Rippenunterkanten erkennen

Operation kann es gelegentlich zu dilatierenden Aortenaneurysmen im Operationsbereich kommen. Neuerliches chirurgisches Vorgehen wird dann erforderlich.

Verschiedentlich wurde auch über die erfolgreiche Aufdehnung einer Aortenisthmusstenose mittels Ballonkatheter berichtet (Abb. 56b und c). Der Eingriff ist sehr erfolgreich, allerdings wird über Aortenrupturen

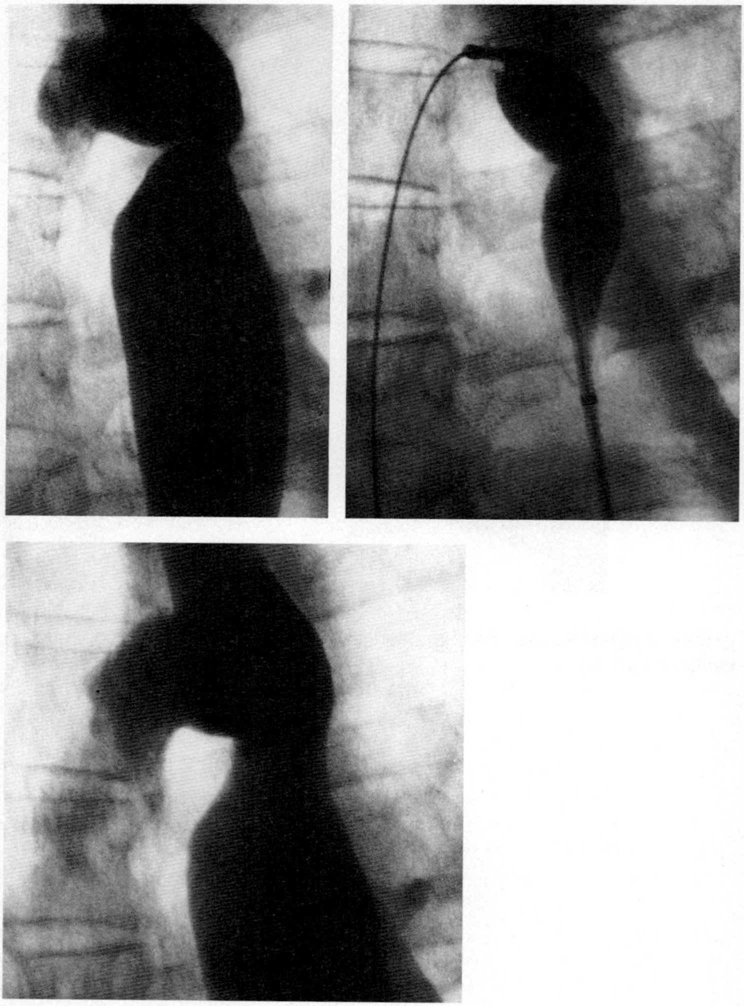

Abb. 56 a) Angiographische Darstellung dieser Stenose. b) Aufdehnung mit Ballonkatheter; an der Stelle der Kerbe im Ballon ist der hochgradige Teil der Stenose gelegen. c) Die Nachangiographie zeigt ein gutes anatomisches Resultat (nach R. Schräder)

direkt oder auch noch einige Zeit nach dem Eingriff berichtet. Darüber hinaus treten wie nach der Operation gelegentlich später Aortenaneurysmen auf.

Der **Verlauf** hängt von der Enge der Stenose und auch von dem Ausmaß der körperlichen Belastung, die sich der Kranke zumutet, ab. So beobachtet man schon in jungen Jahren eine erhebliche Hypertonie mit allen ihren Komplikationen, oder die Stenose bleibt bis in das höhere Alter latent.

Die **Prognose** des Patienten wird durch das Ausmaß der arteriellen Hypertonie (Risiko der Ruptur der Aorta im Stenosebereich, Linksherzinsuffizienz, Apoplexie) sowie durch die Möglichkeit der Entwicklung einer Sepsis durch Ansiedlung von Bakterien im Stenosering bestimmt.

Nach einer erfolgreichen Operation ist die **Prognose** günstig, auch wenn es, wie oft, nicht gelingt, ganz normale Verhältnisse zu schaffen. Postoperativ muß der Patient aber sorgfältig beobachtet werden, um eine Nahtinsuffizienz rechtzeitig zu erkennen. Der Kranke soll sich längere Zeit weitgehend körperlich schonen. Ohne Operation sterben die meisten Patienten schon vor dem 40. Lebensjahr. Einige erreichen nur wenige Wochen, es wurde aber auch über ein Alter von 92 Jahren berichtet.

Offener Ductus Botalli und weitere Gefäßmißbildungen mit Shunt

Der Ductus Botalli hat während der Embryonalzeit die Aufgabe, das venöse Blut unter Umgehung der Lungen in die Aorta zu leiten. Er verschließt sich spontan während der ersten Lebenswochen oder -monate und bildet ein sehniges Band zwischen A. pulmonalis und Aorta. Aus welchen Gründen er bei einigen Patienten bestehen bleibt, ist nicht bekannt. Er kann eine Weite von über 5 mm aufweisen und mehrere Liter Blut in der Minute hindurchfließen lassen. Die Strömungsrichtung kehrt sich nach der Geburt um, da dann der Druck in der Aorta etwa 4mal so hoch wie in der A. pulmonalis liegt. So fließt arterielles Blut in die Lungenarterien zurück. Hierdurch werden der linke Vorhof und der linke Ventrikel vermehrt volumenbelastet. Das linke Herz entfaltet daher eine Hypertrophie und Dilatation als Anpassungsvergrößerung. Als Folge des vermehrten Lungendurchflusses entwickelt sich in schweren Fällen im Laufe der Jahre eine (sekundäre) Pulmonalsklerose, also eine Arteriosklerose der Lungenarterien. Hierdurch steigt der Druck in der A. pulmonalis an, die Menge des Kurzschlußblutes nimmt ab. Schließlich strömt es sogar in umgekehrter Richtung, also wieder wie zur Embryonalzeit von der A. pulmonalis durch den offenen Duktus in die Aorta („Eisenmenger-Syndrom" s. S. 186). Nun gelangt venöses Blut in den großen Kreislauf und verursacht eine Zyanose, die charakteristischerweise die Gefäße der oberen Körperhälfte ausläßt, da die Einmündungsstelle des Duktus unterhalb der Abgänge der Kopf- und Armarterien liegt. Zur Volumenbelastung des linken Herzens tritt eine Druckbelastung des rechten. Bald entwickelt sich auch eine muskuläre Insuffizienz des rechten Ventrikels.

Dieses Vitium wird bei Frauen häufiger als bei Männern angetroffen (etwa 7 : 3). Die Patienten sind oft bis zur Pubertät beschwerdefrei. Beim Schulturnen fällt die Einschränkung der Leistungsfähigkeit für Dauerbelastungen auf. Hierbei klagen sie über vermehrtes Herzklopfen und über Atemnot. Bei der Betrachtung bieten sie etwa die Erscheinungen wie Kranke mit Aorteninsuffizienz. Die Halsschlagadern pulsieren verstärkt. Sehr typisch erscheint in der Regel der **Auskultationsbefund.** Das Geräusch beginnt in der Systole, vom 1. Herzton abgesetzt, wenn der Druck in der Aorta den der A. pulmonalis deutlich übersteigt und das Blut den Duktus durchströmt. Es hat seinen Höhepunkt zur Zeit des 2. Herztones und überdauert ihn bis in die Diastole hinein, nun aber wieder leiser werdend. Helen Taussig verglich es mit dem Geräusch, das man in einem Tunnel hört, wenn eine Bahn vorbeifährt: es hat einen rauschenden Charakter, schwillt an und klingt ab, wenn die Bahn sich wieder entfernt. Der Herzspitzenstoß hebt die Thoraxwand sichtbar an und ist nach links und unten verlagert. Die Blutdruckamplitude wird wie bei der Aorteninsuffizienz vergrößert gefunden: der Duktus bildet ein Loch im Windkessel, zudem ist das Schlagvolumen des linken Ventrikels vergrößert.

Bei der **Röntgenuntersuchung** fällt die verstärkte Pulsation der erweiterten Hili („hilar dancing“) und der weite Stamm der A. pulmonalis auf (Abb. 57). Linker Vorhof und linker Ventrikel sind mäßig vergrößert. Letzterer pulsiert ebenfalls verstärkt. Erst in den späteren Stadien überwiegt die Rechtsvergrößerung, die pathologischen Pulsationen werden geringer. Jetzt wird auch das **EKG**, das vorher linkstypisch ist und große R- und T-Zacken aufweist, rechtstypisch und zeigt oft sogar Zeichen einer krankhaften Rechtsüberlastung. **Echokardiographisch** läßt sich eine Vergrößerung des hyperdynamen linken Ventrikels nachweisen. Eine nichtinvasive **Quantifizierung** des Shuntvolumens kann mittels Farbstoffverdünnungskurven sowie – genauer – nuklearmedizinisch erfolgen.

So einfach in typischen Fällen klinisch die Diagnose zu stellen ist, so schwierig ist es in anderen. Zur Sicherung führt man die **Herzkatheterisierung** mit Aortographie durch, wobei es oft gelingt, den Duktus direkt darzustellen (Abb. 58).

Die **Prognose** eines Patienten mit persistierendem Ductus Botalli hängt von der Größe der Kurzschlußverbindung ab. Ein langer und dünner Duktus kann symptomlos bleiben, ein sehr großer dagegen schon kurz

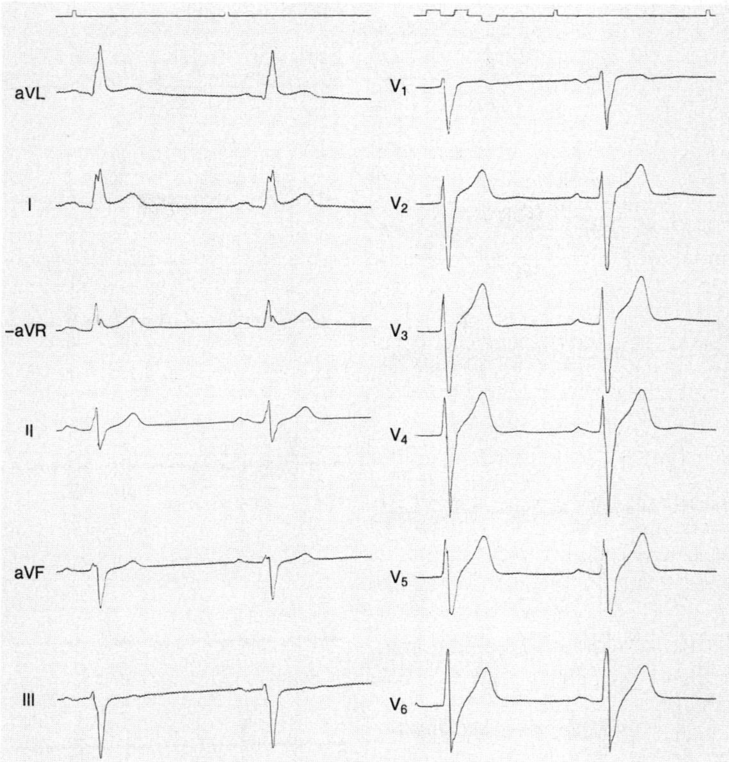

a

Abb. 57 Befunde eines Patienten mit offenem Ductus Botalli
a) EKG mit mäßig schwerer Linksherzhypertrophie und links-anteriorem Hemiblock. b) Phonokardiogramm vor Duktusverschluß: gut ist das laute systolisch-diastolische Geräusch zu sehen, besonders bei 140 Hz. c) Phonokardiogramm nach Duktusverschluß: Normalisierung des Geräuschbefundes. d) Im Echokardiogramm (lange parasternale Achse) sieht man einen dilatierten und hyperkontraktilen linken Ventrikel. e) PA-Röntgenthorax vor Duktusverschluß: Gut sind die dicken zentralen Pulmonalgefäße zu erkennen. f) Gleicher Patient nach Duktusverschluß mit Pfropf. Die pulmonale Stauung ist rückläufig, der Pfropf kann in typischer Position gesehen werden

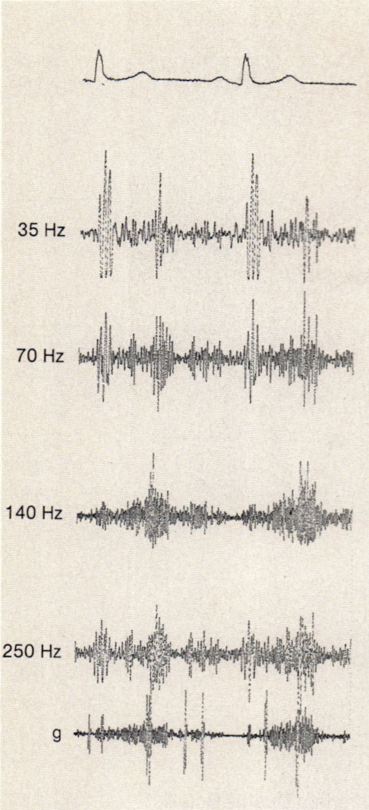

Abb. 57b

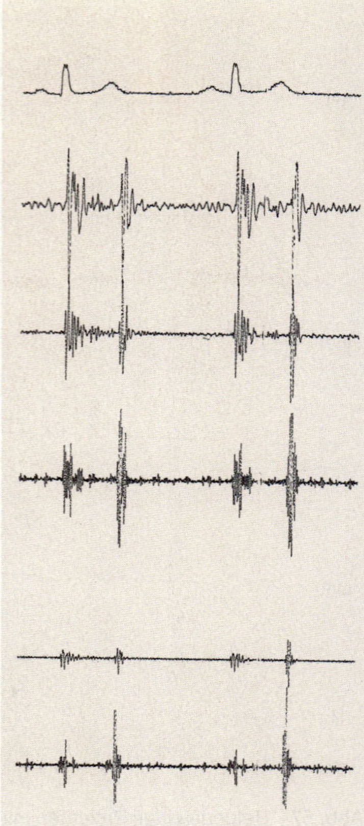
Abb. 57c

nach der Geburt zum Herzversagen führen. Zunächst droht dem Patienten eine Linksherzinsuffizienz, später beim Versagen des rechten Ventrikels durch pulmonale Hypertonie auch ein Rechtsherzversagen. Häufig treten begleitend Bronchitiden und Bronchopneumonien auf. Eine weitere Komplikation stellt eine bakterielle Entzündung des Duktus dar („Duktitis"). Gelegentlich kann nach antibiotischer Therapie eine Obliteration des Duktus die Folge sein. Meist ist jedoch operatives Eingreifen erforderlich (s. u.).

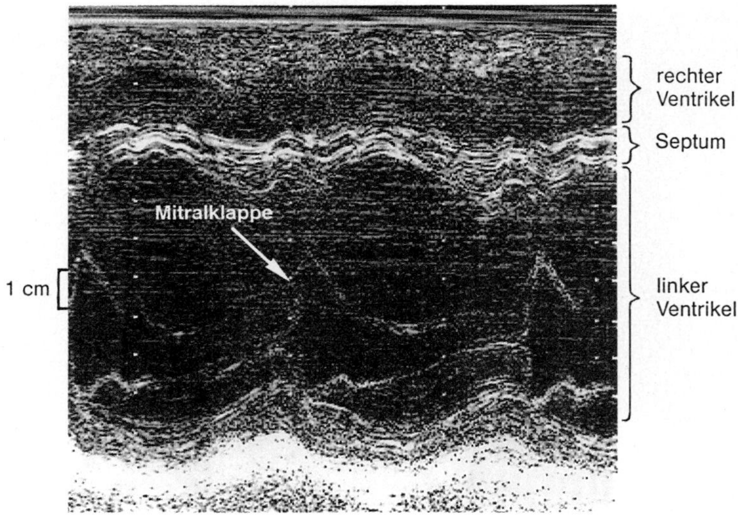

Abb. 57 d

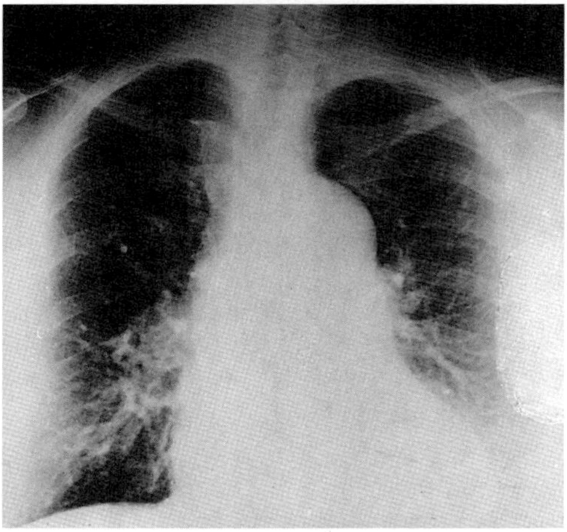

Abb. 57 e

Die **Therapie** hat die Unterbrechung des Duktus zum Ziel, solange noch keine fixierte pulmonale Hypertonie vorliegt. Das Risiko einer Operation ist gering, es liegt unter 1%. Nur in den fortgeschrittenen Stadien

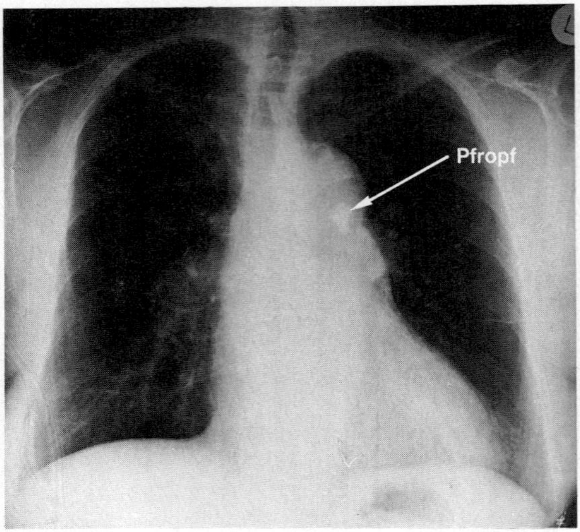

Abb. 57f

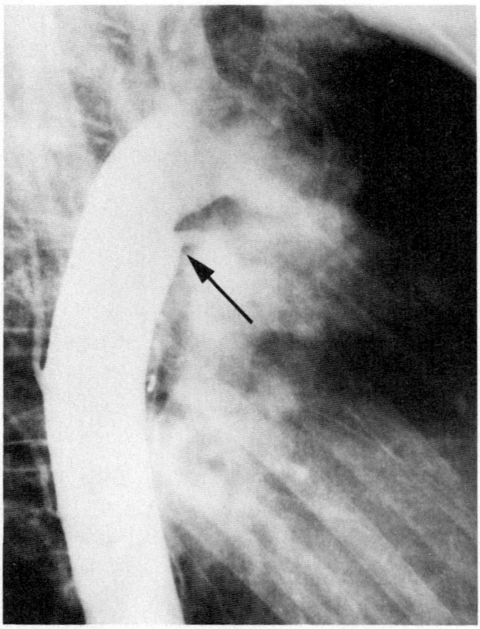

Abb. 58 Darstellung eines 3 mm dicken Ductus Botalli mittels Kontrastmittelinjektion in die Aorta im seitlichen Strahlengang (nach W. D. Bussmann)

mit pulmonalem Hochdruck kann ein Eingriff nicht mehr möglich sein. Ein frühzeitiger Verschluß ist daher angezeigt und bringt dem Kranken die volle Gesundheit und nach einigen Monaten auch eine normale körperliche Leistungsfähigkeit. In den letzten Jahren wurde als therapeutische Alternative zur Operation die perkutane transluminale **Implantation eines Kunststoffpfropfes** in den Duktus entwickelt. Der Eingriff ist nicht groß, die Erfolgsrate sehr hoch. Nur in den ersten Wochen kommt es in seltenen Fällen zur Embolisation des Pfropfes in eine periphere Lungenarterie, was auf einer Übersichtsröntgenaufnahme des Thorax sofort erkennbar ist.

In den ersten Monaten nach dem Eingriff fühlt sich der Patient meist noch nicht wohl, er leidet an den Erscheinungen des hyperkinetischen Herzsyndroms, bis sich der Körper daran gewöhnt hat, daß nicht ein Teil des Blutes aus der Aorta unter Umgehung des großen Kreislaufs in die Lungenstrombahn gelangt, also bis sich das Schlagvolumen der linken Kammer den normalen Verhältnissen angepaßt hat. Ohne Verschluß liegt die mittlere Lebenserwartung bei 24 Jahren, günstige Fälle sind über 70 Jahre alt geworden.

Am häufigsten wird der offene Duktus **differentialdiagnostisch** mit einem kombinierten Aortenvitium verwechselt. Die Geräusche können Ähnlichkeiten aufweisen. Bei der Aortenstenose klingt es aber schon vor dem 2. Herzton etwas ab, der 2. Herzton ist abgeschwächt und das diastolische Geräusch der Aorteninsuffizienz setzt nach dem 2. Herzton zunächst leiser ein. Man vermißt also das gleichmäßige An- und Abschwellen mit dem 2. Herzton als Höhepunkt, wie es für den Duktus typisch ist. Das systolische Geräusch wird bei ihm nicht in die Karotiden fortgeleitet. Röntgenologisch fehlt bei den Aortenvitien die Erweiterung und Pulsation der Hili. Klinisch kaum abzutrennen ist das sehr seltene **aortopulmonale Fenster**, also ein Defekt zwischen Aorta und A. pulmonalis. Die Differentialdiagnose gegenüber dem Vorhofseptumdefekt kann in den späteren Stadien des offenen Duktus schwierig sein.

Arterielles Blut kann auch durch eine weitere angeborene Mißbildung aus der Aorta in die A. pulmonalis gelangen, durch eine **aus der A. pulmonalis** statt aus der Aorta **abgehende a. coronaria** (Bland-White-Garland-Syndrom). Das Blut fließt in ihr rückwärts, die andere Kranzarterie muß allein den Herzmuskel versorgen. Es kann schon im Säuglingsalter ein Herzinfarkt entstehen. Über der Sternummitte hört man meist ein systolisches, oft zugleich ein diastolisches Geräusch. Als Therapie wird eine Unterbindung dieses Gefäßes in Verbindung mit einer aortokoronaren Bypass-Operation empfohlen. Das gleiche gilt für eine angeborene oder erworbene **Fistel** der rechten Koronararterie mit dem rechten Ventrikel und ein Aneurysma zwischen Sinus Valsalvae und dem rechten Ventrikel.

Ventrikelseptumdefekt

Der **akute erworbene Ventrikelseptumdefekt** tritt als Folge eines Herzinfarktes oder eines kardialen Traumas auf. Er ist ein lebensbedrohliches Bild. Ohne daß es zu Anpassungsvorgängen kommen konnte, tritt eine plötzliche schwere Druck- und Volumenbelastung des rechten Herzens und der Lungen ein. Eine medikamentöse Therapie der Herzinsuffizienz, unterstützt durch eine Ballonpumpe, kann einen fatalen **Krankheitsverlauf** meist nicht aufhalten; die ideale **Therapie** besteht im chirurgischen Verschluß des Defektes, was jedoch mit einer hohen Mortalität verbunden ist.

Der **konnatale Ventrikelseptumdefekt** ist die häufigste angeborene kardiale Mißbildung. **Kleine Defekte** verschließen sich nicht selten spontan in den ersten Lebensmonaten oder -jahren. Kleine, *persistierende* Defekte verdienen Interesse, da ihr lautes Geräusch zu Fehldiagnosen Anlaß geben kann (**Morbus Roger**). Die Patienten sind subjektiv beschwerdefrei. Erst bei einer ärztlichen Untersuchung wird ein auffälliges systolisches Geräusch über dem Herzen festgestellt und ein Herzfehler diagnostiziert. Das Geräusch beginnt schon mit der Ventrikelkontraktion, schließt sich also an den 1. Herzton an und dauert über die ganze Systole an (holosystolisches Geräusch). Es ist hochfrequent und meist sehr laut. Sein Punctum maximum liegt links neben dem Sternum etwa in Höhe des 4. Interkostalraumes. Sowohl in Richtung Herzspitze als auch Aorta wird es leiser. Seine Ursache liegt darin, daß aus dem linken Ventrikel Blut in einem scharfen Strahl durch das kleine Loch im Ventrikelseptum in den rechten Ventrikel gepreßt wird. Die Menge, also das Kurzschluß- oder Shuntblut, ist nur gering, sie löst keine hämodynamischen Veränderungen aus.

Die Patienten erscheinen daher gesund und klagen nicht über Herzbeschwerden. **Röntgen-** und **EKG-Befund** sind normal. Unter Umständen läßt sich der Shunt **Farb-Doppler-echokardiographisch** nachweisen. Die **Prognose** ist günstig. Nur in Ausnahmefällen bildet sich eine Endocarditis.

Große Ventrikelseptumdefekte verursachen frühzeitig erhebliche Beschwerden (Luftnot, Leistungsminderung). Auch sie werden **auskultatorisch** leicht am klassischen Geräuschbefund (lautes, bandförmiges, mittel- bis hochfrequentes Geräusch mit Punctum maximum über Erb) erkannt. Das **EKG** zeigt Zeichen einer Rechtsherzbelastung, im **Doppler-Echokardiogramm** kann häufig der Defekt direkt sichtbar gemacht werden. Eine **Farbstoffkurve** erlaubt die Quantifizierung des Shunts. Die **Röntgen-Thorax-Aufnahme** weist auf die pulmonale Hyperperfusion sowie die pulmonale Druckbelastung hin und belegt die shuntbedingte Vergrößerung des Herzens. Eine exakte Einschätzung des Vitiums kann durch eine **Herzkatheteruntersuchung** erfolgen. Typische Befunde sind in Abb. 59 zusammengestellt (s. auch Farbtafel IV).

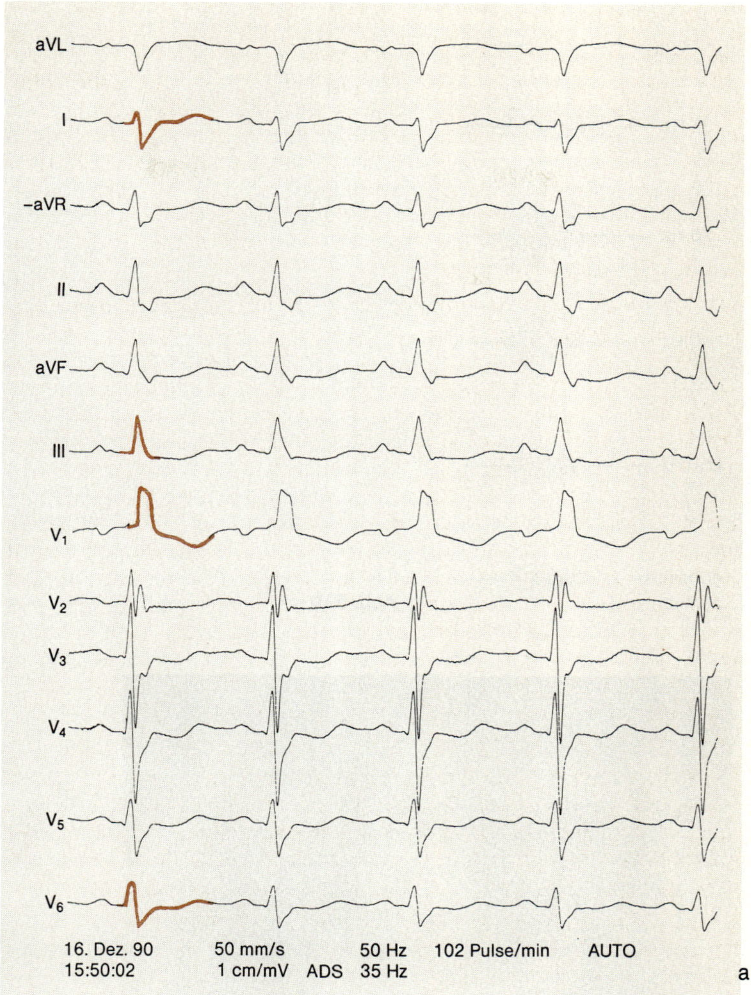

a

Abb. 59 Beispiel für einen Patienten mit operationsbedürftigem Ventrikelseptumdefekt

a) Das EKG zeigt eine schwere Rechtsherzbelastung. b) Phonokardiographisch läßt sich das typische bandförmige mittel- bis hochfrequente Systolikum aufzeichnen. c) Farbdopplerecho s. Farbtafel IV. d) Das Röntgenbild zeigt die Ektasie der Pulmonalarterie mit den dicken zentralen und peripheren Pulmonalgefäßen sowie die Herzvergrößerung. e) Herzkathetermeßdaten.
Schwarz: Drücke (mmHg); braun: Sauerstoffsättigung

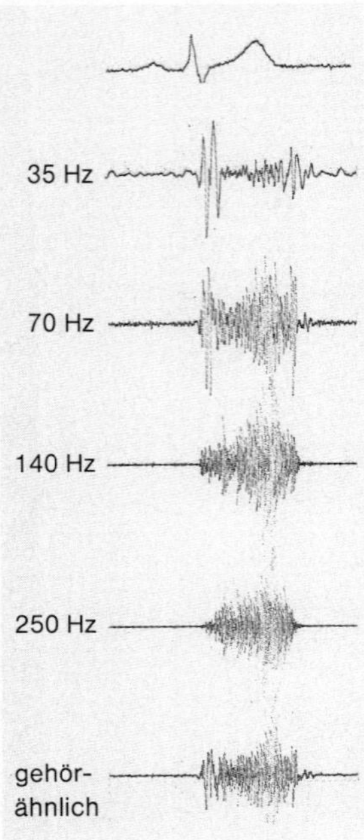

Abb. 59b

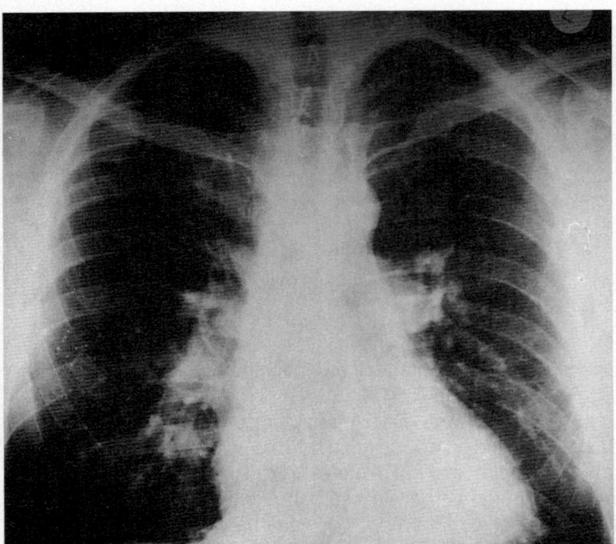

Abb. 59d

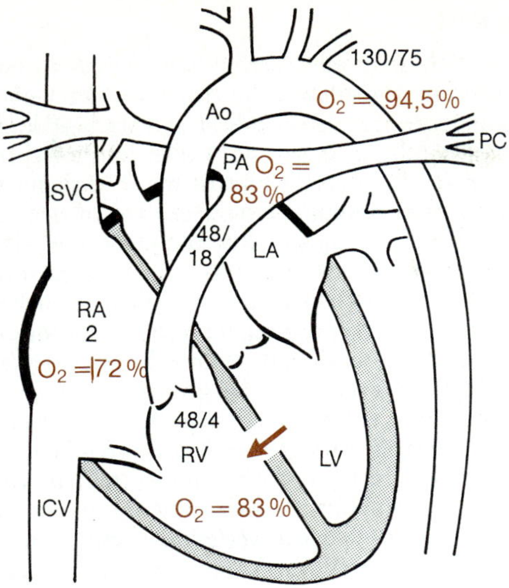

links-rechts-Shunt 50 %

Abb. 59e

Die **Differentialdiagnose** des Ventrikelseptumdefekts kann schwierig sein. Das laute Geräusch läßt an eine Aorten- oder Pulmonalstenose oder eine Mitralinsuffizienz denken. Mit den genannten Untersuchungsverfahren läßt sich die Diagnose jedoch rasch eingrenzen.

Bei kleinen Defekten ist keine spezifische **Therapie** erforderlich. Bei großen Defekten (> 30% des Herzzeitvolumens im großen Kreislauf) besteht, wenn es noch nicht zur Shuntumkehr gekommen ist (Eisenmenger-Syndrom), die Indikation zum operativen Verschluß des Defektes; bis zur Operation kann eine medikamentöse Therapie gegen die Zeichen der Herzinsuffizienz eingesetzt werden.

Der Spontan**verlauf** des großen Ventrikelseptumdefektes ist ungünstig. Nach einigen Jahren entwickelt sich eine fixierte pulmonale Hypertonie mit Shuntumkehr (**Eisenmenger-Syndrom,** s. S. 186). Das Überleben ist dann auf nur noch wenige Jahre begrenzt. Durch eine erfolgreiche **Operation** wird die Symptomatik und Prognose des Patienten entscheidend verbessert. Lag kein zusätzliches Vitium vor und ist es noch nicht zu einer Schädigung des Herzens oder der Lungenstrombahn gekommen, so kann von einer (nahezu) normalen Lebenserwartung ausgegangen werden.

Vorhofseptumdefekt

In der Embryonalzeit besteht eine Verbindung zwischen rechtem und linkem Vorhof (**Ostium secundum**), die sich nach der Geburt ebenso wie der Ductus Botalli spontan verschließt. Der Verschluß kann ausbleiben oder nur unvollständig gelingen. 80% aller Vorhofseptumdefekte sind vom Sekundum-Typ. Dieser Defekt ist meist klein im Gegensatz zum sogenannten **Ostium-primum**-Defekt, der bis in den Ansatz der Mitralklappen reicht und häufig mit Mißbildungen der Mitralklappe einhergeht. Da der Druck im linken Vorhof höher als im rechten liegt, strömt arterielles Blut in den kleinen Kreislauf. Gelegentlich kommt es zu einer kurzdauernden Druckerhöhung im rechten Vorhof. So entsteht ein „gekreuzter Shunt". So wird, z. B. beim Schreien oder bei starker Anstrengung, eine Zyanose erkennbar. Sie gehört sonst nicht zum Bilde des Vorhofseptumdefektes, solange das rechte Herz nicht versagt. Das Kurzschluß(Shunt-)blut fließt zum großen Teil während der Vorhofdiastole vom linken in den rechten Vorhof und direkt in den rechten Ventrikel. Der linke Vorhof bleibt daher, obwohl er von einem vermehrten Volumen durchströmt wird, verhältnismäßig klein, und auch die Vergrößerung des rechten Vorhofs kann sich lange Zeit in engen Grenzen halten. Der rechte Ventrikel entwickelt dagegen eine erhebliche Anpassungsvergrößerung an die Volumenbelastung. Sie betrifft besonders seine Ausflußbahn. Ebenso sind die Lungengefäße stark erweitert und lassen im Hilusbereich Pulsationen erkennen („hilar dancing"). Später entsteht als Folge des dauernd vermehrten Lungendurchflusses eine sekundäre Pulmonalsklerose. Der Druck im rechten Ventrikel steigt dann an, um das Strömungshindernis in den Lungenarteriolen zu überwinden. Die rechte Kammer entwickelt so eine konzentrische Hypertrophie und versagt schließlich, wobei sie und der vorgeschaltete rechte Vorhof dilatieren. Venöses Blut strömt nun umgekehrt in den linken Vorhof, es entsteht also ein „Eisenmenger-Syndrom".

Der Vorhofseptumdefekt stellt die häufigste beim Erwachsenen vorkommende kardiale Mißbildung dar. Im Gegensatz zum Ventrikelseptumdefekt steht bei ihm die Volumenbelastung und nicht die Druckbelastung des rechten Herzens im Vordergrund. Aufgrund des leisen und nicht selten eher uncharakteristischen Herzgeräuschs und den meist nicht sehr ausgeprägten Beschwerden wird die Erstdiagnose nicht selten erst im Erwachsenenalter, z. B. anläßlich einer Röntgenuntersuchung der Lungen, gestellt. Die Geschlechtsverteilung von Männern zu Frauen ist 1 : 2.

Das **klinische Bild** wird davon bestimmt, wie groß der Defekt in der Scheidewand zwischen den Vorhöfen ist. Die Patienten sind meist auffallend grazil. Ihre körperliche Leistungsfähigkeit wird nur bei größerem Shunt schon frühzeitig herabgesetzt. Der Patient klagt über vermehrte Atemnot. Ein Herzspitzenstoß fehlt, er ist nur beim Ostium-

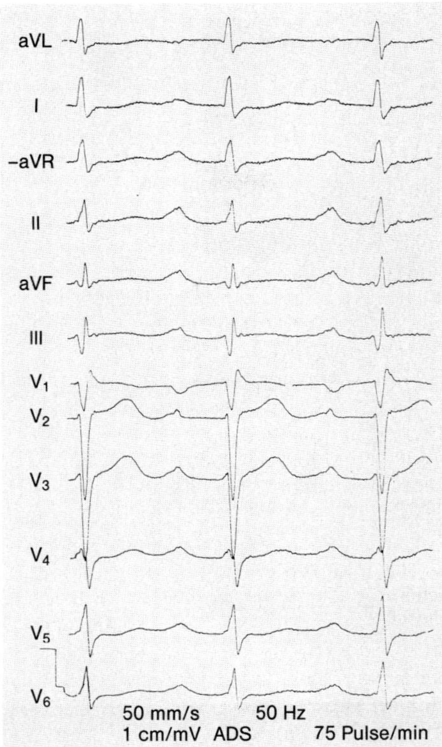

a

Abb. 60 Beispiel eines Patienten mit schwerem Vorhofseptumdefekt
a) Das EKG zeigt ein ausgeprägtes P-pulmonale und einen inkompletten Rechtsschenkelblock, wie er für einen Vorhofseptumdefekt typisch ist. Nebenbefund: AV-Block I. Grades. b) Im Phonokardiogramm erkennt man gut das mittelfrequente Systolikum und den typischen gespaltenen 2. Herzton. c) Farbdoppler-Echo s. Farbtafel IV. d) Röntgenbild: Auffällig sind die zentral verdickten Pulmonalgefäße und die Darstellung der dicken Lungengefäße bis in die Peripherie hin. e) Hämodynamische Befunde. Schwarz: Drücke (mmHg); rot: Sauerstoffsättigung

primum-Defekt mit Mitralinsuffizienz verstärkt. **Auskultatorisch** ist der 2. Pulmonalton betont und gespalten. Das Intervall zwischen Aorten- und Pulmonalanteil des 2. Herztones ist atemunabhängig („fixierte Spaltung“) und liegt über 0,06 s (Abb. 60). Ein nicht sehr lautes systolisches Austreibungsgeräusch über der A. pulmonalis und ein leises

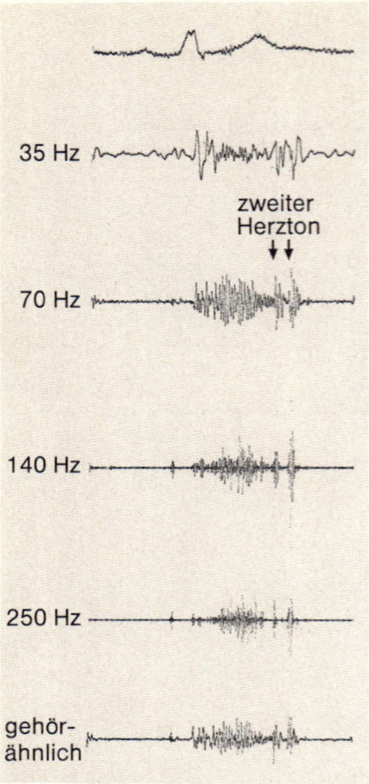

Abb. 60b

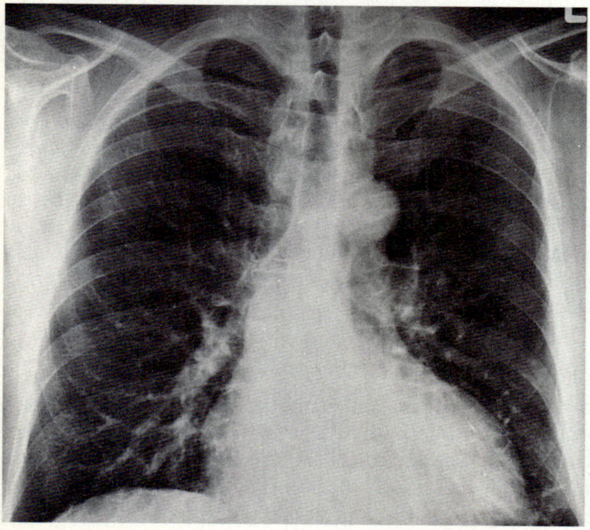

Abb. 60d

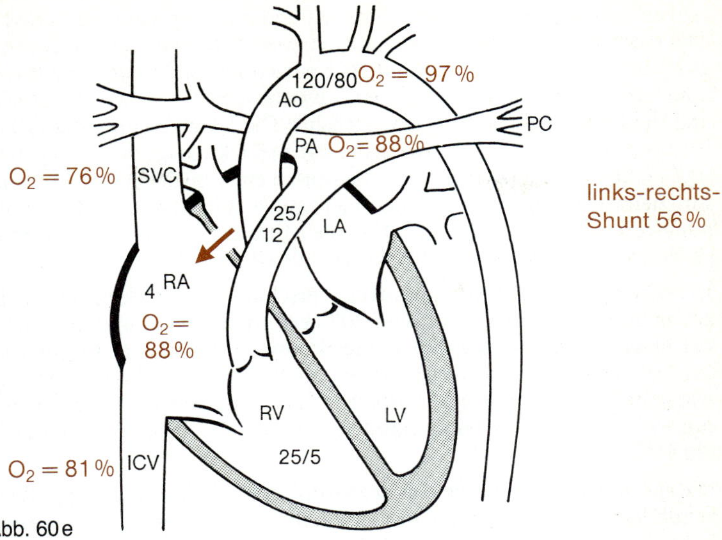

Abb. 60e

präsystolisches Geräusch über dem unteren Sternum oder links daneben kommen hinzu. Das Geräusch über der Pulmonalis wird als „relative Pulmonalstenose" infolge des vermehrten Durchflusses gedeutet. Oft findet sich außerdem ein leises systolisches Geräusch medial der Herzspitze.

Der **Röntgenbefund** ergibt sich aus den oben geschilderten pathophysiologischen Vorbemerkungen. Meist fällt zunächst die Erweiterung der Lungenarterien auf, sie wird leicht mit vergrößerten Hilusdrüsen verwechselt. Die Vergrößerung des Herzens betrifft vorwiegend den rechten Ventrikel. Im **EKG** erscheint sehr oft der sogenannte „unvollständige Rechtsschenkelblock" (s. Abb. 60). Die Extremitätenableitungen sind beim großen Primumdefekt meist linkstypisch, sonst findet sich meist ein Rechtstyp. **Echokardiographisch** kann die Vergrößerung des rechten Ventrikels und der Vorhöfe, im Farb-Doppler direkt der Shunt nachgewiesen werden. Eine Quantifizierung des Shunts ist mit **Farbstoffverdünnungskurven** möglich.

Die **Differentialdiagnose** gegenüber einer teilweisen **Fehleinmündung einer oder mehrerer Lungenvenen** kann klinisch in der Regel nicht geklärt werden. Eine in den rechten statt in den linken Vorhof mündende Lungenvene verursacht die gleichen hämodynamischen Veränderungen wie ein Vorhofseptumdefekt. Zur Klärung sind angiographische Untersuchungen angezeigt. Nicht selten bestehen beide Veränderungen gleichzeitig. Der Vorhofseptumdefekt wird auch leicht mit einem kombinierten Mitralvitium verwechselt, obwohl seine Geräusche leiser sind und die Betonung des 1. Herztones fehlt. Die Vergrößerung des linken Vorhofs erscheint bei der Mitralstenose mehr kugelig, die Hilusgefäße sind nicht so weit, das systolische Geräusch einer begleitenden Mitralinsuffizienz liegt mehr lateral der Herzspitze. Ein typischer Mitralöffnungston spricht in jedem Falle für eine Mitralstenose. Das Echokardiogramm und der Farb-Doppler erlauben die Unterscheidung.

Die **Therapie** besteht im operativen Verschluß des Defektes. Dieser ist ab einem Links-rechts-Shunt von 30% erforderlich und muß möglichst vor einer Druckerhöhung im Lungenkreislauf stattfinden. Im Spätstadium ist er nicht mehr angezeigt. Es bleibt dann nur die Behandlung, wie sie im Abschnitt „Herzinsuffizienz" beschrieben wurde. Das Operationsrisiko liegt beim Sekundumdefekt unter 2%, beim Primumdefekt um 5%.

Die spontane **Prognose** ist von der Größe des Defektes abhängig. Beim Sekundumdefekt beträgt die mittlere Lebenserwartung ohne operativen Eingriff etwa 40 Jahre, einzelne Patienten überschritten sogar das 70. Lebensjahr. Beim Primumdefekt tritt der Tod oft kurz nach der Pubertät ein. Auch kann ein venöser Thrombus durch den Vorhofseptumdefekt in den großen Kreislauf gelangen und lebensgefährliche Komplikationen verursachen. Nach operativem Verschluß des Septumdefekts ist die Prognose ausgezeichnet, vor allem, wenn die Operation vor dem 25. Lebensjahr durchgeführt wird; in diesen Fällen kann man, wenn keine weiteren Mißbildungen oder Folgeerscheinungen bestehen, von einer (annähernd) normalen Lebenserwartung ausgehen.

Die Kombination des Vorhofseptumdefektes mit einer angeborenen oder erworbenen Mitralstenose wird als **Lutembacher-Syndrom** bezeichnet. Es ist neben dem Auskultationsbefund, der beiden Vitien entspricht, an einer ungewöhnlichen Vergrößerung des rechten Herzens und einer erheblichen Erweiterung der Lungengefäße zu erkennen. Die Leistungsfähigkeit der Patienten erscheint im Vergleich zur Herzgröße erstaunlich gut. Auch bei dieser Kombination ist eine operative Korrektur möglich, wenn der Herzmuskel noch über genügend Reserven verfügt.

Eisenmenger-Syndrom

Als Eisenmenger-Syndrom bezeichnet man eine Drucksteigerung im kleinen Kreislauf als Folge eines vermehrten Blutdurchflusses durch Vitien. Zugrunde liegt in 27% ein größerer Ventrikelseptumdefekt, in 13% das Spätstadium des Ductus Botalli und in 8% ein Vorhofseptumdefekt. Es entwickelt sich auch bei der Transposition der großen Gefäße. Der eigentliche **Eisenmenger-Komplex** findet sich nur selten. Bei ihm besteht neben einem Ventrikelseptumdefekt eine teilweise Transposition von Aorta und Pulmonalis, d.h. die Aorta entspringt über dem Septumdefekt („reitende Aorta"). Die klinischen Erscheinungen sind die gleichen wie die des einfachen großen Kammerscheidewanddefektes.

Im Anfangsstadium eines Vitiums mit großem Shunt ist der Druck im linken Ventrikel noch etwa 4mal so hoch wie im rechten. Es tritt also eine große Menge arterialisiertes Blut in den rechten Ventrikel über und mischt sich dort mit venösem Blut. Die Menge des Kurzschlußbluts kann die im großen Kreislaut weit übersteigen. Das linke Herz paßt sich durch physiologische Vergrößerung an die vermehrte Volumenbelastung an, die Lungenarterien entwickeln dagegen eine Arteriosklerose („Pulmonalsklerose"). Der Druck im rechten Ventrikel steigt als Reaktion und überschreitet schließlich den des linken. Die Folge ist eine **Shuntumkehr** mit einer allgemeinen Zyanose. Sehr oft neigen die Kranken schon in früher Kindheit zu Erkrankungen des Respirationstraktes und bleiben allgemein in ihrer Entwicklung zurück.

Der **Auskultationsbefund** kann wenig auffällig sein, da bei Druckangleich das Shuntvolumen nur klein ist. Der 2. Pulmonalton erscheint aber besonders laut („paukend"). Das Gesicht hat einen leicht bläulichen Schimmer, wenn neben dem Links-rechts-Shunt venöses Blut in den linken Ventrikel übertritt (gekreuzter Shunt).

Der **Röntgenbefund** mit den erweiterten und pulsierenden Hilusgefäßen, die Vergrößerung des linken und später auch des rechten Herzens ist weitgehend charakteristisch. Das **EKG** läßt die zunehmende Überlastung des rechten Herzens erkennen (Abb. 61). Im **Echokardiogramm** läßt sich eine deutliche Erweiterung der Ventrikel nachweisen. **Farb-Doppler-echokardiographisch** gelingt der direkte Shuntnachweis. Eine nichtinvasive Quantifizierung des Shunts wird durch **Farbstoffverdünnungskurven** ermöglicht. Die Diagnose wird durch **Herzkatheterisierung** und **Ventrikulographie** gesichert. Die konservative **Therapie** richtet sich gegen die Zeichen der Herzinsuffizienz. Große Zurückhaltung ist jedoch bei Vasodilatantien geboten, da sie zur Zunahme des Shunts und zum Blutdruckabfall führen können. Ein operativer Verschluß des Defekts ist kontraindiziert, da ein akutes Rechtsherzversagen die Folge ist. In besonderen Fällen kann eine kombinierte Herz- und Lungentransplantation erwogen werden.

Die **Prognose** ist ungünstig, die Lebenserwartung von Kindern mit Eisenmenger-Syndrom beträgt durchschnittlich 16 Jahre. Man rechnet vom Beginn einer deutlichen Zyanose im allgemeinen nur noch mit einer Dauer von etwa 3 Jahren. Hauptgefahr ist das Versagen des

a

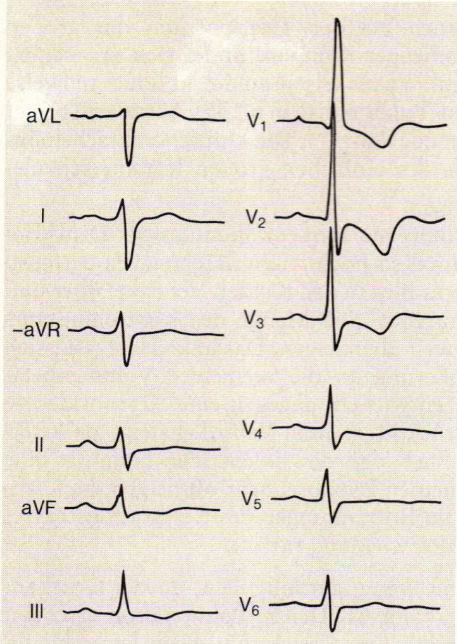

c

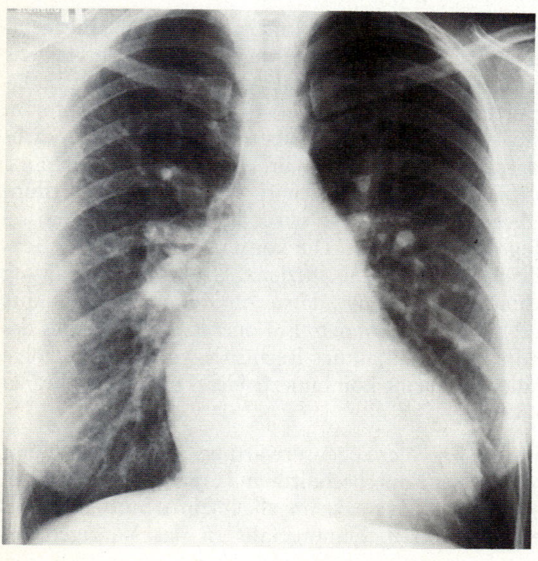

rechten Ventrikels. Weiterhin kann jedoch eine bakterielle Endokarditis mit Abszeßabsiedelung, z.B. im Gehirn, auftreten. Häufig werden Herzrhythmusstörungen beobachtet.

Dextrokardie

Eine spiegelbildliche Lage des Herzens im Vergleich zur normalen wird als echte Dextrokardie bezeichnet. Wenn gleichzeitig auch die Eingeweide entsprechend verlagert sind, spricht man von einem **Situs inversus totalis.** Er findet sich bei 0,8% der Bevölkerung und läßt sich klinisch leicht diagnostizieren. Ihm kommt kein Krankheitswert zu. Demgegenüber ist der **Situs inversus partialis** (keine Inversion der Abdominalorgane) nicht selten mit weiteren kardialen Mißbildungen vergesellschaftet, die entsprechend abgeklärt werden müssen.

Das **Röntgenbild** läßt bei der echten Dextrokardie nur eine Seitenvertauschung erkennen. Wenn man das Bild von der falschen Seite betrachtet, erscheinen die Verhältnisse normal. Man achtet dabei besonders auch auf die Lage von Aorta, Magenblase und Leberschatten.

Das **EKG** entspricht in den Extremitätenableitungen dem Stromverlauf, den wir sonst durch Verwechslung der beiden Armkabel erhalten. Die normalen Brustwandableitungen lassen eine hohe R-Zacke in den Ableitungen V_4 und V_6 vermissen. Erst rechtsseitige Ableitungen wie Vr_4 zeigen das R des linken Ventrikels, das größer als S ist. Sonst wird leicht fälschlicherweise die Diagnose einer extremen Rechtshypertrophie gestellt (Abb. 62). Die Synthese aller Befunde wird vor Fehldiagnosen bewahren.

Andere Mißbildungen des Herzens

Von den vielen möglichen Mißbildungen des Herzens und der angrenzenden großen Gefäße werden im weiteren nur die erwähnt, die relativ häufig sind und auch noch im **Erwachsenenalter** vorkommen.

Man spricht bei der Kombination von Pulmonalstenose, Ventrikelseptumdefekt mit darüber reitender Aorta und Hypertrophie des rechten Ventrikels von einer **Fallot-Tetralogie.** Als Folge der Pulmonalstenose gelangt venöses Blut durch den Ventrikelseptumdefekt in die linke

◀ Abb. 61 Befunde bei Eisenmenger-Syndrom, hier auf dem Boden eines großen Ventrikelseptumdefekts mit Shuntumkehr
a) Das EKG zeigt eine schwerste Druckbelastung des rechten Herzens an (großes R in V_1, Rechtslagetyp). b) Farbdoppler-Echo s. Farbtafel V. c) Das Röntgenbild zeigt die Vergrößerung des linken Herzens, wie sie zum Ventrikelseptumdefekt gehört, dazu die zentral aufgeweiteten, peripher aber rarefizierten Lungengefäße

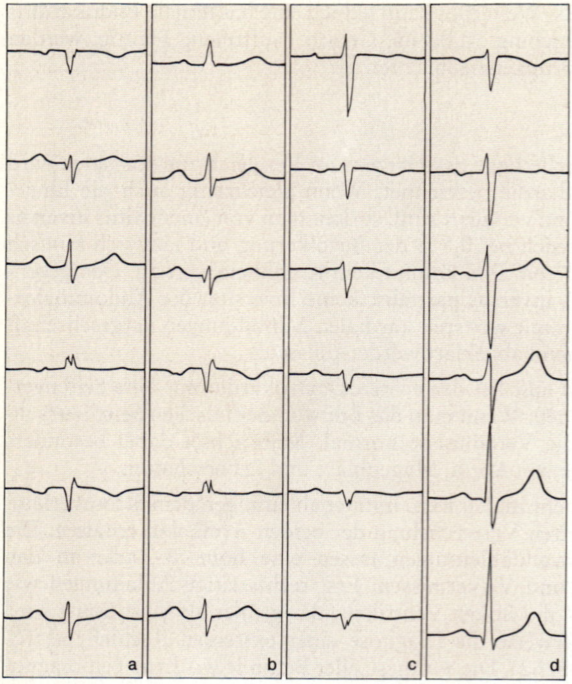

Abb. 62 a–d EKG eines Patienten mit Situs inversus
a) Ableitung I, II, III, aV_R, aV_L, aV_F an normaler Stelle; b) die gleichen Ableitungen, die Armkabel vertauscht; c) Ableitung V_1 bis V_6 an üblicher Stelle; d) die gleichen Ableitungen über der rechten Thoraxhälfte. Die Ableitungen in üblicher Weise können den Verdacht auf einen großen Vorderwandinfarkt oder eine Rechtsherz-Belastung erwecken, doch das negative P in Ableitung 1 weist auf das Bestehen eines Situs inversus hin

Kammer und verursacht eine allgemeine Zyanose. Letztere löst eine Polyglobulie aus, die den Eindruck der Zyanose noch verstärkt. Sie fällt am meisten an den Lippen, den sichtbaren Schleimhäuten und an den Ohren auf. Die roten Konjunktiven erwecken den Eindruck eines „Kaninchenauges". Die Finger und Zehen sind wie Trommelschlegel aufgetrieben und tragen Uhrglasnägel. Der gesamte Körper bleibt in seiner Entwicklung zurück, Muskulatur und Fettgewebe sind nur mäßig entwickelt. Typisch ist das „squatting", das Bevorzugen der Hockstellung nach körperlicher Anstrengung. Durch diese Hockhaltung wird der periphere Kreislaufwiderstand erhöht, wodurch der Rechts-links-Shunt reduziert und somit die Oxygenierung des Blutes verbessert wird. Der Auskultationsbefund entspricht dem der isolierten Pulmonalstenose (S. 164). Das EKG weist die Zeichen einer Hypertrophie der rechten Kammer auf, es zeigt also ein kleines R in Ableitung I bei größerem S, ein hohes, geknotetes R in Vr_4 und/oder in V_1. Röntgenologisch findet sich eine Abrundung der Herzspitze, die zugleich angehoben sein kann (Cœur en sabot oder Holzschuhherz), die Hilusgefäße erscheinen eng, die peripheren Lungenfelder ungewöhnlich hell. Die Diagnose wird durch die Herzkatheterisierung gesichert.

Falls schon in früher Kindheit zur Erhaltung des Lebens ein operativer Eingriff notwendig wird, stellt man eine Verbindung zwischen der Aorta und der A. pulmonalis her, um die Lungendurchblutung zu erhöhen. Das Ziel ist die vollständige Korrektur. Das günstigste Alter hierfür liegt zwischen dem 3. und 5. Lebensjahr. Die Todesrate erreicht bei dieser Operation in ungünstigen Fällen fast 20%.

Wenn die Mißbildungen geringgradig sind, kann auch ohne Operation ein hohes Alter erreicht werden. Es handelt sich dabei aber um Ausnahmefälle. Die mittlere Lebenserwartung beträgt nur 12 Jahre. Komplikationen drohen durch Hirnschädigungen, Hirnabszeß, plötzlichen Kollaps, durch eine bakterielle Endokarditis oder Rechtsherzversagen.

Weniger ausgeprägt ist die Zyanose bei der **Fallot-Trilogie.** Sie ist charakterisiert durch eine Pulmonalstenose, einen Vorhofseptumdefekt und eine Rechtshypertrophie. Auch bei ihr ist eine Operation angezeigt, da die durchschnittliche Lebenserwartung bei 22 Jahren liegt.

Beim **Ebstein-Syndrom** ist der Ansatz der Trikuspidalklappen ganz oder teilweise in den rechten Ventrikel verlagert. Der rechte Vorhof und der rechte Ventrikel (als Folge der Trikuspidalinsuffizienz) sind daher stark vergrößert. Oft besteht gleichzeitig ein Vorhofseptumdefekt oder ein offenes Foramen ovale, eine Pulmonalstenose oder -atresie. Falls ein Vorhof-Septum-Defekt vorliegt, kommt es zu einer ausgeprägten allgemeinen Zyanose. Röntgenologisch fällt die Vergrößerung des rechten Herzens auf, während die Lungengefäße und der Pulmonalisbogen klein sind. Man kann meist ein holosystolisches und mesodiastolisches Geräusch hören. Der Auskultationsbefund hat Ähnlichkeit mit dem des Vorhofseptumdefektes. Im EKG finden sich oft ein verkürztes PQ und ein Rechtsschenkelblock. Fälle ohne Zyanose können bis 84 Jahre alt werden (Formes frustes). Eine operative Behandlung wird bei schwerer Herzinsuffizienz versucht.

Ein vollständiger **kongenitaler Perikarddefekt** verursacht klinisch keine Erscheinungen. Durch einen partiellen Defekt kann ein Teil eines Vorhofes wie eine Hernie in Erscheinung treten und auch stranguliert werden. Eine Operation wird daher empfohlen.

Trichterbrust

Bei der Trichterbrust handelt es sich um eine lokalisierte Wachstumsstörung mit familiärer Häufung, besonders bei asthenischen Menschen. In schweren Fällen, das heißt, wenn (beim durchschnittlichen Menschen) der Abstand zwischen Sternum und Brustwirbelsäule weniger als 6–7 cm beträgt, wird das Herz als Folge des Platzmangels hinter dem Sternum deutlich nach links verlagert. Dann kommt es, besonders in stehender Körperposition, zur Abknickung der unteren Hohlvene und zur Behinderung des venösen Blutrückflusses zum Herzen. Dies führt zur charakteristischen Leistungsminderung im Stehen, jedoch nicht im Liegen (z. B. Schwimmen). Gegebenenfalls kann eine operative Korrektur des Skelettsystems erfolgen.

Der Patient mit künstlicher Herzklappe

Eine ideale künstliche Herzklappe gibt es nicht. Dem Patienten werden heute sowohl biologische Herzklappen als auch Kunststoffprothesen angeboten. **Klappen aus biologischem Material** haben den Vorteil, daß eine Antikoagulantientherapie nur für die ersten Monate erforderlich ist – es sei denn, daß aufgrund eines chronischen Vorhofflimmerns eine Dauerbehandlung angezeigt ist –, im Anschluß daran wird gelegentlich die Einnahme von Acetylsalicylsäure empfohlen. Nachteilig an diesen Klappen ist jedoch die begrenzte Haltbarkeit. Man rechnet, daß nach 10 Jahren in ca. 30% eine erneute Operation wegen starker degenerativer Klappenveränderungen erforderlich wird. Dabei kann es sowohl zu Klappenstenosen als auch zu Klappeninsuffizienzen kommen. Letztere treten nicht selten ganz akut auf (plötzlicher Einriß in einem degenerierten Segel) und können Schwierigkeiten bei der differentialdiagnostischen Abklärung verursachen. Bei Patienten unter 35 Jahren schreitet aus bisher unbekannten Ursachen die Klappenzerstörung so rasch fort, daß man hier von der Implantation einer Bioprothese in aller Regel ganz absehen wird (Ausnahme z. B. Frauen mit Kinderwunsch, Patienten mit erhöhter Verletzungsgefahr). Demgegenüber haben **Kunststoffkippscheibenprothesen** den Vorteil, daß, wenn eine ausreichende Antikoagulation vorgenommen wird, eine Funktionseinschränkung nicht zu erwarten ist. Nachteilig ist jedoch die Notwendigkeit einer lebenslänglichen Therapie mit Cumarinen (z. B. Marcumar). Trotz optimal eingestelltem Quick-Wert kann es allerdings zu thromboembolischen Komplikationen kommen. Liegen Kontraindikationen für eine Antikoagulantientherapie vor, so muß primär auf eine Bioprothese zurückgegriffen werden.

Patienten mit künstlichen Herzklappen sind von verschiedenen Komplikationen bedroht (Tab. 45). Die Gefahr des Ausreißens einer implantierten Klappe besteht nur während der ersten postoperativen Wochen

Tabelle 45 Die häufigsten Komplikationen nach Herzklappenersatz

Klappenbedingte Komplikationen:	
Kunststoffklappen:	Embolien Blutungen (wegen notwendiger Marcumarbehandlung) Öffnungsbehinderung durch Klappenthrombose Hämolyse Klappenausriß Prothesenendokarditis
Biologische Klappen:	Prothesenendokarditis Klappenausriß Klappendysfunktion

oder bei Auftreten einer schweren bakteriellen Endokarditis. Eine Reoperation ist in diesen Fällen häufig nicht zu umgehen.

Patienten mit künstlichen Herzklappen sollten sich regelmäßigen Kontrolluntersuchungen unterziehen. Diese umfassen neben der Anamnese und einer sorgfältigen körperlichen Untersuchung (Hinweise auf Klappendysfunktion?) eine EKG-Untersuchung, eine Echokardiographie sowie gegebenenfalls eine Röntgenuntersuchung.

Bei Verdacht auf Herzrhythmusstörungen ist ein Langzeit-EKG erforderlich. Es empfiehlt sich der Vergleich mit präoperativen Befunden, um den Operationserfolg beurteilen zu können. Stellt sich die Frage einer Klappendysfunktion (Stenosierung, paravalvuläre Insuffizienz), so ist eine weitere invasive Diagnostik häufig erforderlich. Besteht der Verdacht auf eine Thrombosierung einer Kunststoffprothese, so kann dies echokardiographisch zumeist bewiesen werden. Auskultatorisch fällt – häufig bereits dem Patienten – auf, daß das charakteristische Klicken der Kunststoffklappe aufgehört hat. Dies muß als höchst bedrohliches Warnsymptom aufgefaßt werden. Hier ist unverzügliches chirurgisches Vorgehen angezeigt.

Patienten mit künstlichen Herzklappen bleiben lebenslänglich endokarditisgefährdet. Bei ärztlichen Eingriffen (Zahnarzt, Gynäkologe, HNO-Arzt, Urologe) muß prophylaktisch ein Antibiotikum eingenommen werden (s. S. 97). Besteht der Verdacht auf eine Prothesenendokarditis, so ist unverzüglich die Einweisung in eine erfahrene Klinik erforderlich.

Ist der Patient Träger einer Kunststoffprothese, so darf eine Antikoagulantientherapie nur bei lebensbedrohlichen Erkrankungen unterbrochen werden. Sind Operationen erforderlich, so kann eine Cumarintherapie vorübergehend abgesetzt werden, wenn gleichzeitig Heparin in ausreichender Menge intravenös gegeben wird.

Patienten mit künstlichen Herzklappen bleiben nicht selten in ihrer Leistungsfähigkeit eingeschränkt. Dies hat seine Ursache zum einen darin, daß bereits eine myokardiale Schädigung eingetreten sein kann, zum anderen öffnen sich Kunststoffklappen nie vollständig, so daß eine gewisse Reststenose an der Klappe bestehen bleibt. In schweren Fällen ist daher die Fortführung einer Herzinsuffizienztherapie notwendig.

Führt der Patient einen seiner Erkrankung angepaßten Lebenswandel, nimmt er gewissenhaft seine Medikamente ein und unterzieht sich regelmäßig ärztlichen Kontrolluntersuchungen, so ist eine gute Lebensqualität und Prognose die Regel.

Koronare Herzkrankheit

Allgemeines

Unter dem Begriff „koronare Herzkrankheit" faßt man Erkrankungen zusammen, bei denen in der Regel durch Arteriosklerose bedingte Einengungen oder Verschlüsse der Koronararterien vorliegen. Diese Krankheit steht in der Reihe der Todesursachen in den Industrienationen an der Spitze.

Unter **Koronarinsuffizienz** versteht man eine Durchblutungsnot von Herzmuskelzellen, wobei die ungenügende Versorgung mit Sauerstoff die Hauptrolle spielt. In der Klinik spricht man von Koronarinsuffizienz, wenn das Blut- bzw. Sauerstoffangebot nicht dem augenblicklichen Bedarf des ganzen Herzens oder einzelner Herzmuskelabschnitte entspricht.

Beim Gesunden beträgt die **Koronarreserve** (definiert als die Blutmenge, die bei maximaler Erweiterung der Kranzgefäße und normalem Aortendruck das Gefäßsystem durchströmen kann) etwa das 3- bis 6fache der Ruhedurchströmung. Letztere liegt bei etwa 80 ml/100 g Herzmuskel. Darüber hinaus ist bei Höchstleistungen eine vermehrte Sauerstoffausschöpfung des Blutes möglich. Auf diese Weise reicht beim Gesunden die Myokarddurchblutung unter allen physiologischen Bedingungen aus. Bevor ihre Grenze erreicht wird, muß die Belastung wegen Erschöpfung der peripheren Muskulatur abgebrochen werden. Eine Ausnahme ist, wenn der Betroffene **Dopingmittel** eingenommen hat. Neben organischen Schäden am Myokard kommt dann auch zum Tragen, daß die physiologische Relation von Herzleistung und peripherer Muskulatur nicht mehr stimmt.

Beim Kranken kann durchaus bereits unter Alltagsbedingungen der Zustand einer Koronarinsuffizienz erreicht werden. Verschiedene extrakardiale und kardiale Erkrankungen können die Reserven erheblich beeinträchtigen (Tab. 46).

So können **extrakardiale Erkrankungen,** wie z. B. eine schwere Anämie (Hb unter 10 g/dl), eine Hypotonie (meist unter 80 mmHg systolisch), eine respiratorische Insuffizienz, Vergiftungen mit Kohlenmonoxid oder Methhämoglobinbildnern eine myokardiale Minderdurchblutung bis hin zum Myokardinfarkt auslösen.

Zu den **kardialen Ursachen** einer Koronarinsuffizienz zählen Erkrankungen mit erhöhtem Sauerstoffbedarf des Arbeitsmyokards (Druck- oder Volumenbelastung), Herzrhythmusstörungen, die zu einer Beeinträchtigung der Auswurfleistung des Herzens führen, sogenannte Mus-

Tabelle 46 Ursachen einer Myokardischämie (Koronarinsuffizienz)

Extrakardial bedingt	Kardial bedingt
Sauerstoffmangel	Einengungen von Koronararterien oder -arteriolen
hochgradige Anämie	Koronarspasmen
Kohlenmonoxidvergiftung	Erhöhung des Sauerstoffbedarfs durch Drucküberlastung, Volumenüberlastung
Methämoglobinbildung	Angeborene Anomalien
respiratorische Insuffizienz	Tachykardie
Aufenthalt in großer Höhe	Bradykardie
Blutdruckerhöhung	Herzstillstand
Blutdruckabfall	
Schock	
Exzessive Erhöhung der Katecholamine, Hyperthyreose	
Verschlechterung der Fließeigenschaften des Blutes	

kelbrücken, die eine systolische Stenosierung der Kranzgefäße nach sich ziehen, und angeborene Anomalien wie das Bland-White-Garland-Syndrom, bei dem ein Kranzgefäß (meist das linke) aus der Pulmonalarterie entspringt. Aortenklappenfehler bedeuten abnorme Strömungsverhältnisse in der Aorta ascendens, so daß eine koronare Minderdurchblutung u. a. durch ein Saugpumpenphänomen resultieren kann. Eine Einengung der Herzkranzgefäße bzw. der Ostien in der Aorta wird z. B. bei rheumatischen und autoaggressiven Erkrankungen wie Panarteriitis nodosa und Vaskulitis beobachtet. Ein Aorta ascendens-Aneurysma kann eine akute Obstruktion eines Koronarostiums verursachen. Kleine Embolien, wie sie bei Vorhofflimmern oder bakterieller Endokarditis möglich sind, können zum akuten Koronarverschluß führen. Die weitaus **häufigste Ursache** für eine Koronarinsuffizienz ist jedoch die **Atherosklerose (Arteriosklerose)** der Herzkranzgefäße, die man mit dem Begriff **koronare Herzkrankheit** beschreibt.

Entwicklung und Verlauf der koronaren Herzkrankheit

Voraussetzung für die **Entwicklung einer Atherosklerose** ist eine Schädigung der Gefäßintima. Sie wird u. a. durch die klassischen Risikofaktoren ausgelöst:

Rauchen (bei Frauen besonders in Kombination mit oralen Antikonzeptiva),
Hypertonie,
Diabetes mellitus,
mechanische Gefäßwandschäden,
infektiöse oder toxische Noxen,
angeborene Hyperlipidämien.

Auch eine angeborene Prädisposition wird angenommen. Auf die Intimaläsionen lagern sich Blutplättchen auf, die eine Reihe von Hormonen freisetzen (u. a. den platelet-derived growth factor, PDGF), die die Migration von Makrophagen und fibromuskulären Zellen bewirken. Erst zu einem fortgeschrittenen Zeitpunkt lagern sich Calcium und Cholesterin in die Läsion ein. Pathologisch-anatomische Untersuchungen zeigen, daß der Lipidgehalt in Koronarplaques im Mittel zwischen 5 und 15% liegt. Diese Feststellung hat besondere Bedeutung bei der Abwägung des Nutzens und der Risiken einer medikamentösen Therapie einer erworbenen Hyperlipidämie (s. S. 208).

Vorläufiger morphologischer Endpunkt der Entwicklung ist die intakte, mit Bindegewebe überzogene Plaque. Engt sie das Gefäßlumen über mehr als 70% ein, so kommt es typischerweise vor allem bei vermehrtem Sauerstoffbedarf zur Myokardischämie. Klinisch hat der Patient in diesem Krankheitsstadium eine **stabile Angina pectoris.**

Wichtig ist, daß die anatomischen Einengungen in den Herzkranzgefäßen funktionellen Einflüssen (**Koronarspasmen**) unterliegen. Minimale morphologische Veränderungen in den Herzkranzgefäßen können vorübergehend zu hochgradigen Stenosen werden; in seltenen Fällen treten Spasmen sogar in normalen Kranzgefäßen auf (Prinzmetal). Bestimmte Medikamente wie Ergotamin-Präparate und Katecholamine, aber auch Intoxikationen (z. B. mit Cocain) und physikalische Einflüsse (z. B. Kälte) können die Spasmusneigung wesentlich fördern. So kann aus einer stabilen Symptomatik in entsprechenden Streß- und Belastungssituationen eine instabile Situation werden.

Von einer **instabilen Angina pectoris** spricht man, wenn es zu einer plötzlichen Verschlimmerung der Krankheit kommt. Dies charakterisiert einen bedrohlichen Zustand. Die Angina-Anfälle nehmen an Häufigkeit, Dauer und Schwere in kurzer Zeit zu bzw. es kommt zum Auftreten neuer Beschwerden. Pathologisch-anatomisch zeigt sich nun ein Aufreißen der die Plaque abdichtenden Deckmembran. Auf dieses frische Ulkus lagern sich akut Thrombozyten. Diese engen nicht nur das Gefäßvolumen ein, sondern setzen auch vasoaktive Substanzen frei. Bedeutung hat darüber hinaus, daß durch die Erkrankung des Endothels die Gefäßwandregulation beeinträchtigt ist; der relaxierende Faktor EDRF (endothelium derived relaxing factor) wird an der betroffenen Stelle nicht mehr gebildet; Endothelin, das stärkste bisher bekannte vasokonstriktorisch wirkende Hormon, wird offenbar vermehrt ausgeschüttet. So treten Koronarspasmen hinzu. So können akute Thrombosen und Koronarspasmen akut zur weitgehenden oder sogar vollständigen Verlegung des Kranzgefäßes führen.

Hat sich die koronare Herzkrankheit langsam entwickelt, so kann ein akuter vollständiger **Koronarverschluß** ohne klinische Symptome ablaufen. Je schneller jedoch die Entwicklung ist, um so weniger Möglichkeiten bestehen, **Kollateralkreisläufe** zu aktivieren. Dieser schwere Krankheitsverlauf wird besonders bei jungen Menschen beobachtet, so daß gerade bei ihnen mit der Entstehung eines großen **Myokardinfarkts** zu rechnen ist. Betroffen ist vorwiegend der linke Ventrikel, bei Verschlüssen in der rechten Kranzarterie kommen auch rechtsventrikuläre Infarzierungen vor.

In den folgenden Abschnitten werden die verschiedenen klinischen Manifestationen der koronaren Herzkrankheit und die entsprechende Diagnostik besprochen.

Angina pectoris vera, die stabile Angina pectoris

Pathologisch-anatomisch findet sich bei der Angina pectoris vera eine Koronarsklerose mit Stenosierungen in der Regel über 70% des Gefäßdurchmessers. Subendokardial lassen sich nach schweren Anfällen kleine Narben- und Nekrosenherde nachweisen. Später kommen größere und konfluierende Herde oder Infarktnarben hinzu. Das Herzgewicht nimmt zu, zum Teil durch kompensatorische Hypertrophie der restlichen Muskelfasern, zum Teil durch eine erhebliche Vermehrung des Bindegewebes, das die Nekrosen ausfüllt.

Die **echte** Angina pectoris ist durch körperliche Belastung auslösbar. Sie besteht in einem Engegefühl in der Herzgegend, das sich bis zu unerträglichen Schmerzen steigern und in den linken Arm, den Nacken, den Unterkiefer oder in den Oberbauch ausstrahlen kann (s. Abb. 78, S. 241). Der rechte Arm wird seltener betroffen, die Daumen bleiben frei. Angst und Vernichtungsgefühl treten oft hinzu, die Atmung wird behindert. Andere Patienten verspüren nur ein leichtes Unwohlsein oder Atemnot. Die Beschwerden zwingen den Kranken, die Belastung einzustellen oder zu vermindern. Die Symptomatik klingt rasch, spätestens nach 10 Minuten, ab. Schon kurze Zeit später ist der Patient weitgehend beschwerdefrei.

Solche Anfälle können auch ohne vorangehende körperliche Belastung auftreten, so bei Kälte, Aufregung oder nach einem üppigen Essen, beim Wasserlassen oder Stuhlgang. Charakteristisch ist, daß sie **auch** durch eine körperliche Belastung ausgelöst werden können.

Diagnose

Die Schilderung dieser Anfälle kann so typisch sein, daß sich die Diagnose ohne weiteres ergibt.

Die Antworten auf folgende 4 Fragen tragen entscheidend zur Diagnose bei:

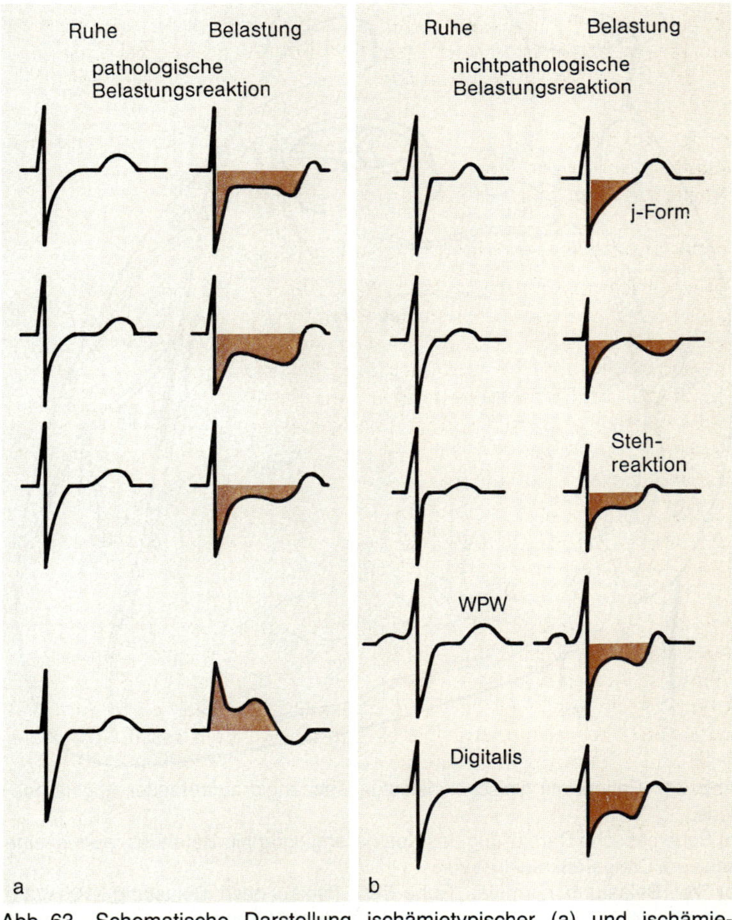

Abb. 63 Schematische Darstellung ischämietypischer (a) und ischämieuntypischer (b) EKG-Veränderungen (nach Kaltenbach, M.: Kardiologie-Information, 2. Aufl. Steinkopff, Darmstadt 1989)

1. Wann treten die Herzbeschwerden auf?
   (Bei Angina pectoris während Belastung.)
2. Wie lange halten sie an?
   (Bei Angina pectoris 2–10 Minuten.)
3. Besserung der Beschwerden durch Stehenbleiben?
   (Bei Angina pectoris sofort.)
4. Besserung auf Nitroglycerin sublingual?
   (Ja, bei Angina pectoris in 1–2 Minuten.)

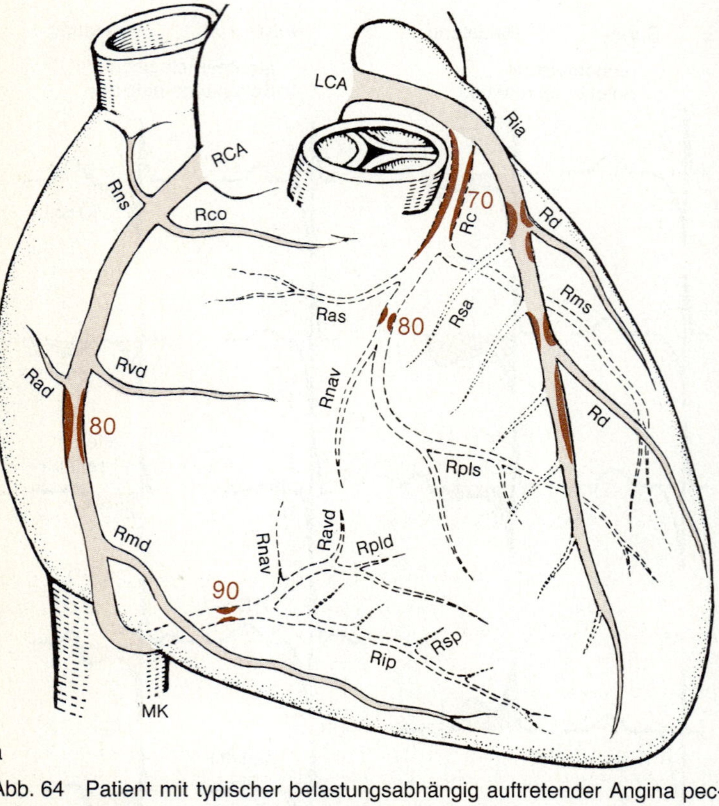

a

Abb. 64 Patient mit typischer belastungsabhängig auftretender Angina pectoris.

a) Schematische Darstellung des Koronarangiographie-Befundes: es liegt eine schwere Dreigefäßkrankheit vor.

b) Vor Belastung normales Ruhe-EKG (links), nach Belastung (100 Watt) pathologische ST-Streckensenkung in Ableitung V_4 (rechts).

LCA: linke Kranzarterie; RIA: R. interventricularis anterior; RC: R. circumflexus; RCA: rechte Koronararterie (nach Kaltenbach)

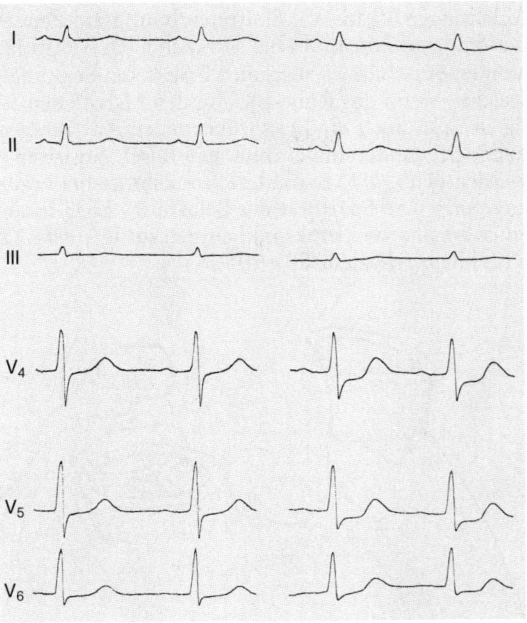

Abb. 64b

Während eines solchen Zustandes bleibt dagegen der körperliche Untersuchungsbefund uncharakteristisch. Wie bei jedem Schmerz kann der Blutdruck erhöht sein, sonstige krankhafte Veränderungen werden vermißt.

Entscheidend für die Sicherung der Diagnose ist das **EKG.** Während eines spontanen Anfalls oder während oder nach einer ausreichend hohen ergometrischen Belastung finden sich meist typische Veränderungen von **ST,** die die folgende Kriterien erfüllen (Schema in Abb. 63, Beispiele in Abb. 64 und 65):

1. Senkung von ST **in seinem Abgang** über 0,5 mm (0,05 mV) in Ableitung I, II oder über 1,0 mm in V_3, V_4, V_5 oder V_6 und
2. waagerechter, nach oben konvex oder abwärts gerichteter Verlauf von ST in mehreren konsekutiven Herzaktionen.
3. Diese Veränderungen müssen über 0,08 s (etwa QRS-Breite) anhalten.

Auch eine geringere ST-Senkung als 1 mm kann ein Ischämiezeichen sein, besonders wenn gleichzeitig anginöse Herzbeschwerden beklagt werden. Die Treffsicherheit des EKGs wird allerdings um so größer, je tiefer ST gesenkt ist und unter je geringerer Belastung dies auftritt.

Am besten beobachtet man die charakteristische Umformung in den Ableitungen V_4 bis V_6. Sie treten häufig am deutlichsten in der letzten Belastungsminute und 1–3 Minuten nach Belastungsende auf.
Von einer ischämietypischen ST-Strecken-Senkung darf nur gesprochen werden, wenn das Ruhe-EKG in den betroffenen Ableitungen unauffällig ist (also auch die linkspräkordialen Ableitungen beim Rechtsschenkelblock); anderenfalls muß mit **falsch positiven Befunden** gerechnet werden (Tab. 47). Besondere Vorsicht ist bei Frauen im Klimakterium angezeigt. Die **Spezifität** des Belastungs-EKG bezüglich der Diagnostik einer koronaren Herzkrankheit beträgt in einem Krankengut mit hoher Krankheitsprävalenz 80–90%.

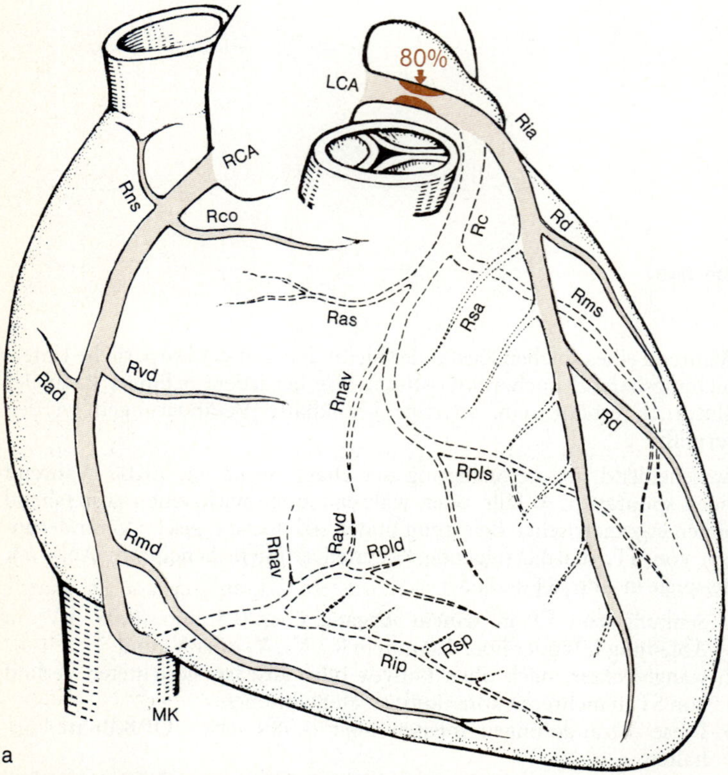

a

Abb. 65 Patient mit schwerer Ruhe-Angina pectoris.
a) Schematische Darstellung des Koronarangiogramms: Es liegt eine hochgradige Stenose im Hauptstamm der linken Kranzarterie vor.
b) im EKG sieht man im Anfall eine spontane ST-Streckenabsenkung

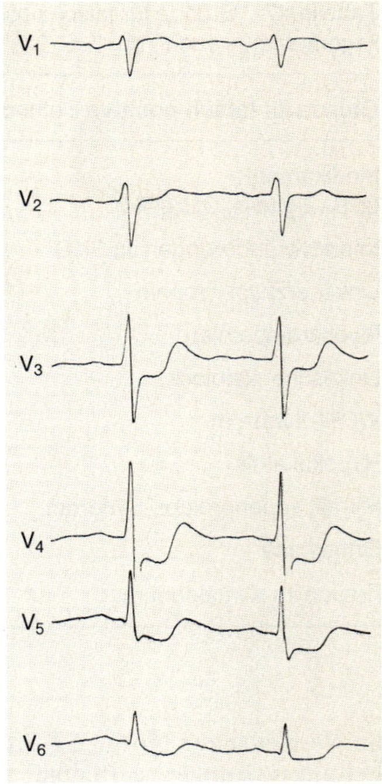

Abb. 65b

Die **Sensitivität** des Belastungs-EKG zur Erkennung einer koronaren Herzkrankheit beträgt im Mittel ebenfalls 80–90%. Sie ist bei Patienten mit koronarer Eingefäßkrankheit, besonders der rechten Kranzarterie und des R. circumflexus, sowie bei Zustand nach intramuralem Infarkt allerdings deutlich niedriger (50–60%). Weitere Gründe für ein **falsch negatives Belastungs-EKG** werden in Tab. 47 aufgezeigt.
Seltener kann eine spät negative **U-Welle** beobachtet werden. Sie ist ein unspezifischer Marker einer myokardialen Erkrankung und wird auch bei anderen Herzerkrankungen angetroffen.
Große diagnostische Bedeutung haben belastungsinduzierte **ST-Streckenhebungen in nichtinfarktveränderten Ableitungen.** Sie zeigen eine schwere koronare Minderdurchblutung an, der zumeist eine koronare Dreigefäßkrankheit oder eine Hauptstammstenose zugrunde liegt (Abb. 66).
Die zusammenfassende **Beurteilung des Belastungs-EKG** muß eine Angabe zu Beschwerden (Dyspnoe, Erschöpfung, Angina pectoris, Beinschmerzen, starker Schweißausbruch) und objektiven Befunden (erbrachte Leistung und Dauer in Relation zum Soll, Frequenzverhalten

Tabelle 47 Gründe für falsch positive und falsch negative Befunde bei der Ergometrie (s. auch Tab. 7, S. 27)

Gründe für **falsch positive** Befunde	Gründe für **falsch negative** Befunde
Medikamente (z. B. Digitalis, Diuretika)	Medikamente (z. B. Nitrate, Calciumantagonisten, Betablocker)
Infarktveränderungen im EKG	Unzureichende Belastung
Linksherzhypertrophie	Koronare Eingefäßkrankheit (besonders nach nichttransmuralem Infarkt sowie Stenosierungen in der rechten Kranzarterie oder im R. circumflexus)
Myokardiopathien	Zu wenige EKG-Ableitungen
Linksschenkelblock	
WPW-Syndrom	
Hypokaliämie	
Mitralklappenprolaps-Syndrom	
Orthostase	
Frauen im Klimakterium	

im Vergleich zur Norm, ST-Strecken-Analyse, Erregungsbildungs- und Leitungsstörungen) enthalten.

Uncharakteristisch für eine Myokardischämie ist eine **ST-Strecken-Hebung in infarktveränderten Ableitungen.** Ebenfalls nicht bewertet werden können Veränderungen der T-Zacken ohne gleichzeitige typische ST-Streckensenkungen. Das gleiche gilt auch für das Auftreten von Extrasystolen während oder in der Erholungsphase nach Belastung. Sie zu erfassen ist jedoch wichtig, da sie Ursache von Herzbeschwerden sein können. Man beobachtet sie auch bei allen anderen Herzerkrankungen sowie bei sonst Gesunden, so daß sie kein sicheres Zeichen für eine Koronarinsuffizienz darstellen.

Die Diagnose einer durch Koronarstenosen bedingten Angina pectoris ist mit großer Wahrscheinlichkeit möglich, wenn das Belastungs-EKG typisch verändert ist und gleichzeitig anginöse Beschwerden auftreten. Wird jedoch vermutet, daß ein falsch positives oder falsch negatives Belastungs-EKG vorliegt, sind Zusatzuntersuchungen zur Objektivierung angezeigt. Nuklearmedizinisch können belastungsinduzierte Ventrikelkontraktionsstörungen (**Radionuklidventrikulographie,** Abb. 67 [Farbtafel VI–VIII]) sowie minderdurchblutete Myokardareale (**Myokardszintigraphie,** Abb. 68) nachgewiesen werden. Ein pathologischer Druckanstieg im kleinen Kreislauf (bzw. des Pulmonalkapillardruckes), durch **Rechtsherz-Katheter** gemessen, unter Belastung in Verbindung

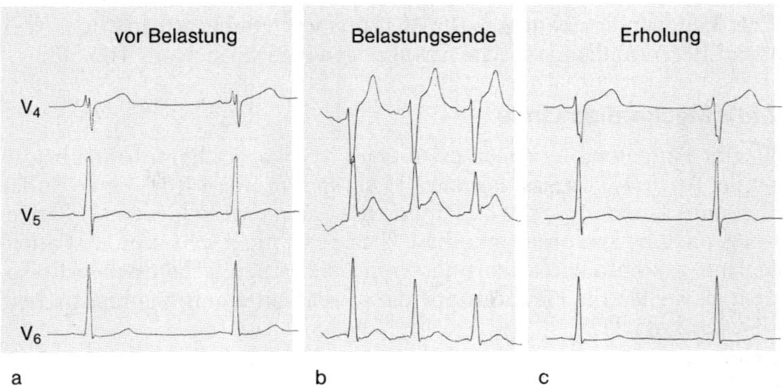

Abb. 66 Beispiel für eine ischämische ST-Hebung unter Belastung
a) Ruhe-Ableitungen V_4–V_6. b) Nach 6 Minuten Ergometrie mit 100 Watt zeigt sich – besonders deutlich in Ableitung V_5 – eine ST-Hebung. c) Diese hat sich nach 7 Minuten weitgehend wieder zurückgebildet

mit pektanginösen Beschwerden hat ebenfalls eine hohe Treffsicherheit beim Nachweis einer Myokardischämie, kann jedoch auch durch eine Linksherz-Insuffizienz anderer Genese bedingt sein. Keine Bedeutung hat dagegen das normale **Röntgenbild** des Thorax. Auch die bei einer **Durchleuchtung** nachweisbaren Koronarverkalkungen besitzen eine unzureichende diagnostische Treffsicherheit. Der Stellenwert der **Echokardiographie** zum Ischämienachweis ist aufgrund technischer Probleme noch in Diskussion. Dieses Verfahren eignet sich jedoch gut zum Nachweis myokardialer Narbenbezirke.
Die definitive Klärung der anatomischen Situation in den Herzkranzgefäßen erfolgt mit der **Linksherz-Katheteruntersuchung.** Man strebt sie heute regelhaft an, wenn keine Kontraindikationen vorliegen (andere schwere Begleitkrankheiten, hohes biologisches Alter, erhebliches Übergewicht, mangelnde Krankheitseinsicht, Ablehnung eventueller therapeutischer Konsequenzen durch den Patienten). Sie erlaubt die differenzierte Festlegung der weiteren Therapieempfehlung.

Die **Differentialdiagnose** gegenüber funktionellen Störungen wird durch die anamnestische Schilderung mit den typischen Angaben zu Ursache und Dauer der Anfälle sowie durch den meist typischen Belastungs-EKG-Befund erleichtert. Bei älteren Menschen verursacht die Koronarinsuffizienz manchmal eher Atemnot, Oberbauchbeschwerden, Übelkeit und Erschöpfung als typische Herzbeschwerden. Schwierig wird die Abgrenzung gegenüber dem Herzinfarkt, wenn letzterer untypisch verläuft. Hier sind nach 3–4 Stunden wiederholte EKG- und gegebenenfalls Laboruntersuchungen zur Verlaufsbeurteilung erforderlich. Weitere differentialdiagnostische Erwägungen ergeben sich aus Tab. 48.

Stille Myokardischämie

Es gibt Patienten, bei denen es zu einer Myokardischämie ohne begleitende Angina pectoris kommt. Hier spricht man von einer stillen Ischämie. Drei Gruppen von Patienten werden unterschieden: 1. Patienten ganz ohne Symptomatik; diese Gruppe ist nicht sehr groß. 2. Patienten mit asymptomatischen und symptomatischen ischämischen Episoden; sie stellen die Hauptgruppe dar. 3. Patienten mit anamnestischem Myokardinfarkt.

Mehrere Gründe werden als Erklärung für klinisch stumme Ischämiephasen verantwortlich gemacht. Nachgewiesen ist eine gestörte Schmerzperzeption und eine gestörte Nervenfunktion (z. B. beim Diabetes mellitus). Bei vielen der unter 2 genannten Patienten dürfte aber auch die Myokardischämie während der asymptomatischen Phase nicht so schwer sein wie während symptomatischer Episoden.

Die prognostische Relevanz der stillen Myokardischämie ist mit der der symptomatischen gleichzusetzen. Ein Patient mit nicht verspürter Ischämie muß dementsprechend nach den gleichen Kriterien einer invasiven Diagnostik und gegebenenfalls invasiven Therapie unterzogen werden wie ein Patient mit Angina pectoris vera. Unklar ist jedoch, wie sich die Medikation zusammensetzen soll. Einigkeit besteht über den Nutzen von Acetylsalicylsäure. Ob Nitrate sinnvoll sind – wo der Patient ja keine Beschwerden hat –, ist derzeit offen, da Studien keinen Effekt einer Nitrattherapie auf die Prognose nachweisen konnten. Eher zum Einsatz sollten Calciumantagonisten oder Betablocker kommen.

Die allgemeine Behandlung

Die allgemeine Behandlung richtet sich gegen die Risikofaktoren, wie sie auf S. 197 aufgeführt sind. Sie muß besonders konsequent durchgeführt werden, wenn eine erbliche Belastung mit koronarer Herzkrankheit oder Schlaganfällen vorliegen.

Der größte Risikofaktor ist das Zigarettenrauchen, in etwas geringerem Maße auch das Rauchen von Pfeife oder Zigarren bzw. Zigarillos. Wenn ein Zigarettenraucher allerdings auf letztere umsteigt, inhaliert er weiter und vermindert sein Risiko nicht. Wie bei Rauschgiftsüchtigen hilft nur die völlige Enthaltsamkeit, die in der Praxis jedoch schwer zu erreichen ist. Der Arzt muß den Patienten eindringlich über die Risiken des Rauchens aufklären. Er muß auch die Gefahr bösartiger Krankheiten, besonders der oberen Luftwege und der Lungen, ansprechen. Dabei ist immer zu bedenken, daß **ein rauchender Arzt ein schlechtes Vorbild ist.**

Tabelle 48 Zur Differentialdiagnose des Herzschmerzes

	Angina pectoris vera	Herzinfarkt	„Funktionelle" Herzbeschwerden
Intensität des Schmerzes	stark	sehr stark, unerträglich	lästig
Dauer des Schmerzes	2–20 min	20 min und länger	Stunden bis Tage
Lokalisation des Schmerzes	viele Ausstrahlungsmöglichkeiten	viele Ausstrahlungsmöglichkeiten	auf Herzgegend und linken Arm beschränkt
Verhalten des Schmerzes bei Belastung	Zunahme	Belastung meist nicht möglich	Besserung
Beschwerden nach Nitroglycerin	Besserung in 1–2 min	unverändert	unverändert oder Besserung nach 10–30 min (Hauptklage: Kopfschmerzen)
Beschwerden ausgelöst durch	Belastung, Aufregung	ohne erkennbare Ursache	ohne erkennbare Ursache
Schilderung der Beschwerden	Neigung zur Bagatellisierung	wortarm	ausführlich
Enzymveränderungen im Serum	fehlen	deutlich	fehlen (nur nach körperlicher Dauerbelastung und i.m. Injektionen erhöht)
EKG	nur im Anfall verändert: ST-Senkung	typische Umformungen	normal oder T-Veränderungen

Die Bedeutung erworbener Hyperlipidämien ist umstritten. Einem isoliert erhöhten Triglyceridspiegel kommt wohl kein eigenständiges Risiko zu. Statistisch gesehen besteht jedoch eine Korrelation zwischen Serumcholesterin und kardialer Mortalität. Große Primär- und Sekundärpräventionsstudien konnten bisher allerdings nicht den Nachweis erbringen, daß die medikamentöse Therapie dieses Befundes mit einer

Verbesserung der *Gesamtmortalität* einhergeht. Es konnten zwar *nicht-tödliche* kardiale Ereignisse durch eine mehrjährige Therapie mit Lipidsenkern etwas vermindert werden, die Rate *tödlicher* Infarkte blieb jedoch im wesentlichen unverändert. Ein Grund hierfür könnte sein, daß, wie auf S. 197 näher dargestellt, im Mittel der Lipidgehalt von Plaques recht niedrig ist und daher die Mehrzahl der Läsionen nicht beeinflußt werden kann. Bedenklicherweise nahmen in der Mehrzahl der Studien die extrakardialen Todesfälle in den Therapiegruppen um den Betrag zu, um den die kardiale Mortalität gesenkt wurde.

An diesen Beobachtungen muß sich eine **Therapieempfehlung der erworbenen Hyperlipidämie** orientieren. Dabei ist zu berücksichtigen, daß das Serumcholesterin eine normale Zunahme mit dem Alter zeigt. Bei unter 30jährigen liegt der normale Cholesterinspiegel unter 220 mg/dl, bei über 60jährigen unter 270 mg/dl. Nach unserer Meinung ist heute eine medikamentöse Behandlung bei *asymptomatischen* Patienten nur dann zu diskutieren, wenn 1. alle übrigen Risikofaktoren ausgeschaltet, ein ideales Körpergewicht und eine vernünftige Kost vorliegen, 2. trotzdem die Fette um mehr als 50 mg/dl über dem altersentsprechenden Normwert liegen und 3. eine arterielle Verschlußkrankheit bei Verwandten 1. Grades bekannt ist. Bei *symptomatischen* Patienten sollte man eine medikamentöse Therapie dann erwägen, wenn 1. wiederum alle Risikofaktoren ausgeschaltet wurden und 2. das Cholesterin um mehr als 50 mg/dl über dem Alterswert liegt. Eine Behandlung von Übergewichtigen oder Rauchern mit Lipidsenkern halten wir für widersinnig.

In den letzten Jahren wurde immer wieder auf den Wert einer Einnahme von **Omega-3-Fettsäuren** hingewiesen. Es erscheint allerdings zweifelhaft, ob diese epidemiologisch erhobenen Daten auf die allgemeine Bevölkerung übertragen werden können. Sicherlich ist eine vernünftige Ernährung, die auch Fisch umfaßt, gesünder als die jahrzehntelang erforderliche Einnahme von entsprechenden Medikamenten.

Körperliche Aktivität, vor allem in **Herzgruppen,** ergänzt die allgemeine Behandlung der koronaren Herzkrankheit. Der Betroffene lernt den vernünftigen Umgang mit körperlichen Belastungen. Gespräche mit anderen Patienten tragen oft zur psychischen Stabilisierung bei. Schließlich kann eine weitere Reduktion von Risikofaktoren erzielt werden. Der Patient soll jedoch nicht um jeden Preis Sport treiben. Wenn er sich unwohl fühlt oder ungünstige Wetterlagen vorherrschen, sollte er sich schonen. Tab. 49 gibt medizinische Kontraindikationen zur Teilnahme an Herzgruppen an.

In Tab. 50 sind weitere beachtenswerte Gesichtspunkte zur Allgemeinbehandlung eines Patienten mit stabiler Angina pectoris zusammengestellt.

Tabelle 49 Kontraindikationen gegen die Bewegungstherapie (Teilnahme an einer Herzgruppe)

Manifeste Herzinsuffizienz
Großes Herzwandaneurysma
Neigung zu Herzrhythmusstörungen mit mehr als 30 monotopen ventrikulären Extrasystolen (ES) in der Stunde, mit mehreren polytopen ES, Couplets oder Salven
Ischämiezeichen im EKG und/oder Angina pectoris bei Belastung unter 75 Watt
Respiratorische Insuffizienz oder Behinderung durch Erkrankungen des Bewegungsapparates

Tabelle 50 Zusammenstellung einiger wichtiger Punkte bei der Allgemeinbehandlung der koronaren Herzkrankheit

Sorge für genügenden Schlaf und möglichst auch ½ bis 1 Stunde Mittagsruhe
Knappe Ernährung mit wenig Fett und Zucker, Reduktion eines eventuellen Übergewichtes, mindestens 5 kleine Mahlzeiten täglich (Vermeiden schwerer Mahlzeiten)
Nicht Rauchen, Zurückhaltung bei Kaffee und alkoholhaltigen Getränken
Wenigstens einmal täglich ein gemütlicher Spaziergang
Täglich leichte Gymnastik (ohne Kniebeugen oder Liegestützen)
Nie so weit belasten, daß Beschwerden auftreten
Vermeidung von Aufregungen, psychisches Gleichgewicht anstreben
Jede Eile und Hetze vermeiden
Verringerung des Arbeitspensums, Ehrenämter aufgeben
Nicht kalt duschen, auch Schwimmen im kalten Wasser vermeiden, nur dort schwimmen, wo man stehen kann
Konsequente Behandlung gleichzeitig bestehender Leiden wie Diabetes, Hypertonie, Herzinsuffizienz, Erhöhung der Blutfette und Gicht

Eine Hypertonie sollte frühzeitig erkannt und behandelt werden (S. 291ff), ein Diabetes mellitus möglichst gut eingestellt sein. Ein Übergewicht bedingt zwar als isolierter Risikofaktor keine erhöhte Sterblichkeit an koronarer Herzkrankheit, doch ist das Risiko bei Operationen, Unfällen und fieberhaften Erkrankungen erhöht. Außerdem begünstigt Übergewicht das Entstehen einer Hypertonie, eines Diabetes und von Blutfettstörungen.

Die **medikamentöse Therapie** zielt auf eine Verminderung der Vor- und Nachlast des Herzens sowie auf eine Erweiterung der Herzkranzgefäßstenosen zur Verbesserung der regionalen myokardialen Durchblutung. Zur Anwendung kommen Nitrate und nitratähnliche Substanzen, Calciumantagonisten und Betablocker (Tab. 51). Bezüglich der Therapie bei Patienten mit asymptomatischer Angina pectoris wird auf S. 206 verwiesen.

Tabelle 51 Orale Behandlung der Myokardischämie

Im Anfall (sublingual oder als Spray)

- Nitroglycerin (z. B. Nitrolingual 0,8–1,6 mg)
- Isosorbiddinitrat (z. B. Isoket 5 bis 10 mg sublingual)

Zur Anfallsprophylaxe

Nitrate

- Isosorbiddinitrat (z. B. Isoket mehrmals tägl. 5–20 mg oder als Retardpräparat einmal täglich 120 mg)
- Isosorbid-5-mononitrat (z. B. Ismo 2- bis 3mal 20 mg)
- Nitratartig: Molsidomin (z. B. Corvaton, 2- bis 4mal 1–8 mg)

Calciumantagonisten, z. B.

- Nifedipin (z. B. Adalat 3mal 10 mg bis 4mal 20 mg)
- Verapamil (z. B. Isoptin 3mal 80 bis 120 mg)
- Gallopamil (z. B. Procorum, 3mal 50 mg)

β-Rezeptorenblocker

- unspezifisch z. B. Propranolol (z. B. Dociton, 3mal 20–80 mg)
- „Kardioselektiv", z. B. Atenolol (z. B. Tenormin, 1- bis 2mal 50 mg)
- Metoprolol (z. B. Beloc, 1- bis 2mal 50 mg)
- Bisoprolol (Concor, 5–10 mg)

Kombinationsmöglichkeiten

- Nitrate + β-Rezeptoren-Blocker
- Nitrate + Calciumantagonisten
- Nifedipin-Derivate* + β-Blocker
- Nifedipin-Derivate* + β-Blocker + Nitrate

* nur bei guter Herzfunktion auch mit Calciumantagonisten vom Verapamiltyp

Medikamentöse Behandlung

Nitrate und Molsidomin

Die antianginöse Wirkung dieser Substanzen beruht auf einer gefäßwandrelaxierenden Wirkung. Sie ersetzen das EDRF, das an der erkrankten Stelle vom Endothel nicht mehr gebildet werden kann (s. S. 197). Der Wirkmechanismus der beiden Substanzgruppen scheint sich etwas zu unterscheiden, was praktische Bedeutung besitzt: Nitrate wirken über SH-gruppenhaltige Rezeptoren an der Zellwand; über Zwischenschritte kommt es zur Produktion von NO, daß dem EDRF entspricht und gefäßwandrelaxierend wirkt. Molsidomin stimuliert unabhängig von den SH-Gruppen der Zellwand die Produktion von NO. Aufgrund dieses unterschiedlichen Verhaltens können beide Substanzen einander bei der Therapie einer schweren koronaren Herzkrankheit ergänzen.

An den Koronargefäßen führen Nitrate und Molsidomin zu einer Erweiterung der funktionellen Komponente der Koronarstenosen und damit zu einer direkten Verbesserung der Myokarddurchblutung. Auch die peripheren Gefäße werden erweitert, was zu einer akuten Senkung der Vor- und Nachlast führt. Diese Wirkung ist vor allem bei der Anfallsbehandlung einer Angina pectoris sowie einer akuten Linksherzinsuffizienz von Nutzen. Im chronischen Therapiestadium entwickelt sich gegen diese Wirkungskomponente eine gewisse Toleranz.

Wenn anginöse Herzbeschwerden nur bei besonderer körperlicher Belastung auftreten, genügt die *Anfallstherapie* mit einem schnellwirkenden Nitrat, um den Schmerz abzukürzen. Es empfehlen sich:

- Nitroglycerin in Form von 1–2 Kapseln zu 0,8 mg (z. B. Nitrolingual) zerbeißen oder als Spray,
- Isosorbiddinitrat (ISDN) als Tablette zu 5–10 mg kauen oder ISDN als Spray (z. B. Isoket).

Falls sich der Schmerz nicht innerhalb von 1–2 Minuten löst, besteht Zweifel an der Diagnose einer Angina pectoris. Die Wirkungsdauer liegt bei Nitrolingual zwischen 10 und 20 Minuten, bei ISDN je nach der Höhe der Dosis zwischen 2 und 4 Stunden. Als Nebenwirkung können Kopfschmerzen auftreten, besonders im Hinterkopf lokalisiert. Wenn sie unerträglich sind, muß die Dosis verringert werden.

In allen anderen Fällen empfiehlt sich eine *Dauerprophylaxe*. Zur Zeit hat man die Auswahl zwischen zwei Gruppen von **Nitraten,** dem Isosorbiddinitrat (ISDN) und dem Isosorbid-5-mononitrat (IS-5-MN). Letzteres hat den Vorzug einer höheren Bioverfügbarkeit, die sich jedoch in der Praxis kaum auswirkt. Ihm fehlt dagegen die Akutwirkung bei sublingualer Resorption (Wirkungseintritt erst nach ca. 60 min), der Patient benötigt also zusätzlich ein Nitrat mit Sofortwirkung zur Anfallstherapie.

Die Richtdosis liegt bei ISDN und IS-5-MN um 3mal 20 bis 40 mg pro Tag. ISDN kann sublingual gegeben werden und wirkt dann sehr schnell; die benötigte Dosis liegt bei 5–10 mg. Grundsätzlich sollte die Therapie mit niedrigen Dosen begonnen werden, um die Hauptnebenwirkung, den Kopfschmerz, so gering wie möglich zu halten (z. B. 3mal 5 mg/Tag). Die blutdrucksenkende und herzfrequenzsteigernde Wirkung spielt demgegenüber nur eine untergeordnete Rolle. Die Nitratdosis kann, falls notwendig, nach einigen Tagen allmählich gesteigert werden.

Retard-Präparationen fördern die Toleranzentstehung auf Nitrate. Daher wird täglich eine Pause von 12 Stunden bis zur nächsten Einnahme empfohlen (z. B. über Nacht). In dieser Zeit sollen Angina-pectoris-Anfälle nur mit kurzwirkenden Nitraten behandelt werden. Bei ausgeprägter Angina-pectoris-Symptomatik wird allerdings ohnehin den nicht retardierten Präparaten der Vorzug gegeben, da sie bei gleicher Dosis stärker wirksam sind. *Nitratpflaster* spielen aufgrund der Förderung der Toleranzentwicklung und der niedrigen applizierten Dosis mit unsicherer Resorption heute eine untergeordnete Rolle.

Ähnlich wie Nitrate wirkt Molsidomin (z. B. Corvaton). Zur Anfallskupierung ist es wie IS-5-MN nicht geeignet, da seine Latenz etwa 10 Minuten beträgt. Die Wirkdauer liegt zwischen 4–6 Stunden. Die Wirkungen und Nebenwirkungen von Molsidomin entsprechen denen der Nitrate, es besteht jedoch wahrscheinlich nicht so sehr die Gefahr einer Toleranzentwicklung.

Calciumantagonisten

Calciumantagonisten hemmen den langsamen Einstrom von Calcium in die Zellen der glatten Muskulatur und der Myokardzellen. Hierdurch wird die Kontraktionskraft der Zellen gemindert. Die klinische Wirkung der Calciumantagonisten läßt sich durch die pharmakologischen Wirkungen erklären: Sie wirken antiischämisch durch eine Minderung des myokardialen Sauerstoffverbrauchs und eine Weitstellung der Kranzarterien (vor allem, wenn Spasmen sich aufgelagert haben). Dazu kommt ihre günstige antihypertensive Wirkung. Nebenwirkungen beruhen zum einen auf der Hauptwirkung *(gruppenspezifische Nebenwirkungen)*. Dies betrifft vor allem die Blutdrucksenkung, die leichte negative Inotropie, die periphere Ödemneigung (Vasodilatation) und die gastrointestinale Unverträglichkeit inklusive Verstopfung. Dazu kommen *substanzspezifische Nebenwirkungen* (s. u.).

Man unterscheidet 2 große Substanzgruppen: Die *verapamilartigen* und die *nifedipinartigen* Calciumantagonisten; letztere werden auch als Dihydropyridin-Derivate bezeichnet.

Spezifische zusätzliche Eigenschaften der **verapamilartigen Calciumantagonisten** (Verapamil [z. B. Isoptin: Richtdosis 3mal 80–120 mg], Gallopamil [Procorum: Richtdosis 3mal 50 mg]) sind eine Senkung der Herzfrequenz und die Blockierung der Überleitung im AV-Knoten. Aufgrund dieses Effekts und der (leichten) negativen Inotropie sollte eine Kombination mit Betablockern in der Regel vermieden werden. Dies kann eine akute Linksherzinsuffizienz auslösen.

Der Substanzgruppe der verapamilartigen Calciumantagonisten ist auch das Diltiazem (Dilzem: Richtdosis: 3mal 60–90 mg/Tag) zuzuordnen. Im Vergleich zum Verapamil verursacht es weniger gastrointestinale Beschwerden, die periphere Ödemneigung soll geringer sein.

Zusätzliche spezifische Eigenschaften der **nifedipinartigen Calciumantagonisten** (Nifedipin [z. B. Adalat: Richtdosis 3mal 10 bis 4mal 20 mg]; Nisoldipin [Baymycard: Richtdosis: 2mal 5–10 mg/Tag], Isradipin [z. B. Vascal: Richtdosis: 2mal 2,5–5 mg/Tag], Nicardipin [Antagonil: Richtdosis 2mal 20–30 mg[) sind der fehlende Einfluß auf die AV-Überleitung und eine recht ausgeprägte periphere Vasodilatation. Hieraus begründet sich auch die Hauptnebenwirkung, der Kopfschmerz und der Flush, die insbesondere bei hoher Anfangsdosierung auftreten können. Gastrointestinale Nebenwirkungen sind dagegen relativ selten. Praktisch bedeutsam ist, daß unter einer Therapie mit Nifedipinderivaten gelegentlich eine *Aggravation einer Angina-pectoris-Symptomatik* beschrieben wurde. Vermutlich liegt dieser ein koronares Steal-Phänomen zugrunde. Ob dies auch die neueren Dihydropyridin-Derivate betrifft, ist noch offen.

Betarezeptorenblocker

Betarezeptorenblocker, kurz Betablocker genannt, hemmen den Einfluß des N. sympathicus auf das Herz. Obwohl ein anderer Mechanismus vorliegt, ähneln die klinischen Auswirkungen in vielerlei Hinsicht denen der Calciumantagonisten vom Verapamiltyp: Sie mindern die Kontraktionskraft des Herzens und verlangsamen die Herzfrequenz, führen also zu einem geringeren Sauerstoffbedarf des Myokards. Dazu senken sie den peripheren arteriellen Blutdruck. Besonders bei Koronarkranken mit Hypertonie entfalten sie hierdurch eine gute antiischämische Wirksamkeit. Schließlich sind Betablocker antiarrhythmisch wirksam. Die wesentlichen Nebenwirkungen der Substanzgruppe ergeben sich aus ihrer Hauptwirkung: Die Behandlung mit Betablockern kann zur schweren Bradykardie, Hypotonie und akuten Herzinsuffizienz führen. Gefürchtet ist auch die bronchospastische Wirkung, vor allem bei Patienten mit entsprechender Prädisposition. Schließlich kann es bei Patienten mit schwerer koronarer Herzkrankheit gelegentlich zur paradoxen Induktion einer Myokardischämie durch Überwiegen der vasokonstriktorisch wirkenden Alpharezeptoren nach Betablockade kommen (Koronarspasmen). Auf diesem Mechanismus beruht auch das akute Wiederauftreten eines latenten Raynaud-Syndroms. Weitere allgemeine Nebenwirkungen sind Müdigkeit, Schlaf- und Verdauungsstörungen, Potenzprobleme, Hautausschlag und depressive Verstimmung. Besondere Vorsicht ist bei Diabetikern anzuraten, da durch die Betablockade die katecholaminvermittelten Warnsymptome einer Hypoglykämie (Schwitzen, Zittern, Tachykardie) unterdrückt werden.

Eine Vielzahl von Präparaten steht heute zur Verfügung. Es kann hier nur auf eine gewisse Auswahl eingegangen werden, ohne daß die anderen hiermit gewertet werden sollen.

Betablocker unterscheiden sich im wesentlichen in 5 Punkten:

1. Wirkungsdauer,
2. Verhalten bei Organinsuffizienz,
3. intrinsischer sympathischer Aktivität („ISA"),
4. Kardioselektivität (β_1-Blockade),
5. Periphere Vasodilatation (α_1-Blockade, β_2-Stimulation).

Die **Wirkdauer** ist am kürzesten bei Pindolol (z. B. Visken: Richtdosis 3mal 5 mg), sie liegt je nach Höhe der Dosis zwischen 4 und 6 Stunden. Sie ist etwas länger beim Propranolol (z. B. Dociton: Richtdosis 3mal 20–80 mg), Metoprolol (Beloc: Richtdosis 50–100 mg); es folgen dann Acebutol (Prent: Richtdosis 400 mg) und Atenolol (Tenormin: Richtdosis 50–100 mg). Nadolol (Solgol: Richtdosis 60–120 mg) und Bisoprolol (Concor: Richtdosis 5–10 mg [sehr niedrige Substanzbelastung!]) wirken über 24 Stunden, so daß eine Einmalgabe gut praktikabel ist.

Bei **Organinsuffizienz** muß die applizierte Dosis angepaßt werden. Bei Niereninsuffizienz können z. B. Propranolol und Metoprolol unverändert weiter gegeben werden, Atenolol muß jedoch stark reduziert werden.

Präparate mit **intrinsischer sympathischer Aktivität** (Pindolol, in geringerem Maße auch Acebutol) haben durch ihre adrenerge Eigenwirkung einen geringeren Einfluß auf die Herzfrequenz. Diese pharmakologische Eigenschaft hat jedoch Nebenwirkungen wie Schlafstörungen, unruhige Träume und vermehrtes Herzklopfen zur Folge.

Die **Kardioselektivität** der Betablocker, also ihre spezifische Hemmwirkung auf β_1- und nicht β_2-Rezeptoren, ist nur im niedrigen Dosisbereich in gewissem Rahmen nachweisbar. Diese Eigenschaft ist u. a. bei Metoprolol, Atenolol, Acebutol und Bisoprolol nachweisbar. Die Nebenwirkungen auf das Bronchialsystem und die periphere Durchblutung sind bei diesen Substanzen geringer als bei den unspezifischen Betablockern.

Eine Fortentwicklung stellen Betablocker mit zusätzlicher **α_1-Rezeptor-Blockade** (Carvedilol [Dilatrend: Richtdosis 25 mg/Tag]) bzw. **β_2-Sti-**

mulation (z. B. Celiprolol [z. B. Corliprol: Richtdosis 200–400 mg]) dar. Hierdurch kommt es nicht mehr zur peripheren Vasokonstriktion, sondern eher zu einer Vasodilatation. Dementsprechend wurde unter diesen Substanzen kein Auslösen eines Raynaud-Syndroms beobachtet.

Das **plötzliche Absetzen** von Betablockern kann ein **Rebound-Phänomen** mit raschem Anstieg von Blutdruck und Puls sowie eine Angina-pectoris-Symptomatik bis hin zum Myokardinfarkt verursachen. Muß die Behandlung beendet werden, so empfiehlt sich ein langsames Ausschleichen über mehrere Tage.

Differentialtherapie und Kombinationsbehandlung

Die Gabe antianginös wirksamer Substanzen sollte differentialtherapeutische Erwägungen mit einbeziehen. Dies gilt in besonderem Maße bei Patienten mit fortgeschrittener koronarer Herzerkrankung, bei denen eine Monotherapie mit den genannten antianginös wirkenden Substanzen nicht ausreicht. In Tab. 52 sind wichtige Gesichtspunkte zusammengefaßt.

Thrombozytenaggregationshemmer, Antikoagulantien

Wie bei der Schilderung der Entwicklung der koronaren Herzkrankheit dargestellt wurde, kommt den Thrombozyten bei der Entwicklung einer atherosklerotischen Läsion eine wesentliche Bedeutung zu. Hierauf begründet sich die allgemeine Empfehlung, eine prophylaktische Therapie mit Acetylsalicylsäure durchzuführen. Gesicherte Daten über die erforderliche Dosis liegen noch nicht vor. Die Empfehlungen liegen heute zwischen 100 und 300 mg/Tag. Bei Unverträglichkeit von Acetylsalicylsäure kommt alternativ Ticlopidin (Tiklyd; Richtdosis 1mal 250 mg) in Betracht, das jedoch ebenfalls gastrointestinale Nebenwirkungen hat und zu Blutbildveränderungen führen kann. Eine Antikoagulation ist bei der stabilen koronaren Herzkrankheit ohne großen Myokardinfarkt nicht erforderlich und zu risikoreich.

Revaskularisation

Behandlung durch Ballonangioplastik

Die einzig kausale Therapie einer auf einer stenosierenden Koronarsklerose beruhenden Myokardischämie ist die Beseitigung oder Überbrückung der das Gefäßlumen einengenden Läsionen. Eine solche Behandlung wird heute möglichst immer angestrebt, wenn der objektive Nachweis einer Myokardischämie besteht. Ausnahmen hiervon sind schwere Allgemeinerkrankungen, hohes biologisches Alter, fehlende Krankheitseinsicht und ungenügende Erfolgsaussicht des Eingriffs.

Tabelle 52 Differentialtherapie mit antiischämisch wirksamen Substanzen

Symptom	Zu bevorzugen	Eher zu vermeiden	Kaum Einfluß
Tachykardie	Betablocker, Calciumantagonisten vom Verapamiltyp	Calciumantagonisten vom Nifedipintyp	Nitrate, Molsidomin
Bradykardie, Leitungsstörungen	Calciumantagonisten vom Nifedipintyp	Calciumantagonisten vom Verapamiltyp	Nitrate, Molsidomin
Herzrhythmusstörungen	Betablocker, Calciumantagonisten vom Verapamiltyp	Calciumantagonisten vom Nifedipintyp	Nitrate, Molsidomin
Hypertonie	Betablocker, Calciumantagonisten		Nitrate, Molsidomin
Hypotonie	Nitrate und Molsidomin in niedriger Dosis	Betablocker, Calciumantagonisten	
Herzinsuffizienz	Nitrate, Molsidomin	Betablocker, Calciumantagonisten	
Diabetes mellitus	Nitrate, Molsidomin, Calciumantagonisten	Betablocker	

Generelle Zurückhaltung ist bei der Kombination von Betablockern mit Calciumantagonisten vom Verapamiltyp sowie Calciumantagonisten untereinander angezeigt.

Der Eingriff der ersten Wahl ist die perkutane **transluminale koronare Angioplastik** (PTCA) mit Ballonkathetern. Diese Behandlung ist nicht mehr wie in der Anfangszeit auf proximale isolierte Läsionen beschränkt. Heute können auch distal gelegene Stenosen gut erreicht werden. Mehrere Einengungen, auch in verschiedenen Kranzgefäßen, können in einer Sitzung angegangen werden. Nur wenn das Risiko besteht, daß im Falle einer Gefäßkomplikation ein Herzversagen droht oder die Angioplastik kein ausreichendes anatomisches Ergebnis erzielen kann, wird primär eine Bypass-Operation empfohlen. Die unmittelbare Erfolgsrate beträgt 80–95%. Innerhalb der ersten 6 Monate ist in etwa 30% mit einem Rezidiv zu rechnen, das aber erneut gedehnt werden kann. Funktionelle Untersuchungen (Belastungs-EKG, nuklearmedizinische Untersuchungen) können in der Mehrzahl der Fälle zur Verlaufsbeurteilung eingesetzt werden; in Zweifelsfällen und bei rezidivgefährdeten Stenosen (d.h. besonders langen und hochgradigen Einengungen) ist nach Ablauf dieses Intervalls eine Kontrollangiographie angezeigt. Die 10-Jahres-Offenheitsrate eines dilatierten Segmentes liegt um 80%. In Abb. 69 ist ein typisches Beispiel dargestellt.

In 1–5% aller Fälle muß während sowie einige Stunden nach dem Eingriff mit dem Auftreten einer schweren koronaren Komplikation gerechnet werden. Meist handelt es sich um ausgedehnte Gefäßdissektionen oder akute arterielle Thrombosen, seltener auch einmal um eine Embolisation von thrombotischem oder sklerotischem Material in die Gefäßperipherie. Letzteres wird gehäuft bei dem Versuch der Wiedereröffnung eines stark erkrankten Venen-Bypasses beobachtet. Gefäßperforationen sind demgegenüber Raritäten. Die Entscheidung, ob in dieser Situation notfallmäßig eine aortokoronare Bypass-Operation durchzuführen ist, wird von den beteiligten Kardiologen und Kardiochirurgen getroffen. Patienten mit eingeschränkter ergometrischer Belastbarkeit (unter 100 Watt) sowie fehlender Kollateralisierung des betroffenen Gefäßes sind besonders gefährdet, einen großen Myokardinfarkt zu erleiden. Die Mortalität der transluminalen koronaren Angioplastik liegt derzeit um 0,1%.

Als Alternative zu diesen konventionellen Ballonkatheterverfahren wurden rotierende Messer (**Atherektomiekatheter**) sowie **Lasertechniken** entwickelt. Die Überlegenheit dieser Methoden gegenüber der Behandlung mit Ballonkathetern sowohl bezüglich der primären Erfolgsrate, der Risiken als auch der Langzeitergebnisse konnte bisher nicht belegt werden. Zur Minderung des Rezidivrisikos und Behandlung akuter Koronarverschlüsse während der Angioplastik wurden verschiedene Gefäßstützen (**Stents**) entwickelt, kleine Drahtgeflechte, die mit Spezialkathetern in das betroffene Gefäßsegment eingeführt und dort entfaltet werden. Nach den bisherigen Ergebnissen wird die Rezidivrate durch Stents nicht wesentlich beeinflußt; die hohe Thrombogenität der Stents mit dem entsprechenden Risiko akuter Gefäßthrombosen trotz konsequenter Langzeit-Antikoagulation bleibt ein großes Problem.

Weitere Neuentwicklungen betreffen Verfahren zur Wiedereröffnung kompletter Kranzgefäßverschlüsse (schnell oder langsam rotierende Kathetersysteme mit spitzen oder stumpfen Köpfen, z.B. **Rotacs**). Die Erfolge liegen bei nicht zu alten Verschlüssen (unter 1 Jahr) um 60%. In rund 30% der Primärerfolge kommt es innerhalb einiger Wochen zum erneuten Verschluß, die man nicht mehr angeht. Restenosen (ebenfalls in rund 30%) können gut mit üblichen Ballonkathetern behandelt werden.

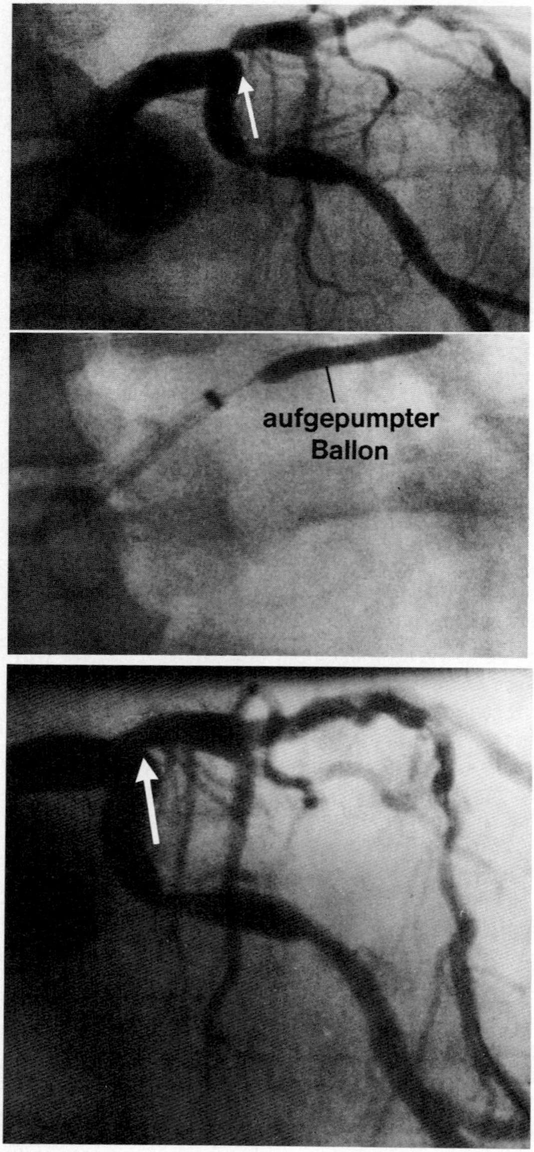

a

b

c

Die **medikamentöse Therapie nach transluminaler koronarer Angioplastik** entspricht den oben gegebenen Richtlinien zur Behandlung der koronaren Herzkrankheit. Betablocker sollen jedoch wegen ihrer koronarspasmusfördernden Wirkung nur mit Vorsicht gegeben werden. Besonders wichtig ist in den ersten Wochen nach dem Eingriff die Gabe von Acetylsalicylsäure, da hierdurch das akute Rekklusionsrisiko günstig beeinflußt werden kann. Medikamente, die das Rezidivrisiko mindern, gibt es noch nicht.

Behandlung durch Bypass-Operation

Kann durch die transluminale koronare Angioplastik keine ausreichende Revaskularisierung erzielt werden oder droht im Falle einer Komplikation während der Angioplastik ein Herzversagen (z. B. bei Stenosen im linken Hauptstamm), so wird unter den genannten allgemeinen Voraussetzungen eine Bypass-Operation empfohlen. Zur Überbrückung der Koronarstenosen oder -verschlüsse werden dabei sowohl Venen, die man den Beinen entnimmt, als auch Arterien (A. thoracica interna, früher A. mammaria; in letzter Zeit auch A. gastroepiploica) herangezogen. Die arteriellen Bypasses haben gegenüber den venösen eine wesentlich bessere 10-Jahres-Langzeit-Offenheitsrate (80 versus 50%), so daß heute bei jeder Operation die Nutzung einer Arterie angestrebt wird (bevorzugt zur Revaskularisation des R. interventricularis anterior, der das wichtigste Gefäß des Herzens ist). Die Operationsmortalität beträgt 1–3%.

Die **medikamentöse Therapie nach Bypass-Operation** entspricht den oben gegebenen Hinweisen zur Behandlung der koronaren Herzkrankheit. Besonders wichtig ist die Gabe von Acetylsalicylsäure, da hierdurch das Verschlußrisiko der Bypasses wesentlich gesenkt werden kann. Eine Antikoagulation hat keine Vorteile.

Bypass-Stenosen sind häufig einer **transluminalen Angioplastik** zugänglich.

Small vessel disease

Die koronare Herzkrankheit kann auf den Befall der kleinen Gefäße beschränkt bleiben. Besonders wird dies beim Diabetes mellitus beob-

◀ Abb. 69 Beispiel für eine transluminale koronare Angioplastik im R. interventricularis anterior
a) Darstellung der höchstgradigen (95%) proximalen Koronarstenose. b) Der Ballonkatheter befindet sich in der korrekten anatomischen Position und ist aufgepumpt. c) Die Nachangiographie zeigt nur noch eine Reststenose von ca. 20%

achtet. Die Small vessel disease wird aber auch bei Patienten mit Kollagenosen, Speicherkrankheiten, arterieller Hypertonie, Muskelerkrankungen und Transplantatabstoßung beschrieben. Sie kann koronarangiographisch unerkannt bleiben, da das Auflösungsvermögen dieses Verfahrens um ⅓ mm liegt. Der Übergang dieser Erkrankung zu den Myokardiopathien (s. auch Syndrom X) ist als fließend anzusehen.

Die Patienten beklagen ebenfalls **pektanginöse Beschwerden,** häufig aber ohne die typische Belastungsabhängigkeit. **ST-Strecken-Veränderungen** in Ruhe und unter Belastung kommen vor, **nuklearmedizinische Untersuchungen** erbringen häufig pathologische Befunde.

Therapeutisch stehen Calciumantagonisten im Vordergrund, aber auch Nitrate können hilfreich sein.

Prinzmetal-Angina

Von der typischen, belastungsabhängig auftretenden Angina pectoris ist die von Prinzmetal beschriebene Angina abzugrenzen. Diese Schmerzattacken treten besonders im Ruhezustand auf, es besteht keine Abhängigkeit zur körperlichen Belastung (die Patienten sind im allgemeinen sogar gut belastbar), und im EKG werden im Anfall ST-Strecken-Hebungen als Hinweis auf eine transmurale Myokardischämie sichtbar.

Auslöser dieser Anfälle sind α-Rezeptor-vermittelte Koronarspasmen, die sich auf vorbestehende Koronarveränderungen auflagern oder sogar in gänzlich normalen Gefäßen vorkommen können. Die hervorgerufene Myokardischämie kann so schwer und anhaltend sein, daß es zum Auftreten eines Myokardinfarkts kommen kann. Daneben finden sich nicht selten gefährliche bradykarde und tachykarde Herzrhythmusstörungen. Die Prinzmetal-Angina wird daher für einige Fälle eines plötzlichen Todes verantwortlich gemacht.

Therapeutisch kommt vor allem eine Behandlung mit Calciumantagonisten und Nitraten in Frage. Betablocker sollen wegen der Möglichkeit, Koronarspasmen auszulösen bzw. zu verschlimmern, vermieden werden (s. S. 214). Dazu sollte Acetylsalicylsäure verabreicht werden.

Instabile Angina pectoris

Unter einer instabilen Angina pectoris versteht man das Zunehmen der Häufigkeit, Dauer und Schwere der Angina-pectoris-Anfälle bei einem Patienten mit bisher stabiler Symptomatik. Auch Patienten mit Ruhe-Angina und Patienten mit in den letzten 4 Wochen neu aufgetretenen Beschwerden werden dieser Gruppe zugerechnet. Nicht selten ist es bereits zu einer intramuralen Infarzierung gekommen. Pathologisch-anatomisch liegt ihr eine akute Ruptur einer atherosklerotischen Plaques zugrunde (s. S. 197).

Dieses Krankheitsbild wird wegen der besonderen prognostischen Relevanz von der stabilen Angina pectoris abgegrenzt. Ohne Behandlung beträgt die 1-Jahres-Mortalität dieses Symptomenkomplexes 15–20% und die 3-Monats-Infarktrate rund 25%.

Gelegentlich werden im Anfall im **EKG** ST-Senkungen oder Hebungen oder auch nur T-Wellen-Inversionen beobachtet (Abb. 65, S. 203). Solche Veränderungen sind jedoch nicht obligat.

Bei Patienten mit instabiler Angina pectoris besteht eine besondere Dringlichkeit zur invasiven Diagnostik (**Linksherzkatheter-Untersuchung**), da ihr meist eine hochgradige proximale Koronarstenose zugrunde liegt.

Die **medikamentös-therapeutischen** Möglichkeiten sind begrenzt. Nitrate und Calciumantagonisten (bevorzugt vom Verapamiltyp) wirken antianginös und antispastisch. Bei erheblicher Symptomatik müssen sie intravenös gegeben werden (z. B.: Nitroglycerin 1,2–3 mg/Stunde, Verapamil 2,5–10 mg/Stunde, je nach Blutdruck und Symptomatik). Die intravenöse Heparinisierung (20 E/kg Körpergewicht, Anstieg der PTT um das 1,5- bis 2,5fache bzw. der TZ auf das 3- bis 4fache der Norm) sowie die Gabe von Acetylsalicylsäure (100–300 mg/Tag) begünstigen ein Offenbleiben des Koronargefäßes und verringern so das Infarktrisiko. Da das Krankheitsbild einen fließenden Übergang zum Myokardinfarkt zeigen kann, ist in schweren Fällen bei Berücksichtigung von Kontraindikationen eine thrombolytische Therapie zur Stabilisierung gerechtfertigt (Substanzen und Dosierung s. S. 231).

In der Mehrzahl der Fälle liegt eine anatomische Situation vor, die einer transluminalen koronaren Angioplastik zugänglich ist. Aufgrund der „unruhigen" Läsion ist jedoch das Risiko, daß es zur akuten oder subakuten Koronargefäßkomplikation mit dann notfallmäßig erforderlicher aortokoronarer Bypass-Operation kommt, deutlich erhöht. Bei schwerer koronarer Herzkrankheit, so z. B. einer Einengung des Hauptstammes der linken Kranzarterie, wird man primär eine rasche Bypass-Operation anstreben.

Herzinfarkt

Unter Myokard-, Koronar- oder Herzinfarkt versteht man einen umschriebenen Untergang von Herzmuskelgewebe infolge einer akuten Durchblutungsnot. In den meisten Fällen liegt eine akute Ulzeration einer atherosklerotischen Plaque mit Auflagerung einer Thrombose vor. Selten handelt es sich um entzündliche oder allergische Veränderungen in der Gefäßwand, um Blutungen in die Gefäßwand, Koronarspasmen, Traumen oder um eine echte koronare Embolie. Auslösend kann eine akute körperliche oder psychische Überlastung sein, die zu einer schweren Durchblutungsnot führt, oder ein Blutdruckabfall, wodurch eingeengte Gefäßgebiete zu wenig durchströmt werden. So beobachtet man einen Herzinfarkt nach Blutverlust, nach Operation, oder er tritt nachts auf, wenn der Blutdruck kritisch absinkt. Häufig läßt sich die auslösende Noxe nicht ermitteln. In der Mehrzahl der Fälle ist der linke Ventrikel betroffen. Bei Erkrankungen in der rechten Kranzarterie treten nicht selten auch rechtsventrikuläre Infarzierungen hinzu.

Das **klinische Bild** kann äußerst charakteristisch verlaufen und mit großer Sicherheit die Diagnose ohne alle Hilfsmittel erlauben. In etwa der Hälfte der Fälle gehen Herzbeschwerden im Sinne einer Angina pectoris vera längere Zeit voraus. Bei der anderen Hälfte tritt der Infarkt ohne jeden Vorboten ein, oder es gehen nur ganz uncharakteristische Herzbeschwerden voraus. Plötzlich setzen sehr starke Schmerzen in der Herzgegend ein, die in einen Arm, den Rücken, Nacken, Kehlkopf oder den Oberbauch ausstrahlen können. Sie sind so intensiv, daß der Kranke sich unruhig hin und her wälzt, er leidet unter Todesangst. Dieser Zustand hält oft viele Stunden, gelegentlich sogar mehrere Tage an.

Die objektiven Befunde beim Herzinfarkt sind meist wenig eindrucksvoll. Der Patient hat einen ängstlichen Gesichtsausdruck, Schweißneigung und etwas Dyspnoe. Nicht selten kommt es zu leicht erhöhten Temperaturen oder Fieber. Ein Galopprhythmus und ein systolisches Geräusch einer sekundären Mitralinsuffizienz oder eines Ventrikelseptumdefektes zeigen einen komplizierten Verlauf an (s. S. 233). Das Geräusch einer Trikuspidalinsuffizienz wird bei rechtsventrikulärer Infarzierung gefunden. Der Blutdruck kann durch den Schmerz erhöht sein, bei schweren Infarkten kann er aber bald absinken. Herzrhythmusstörungen sind nicht selten Vorläufer gefährlicher Kammerarrhythmien oder von Kammerflimmern. Bei rechtsventrikulärer Beteiligung wird eine Einflußstauung erkennbar (Jugularvenendruck über 10 mmHg), hinzu kommt eine meist ausgeprägte Hypotonie.

Einzelne Infarkte bleiben klinisch unbemerkt („stumm"), andere zeigen nur das Bild einer „Grippe" oder einer leichteren Angina pectoris. Bei Kranken über 65 Jahren muß in mehr als der Hälfte der Fälle mit **atypischen Symptomen** gerechnet werden: plötzliche Atemnot, Bewußtseinsstörungen, Unruhe, Erbrechen, Herzrhythmusstörungen, Kreislaufkollaps, Schweißausbrüche, Apoplexie, Herzinsuffizienz oder sogar periphere Gangrän. In etwa 30% der Fälle führt der Infarkt schon in wenigen Stunden zum Tode.

Zur Sicherstellung der **Diagnose** soll in jedem Falle ein vollständiges EKG angefertigt werden. Wenn sich ein Infarkt langsam entwickelt, kann es bis zu 3 Tagen uncharakteristisch bleiben, man muß es also in Zweifelsfällen in den nächsten Tagen wiederholen und zusätzliche höhere und tiefere Abteilungen anfertigen. In der Mehrzahl der Fälle jedoch ist das **EKG** so typisch verändert und zeigt einen fast gesetzmäßi-

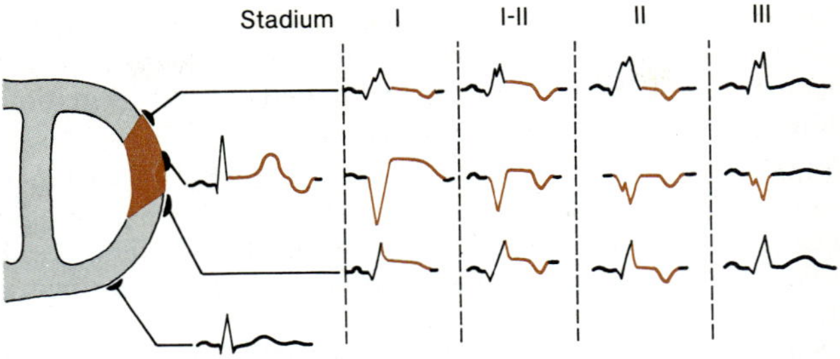

Abb. 70 Schematische Darstellung des EKG bei Infarkt des linken Ventrikels in verschiedenen Stadien

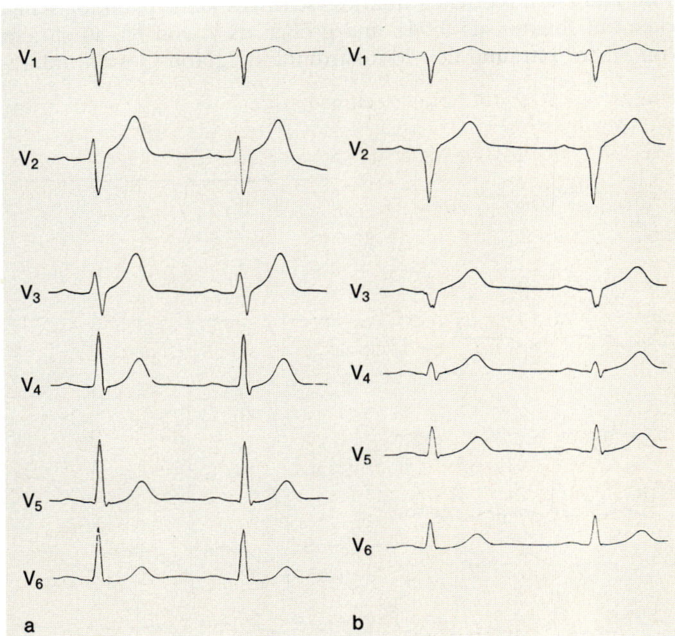

Abb. 71 Beispiel für einen mittelgroßen Vorderwandinfarkt
a) Ganz frisches Infarktstadium. Gut ist das hohe Erstickungs-T in Ableitung V_2 und V_3 sowie die beginnende ST-Hebung in diesen Ableitungen zu erkennen.
b) Folgestadium: Die R-Zacken sind verlorengegangen, ein breites Q als Hinweis auf die eingetretene transmurale Infarzierung ist zu sehen

gen Ablauf, daß es die Diagnose allein erlaubt (Abb. 70 bis 73). Die klassischen Zeichen zeigen die Ableitungen, die den Infarktbezirk erfassen (Tab. 53). Ableitungen auf der gegenüberliegenden Seite des Herzens können spiegelbildlich umgeformt sein.

Das früheste Zeichen eines Myokardinfarkts ist das „Erstickungs-T", also eine deutliche Überhöhung der T-Welle. Nach wenigen Minuten tritt die charakteristische ST-Hebung hinzu. Diese hält in der Regel einige Stunden an und ist nur bei rechtsventrikulären Infarkten in der Ableitung Vr_4 häufig flüchtig. Im weiteren Verlauf bilden sich in den betroffenen Ableitungen Q-Zacken aus, die ST-Hebung geht zurück, die T-Wellen werden negativ. Im chronischen Infarktstadium kann es zur vollständigen Normalisierung der ST-T-Veränderungen kommen.

Ein Persistieren der ST-Hebung über die Phase des akuten Myokardinfarktes hinaus spricht für die Entwicklung eines Herzwandaneurysmas. Ein Beispiel hierfür ist in Abb. 74 gegeben.

Treten im Laufe des typischen Infarktgeschehens keine pathologischen Q-Zacken auf (breiter als 0,04 s und größer als ¼ von R), so spricht man von einem intramuralen Myokardinfarkt („Non-Q-wave infarc-

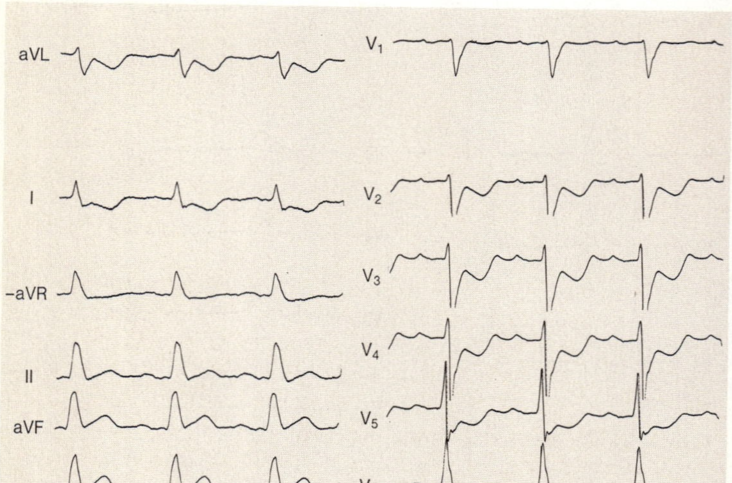

Abb. 72 Beispiel für einen frischen großen Hinterwandinfarkt. In Ableitung II, aVF und III ist gut die beginnende ST-Hebung zu erkennen. Die ausgeprägten ST-Senkungen in Ableitung V_2–V_5 sowie aVL und I sind als Spiegelbild dieser Senkungen aufzufassen

Tabelle 53 Typisch veränderte EKG-Ableitungen bei verschiedener Infarktlokalisation

	I	II	III	V_1	V_2	V_3	V_4	V_5	V_6	aV_L	aV_F	V_{r4}
Hoher anteroseptaler Infarkt*				(+)	(+)							
Anteroseptaler Infarkt				+	+	+						
Großer Vorderwandinfarkt	+			+	+	+	+	+	+	+		
Lateralinfarkt								+	+	+		
Hinterwandinfarkt posterior				○								
diaphragmal		+	+								+	
Großer Hinterwandinfarkt		+	+						(+)		+	
Rechtsventrikulärer Infarkt		+	+								+	+

* oft nur 2 Interkostalräume höher
○: Spiegelbild

tion“), also eine Nekrose, die nur einen Teil der Herzwand erfaßt (Abb. 75). Ein solcher Infarkt verläuft klinisch leichter als ein transmuraler, doch bleibt die Prognose ungewiß, da auch er das Bestehen einer koronaren Herzkrankheit anzeigt und einem größeren Infarkt vorausgehen kann.

Nach 3–5 Tagen entwickelt sich bei einem Herzinfarkt, der die Außenschicht in Mitleidenschaft zieht, eine lokalisierte **Perikarditis.** Sie verursacht im EKG eine frische ST-Hebung und kann ein Infarktrezidiv vortäuschen. Wenn sie die Vorderwand betrifft, löst sie auch die typischen Auskultationsphänomene der Perikarditis aus. Sie bilden sich rasch zurück.

In manchen Fällen ist die elektrokardiographische Diagnose eines Myokardinfarktes schwierig oder gar unmöglich. Dies trifft besonders zu,

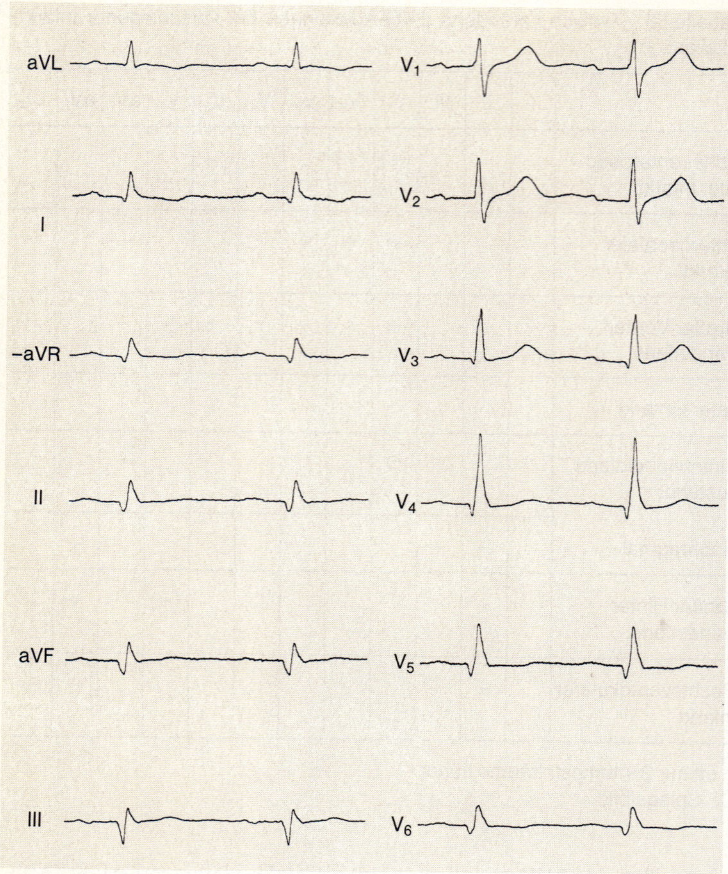

Abb. 73 Beispiel für einen großen älteren diaphragmalen (Q in II, aVF und III), dorsalen (großes R in V_1 und V_2) und lateralen Myokardinfarkt (deutliches Q in V_5 und V_6) (koronarangiographisch Verschluß einer dominanten rechten Kranzarterie)

wenn das EKG durch frühere Infarkte vorverändert ist oder ein Linksschenkelblock vorliegt. Aber auch die Diagnose eines diaphragmalen oder dorsalen Hinterwandinfarktes kann sehr schwierig sein. Ein Rechtsschenkelblock läßt dagegen die Diagnose eines Herzinfarktes zu (Abb. 76). Verwechslungen sind mit EKG-Veränderungen bei Lungenembolie möglich; hierauf wird auf S. 309 näher eingegangen.

Die Bestimmung myokardtypischer **Enzyme** im Blut bestätigt im Verlauf die Diagnose eines Herzinfarktes. 4–6 Stunden nach Infarktbeginn steigt die Kreatin-Phosphokinase (CPK, CK) im Serum an (Tab. 54), später folgen die GOT (Serum-Glutamat-Oxalacetat-Transaminase) und LDH (Lactat-Dehydrogenase), die aber nicht wie die CK vorwiegend aus der untergehenden Muskulatur stammen können, sondern auch aus Leberzellen, die durch eine plötzliche Stauung geschädigt werden. Sie sind daher weniger spezifisch. Das Herz wird als Ursache eines Serum-CK-Anstiegs dann angenommen, wenn das Isoenzym CK-MB mindestens 8% des CK-Wertes beträgt.

Aus der Höhe der maximal erreichten CK sowie des zeitlichen Verlaufes kann auf die Infarktgröße geschlossen werden. Als einfache Faustregel kann gelten, daß eine maximale CPK unter 500 U/l für einen kleinen Infarkt spricht, Werte unter 1000 U/l zeigen eine mäßig große Infarzierung an, darüber liegt meist ein großer Infarkt vor.

Neben diesen enzymatischen Veränderungen kommt es beim frischen Herzinfarkt zu unspezifischen Veränderungen wie einem Anstieg der BSG, der Leukozyten und des Blutzuckers.

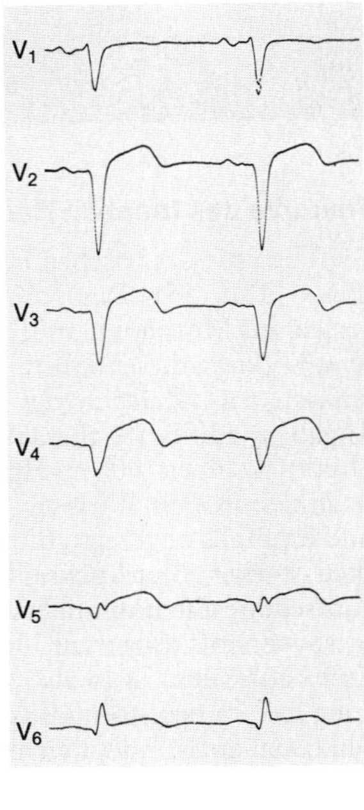

Abb. 74 a) Typisches Beispiel für eine Aneurysmareaktion im EKG nach großem Vorderwandinfarkt. Deutlich ist die ST-Strecken-Hebung in Ableitung V_2 bis V_6 auch 8 Wochen nach Infarkt noch zu erkennen. b) Das Ventrikulogramm der linken Herzkammer zeigt die große Vorderwandhypokinesie, die in der hohen Vorderwand anfängt und bis zur Herzspitze reicht (oben Diastole, unten: Systole). Die globale Ventrikelfunktion ist stark herabgesetzt

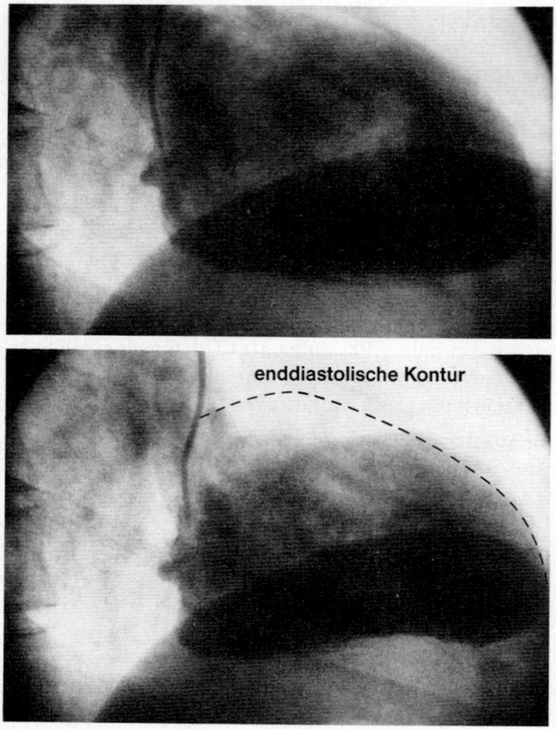

Abb. 74b

Therapie des frischen Herzinfarktes

Die Therapie des frischen Herzinfarktes zielt auf verschiedene Problemkreise (Tab. 55). Der *schwere Schmerz* und die *Angst* sprechen am besten auf Morphium an. Durch die gleichzeitige leichte vasodilatatorische Wirkung dieser Substanz tritt zusätzlich eine erwünschte Nachlastsenkung ein. Zeichen der *Linksherzinsuffizienz* werden gemäß den Angaben auf S. 59 therapiert, wobei dem Nitroglycerin bei einem Blutdruck über 90 mgHg systolisch aufgrund seiner zusätzlichen *antiischämischen Wirkung* besondere Bedeutung zukommt. Diuretika sind ebenfalls angezeigt, die Dosierung muß jedoch aufgrund der möglichen starken Blutdrucksenkung vorsichtig erfolgen (z. B. 10–20 mg Furosemid). Ein unblutiger Aderlaß, die Herzbettlagerung und die Gabe von Sauerstoff tragen zur Linderung bei. Bestehen *Zeichen einer Rechtsherzinsuffizienz,* ist es also zu einer rechtsventrikulären Infarktausdehnung gekommen, so muß vor der Gabe von venös-dilatierenden Medikamenten aufgrund schwerer Blutdruckabfälle gewarnt werden. Hier ist

Tabelle 54 Übersicht über die für die Diagnose des Herzinfarktes bedeutungsvollen Enzyme im Blutserum. Nur die CK verliert innerhalb von 24 Stunden einen großen Teil ihrer Aktivität. Die Zahlenangaben differeiern zwischen den einzelnen Autoren

Abkürzung	Genaue Bezeichnung	normal bis mU/ml	Beginn	Maxima Veränderung	Ende	Bemerkung
CK	Kreatin-Phosphokinase NAC	♂ 70 ♀ 60	4–6 Stunden	12–24 Stunden	3–5 Tage	kann auch aus Skelettmuskulatur stammen
CK-MB	Kreatin-Phosphokinase NAC	6% der CK	4–6 Stunden	12–24 Stunden	bis 48 Stunden	über 8% der CK pathologisch
GOT	Glutamat-Oxalacetat-Transaminase, optimiert	♂ 18 ♀ 15	6–12 Stunden	24–48 Stunden	3–7 Tage	kommt auch in Leber, Lunge u. a. vor. Bei Herzinfarkt nur mäßig erhöht
LDH	Lactat-Dehydrogenase, optimiert	180	8–10 Stunden	3.–4. Tag	8–9 Tage	kommt auch in Leber, Lunge u. a. vor

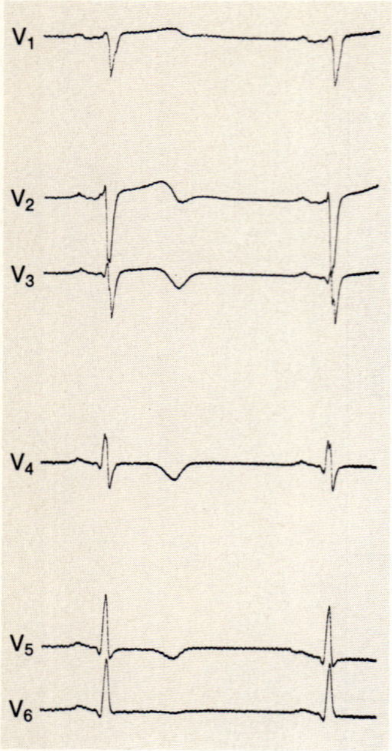

Abb. 75 Beispiel für einen intramuralen Vorderwandinfarkt; die R-Zacken sind noch erhalten, der Anstieg der R-Zacke von V_1 nach V_4 ist jedoch verzögert und es bestehen T-Wellen-Negativierungen in Ableitung V_2 bis V_5

eine vorsichtige Volumengabe angezeigt, um eine verbesserte Füllung des linken Ventrikels zu erzielen. Ein starker Blutdruckabfall nach intravenöser Gabe normaler Dosen von Nitroglycerin sollte immer den Verdacht auf einen Rechtsherzinfarkt lenken.

Das Hauptziel der Behandlung des akuten Myokardinfarktes ist die *Beseitigung des akuten Koronarverschlusses.* Dies wird mit einer thrombolytischen Therapie angestrebt, die bei fehlenden Kontraindikationen (bekannte hämorrhagische Diathese inklusive aktueller Antikoagulantientherapie, frische Ulkusblutung, Operationen und Arterienpunktionen innerhalb der letzten 2 Wochen, i.m. Injektionen innerhalb der letzten 2 Tage, schwerer Bluthochdruck [über 180/105 mmHg], diabetische Retinopathie, Alter über 75 Jahre u. a.) bei jedem Patienten, dessen Infarkt nicht älter als 6 Stunden ist, angezeigt ist. Eine Reihe von Substanzen stehen heute zur Verfügung, sie ähneln sich jedoch alle in ihrer Wirkung. Der erfahrene Notarzt kann sie bereits am Krankenbett zu Hause verabreichen. Folgende Vorgehensweisen können empfohlen werden:

1. Streptokinase: 1,5 Mill. Einheiten i.v. über 30 Minuten.
   Vorteil: billig. Nachteil: relativ häufig allergische Reaktionen und Unverträglichkeiten.

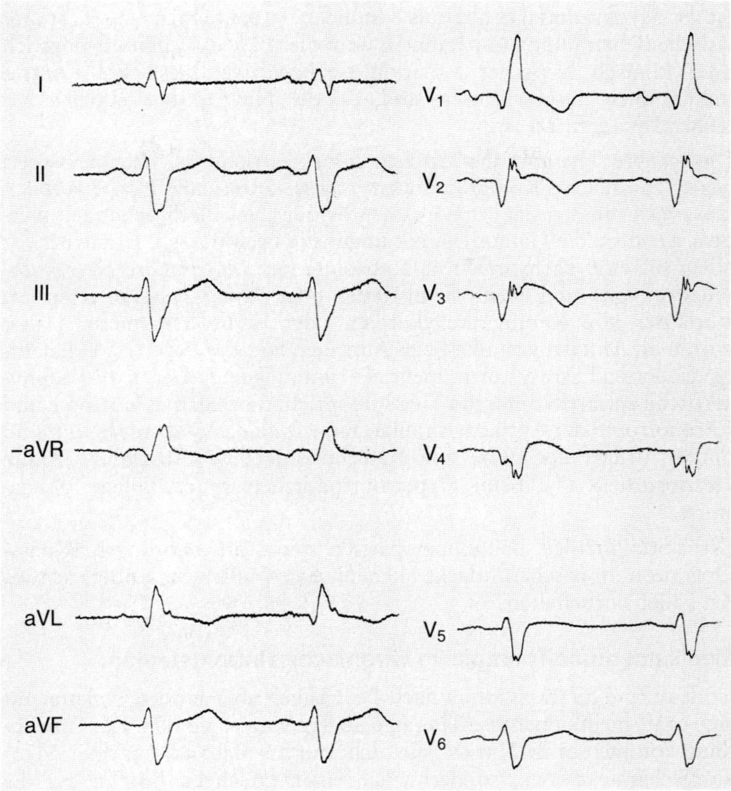

Abb. 76 Beispiel für ein EKG mit linksanteriorem Hemiblock, komplettem Rechtsschenkelblock und gut erkennbarem Vorderwandinfarkt (Q-Zacke in Ableitung V_1 bis V_4, persistierende R-Reduktion bis V_6)

2. Urokinase: 1,8 Mill. Einheiten i.v. über 5–30 Minuten.
   Vorteil: selten Unverträglichkeiten, „aus der Hand" applizierbar. Nachteil: deutlich teurer als Streptokinase.
3. Plasminogenaktivator (rt-PA): es gibt verschiedene Vorschläge zur Dosierung. Beispiel: 20 mg in 30 Minuten, 80 mg in den folgenden 90 Minuten i.v.
   Vorteil: wohl sehr rasche Reperfusion zu erzielen. Nachteil: *sehr* teuer. Kein Vorteil bezüglich der Blutungskomplikationen zu den übrigen Substanzen. Keine eindeutige Besserung der Infarktmortalität gegenüber den übrigen Substanzen.

Ist der Myokardinfarkt älter als 6 Stunden, so sollte man eine thrombolytische Behandlung nur beginnen, wenn der Patient in hämodynamisch oder klinisch kritischer Situation ist bzw. weit gesteckte Kontraindikationen ausgeschlossen sind, da der Nutzen im Vergleich zur frühen Lyse geringer ist.

Die weitere Therapie des frischen Infarktes richtet sich bedarfsweise gegen zusätzliche Komplikationen. *Supraventrikuläre Herzrhythmusstörungen* müssen dann medikamentös oder elektrisch behandelt werden, wenn sie die Hämodynamik ungünstig beeinflussen. Dies trifft vor allem für eine Tachyarrhythmia absoluta zu. *Ventrikuläre Herzrhythmusstörungen* sind, wenn sie in Ketten oder großer Zahl auftreten, oft Vorläufer von Kammertachykardien oder Kammerflimmern. Daher wird man Antiarrhythmika beim Auftreten von Couplets sowie gehäuften isolierten Extrasystolen (mehr als 10/min) geben. Gegen die prophylaktische antiarrhythmische Therapie spricht die negative Inotropie und Chronotropie der Antiarrhythmika. Ein *Abfall des Blutdrucks* unter 80 mmHg bedarf der Gabe von Katecholaminen (s. Abschnitt „Akute Herzinsuffizienz"). Beim Hypertoniepatienten gelten höhere Grenzwerte.

Die notfallmäßige Ballonangioplastik sowie aortokoronare Bypass-Operation im frischen Infarkt bleiben ausgewählten, besonders schweren Fällen vorbehalten.

Medikamentöse Therapie im chronischen Infarktstadium

Ist das akute Infarktstadium nach 1–2 Tagen überstanden, so kann auf eine orale medikamentöse Therapie übergegangen werden. Zur Anwendung kommen orale Nitrate, die nicht nur zur Behandlung einer Myokardischämie dienen, sondern auch einen günstigen Einfluß auf die postinfarzielle Ventrikeldilatation ausüben. Bei fortbestehender Myokardischämie und fehlenden Kontraindikationen werden sie durch Calciumantagonisten (bevorzugt vom Verapamiltyp) oder Betablocker (bevorzugt ohne intrinsische Aktivität) ergänzt, zumal in verschiedenen Studien unter diesen Substanzen eine leichte Verminderung des Reinfarktrisikos nachgewiesen werden konnte. Bei größeren Infarkten sind eher ACE-Hemmer angezeigt (Dosierung: s. dort), da sie – vielleicht noch ausgeprägter als Nitrate – in der Lage sind, einer progressiven Ventrikeldilatation und der Entstehung einer Herzinsuffizienz entgegenzuwirken. Zur Standardbehandlung gehört schließlich auch die Gabe von Acetylsalicylsäure, die die Thrombozytenfunktion hemmt und dadurch die Rate an akuten Koronar(-re-)verschlüssen günstig beeinflußt (s. S. 215 ff). Alternativ kommt eine Behandlung mit Ticlopidin (Tiklyd; 250 mg) in Frage. Bei großen Ventrikelaneurysmen, vor allem wenn Ventrikelthromben echokardiographisch nachweisbar sind, sollte eine Antikoagulation zur Förderung der Lyse des Thrombus und zur

Vermeidung peripherer Embolien erfolgen. Besonders betroffen sind hiervon Vorderwandinfarkte. Die weitere Medikation richtet sich nach den Symptomen. Bestehen Zeichen einer Herzinsuffizienz, so entspricht die Behandlung den auf S. 59 ff gegebenen Ratschlägen. Bezüglich eines erhöhten Blutdrucks wird auf S. 291 ff verwiesen, Herzrhythmusstörungen werden entsprechend der Angaben auf S. 245 ff therapiert. Sehr wichtig ist der Hinweis, daß eine antiarrhythmische Therapie, die im akuten Infarktstadium begonnen wurde, nach wenigen Tagen überdacht werden sollte, da die große Mehrzahl der Arrhythmien nach Abklingen der akuten Nekrose von selbst verschwindet.

Verlauf und weitere diagnostische Maßnahmen

Der Verlauf eines Herzinfarktes ist individuell sehr verschieden. Im *typischen Fall* soll der Patient die ersten 2 Tage Bettruhe einhalten, nur zum Stuhlgang darf er auf den Nachtstuhl. Eine kontinuierliche Monitorüberwachung ist wegen der Gefahr unerwarteter maligner Herzrhythmusstörungen erforderlich. Danach beginnt zügig die Mobilisierung, wie sie auf Abb. 77 zusammengefaßt ist: Am 3. und 4. Tag geht der Patient selbst zur Toilette und darf 2mal 15 Minuten im Lehnstuhl sitzen. An den Folgetagen läuft er auf der Station umher und beginnt am Anfang der 3. Woche mit Treppensteigen. Jetzt werden auch ein Belastungs-EKG (ggf. in Verbindung mit nuklearmedizinischen Verfahren) und in der Regel – vor allem bei fortbestehenden subjektiven oder objektiven Zeichen einer Myokardischämie – eine Herzkatheteruntersuchung eingeplant. *Andere Patienten* erholen sich sehr schlecht vom Infarktereignis. Immer wieder kommt es zu Angina-pectoris-Anfällen, Zeichen einer Herzinsuffizienz oder schweren Herzrhythmusstörungen. In diesen Fällen wird man mit der Mobilisierung langsam verfahren. Eine rasche invasive Abklärung (Herzkatheter) ist zur Festlegung der weiteren Therapie erforderlich. Bezüglich des weiteren differentialtherapeutischen Vorgehens nach der Herzkatheteruntersuchung wird auf S. 215 ff verwiesen.

Komplikationen des frischen Herzinfarktes

Der Patient mit frischem Herzinfarkt ist durch 4 Komplikationen erheblich gefährdet:

1. tachykarde oder bradykarde Herzrhythmusstörungen,
2. kardiogenen Schock,
3. Myokardruptur,
4. Thromboembolien.

Die Haupttodesursache beim frischen Herzinfarkt stellen **Herzrhythmusstörungen** dar. **Kammerflimmern,** das häufig aus **ventrikulären Tachykardien** degeneriert, spielt dabei die entscheidende Rolle. Es wird durch die elektrische Instabilität des Herzens als Folge der frischen

Tag nach Infarkteintritt:	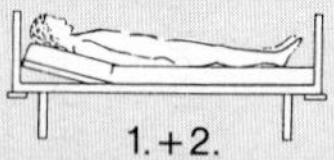 1.+2.	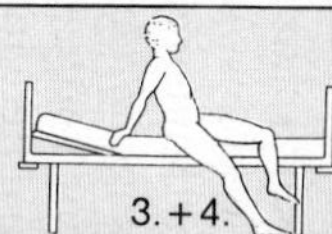 3.+4.	 5.+6.	 7.–14.	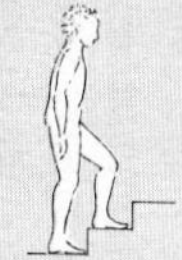 15.–21.
Diagnostik	EKG. GOT, GPT, CPK, und CKMB, LDH, BSG, K Leuko, Hst., Glucose Röntgen – Thorax (mögl. im Sitzen) Überwachung von: Rhythmus und Hämodynamik	EKG und Laborwerte	EKG und Laborwerte	EKG und Laborwerte 1 x/Woche, Thorax im Stehen	Belastungs-EKG 50–75 Watt/1,73 m² dann evtl. altersgemäß Herzvolumen evtl. Koronarangiographie Planung der Rehabilitation
Körperliche Aktivität	Nachtstuhl	geht zur Toilette			Duschen (im Sitzen)
		wird gewogen, wäscht sich, Lehnstuhl 2x15 min	geht auf Station umher		geht auch auf der Treppe (mit Begleitung)
	beginnende Gymnastik im Liegen: 1. Pneumonie-prophylaxe (Atemtherapie) 2. Thrombose-prophylaxe (Fußgymnastik)	leichte Gymnastik im Liegen + Sitzen 1. Arme, Nacken und Schultergürtel lockern 2. Füße heben und senken 3. Beine anziehen und strecken	Gymnastik im Sitzen auf Bettrand und Hocker, Füße, Beine, leichte Rumpf-bewegungen	Gymnastik im Stehen und auf dem Hocker zunehmende Belastung	Gymnastik in der Gruppe mit und ohne Handgeräte, evtl. Spiele (30 min tgl.)
	Beine wickeln (Antiemboliestrümpfe) →				

Tabelle 55 Therapie des frischen Herzinfarktes

Problem	Therapie
Schmerzbekämpfung und Sedierung:	10 mg Morphium i.v., verdünnt in 10 ml NaCl, evtl. wiederholt
Koronarverschluß	Thrombolytika (s. Text) daran anschließend: Heparininfusion (5000 E i.v. als Bolus, dann 20 E/kg KG und Acetylsalicylsäure (100–200 mg)
Myokardischämie	Nitroglycerin (0,8–1,6 mg, evtl. wiederholt)
Linksherzinsuffizienz	Aderlaß, Sauerstoff, Herzbettlagerung, Bronchialtoilette; Nitroglycerin (0,8–1,6 mg, evtl. wiederholt), Furosemid (10–80 mg, je nach Schwere und Nierenfunktion)
Rechtsherzinsuffizienz	vorsichtige Gabe von Volumen (z. B. 5% Humanalbumin); kein Nitroglycerin (kritischer Blutdruckabfall möglich)
supraventrikuläre Herzrhythmusstörungen	Verapamil; bei Tachyarrhythmie auch Digoxin (0,5 mg i.v.); ggf. Kardioversion
ventrikuläre Herzrhythmusstörungen	Klasse-I-Antiarrhythmika (s. S. 251); Mittel der Wahl: Lidocain (100 mg als Bolus, dann 1,5–3 g/24 Stunden) ggf. Kardioversion/Defibrillation
Bradykardie	Atropin (0,5–1 mg i.v.), ggf. wiederholt; Orciprenalin (0,25 mg langsam i.v. Infusion: 10–30 µg/min); temporärer Schrittmacher
Blutdruckabfall	Dobutamin, in schweren Fällen Adrenalin (s. S. 80)
Bluthochdruck	Nitroglycerin (oral oder i.v., je nach Wirkung bis 6 mg/h) Verapamil (2,5–10 mg/h i.v.) Furosemid (10–80 mg i.v.), ggf. wiederholt

Keine i.m. Injektionen!

◀ Abb. 77 Mobilisationsschema und Diagnostikplan nach frischem Herzinfarkt (nach M. Kaltenbach)

Nekrose ausgelöst. Nur sofortige Wiederbelebungsmaßnahmen können das Leben retten (Tab. 55 und 62, Seite 271). Von einer vorsorglichen Gabe von Antiarrhythmika wird wegen der Nebenwirkungen jedoch abgeraten (s. o.).

Bradykarde Herzrhythmusstörungen treten relativ oft im Gefolge eines Hinterwandinfarktes auf. Höhergradige AV-Blockierungen stehen dabei im Vordergrund. Ist eine vorsichtige Gabe von Atropin (0,5–1 mg) oder Orciprenalin (0,25–0,5 mg) unwirksam, so muß ein temporärer Schrittmacher eingesetzt werden (s. Tab. 55). Dieser ist jedoch in aller Regel nach 2–3 Tagen wieder entbehrlich, nur in seltenen Fällen ist eine dauerhafte Schrittmacherimplantation erforderlich.

Ein **kardiogener Schock** liegt vor, wenn das Herzzeitvolumen unter $< 3{,}5$ l/min·1,73 m^2 liegt und gleichzeitig der Pulmonalkapillardruck > 22 mmHg erhöht ist. Er ist entweder Folge eines primären ausgedehnten Myokarduntergangs oder eines sekundären Versagens der verbliebenen Restmuskulatur des Herzens. Die therapeutische Schwierigkeit besteht darin, daß einerseits zur Verbesserung der koronaren, zerebralen und renalen Durchblutung ein Anheben des Blutdrucks erforderlich ist. Dies kann mit Katecholaminen gemäß der Empfehlungen auf S. 80 erfolgen. Andererseits wird hierdurch der Sauerstoffverbrauch des Myokards erheblich gesteigert, was zu einer Infarktausdehnung führen kann. Da die Wiedereröffnung eines Koronargefäßes lebensrettend sein kann, stellt ein kardiogener Schock keine Kontraindikation zur thrombolytischen Therapie dar (s. o.). In besonders gelagerten Fällen kann – gegebenenfalls unter Zuhilfenahme einer intraaortalen Ballonpumpe (s. S. 81 f) – koronarangiographiert werden, um abzuklären, ob eine notfallmäßige Bypass-Operation oder Ballonangioplastik therapeutisch in Frage kommt. Insgesamt ist die Prognose eines kardiogenen Schocks sehr ungünstig.

In den ersten Infarkttagen besteht die Gefahr, daß das nekrotische Myokardgewebe rupturiert. Eine offene **Myokardruptur** in den Herzbeutel ist sofort tödlich. Eine *gedeckte Ruptur* gibt sich durch einen rasch zunehmenden Schock zu erkennen, der durch eine hämorrhagische Perikardtamponade ausgelöst wird. Eine notfallmäßige Perikardpunktion kann das Leben retten (s. S. 116 f). Tritt die Ruptur im Ventrikelseptum auf, so entsteht ein akuter *Ventrikelseptumdefekt* (typisches Geräusch). Leichte Fälle bleiben ohne wesentliche hämodynamische Konsequenz. In der Mehrzahl kommt es jedoch zu einer perakuten Lungenstauung und einem rasch progredienten Herzversagen. Aufgrund des hohen Operationsrisikos strebt man vor einem operativen Verschluß (evtl. in Verbindung mit einer Bypass-Operation) wenn immer möglich ein Ausheilen des akuten Infarktstadiums an (3–4 Wochen). Nicht selten ist eine sofortige Operation mit hoher Mortaltät jedoch die einzige Alternative. Vergleichbares gilt für das *Papillarmus-*

kelsyndrom, also der akuten Insuffizienz eines Papillarmuskels der Mitralklappe. Klinisch resultieren alle Zeichen einer akuten Mitralinsuffizienz (s. S. 134ff). Auch hier strebt man wenn immer möglich eine korrigierende Operation (Klappenersatz und Bypass-Operation) im Intervall an. Gelegentlich ist jedoch ein sofortiger Eingriff mit sehr hohem Risiko unvermeidlich.

Mit **Thromboembolien,** vor allem in das Gehirn, die Abdominalgefäße und Beinarterien, ist vor allem bei ausgedehnten Vorderwandinfarkten zu rechnen. Sie können sowohl im akuten Infarktstadium als auch noch Monate oder Jahre danach auftreten. Eine konsequente Antikoagulation vermindert das Risiko.

Differentialdiagnose der koronaren Herzkrankheit

Abb. 78 gibt einen Überblick über die mögliche Ausstrahlung des Brustschmerzes und differentialdiagnostische Erwägungen, Tab. 56 führt die Differentialdiagnosen organischer Erkrankungen näher aus. Auf einige häufige Diagnosen wird im folgenden kurz eingegangen.

Bei den meisten Patienten, die über Herzbeschwerden klagen, handelt es sich nicht um die Folge einer Koronarinsuffizienz. Man spricht von **„funktionellen" Beschwerden** und will damit ausdrücken, daß das Herz selbst organisch gesund ist. Nicht selten hat man es jedoch mit einer Kombinationsform zu tun, bei der mehrere Faktoren zusammenwirken. Man muß sich also bewußt bleiben, daß die Entscheidung – entweder organisch oder funktionell – nicht immer durchführbar ist. Die Diagnose der „funktionellen" anginösen Beschwerden bleibt immer eine Diagnose per exclusionem. Die Schuld für die Entwicklung oder das Fortbestehen funktioneller Herzbeschwerden liegt oft bei den Ärzten, die zu leichtfertig mit der Diagnose eines organischen Herzschadens, einer Myokardschädigung, einer Koronarinsuffizienz u. a. umgehen. Schon die Verordnung eines Medikamentes zur Koronarerweiterung kann zur Fixierung des Bewußtseins beitragen, es läge eine ernste Krankheit vor, denn auf dem Begleitzettel des Medikamentes finden sich entsprechende Hinweise. Auch das Miterleben von Krankheitsfällen in der Umgebung des Patienten kann zur Induktion von Herzbeschwerden und zur Annahme einer ernsten Krankheit führen. Die Frage nach ähnlichen Krankheitserscheinungen bei Verwandten oder Bekannten kann zu einer Klärung der Diagnose beitragen. Man muß wegen der Möglichkeit der Auslösung neurasthenischer oder neurotischer Reaktionen daher mit der Formulierung der Diagnose sehr vorsichtig sein und, wenn es ärztlich verantwortet werden kann, immer darauf hinweisen, daß unter konsequenter Behandlung wieder Beschwerdefreiheit erreicht wird. Man erklärt gleichzeitig, daß in Krisensituationen oder nach Krankheiten ähnliche Beschwerden wieder auftreten können, die dann in gleicher Weise auf die Behandlung günstig ansprechen.

Häufig wird nicht erkannt, daß Kranke, die über uncharakteristische Herzbeschwerden klagen, unter einer depressiven Verstimmung oder einer echten **Depression** leiden. Nur gezielte Fragen ermöglichen die richtige Diagnose. Eine psychosomatische Therapie und richtig ausgewählte Psychopharmaka führen zur Linderung.

Es findet sich ein Übergang in eine echte **Herzneurose.** Zu ihrer Entwicklung trägt die Umgebung bei, die dem Patienten wegen seiner Beschwerden finanzielle oder sonstige Vorteile zubilligt. Es genügt, daß der Patient sein Leiden als Entschuldigung für ein Versagen im Beruf oder auf sexuellem Gebiet benutzen kann. Die natürliche Neigung des Patienten, seine Beschwerden nach einiger Zeit zu bagatellisieren, wird durch solche meist unbewußte Tendenzen unterdrückt. Manchmal bedarf es des ganzen psychotherapeutischen Aufwandes, die Patienten günstig zu beeinflussen, aber auch der Hausarzt kann durch eine entsprechende Behandlung viel erreichen. Dazu gehört genügend Zeit für Anamnese, Untersuchung (auch mit Apparaten) und Aussprache. Ärzte und andere Heilkundige mit bekannten Namen und starker persönlicher Wirkung kommen oft schneller zum Erfolg! Dabei darf man nicht übersehen, daß man oft als Zwischenlösung dem Patienten eine „Krankheit" lassen muß, über deren günstige Prognose aber kein Zweifel bestehen darf. Viele Patienten vertragen es nämlich nicht, als herzgesund erklärt zu werden, auch wenn sie es tatsächlich sind. Zur Behandlung haben sich außerdem Lockerungs- und Ballgymnastik und ganz besonders ein aufbauendes körperliches Training mit Spielen in einer Gruppe bewährt. Zusätzlich kann man autogenes Training einsetzen. Bei echten Neurosen und auch bei Depressionen ist es allerdings nicht angezeigt. Zum vollen Erfolg gehört ein monatelanges konsequentes Üben.

Für die erste Zeit kann bei psychisch bedingten Beschwerden oft nicht auf **Medikamente** verzichtet werden. Bei Neigung zu überschießender Beschleunigung des Pulses oder Erhöhung des Blutdrucks während Belastung oder Aufregung, verabreicht man mit gutem Erfolg einen Betarezeptorenblocker. Auch alle anderen Beschwerden werden soweit wie möglich vom Körperlichen her angegangen. So verordnet man beim Roemheld-Syndrom neben körperlicher Bewegung und Diät Präparate wie Paractol bzw. Enzym-Paractol u. a. Bei rheumatischer Beschwerdesymptomatik kann man nichtsteroidhaltige Antirheumatika für einige Tage geben. Man entzieht also dem psychosomatischen Circulus vitiosus den somatischen Boden. Allerdings kommt man dabei oft anfangs nicht ohne Beruhigungsmittel aus. Massagen der Schulter-, Nacken- und Herzgegend ergänzen diese Behandlung. Wenn es auf diese Weise gelingt, die Beschwerden zu verringern, kann man die körperliche Belastung langsam steigern. So gewinnt der Kranke langsam wieder Vertrauen zu seinem Körper, er findet die natürliche Freude an körperlicher Bewegung und wird wieder zu sportlicher Betätigung geführt. Eine solche Behandlung muß sich oft über Jahre erstrecken, und sie bedarf der intensiven Mitarbeit des Kranken.

Wenn eine ambulante Behandlung keinen raschen Erfolg bringt, sollte eine Kur in einem Sanatorium mit Bewegungstherapie verordnet werden. Bahnbrechend auf diesem Gebiet war Beckmann in Ohlstadt (Obb.) mit der sogenannten **„Ohlstädter Kur"**, die jetzt in zahlreichen Sanatorien neben psychotherapeutischen Maßnahmen durchgeführt wird.

Die **Prognose** der „funktionellen" Herzbeschwerden ist günstig. Wenn oft auch keine echte Heilung erzielt wird, so kann der Kranke doch wieder ein normales Leben führen, er gelangt zu einer Art Koexistenz mit seinen Beschwerden. Falls sich aber eine echte Neurose entwickelt hat, und besonders wenn ein Rentenbegehren vorliegt, sind die therapeutischen Erfolge weniger gut.

Eine weitere wesentliche Differentialdiagnose des Thoraxschmerzes ist das **Aneurysma dissecans**, das sich durch einen oder mehrere Intimarisse bildet. Der Einriß liegt meist im Anfangsteil der Aorta, kann aber auch an jeder anderen Stelle lokalisiert sein. Das Blut dringt in die Media vor und begleitet die Aorta über eine größere Strecke. Ein großes Hämatom umscheidet weite Abschnitte der Aorta und engt die abgehenden Gefäße ein. Das klinische Bild kann große Ähnlichkeit mit einem Herzinfarkt aufweisen: akuter Beginn mit sehr heftigen Schmerzen in der Herzgegend, ausstrahlend in Hals, Arme und Brustkorb, mit einem Schock einhergehend. Nicht selten erstrecken sich die Schmerzen bald auch auf den Leib und in die Beine. Das EKG läßt die typischen Infarktveränderungen vermissen; auch die Enzymwerte sind höchstens uncharakteristisch verändert. Bei Aneurysmen der Aorta ascendens kommt es nicht selten zu einer begleitenden akuten Aorteninsuffizienz sowie einem Hämoperikard. Diese Beobachtungen lassen meist die richtige Diagnose vermuten, sie wird durch röntgenologische und echokardiographische Untersuchungen bestätigt. Schon die einfache Durchleuchtung läßt gewöhnlich die Verbreiterung der Aorta mit unregelmäßiger Begrenzung erkennen, die Angiographie und Computertomographie stellen die Veränderungen in ihrer Ausdehnung eindeutig dar. Das Aneurysma kann in den Perikardbeutel, in die Thorax- oder Bauchhöhle frei perforieren. Diese Blutung füht in wenigen Minuten zum Tode. Die Therapie des Aneurysmas besteht in der möglichst baldigen Operation, bei der der Riß oder die Risse in der Intima der Aorta verschlossen bzw. Gefäßprothesen implantiert werden.

Bei vielen Patienten werden Schmerzen in der Herzgegend durch **degenerative Wirbelsäulenveränderungen** im Bereich des Halses, der Brustwirbelsäule oder in den Schultergelenkspartien sowie durch **Myogelosen** der Brustwand verursacht. Im Gegensatz zu Patienten mit koronarer

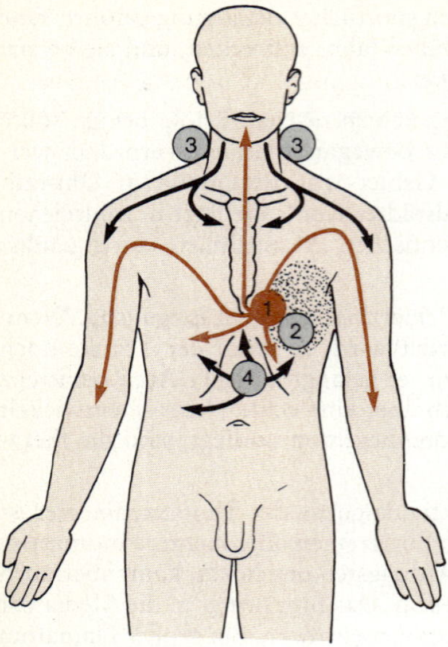

Abb. 78 Ausstrahlungen des Herzschmerzes und Hinweise auf seine Ursache
1 meist „Koronarinsuffizienz" (braun),
2 meist „funktionell" (punktiert),
3 meist „Zervikalsyndrom",
4 meist „Roemheld-Syndrom"

Tabelle 56 Zur Differentialdiagnose der koronaren Herzkrankheit

Krankheit	Differentialdiagnostischer Hinweis
Zentralnervensystem	
Psychische Störungen	Ausschlußdiagnose, anamnestische Hinweise
Epilepsie	anschließende Benommenheit, EEG
Tabes dorsalis	Sensibilitäts-, Reflex-, Pupillenstörungen
Metastasen, Blutungen und Tumoren im Bereich der ZNS	neurologische Befunde, Stauungspapille, Computertomographie
Interkostalneuralgie	Lokalisation des Schmerzes, Sensibilitätsstörungen
Hypersensitiver Karotissinus	Auslösung einer Bradykardie durch Druck auf Karotissinus oder Kopfbewegung
Erkrankungen des Mediastinums	
Mediastinalemphysem	Hautemphysem im Halsbereich, herzsynchrones Knistern

Tabelle 56 (Fortsetzung)

Krankheit	Differentialdiagnostischer Hinweis
Tumoren und Metastasen	Röntgenbefund
Erkrankungen des Herzens	
Angina pectoris vera	plötzlicher Beginn, besonders bei Belastung, kurze Dauer, Belastungs-EKG
Herzinfarkt	längere Dauer, Labor- und EKG-Befund
Perikarditis	Auskultations-, Echo- und EKG-Befund (s. S. 111 ff)
Myokarditis	Anamnese, EKG-Befunde, Myokardbiopsie
Myokardiopathie	EKG, Echokardiogramm (s. S. 99 ff)
Arrhythmien	EKG-Befund, Langzeit-EKG, Anamnese (s. S. 1 ff)
Erkrankungen der Aorta (Aneurysma dissecans)	Röntgenuntersuchung, Aortographie, Echokardiographie, Computertomographie
Erkrankungen der Lunge	
Chronisches Cor pulmonale	betonter 2. Pulmonalton, Röntgenbefund, EKG
Akutes Cor pulmonale, Lungenembolie	Tachykardie, Zyanose, blutiges Sputum, pleuraler Reiz, EKG, Angiographie (s. S. 306 ff)
Spontanpneumothorax	Auskultations-, Perkussions- und Röntgenbefund
Tumoren und Metastasen	Röntgenbefund, Bronchoskopie
Pleuritis	Auskultations-, Perkussions- und Röntgenbefund, Punktion
Erkrankungen des Muskel- und Skelettsystems	
Zervikal-, Brustwand- und Schulter-Arm-Syndrom, Spondylosis deformans	Bewegungs- und Druckschmerz der Nacken-Schulter-Muskulatur, Serologische Befunde
Rippenfrakturen, -tumoren und -metastasen	Tast- und Röntgenbefund
Arthritis des Schultergelenkes	Bewegungs- und Druckschmerz
Periarthritis humeroscapularis	Bewegungs- und Druckschmerz, Röntgenbefund

Tabelle 56 (Fortsetzung)

Krankheit	Differentialdiagnostischer Hinweis
Myalgien	isolierte Druckpunkte
Tietze-Syndrom	Druckschmerz über Rippen-Knorpel-Gelenk
Erkrankungen des Verdauungstraktes	
Zwerchfellhernie	Besserung im Stehen, Röntgenbefund
Ösophagitis, Refluxkrankheit, Ösophagusspasmen	Besserung nach Gabe alkalisierender Substanzen oder H_2-Blockern, Röntgenbefund, Gastroskopiebefund
Ösophaguskarzinom	Abhängigkeit vom Schlucken, Röntgenbefund, Gastroskopiebefund
Magenerkrankungen	Anamnese, Röntgenbefund, Gastroskopiebefund
Kolonspasmen	Anamnese, Röntgenbefund
Roemheld-Syndrom	Verstärkung nach blähenden Speisen, Tympanie unterhalb des Herzens, Besserung durch Bewegung und Aufstoßen
Erkrankungen der Gallenblase	Fettunverträglichkeit, Röntgenbefund, Sonographie
Pankreatitis	Anamnese, Sonographie, Computertomographie, Laborwerte

Herzerkrankung geben sie einen dauerhaften, dumpfen Druck in der Brustregion an, der keine Belastungsabhängigkeit zeigt. Im Gegenteil, häufig werden Beschwerden dieser Art erst in Ruhe wahrgenommen. Typisch ist auch, daß viele Patienten genau den Punkt benennen können, der schmerzhaft ist. Dies gibt es nicht bei der koronaren Herzkrankheit. Diagnostisch können Röntgenuntersuchungen weiterhelfen. Therapeutisch sind intensive krankengymnastische Übungen, evtl. unterstützt durch eine vorübergehende Gabe von Antirheumatika, hilfreich.

Wegen seiner Häufigkeit soll schließlich auch auf den von **Roemheld** beschriebenen **Symptomenkomplex** eingegangen werden. Als Folge einer Blähung des Magens oder der Flexura lienalis des Kolons wird das Herz nach oben verlagert und gleichzeitig ein Vagusreiz ausgelöst.

Dieses Syndrom nimmt in seiner Häufigkeit zu, da zu schwere Ernährung, wenig körperlicher Bewegung und Streß seine Entstehung begünstigen. Hinzu kommt, daß durch eine häufig gleichzeitig bestehende Adipositas der Bauchraum eingeengt und das Zwerchfell schon hochgelagert ist. Bei der allgemeinen Untersuchung fällt eine vermehrte Tympanie in der Magengegend auf. Die Röntgenuntersuchung oder Sonographie lassen die Luftansammlungen im Magen oder in der linken Kolonflexur noch besser erkennen.

Viele Personen vertragen erhebliche Luftansammlungen mit nur geringen Beschwerden, andere sind dagegen schon bei geringem Meteorismus gestört. Charakteristisch ist die Angabe, daß tageweise überhaupt keine Beschwerden auftreten, insbesondere im Urlaub sowie an einem freien Wochenende, und die Besserung bei körperlicher Bewegung. Die Beschwerden halten stundenlang an, klingen meist nachts ab. Andere Patienten erwachen nachts durch „hartes Schlagen" des Herzens und verspüren eine Besserung nach Aufstoßen oder nach dem Aufrichten. Sie können, was typisch ist, nicht auf der linken Seite liegen. Nach Gabe von Nitroglycerin, Isosorbiddinitrat oder Nifedipin bessern sich die

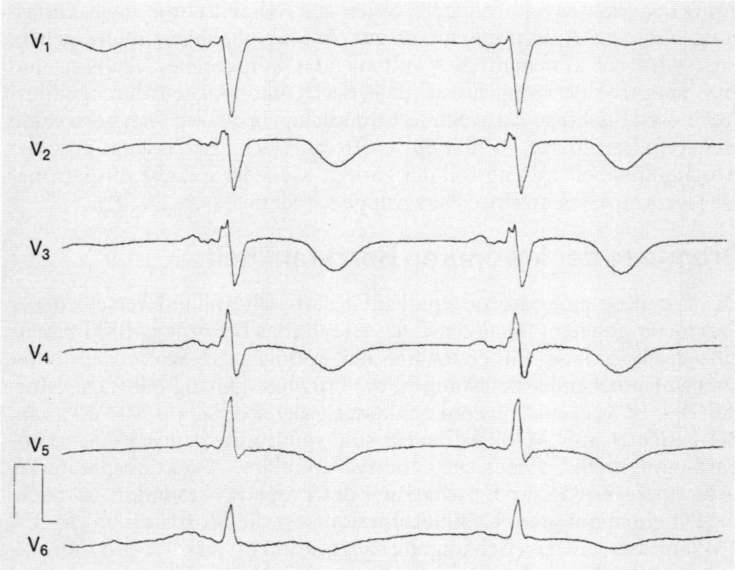

Abb. 79 Beispiel für neurogene EKG-Veränderungen bei intrazerebraler Massenblutung. Ohne Angaben zur Klinik könnte man dies für einen frischen intramuralen Vorderwandinfarkt halten. Die QT_c-Zeit ist mit 0,53 s stark verlängert

Beschwerden, da diese Medikamente Spasmen der glatten Muskulatur lösen. Die Wirkung tritt langsamer ein als bei der Angina pectoris, sie benötigt 5–10 Minuten.

Die Behandlung bereitet meist keine großen Schwierigkeiten. Man rät zu einer blähungsarmen Diät ohne kohlensäurehaltige Getränke, zu körperlicher Bewegung, zur Verminderung oder Einstellung des Kaffeekonsums oder zu koffeinfreiem Kaffee, erlaubt schwarzen Tee mit Milch oder Zitrone und regelt den Stuhlgang. Oft ist die Beruhigung des Kranken wichtig, daß es sich bei ihm nicht um eine echte Angina pectoris handelt.

Große Bedeutung besitzen schließlich **neurogene EKG-Veränderungen.** Sie können alle zerebralen Prozesse (Blutungen, Tumoren, Erweichungen) begleiten. Möglich sind hochpositive T-Wellen, die wie ein frischer Myokardinfarkt imponieren, und ST-T-Senkungen, die wie Myokardischämien und intramurale Infarkte aussehen (Abb. 79). Möglich sind weiterhin QT-Verlängerungen und Herzrhythmusstörungen (s. S. 245 ff).

Anschlußheilbehandlung, Herzgruppe

Patienten nach Myokardinfarkt sollen zur Rehabilitation nach Entlassung aus dem Akutkrankenhaus zur Anschlußheilbehandlung gehen. Hier wird ein systematisches aufbauendes körperliches Training und eine intensive Beratung hinsichtlich der Risikofaktoren durchgeführt. Auch wird die Frage der weiter erforderlichen invasiven Diagnostik und weiteren beruflichen Situation erörtert. Nach Entlassung aus der Anschlußheilbehandlung soll der Patient wie jeder Kranke mit koronarer Herzkrankheit an einer **Herzgruppe** teilnehmen (s. S. 208 f).

Prognose der koronaren Herzkrankheit

Die Prognose eines Koronarpatienten läßt sich anhand verschiedener Parameter ableiten. Im allgemeinen erlaubt das Belastungs-EKG bereits eine recht präzise Einschätzung. Bei geringen ST-Senkungen unter altersentsprechender Belastung ist die Prognose günstig (jährliche Mortalität 1–3%); bei schweren Senkungen steigt diese auf 10–40% an. Bei Patienten mit Myokardinfarkt sind nuklearmedizinisch und echokardiographisch gemessene linksventrikuläre Funktionsparameter (Auswurffraktion) zur Einschätzung der Prognose besonders hilfreich. Bei Patienten mit guter Kammerfunktion liegt die Mortalität um 1–3% pro Jahr; bei schwerer Schädigung steigt sie auf bis zu 40% pro Jahr.

Eine erfolgreiche transluminale koronare Angioplastik sowie Bypass-Operation bessern die Prognose eines Patienten mit dokumentierter Myokardischämie. Von der Operation profitieren besonders Patienten mit stark eingeschränkter Ventrikelfunktion, die spontan eine ungünstige Lebenserwartung haben.

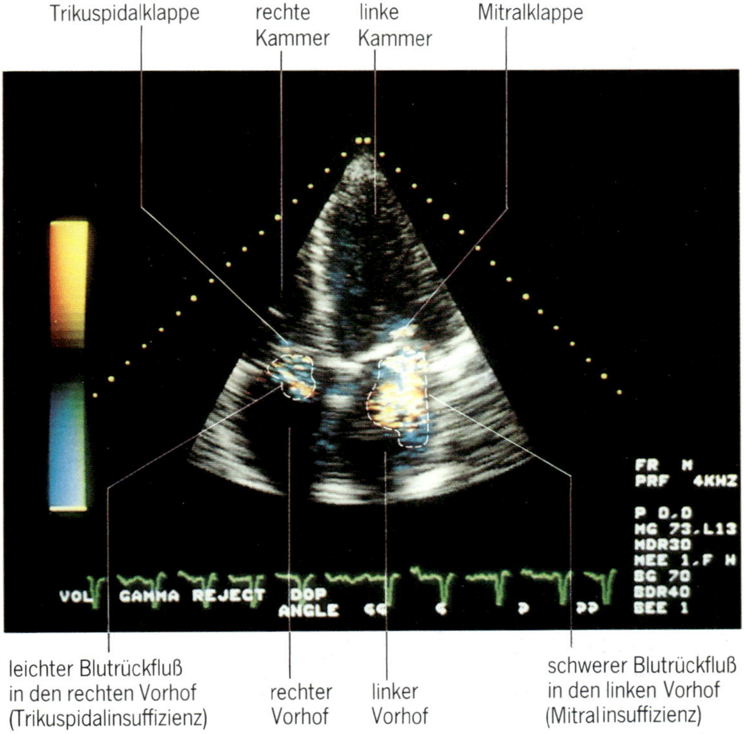

Abb. 15 Farb-Doppler-echokardiographische Darstellung einer deutlichen Mitral- und leichteren Trikuspidalklappeninsuffizienz. Gut sichtbar sind die verschieden großen mosaikartigen Muster in den Vorhöfen während der Kammersystole

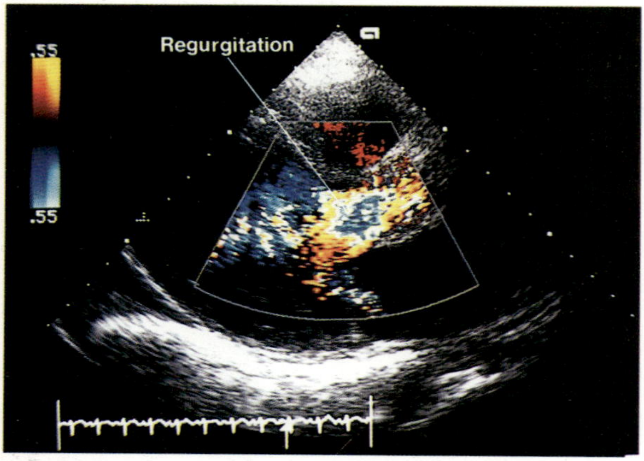

Abb. 30 b) Die Farb-Doppler-Echokardiographie zeigt die schwere endokarditisbedingte Aorteninsuffizienz (lange parasternale Achse, gleiche Ebene wie Abb. 30 a, Seite 93)

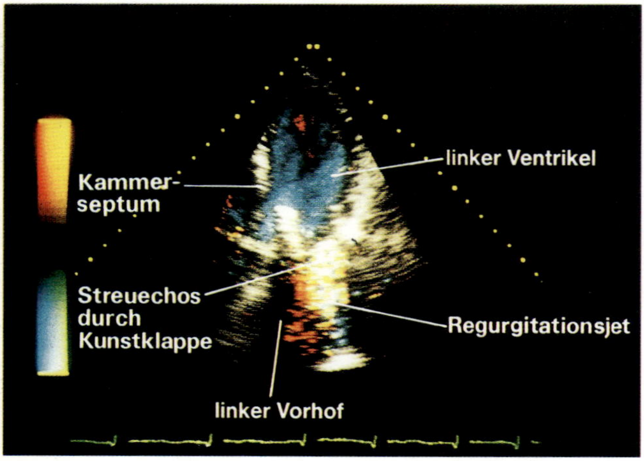

Abb. 44 Typisches Beispiel einer schweren Mitralinsuffizienz:
c) Farbdoppler-Echokardiogramm mit deutlicher Regurgitation in den linken Vorhof (Farbmosaik), hier bei Dysfunktion einer Bioprothese in Mitralposition (Vierkammerblick)

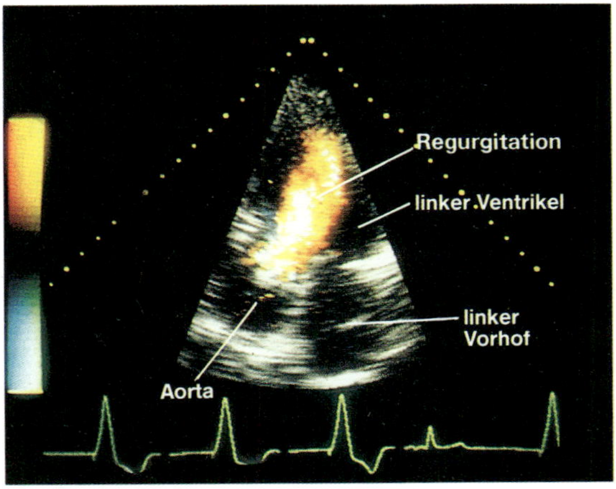

Abb. 51 e) Beispiel eines Patienten mit schwerer Aorteninsuffizienz (Echo von Herzspitze aus, apikaler Zweikammerblick)

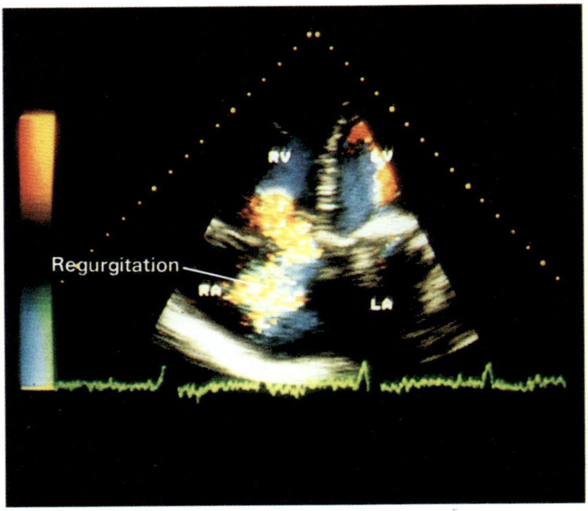

Abb. 52 Beispiel für eine schwere Trikuspidalinsuffizienz. Gut ist die erhebliche Regurgitation in den rechten Vorhof zu erkennen, die als Folge der Turbulenzen mit einem blau-orangen Mosaik dargestellt ist.
RA/LA: rechter/linker Vorhof; RV/LV: rechter/linker Ventrikel

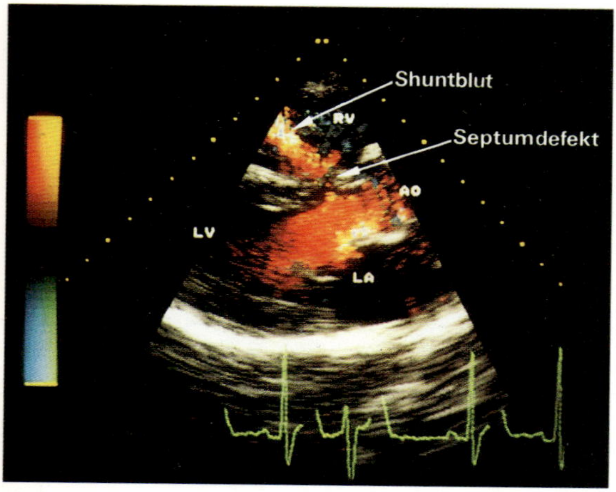

Abb. 59 Beispiel für einen Patienten mit operationsbedürftigem Ventrikelseptumdefekt
c) Im Farbdoppler-Echokardiogramm kann man direkt den Shunt sehen: Gut ist die rot kodierte Strömung (d. h. auf den Schallkopf zu) durch den aortenklappennahen Teil des Interventrikularseptums zu erkennen

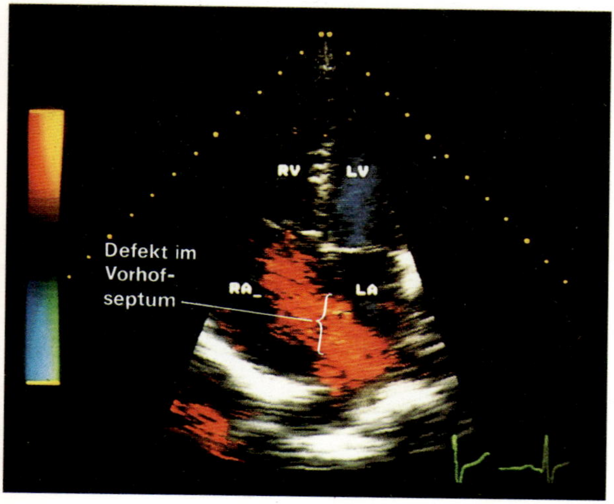

Abb. 60 Beispiel eines Patienten mit schwerem Vorhofseptumdefekt
c) Im Farb-Doppler-Echokardiogramm erkennt man gut den großen Defekt im Vorhofseptum und den Blutübertritt von rechts nach links (rote Säule)
RA/LA: rechter/linker Vorhof; RV/LV: rechter/linker Ventrikel; Ao: Aorta

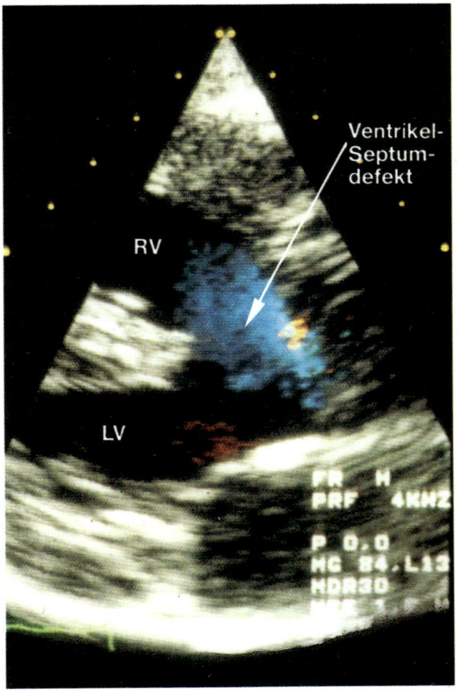

Abb. 61 Befunde bei Eisenmenger-Syndrom, hier auf dem Boden eines schweren Ventrikelseptumdefekts mit Shuntumkehr

c) In der langen parasternalen Achse im Echokardiogramm erkennt man den Defekt im Ventrikelseptum, durch den das Blut vom rechten in den linken Ventrikel strömt (vom Schallkopf weg, also blaue Farbsäule)

Belastung Ruhe

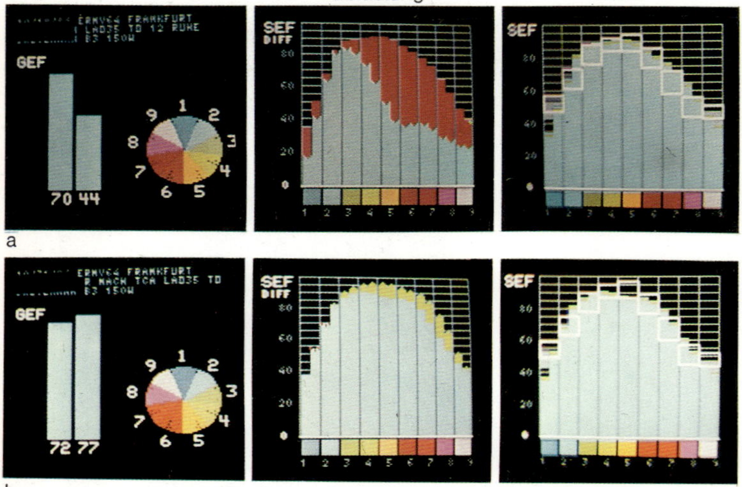

Abb. 67 Radionuklid-Ventrikulographie-Befunde eines Patienten mit hochgradiger isolierter RIA-Stenose
a) In Ruhe zeigt sich in allen 9 Sektoren eine normale regionale Kontraktilität der linken Herzkammer. Unter Belastung mit 150 Watt tritt in den Sektoren 5–8, die dem RIA zuzuordnen sind, eine deutliche Kontraktionsstörung auf (rote Pfeile nach unten); die globale Auswurffraktion fällt von 70 auf 44% ab (links-vordere Schrägansicht). b) Nach erfolgreicher perkutaner transluminaler koronarer Angioplastik (Reduktion der Stenose von 90 auf 20%) kommt es unter Belastung zu einer vollständigen Normalisierung (nach G. Hör)

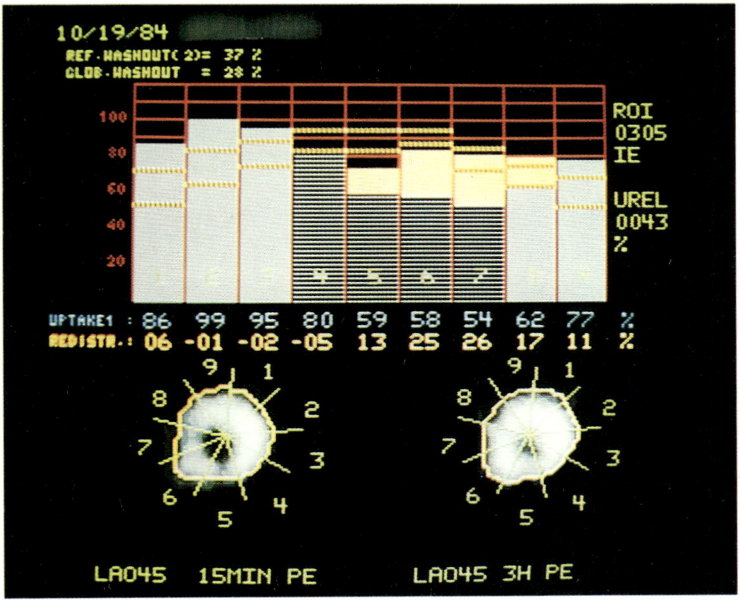

a

Abb. 68 Belastungs-Myokardszintigraphie bei demselben Patienten:
a) In Sektor 4 bis 7 ist die initiale Aufnahme von ^{201}Tl in das Myokard reduziert (schraffierte Säulen im digitalisierten Bild). Nach 4 Stunden Erholung kommt es zur typischen Redistribution, die eine Myokardischämie charakterisiert (aufgesetzte gelbe Säulen); das normale Profil wird wieder erreicht (orange karierte offene Kästchen). Unter den digitalisierten Bildern ist das analoge Früh- und Spätszintigramm abgebildet (links-vordere Schrägansicht) (nach G. Hör)

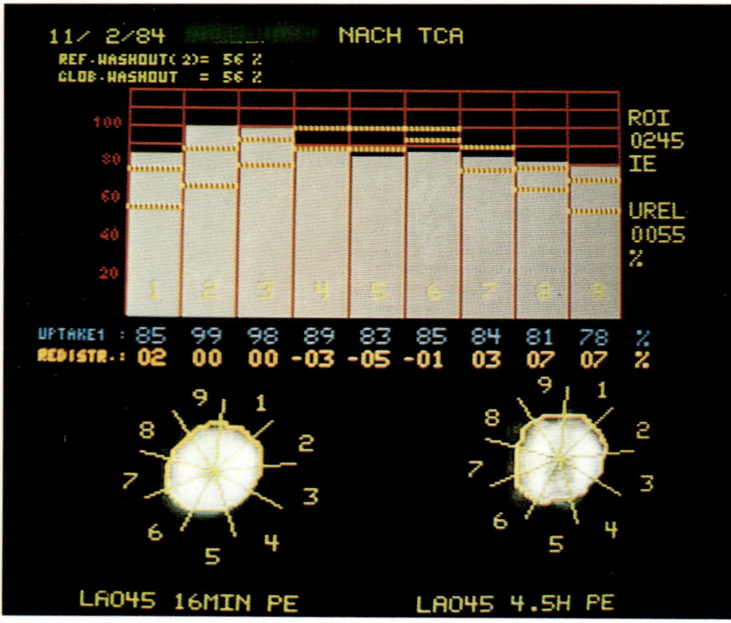

b

Abb. 68 Belastungs-Myokardszintigraphie bei demselben Patienten:
b) Nach erfolgreicher Angioplastik ist der Myokardszintigraphie-Befund normalisiert

Herzrhythmusstörungen

Herzrhythmusstörungen kommen bei jedem Gesunden vor. Sie können jedoch auch Ausdruck einer kardialen oder extrakardialen Erkrankung sein. Bei begründetem Verdacht ist daher eine sorgfältige Diagnostik erforderlich. Hierzu gehört grundsätzlich ein **EKG.** Nur dieses erlaubt die Differenzierung zwischen den verschiedenen Erregungsbildungs- und Leitungsstörungen. Zur Quantifizierung der Häufigkeit und Schwere der Herzrhythmusstörungen dient ein **Langzeit-EKG** über 24 Stunden, gegebenenfalls muß die Zeit auf bis zu 72 Stunden ausgedehnt werden. Ergänzt wird die Diagnostik aus kardialer Sicht durch ein **Belastungs-EKG,** ein **Echokardiogramm** und gegebenenfalls ein Röntgenbild. Diese Untersuchungen dienen der Abklärung der Frage nach möglichen, den Rhythmusstörungen zugrundeliegenden organischen Herzerkrankungen.

Als Ursache für Herzrhythmusstörungen kommen extrakardiale und kardiale Faktoren in Frage. **Extrakardiale Gründe** für Rhythmusstörungen stellen z. B. psychische Belastungen, Elektrolytstörungen, eine Hyperthyreose, eine Anämie, Medikamente (Digitalis!) sowie neurologische Erkrankungen dar. **Kardiale Ursachen** sind eine koronare Herzkrankheit, Myokardhypertrophien bei Vitien und Myokardiopathien sowie arterielle Hypertonie und entzündliche Herzerkrankungen.

Beim gesunden Erwachsenen liegt die **normale Herzfrequenz** unter Ruhebedingungen zwischen 60 und 80 in der Minute. Darunter spricht man von einer Bradykardie, darüber von einer Tachykardie. Die Variationsbreite ist groß. Beim gesunden Trainierten wurde eine Pulsverlangsamung bis 32/min beobachtet, wobei das EKG einen regelrechten Sinusrhythmus aufwies. Auf der anderen Seite haben untrainierte Personen mit kleinen Herzen oft schon in Ruhe eine Herzfrequenz über 90/min.

Pathologische Sinustachykardie

Während Aufregung und körperlicher Belastung steigt bei jedem Menschen die Herzschlagfrequenz an, ebenso unter Fieber. Bei 38 °C, rektal gemessen, beträgt die Frequenz etwa 100/min.

Nicht selten liegen einer Sinustachykardie ein Trainingsmangel oder eine konstitutionelle Ursache zugrunde (hyperkinetisches Herzsyndrom, s. Seite 290). Charakteristisch hierfür sind eine erhaltene respiratorische Arrhythmie und ein kleines, sich normal kontrahierendes Herz.

Wichtige kardiale Differentialdiagnosen einer Sinustachykardie sind ein Myokardinfarkt, eine akute und chronische Links- und Rechtsherzinsuffizienz sowie entzündliche Erkrankungen des Herzens (Endo-, Myo- und Perikarditis). Eine Sinustachykardie kann jedoch auch durch extrakardiale Erkrankungen wie eine akute Lungenembolie, verschiedene Schockzustände, eine Anämie oder eine Hyperthyreose ausgelöst werden. Darüber hinaus kann eine Tachykardie auf dem Einfluß von Medikamenten beruhen (Sympathomimetika, Antidepressiva, Theophyllin-Derivate, Schilddrüsenhormone) oder durch das plötzliche Absetzen von Medikamenten entstehen (Betablocker). Schließlich kommen als Ursache auch schwarzer Tee, Kaffee und Alkohol infrage.

Klinisch verspürt der Patient vor allem im Ruhezustand den beschleunigten Herzschlag; seine Belastbarkeit ist eingeschränkt. Die **Therapie** richtet sich – wenn immer möglich – gegen das zugrunde liegende Problem. Nur in wenigen Fällen ist eine Therapie der Sinustachykardie mit Betablockern ratsam (hyperkinetisches Herzsyndrom, Hyperthyreose).

Pathologische Sinusbradykardie

Eine Sinusbradykardie tritt bereits nach wenigen Tagen körperlichen Trainings auf. Die Ruhe-Herzfrequenz kann 40/min unterschreiten. Auch während körperlicher Belastung steigt die Herzfrequenz als Folge einer ökonomischeren Herzarbeit verzögert an. Der Sinusbradykardie können jedoch kardiale und extrakardiale organische Erkrankungen zugrunde liegen. Zu den kardialen gehören Erkrankungen des Sinusknotens, die alle organischen Herzerkrankungen begleiten können, bevorzugt aber bei der koronaren Herzkrankheit beobachtet werden (s. auch Sick-Sinus-Syndrom). Extrakardiale Ursachen können ein Vagusreiz (z. B. bei Schmerz, Hirndruck oder Reizung des Glomus caroticus [Karotissinussyndrom]), aber auch ein Myxödem oder ein Ikterus sein. Medikamente wie Betablocker, Calciumantagonisten vom Verapamiltyp und eine Überbehandlung mit Digitalis kommen ebenfalls ursächlich in Frage. **Klinisch** führt eine ausgeprägte Bradykardie zu Schwindel, Schwarzwerden vor den Augen und in schwereren Fällen zum **Morgagni-Adams-Stokes-Anfall.** Abb. 80 zeigt, wie schnell eine Bradykardie zum kritischen Blutdruckabfall führen kann, Abb. 92 zeigt ein Beispiel.

Die **Therapie** richtet sich – wie bei der Sinustachykardie – wenn immer möglich gegen die auslösende Ursache. So dies nicht ausreichend oder nicht möglich ist, also wenn der Patient symptomatisch bleibt (Schwindel, Seh- und Hörstörungen, Synkopen), kann überbrückend Atropin, Ipratropiumbromid oder Orciprenalin (z. B. Alupent) verabreicht werden (s. auch Tab. 67). Gegebenenfalls ist eine Schrittmacherimplantation erforderlich (s. S. 275 ff).

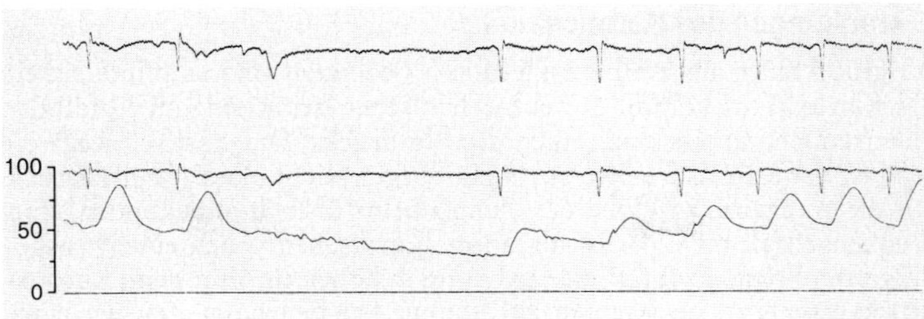

Abb. 80 Der Ausfall der Herzaktion führt bereits nach wenigen Sekunden zum kritischen Blutdruckabfall (EKG-Ableitung I, aortal gemessener Blutdruck in mmHg)

Sinusarrhythmie

Die **respiratorische Arrhythmie** ist beim Jugendlichen am stärksten ausgeprägt, besonders in der 1.–3. Minute nach körperlicher Belastung. Sie kommt bis zum höchsten Alter vor und gibt einen Hinweis auf ein leichtes Ansprechen des Herzens auf die nervöse Steuerung. Man sichert die Diagnose dadurch, daß man unter Kontrolle des Pulses den Patienten langsam ein- und ausatmen läßt. Kurz nach Beginn des Inspiriums nimmt die Frequenz zu, im Exspirium dagegen ab. Eine Therapie ist nicht erforderlich.

Die respiratorische Arrhythmie kann bei einer Hyperthyreose und anderen Erkrankungen mit Sinustachykardie sowie bei organischen Erkrankungen des Sinusknotens aufgehoben sein.

Sick-Sinus-Syndrom

Beim Sick-Sinus-Syndrom liegt eine Erkrankung des Sinusknotens und nicht selten auch des AV-Knotens vor. Typisch ist der Wechsel zwischen tachykarden und bradykarden Herzrhythmusstörungen, weswegen man auch vom **Tachykardie-Bradykardie-Syndrom** spricht. Anamnestisch typisch sind Klagen des Patienten über Herzrasen und Schwindel bis hin zu Synkopen. Gesichert wird die Diagnose mittels Langzeit-EKG.

Die Therapie der Erkrankung ist nicht einfach. Medikamente, die die Tachykardien abfangen, verursachen als Nebenwirkung eine Zunahme der Bradykardie (z.B. Digitalis, Betablocker, Calciumantagonisten). Nicht selten ist daher vor einer entsprechenden Behandlung die Implantation eines Herzschrittmachers erforderlich.

Erkrankungen des Karotissinus

Aufgrund einer meist atherosklerotisch bedingten Überempfindlichkeit des Karotissinus kommt es bei mechanischer Irritation zum Abfall der Herzfrequenz und seltener auch des Blutdrucks. Diagnostisch wegweisend ist der Karotisdruckversuch (einseitiger, leicht massierender Druck auf die A. carotis in Höhe des Zungenbeins über 3–4 Sekunden). Ein Frequenzabfall bis 25% ist als normal anzusehen. Auch einem ausgeprägteren Frequenzabfall, wie er häufig in höherem Alter beim Karotisdruckversuch zu beobachten ist, kommt bei fehlenden Zeichen einer zerebralen Minderdurchblutung kein Krankheitswert zu. Man spricht hier von einem **hypersensitiven Karotissinus.** Treten jedoch begleitend Beschwerden wie Schwindel und Synkopen auf, so liegt ein **Karotissinussyndrom** vor. Mechanische Reizungen (Rasieren, enger Kragen, Kopfdrehungen) verursachen hier schwere Bradykardien bis hin zu **Morgagni-Adams-Stokes**-Anfällen. Therapeutisch ist das Absetzen aller Bradykardie verursachenden Medikamente, bei nicht ausreichendem Erfolg darüber hinaus die Implantation eines Schrittmachers erforderlich.

Extrasystolen

Extrasystolen gehören zu den heterotopen (fehlortigen) Rhythmusstörungen. Man unterscheidet die supraventrikulären, auch Vorhofextrasystolen genannt, von den ventrikulären. Vorhofextrasystolen können bei einem Vitium, Herzinsuffizienz oder bei Hyperthyreose Vorläufer eines Vorhofflimmerns oder -flatterns sein, ventrikuläre Extrasystolen z. B. bei einem Infarkt Vorboten eines Kammerflatterns oder -flimmerns. Die Unterscheidung der beiden Formen gelingt nur mit dem EKG. **Vorhofextrasystolen** haben die Form eines Normalschlages, doch ist die P-Zacke häufig deformiert oder liegt im Kammerkomplex versteckt. Die typische ventrikuläre Extrasystole zeigt dagegen das Bild eines Schenkelblocks, also eine Verbreiterung von QRS mit gegensinniger Verlagerung von ST und T (Abb. 81). Die Klassifikation der **ventrikulären Extrasystolen** erfolgt üblicherweise nach Lown (Tab. 57). Es gibt aber Übergangsformen, die schwerer zu lokalisieren sind, z. B. Vorhofextrasystolen mit deformierter QRS-Gruppe („aberrante Leitung"), wenn ein Teil der Kammer noch refraktär ist, oder eine normale Form von QRS bei einer ventrikulären Extrasystole, wenn diese direkt unterhalb des Atrioventrikularknotens entsteht. Von der Regel, daß eine ventrikuläre Extrasystole im Gegensatz zu der im Vorhof entspringenden den Grundrhythmus nicht verändert und umgekehrt, gibt es gelegentlich eine Ausnahme. Meist ist die ventrikuläre Extrasystole interponiert oder kompensiert. Normalerweise wird eine Extrasystole elektrisch, chemisch oder mechanisch von dem vorhergehenden Normalschlag ausgelöst, sie ist daher festgekoppelt.

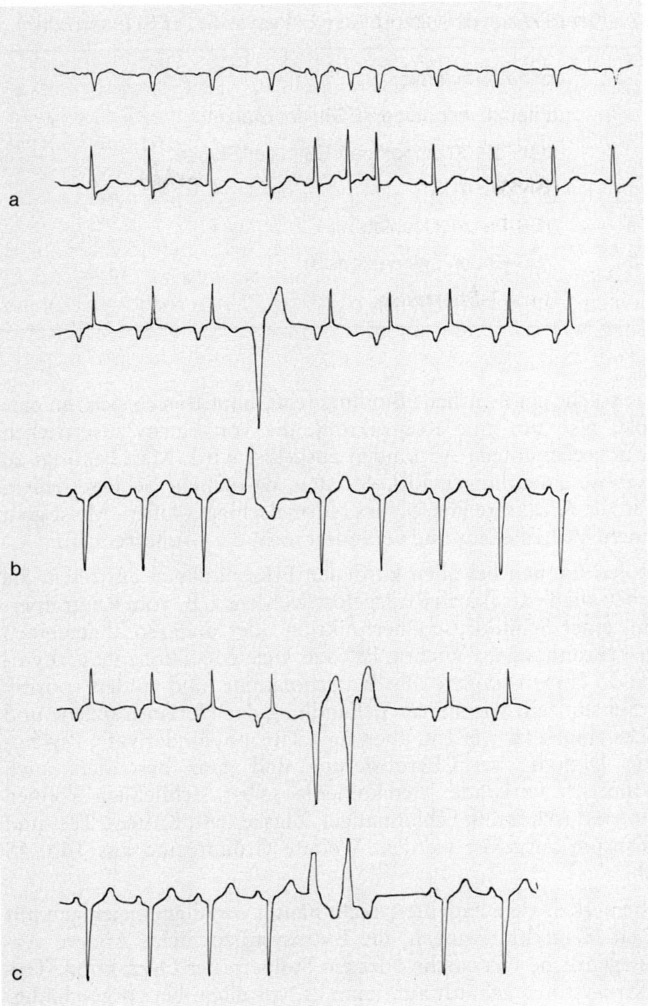

Abb. 81 a) 3 supraventrikuläre Extrasystolen bei regelmäßigem Sinusgrundrhythmus. b) Einzelne ventrikuläre Extrasystole. c) Paarweise aufgetretene ventrikuläre Extrasystolen (Couplets)
(Z-Kanal-Registrierung im Langzeit-EKG)

Tabelle 57 Klassifikation der ventrikulären Extrasystolie (VES) (nach *Lown*)

Klasse 0	keine Arrhythmie
Klasse I	unter 30 monotope VES in der Stunde
Klasse II	mehr als 30 monotope VES in der Stunde
Klasse III	polytope VES
Klasse IV a	VES-Paare (Couplets)
Klasse IV b	VES-Ketten (mindestens 3)
Klasse V	R-auf-T-Phänomen

Wenn eine solche enge zeitliche Bindung fehlt, handelt sich sich um eine **Parasystole**, also um eine Kontraktion, die von einem zusätzlichen Zentrum in regelmäßigen Abständen ausgelöst wird. Man benötigt zu ihrer Diagnose einen langen EKG-Streifen, da manche Schläge fehlen, wenn sie in die refraktäre Phase eines Normalschlages fallen. Meist geht sie von einem Ventrikel aus und verändert nicht die Grundfrequenz.

Extrasystolen können bei allen kardialen Erkrankungen auftreten. Sie können aber auch extrakardial ausgelöst werden, z. B. vom Zentralnervensystem, einer Schilddrüsenüberfunktion oder anderen allgemeinen schweren Erkrankungen. Wichtig ist, daß viele Medikamente arrhythmogen sind. Hierzu zählen alle Katecholamine und andere positiv inotrope Substanzen, wie sie zur Behandlung der Herzinsuffizienz und des Schocks eingesetzt werden, aber auch Theophyllinderivate, Psychopharmaka, Digitalis bei Überdosierung und ganz besonders auch antiarrhythmisch wirkende Medikamente selbst. Schließlich können Extrasystolen durch Streß, Schlafmangel, Zigaretten-, Kaffee-, Tee- und Alkoholkonsum ausgelöst werden. Weitere Gründe sind aus Tab. 58 ersichtlich.

Klinisch bemerken viele Patienten, recht häufig vor allem diejenigen mit organischen Herzerkrankungen, die Extrasystolen nicht. Andere verspüren gelegentliche Herzstiche oder ein Stolpern der Herzaktion. Treten die Extrasystolen gehäuft auf, kann es, vor allem bei vorgeschädigtem Herzen, zu Bewußtseinsstörungen und Angina pectoris kommen. Bei der **körperlichen Untersuchung** ist besonders auf ein **Pulsdefizit** zu achten (gleichzeitiges Abhören des Herzens und Tasten des peripheren Pulses). Vor allem beim **Bigeminus** (1 Normalschlag, 1 Extrasystole) und **Trigeminus** (1 Normalschlag, 2 Extrasystolen) wird peripher oft eine Bradykardie gefunden.

Die **klinische Bedeutung** der Extrasystole ist außerordentlich verschieden. Bei Hyperthyreose und Überlastung des linken Vorhofs gehen Vorhofextrasystolen gewöhnlich dem Vorhofflimmern voraus.

Tabelle 58 Ursachen von Extrasystolen

kardial:	koronare Herzkrankheit Myokarderkrankungen Vitien
extrakardial:	idiopathisch neurovegetative Störungen Kaliummangel, Magnesiummangel Alkohol Kaffee, Tee Rauchen Katecholamine, Digitalis, Antiarrhythmika Purinpräparate, Weckamine Intoxikationen Hyperthyreose Überdehnung des Magens allgemein-internistische Erkrankungen

Sie stehen somit z. B. bei der Mitralstenose oder einer Herzinsuffizienz am Beginn einer akuten Verschlechterung.

Auch beim frischen Herzinfarkt sind häufige ventrikuläre Extrasystolen nicht selten Vorläufer einer gefährlichen Krankheitsentwicklung (Übergang in Kammertachykardien oder Kammerflimmern). Auf der anderen Seite kommen die gleichen Rhythmusstörungen bei vollkommen Herzgesunden vor und haben dann keine prognostische Bedeutung. Daraus wird deutlich, daß Herzrhythmusstörungen nur dann eine therapeutische und prognostische Bedeutung zukommt, wenn ihnen eine organische Erkrankung des Herzens zugrunde liegt.

Die **Behandlung** der Extrasystolie richtet sich wenn immer möglich gegen die auslösende Ursache (s. Tab. 58). Vor allem wird der Patient bezüglich der Regelung seiner Lebensweise beraten. Er soll für genügend Schlaf sorgen, Kaffee, Tee, Rauchen, Alkohol und kohlensäurehaltige Getränke beschränken oder ganz meiden. Häufig trägt ein aufklärendes Gespräch über die Natur der Herzrhythmusstörungen erheblich zur Linderung der beklagten Beschwerden bei. Bei fehlender organischer Grunderkrankung sollte man selbst ventrikuläre Extrasystolen in aller Regel nicht antiarrhythmisch therapieren. Eine Therapieindikation könnte allenfalls einmal in erheblichen subjektiven Beschwerden gesehen werden. Liegt den Herzrhythmusstörungen jedoch eine relevante organische Herzerkrankung zugrunde, so sollte bei Beeinträchtigung der Kreislaufleistung durch die Herzrhythmusstörungen eine antiarrhythmische Therapie erfolgen. Als absolute Therapieindikation wird heute das Auftreten schwerer ventrikulärer Extrasystolen (ab Lown IVb) bei eingeschränkter Herzfunktion angesehen, unabhängig vom Vorliegen subjektiver Beschwerden. Gerade in dieser Patientengruppe ist jedoch die **Gefahr paradoxer Herzrhythmusstörungen** deutlich erhöht.

Die antiarrhythmisch wirkenden Medikamente werden üblicherweise in 4 Gruppen eingeteilt. Diese und weitere, antiarrhythmisch wirkende Substanzen sind in Tab. 59 aufgelistet. In Tab. 60 sind die wichtigsten Medikamente sowie ihre Dosierung und Nebenwirkungen zusammengestellt. Alle Substanzen können auch proarrhythmisch wirken.

Im einzelnen gelten folgende Hinweise:

Supraventrikuläre Arrhythmien sprechen gut auf Medikamente der Klasse Ia, Ic, II, III und IV an. Der erste Therapieversuch sollte mit Medikamenten der Gruppe IV erfolgen.

Ventrikuläre Arrhythmien sprechen gut auf Substanzen der Klasse I bis III an. Aufgrund ungünstiger Langzeitergebnisse ist man jedoch vor allem bei Patienten mit koronarer Herzkrankheit den Medikamenten der Gruppe Ic gegenüber zurückhaltend geworden.

Tabelle 59 Einteilung der Antiarrhythmika

I	**Membraneffekt**
	Abnahme der maximalen Anstiegsgeschwindigkeit (Phase 0 des Aktionspotentials), Depression der Depolarisation (Phase 4)
	A. Verlängerung des Aktionspotentials Chinidin, Procainamid, Disopyramid, Ajmalin/Prajmalin
	B. Verkürzung des Aktionspotentials Lidocain, Mexiletin, Phenytoin, Tocainid, Aprindin
	C. Aktionspotentialdauer unbeeinflußt Propafenon, Lorcainid, Flecainid, Encainid
II	**Sympathikolyse**
	Betarezeptorenblocker
III	**Verlängerung der Repolarisation**
	Amiodaron, Sotalol
IV	**Calciumantagonisten**
	Verapamil, Gallopamil, Diltiazem
Andere antiarrhythmisch wirkende Medikamente	
	Digitalis, Atropin und Derivate

Tabelle 60 Beispiele für die medikamentöse Behandlung von Herzrhythmusstörungen

Gruppe	Präparat mit Beispiel	Dosierung mg/Tag	Wichtige Nebenwirkungen
I a	Chinidinderivate, oral	2 × 200 bis 3 × 400	Durchfall, Erbrechen, Sehstörungen
I a	Disopyramid (Rytmodul, Norpace) oral	2–3 × 200	Herzinsuffizienz, Erbrechen, Harnverhaltung, Schwindel, Mundtrockenheit, Impotenz
I a	Prajmaliumbitartrat (Neogilurytmal) oral	2–4 × 10–20	Schwindel, Cholestase, Obstipation, Übelkeit, Kopfschmerzen, Augenflimmern
I b	Lidocain (Xylocain) i.v. i.m.	1–2 kg/min 300	Schwindel, Benommenheit, Krämpfe
I b	Mexiletin (Mexitil) i.v. oral	s. Anweisung 400, dann 3 × 200	Magenbeschwerden, Geschmacksstörungen, Übelkeit, Erbrechen, zentrale Störungen, Tremor
I b	Tocainid (Xylotocan) oral	3 × 400	Übelkeit, Erbrechen, Tremor, Schwindel, zentralnervöse Störungen
I c	Flecainid (Tambocor) i.v. oral	1–2/kg 2 × 50 bis 150	Schwindel, Kopfschmerz, Übelkeit, Sehstörungen, Müdigkeit
I c	Propafenon (Rytmonorm) i.v. oral	1–2/kg 3 × 150–300	Blutdruckabfall, Brechreiz, Geschmacksstörungen, Sehstörungen, Schwindel, Mundtrockenheit
II	Betablocker	s. S. 213 ff	s. S. 213 ff
III	Amiodaron (Cordarex) i.v. oral	s. Anweisung s. Anweisung	Hornhautablagerungen, Schilddrüsenstörungen, Sehstörungen, Erbrechen, Photosensibilität, selten Lungenfibrosen
III	Sotalol (Sotalex) i.v. oral	bis 1,5 kg KG 1 × 80 bis 2 × 160 mg	wie Betablocker
IV	Verapamil (Isoptin) i.v. oral	2–10/h 3 × 40 bis 120	AV-Block, Blutdruckabfall, Obstipation
IV	Diltiazem (Dilzem) oral	2–3 × 90	Blutdruckabfall, Übelkeit, Müdigkeit, Kopfschmerzen, Schwindel
–	Atropin. sulf., i.v.	0,5 bis 1,0	Mundtrockenheit, Glaukomanfall, Wärmestau, Akkommodationsstörung
–	Ipratropiumbromid (Itrop) oral	2 bis 3 × 10	wie Atropin
–	Herzglykoside bei Tachyarrhythmie	s. S. 65 ff	s. S. 69 ff

Dosierungen und Nebenwirkungen s. auch in den Gebrauchsanweisungen und in der Roten Liste

Ein Therapiebeginn sollte in der Regel unter Überwachungsbedingungen stattfinden. Prinzipiell ist bei allen antiarrhythmisch wirkenden Medikamenten mit **paradoxen Arrhythmien** bis hin zum Kammerflimmern zu rechnen, wobei die Patienten, die die Haupttherapieindikation darstellen, nämlich diejenigen mit geschädigter Ventrikelfunktion, das größte Risiko haben.

Die Initialdosis beträgt üblicherweise die doppelte Einzeldosis (also in der Regel 2 Tabletten einer ausgewählten Substanz). Nach 1–2 Stunden empfiehlt sich ein Kontroll-EKG, günstigerweise über 1–2 Stunden, mit dem ein erster Eindruck von der Wirksamkeit objektiviert wird. Bei Unwirksamkeit erfolgt am nächsten Tag ein Behandlungsversuch mit einer Substanz einer anderen Klasse bzw. Unterklasse. Bei Wirksamkeit wird der Patient auf die Tagesdosis eingestellt, zur Kontrolle ist dann ein 24-Stunden-EKG erforderlich.

Antiarrhythmika verschiedener Klassen bzw. Unterklassen können kombiniert werden. Die Kombination von Substanzen aus der gleichen Klasse sowie die Gabe von Betablockern und Calciumantagonisten vom Verapamiltyp ist allerdings wegen fehlender Wirkungsverstärkung bzw. Zunahme von Nebenwirkungen nicht empfehlenswert. Einen Überblick über die Kombinierbarkeit gibt Tab. 61. Interaktionen (z. B. zwischen Chinidin und Digoxin) müssen bei der Dosiswahl berücksichtigt werden.

Aufgrund der hohen Spontanvariabilität der Rhythmusstörungen kann als **Therapieerfolg** nur gewertet werden, wenn 80–90% aller isolierten ventrikulären Extrasystolen verschwinden und komplexe Arrhythmien (Lown IVb) ganz unterdrückt werden.

Ebenfalls aufgrund der hohen Spontanvariabilität ist nach einem gewissen Behandlungsintervall (z. B. 1 Jahr) bei nicht lebensbedrohlichen Arrhythmien eine **versuchsweise Unterbrechung** der Behandlung zu prüfen. Gegebenenfalls kann dies jedoch nur stationär erfolgen.

Die **Prognose** supraventrikulärer Extrasystolen ist generell günstig. Auch die Prognose ventrikulärer Extrasystolen ist bei fehlender organischer Ursache gut. Bei schwerer Herzerkrankung mit Ventrikelschädigung korreliert die Extrasystoliehäufigkeit mit Überlebensraten. Paare ventrikulärer Extrasystolen gehen mit einer Jahresmortalität von 10–20% einher.

Paroxysmale, regelmäßige Tachykardie

Eine plötzlich einsetzende regelmäßige Tachykardie mit einer Frequenz über 140/min, meist von 160 bis 200/min, wird als paroxysmale Tachykardie bezeichnet. Bei der supraventrikulären Tachykardie bleibt die Breite des QRS-Komplexes normal oder nimmt nur gering (unter 0,15 s) (Abb. 82a), bei ventrikulären Tachykardien tritt dagegen eine breite,

Tabelle 61 Kombinationstherapie mit Antiarrhythmika

Ventrikuläre Arrhythmien:	**Junktionale Tachykardie:**	**Rhythmisierung von Vorhofflimmern:**
Klasse Ia + Ib	Digitalis + Verapamil	Chinidin + Verapamil
Klasse Ib + II	Digitalis + β-Blocker	Digitalis + Chinidin
Klasse Ic + II	Digitalis + Klasse Ic	Digitalis + Flecainid
Klasse Ib + III	(Flecainid,	Digitalis + Propafenon
Klasse Ic + III	Propafenon)	
	Tachykardien bei Präexzitationssyndromen:	
	Klasse Ic + III	

Hämodynamisch ungünstige Kombinationen
Klasse Ia (insbesondere Disopyramid) + Klasse II
Klasse Ia (insbesondere Disopyramid) + Sotalol
i.v.: Klasse II + Klasse IV
bei schlechter Ventrikelfunktion: Klasse Ic + Sotalol

schenkelblockartige Deformierung des Kammerkomplexes auf (Abb. 82c).

Supraventrikuläre Tachykardien können vom Sinusknoten (s. o., maximale Frequenz bis ca. 150/min), von den Vorhöfen (bei ektopischer Erregung maximale Frequenz bis ca. 160/min, bei Reentry-Erregungen [Vorhofflattern] bis 350/min), vom AV-Knotenbereich (sogenannte junktionale Tachykardien mit retrograder Vorhoferregung, Frequenz bis ca. 180/min, selten bis 250/min) und von Reentry-Kreisen (Herzfrequenz in der Regel über 180/min) ausgehen.

Auf die Ursachen der Sinustachykardie wurde oben eingegangen. Atriale Tachykardien treten häufig in Verbindung mit AV-Blockierungen auf (**Vorhoftachykardie mit Block**), was sich im EKG als hohe Vorhoffrequenz mit niedrigerer Kammerfrequenz zu erkennen gibt (s. Abb. 82b). Nicht selten liegt der atrialen Tachykardie eine Intoxikation mit Digitalisglykosiden zugrunde, was vor allem therapeutisch große Bedeutung hat (s. u.).

Eine wichtige Gruppe der supraventrikulären Tachykardien stellen die **Reentry-Tachykardien** dar. Hier werden das Vorhofflattern (kreisende Erregung im Vorhof) sowie Tachykardien bei Präexzitationssyndromen eingeordnet. Hauptvertreter der Präexzitationssyndrome ist das **WPW-Syndrom** (Wolff-Parkinson-White), bei dem in 60% mit paroxysmalen Tachykardien zu rechnen ist. Das WPW-Syndrom ist im EKG durch

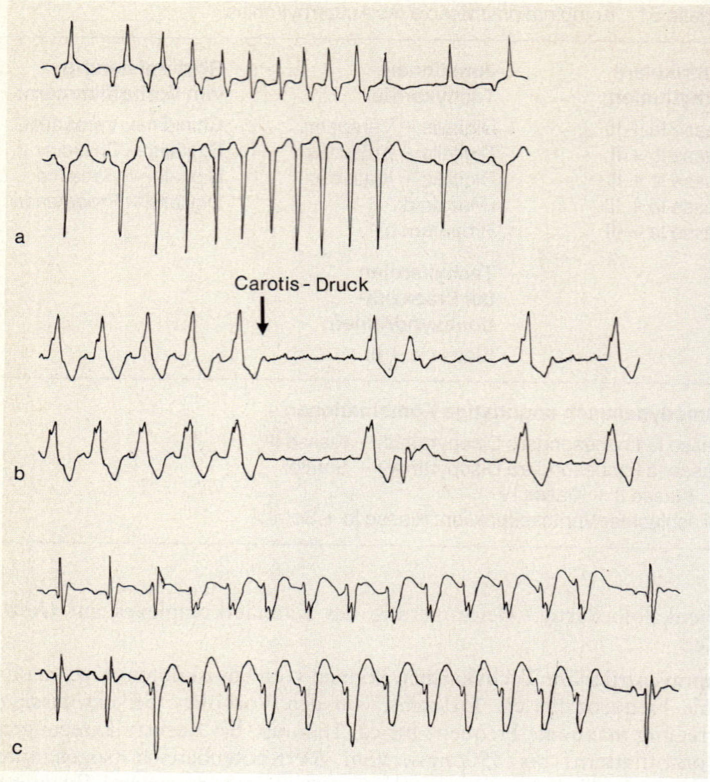

Abb. 82 Verschiedene regelmäßige Tachykardieformen
a) paroxysmale supraventrikuläre Tachykardie (Frequenz 190/min)
b) paroxysmale atriale Tachykardie mit 2:1-Überleitung (Kammerfrequenz 130/min); Demaskierung durch Carotisdruck: gut sind die tachykarden P-Wellen zu erkennen, die mit einer Frequenz von 260/min durchlaufen.
c) paroxysmale ventrikuläre Tachykardie, Frequenz 160/min (Z-Kanal-EKG aus Langzeit-EKG)

eine schenkelblockartige Deformierung von QRS mit in einzelnen Ableitungen trägem Beginn von QRS („**Deltawelle**") und verkürzte PQ-Zeit charakterisiert (Abb. 83). Die Deltawelle soll mindestens 0,03 s dauern. Ohne klinische Bedeutung ist die Unterteilung in einen A-Typ mit positivem Ausschlag in V_1 und einen B-Typ, bei dem hier der Ausschlag negativ ist. Es kommen Übergangsformen zum normalen EKG vor, häufig wechseln normale und deformierte Schläge (Abb. 84). Üblicher-

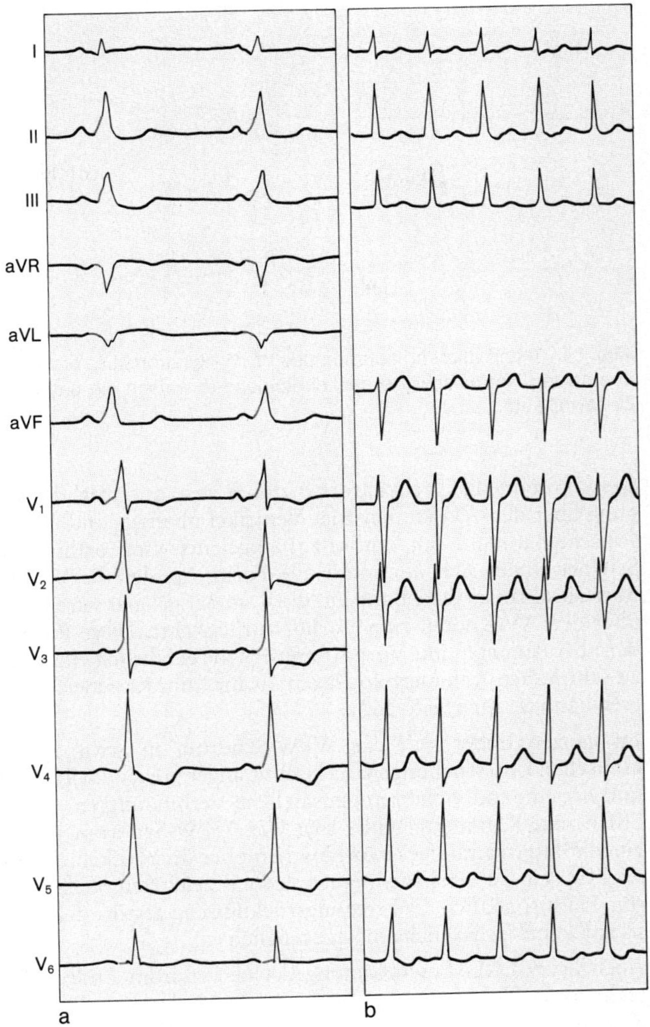

Abb. 83 a und b
a) Wolff-Parkinson-White-(WPW-)Syndrom mit typischer Deltawelle im aufsteigenden Schenkel von R, verkürztem PQ und rechtsschenkelblockförmiger Umformung von QRST und T. b) Während eines Anfalls von supraventrikulärer Tachykardie

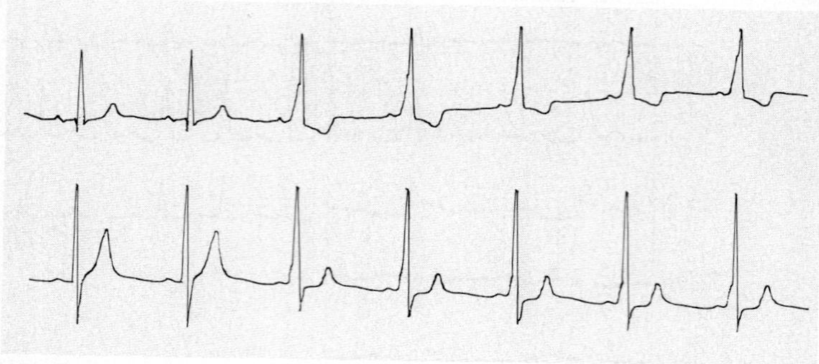

Abb. 84 Intermittierend auftretendes WPW-Syndrom: Die ersten 2 Herzaktionen stellen Normalschläge dar, die folgenden weisen die pathognomonische Deltawelle auf

weise kommt die Tachykardie dadurch zustande, daß die Vorhoferregung über den AV-Knoten zum Ventrikel übertritt und über die akzessorische Bahn auf den Vorhof zurückgeleitet wird (orthodrome Form). Seltener findet sich die antidrome Form, bei der die Vorhoferregung über die akzessorische Bahn auf die Kammer geleitet wird und retrograd über den AV-Knoten zum Vorhof zurückkehrt. Diese Form ist besondern bei Patienten mit Vorhofflimmern als gefährlich einzustufen, da es zu sehr hohen Kammerfrequenzen bis hin zum Kammerflimmern kommen kann (s. auch Seite 262).

Im ganzen findet sich das WPW-Syndrom in etwa 1,6–3,3‰ bei klinischen Untersuchungen. Es kommt angeboren, zum Teil familiär vor und hat eine (oder mehrere) zusätzliche Verbindung(en) zwischen Vorhöfen und Kammern (Abb. 85). Das WPW-Syndrom kann im EKG einen Hinterwandinfarkt vortäuschen oder überdecken. Daher kann es wichtig sein zu versuchen, einen normal geleiteten Schlag zu registrieren. Häufig ist auch die **Erregungsrückbildung gestört** (ST-T-Komplex), so daß keine Ischämiediagnostik möglich ist.

Auch beim **LGL**-(Lown-Ganong-Levine)**Syndrom** finden sich gehäuft tachykarde Herzrhythmusstörungen. Es ist durch eine verkürzte PQ-Zeit (unter 0,12 s) bei normaler Form von QRST im EKG charakterisiert. Ursächlich kommt ein akzessorisches Bündel zwischen dem rechten Vorhof und dem AV-Knoten in Frage (James-Bündel: Auslösung kreisender Erregungen für die Tachykardieneigung). Es werden jedoch als Auslöser der Tachykardien auch autonome Faktoren (adrenerge Stimulation (Abb. 85) [wie zum Beispiel bei Thyreotoxikose oder hyperkinetischem Herzsyndrom s. S. 290], Parasympathikolyse) diskutiert.

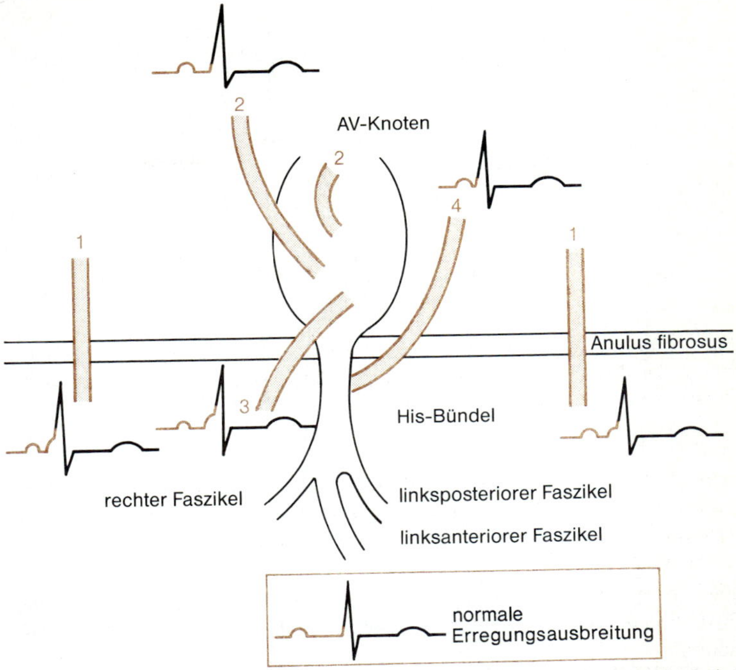

1 atrioventrikuläre Bahn (Kent), WPW-Syndrom
2 atrionodale/intranodale Bahn (James), LGL-Syndrom
3 nodoventrikuläre Bahn (Mahaim)
4 atriofaszikuläre Bahn

Abb. 85 Verschiedene akzessorische Leitungsbahnen und ihre EKG-Veränderungen

Das **Mahaim-Bündel** verursacht ähnlich wie beim WPW-Syndrom eine mehr oder weniger deutliche Deltawelle als Zeichen der Präexzitation des Ventrikels. Da es jedoch im oder nach dem AV-Knoten abgeht, ist PQ nicht so stark verkürzt wie beim WPW-Syndrom. Paroxysmale Tachykardien gehören ebenfalls zum klinischen Bild (Abb. 85).

Ventrikulären Tachykardien (Abb. 82c) liegen in der Mehrzahl der Fälle organische Herzerkrankungen zugrunde; sie können jedoch auch bei völlig Herzgesunden beobachtet werden. Bei organischer Herzerkrankung können bereits kurze ventrikuläre Tachykardien zur beträchtlichen Einschränkung der Auswurfleistung des Herzens führen (Abb. 86). Die Kammerkomplexe bei ventrikulärer Tachykardie sind meist über 0,16 s verbreitert, nicht selten kann man die P-Wellen mit der unveränderten Vorhoffrequenz durchlaufen sehen. Fängt die Vorhofak-

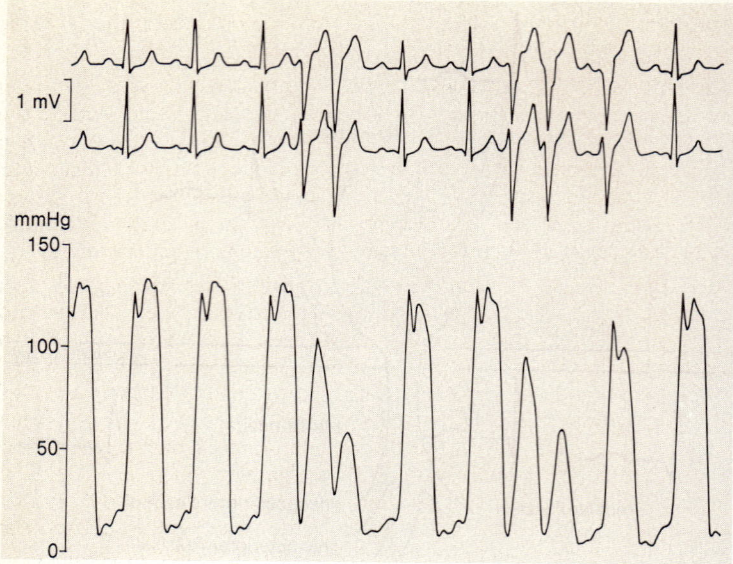

Abb. 86 Die linksventrikuläre Druckkurve läßt erkennen, wie schnell bereits kurze Ketten ventrikulärer Extrasystolen zur ineffizienten Blutförderung führen können

tion die Herzkammer ein, wird also eine ventrikuläre Tachykardie durch einen schmalen QRS-Komplex unterbrochen, so spricht man von „ventricular capture beats", die pathognomonisch für eine ventrikuläre Tachykardie sind.

Die **Differentialdiagnostik** zwischen ventrikulärer und supraventrikulärer Tachykardie kann schwierig sein. Tachykardien mit verbreitertem Kammerkomplex können auch supraventrikulär sein, wenn Teile des Erregungsleitungssystems refraktär sind und so Schenkelblockkonfigurationen entstehen (sogenannte aberrante Leitung). Die Breite der Kammerkomplexe liegt in diesen Fällen jedoch meist unter 0,14 s, und Rechtsschenkelblock-Formen (rSR') herrschen vor. Typisch für ventrikuläre Tachykardien ist dagegen ein stark verbreiterter Kammerkomplex (≥ 0,16 s), eine Linksschenkelblock-Konfiguration und zusätzlich nachweisbare *einzelne* Extrasystolen mit gleicher Konfiguration wie die Komplexe in der Tachykardie. Sehr charakteristisch für ventrikuläre Tachykardien sind auch die genannten *capture beats*. Der Nachweis von P-Wellen ist dagegen nur hilfreich, wenn zu erkennen ist, daß sie den Vorhofrhythmus (nahezu) unverändert beibehalten; P-Wellen kommen auch bei ventrikulären Tachykardien vor, indem die Vorhöfe retrograd erregt werden.

Die Differentialdiagnostik zwischen diesen beiden Tachykardieformen ist jedoch zur Beurteilung der **Prognose** wichtig. Supraventrikuläre Tachykardien haben im Regelfall eine gute Prognose. Ausgenommen sind nur Patienten mit deutlich eingeschränkter Herzleistung, bei denen die Tachykardie zur akuten Kreislaufinsuffizienz führen kann. Ventrikulären Tachykardien liegen demgegenüber im Regelfall erhebliche organische, prognostisch bedeutsame Herzerkrankungen zugrunde.

Klinisch empfinden Patienten mit paroxysmalen Tachykardien plötzlich eintretendes Herzrasen, die Pulsfrequenz erscheint ihnen sehr schnell und nicht zählbar. Bei älteren Kranken treten oft bereits bei kurzen Tachykardien Beklemmungen in der Herzgegend und Angina-pectoris-Anfälle, Atemnot sowie Schwindel bis zur Bewußtlosigkeit auf. Bei *längerdauernden Anfällen* ist der Kranke auffallend blaß, der Blutdruck ist niedrig und hat eine kleine Amplitude; Lungen und Leberstauung können hinzutreten, eine **Harnflut** mit hellem Urin nach dem Anfall ist typisch. Jüngere Patienten gewöhnen sich oft an die Anfälle. Häufig wissen sie selbst, wie sie unterbrochen werden können. Ältere Patienten können dagegen in eine hämodynamisch kritische Situation kommen.

Die **Therapie** der paroxysmalen Tachykardien hängt von der Häufigkeit, der Schwere der hämodynamischen Veränderungen und der Ursache der Tachykardie ab. Allgemein gilt, daß **supraventrikuläre Tachykardien,** wenn sie nicht durch eine Überdigitalisierung ausgelöst sind (häufig!), gutartig sind. In der Regel wird eine Anfallstherapie genügen. Sind die Anfälle jedoch sehr häufig oder wird die Hämodynamik stark beeinträchtigt, was nur bei relevanten organischen Erkrankungen zu erwarten ist, kommt eine Anfallsprophylaxe in Frage. **Ventrikuläre Tachykardien** wird man immer dann therapieren, wenn eine organische Herzerkrankung objektiviert werden kann. Die Therapie erscheint aus heutiger Sicht um so dringlicher, je stärker die Ventrikelfunktion eingeschränkt ist. Man sollte bei ventrikulären Tachykardien in dieser Situation nicht auf eine Symptomatik warten.

Zur **Therapie atrialer und junktionaler Tachykardien** sowie des **Vorhofflatterns** eignen sich

1. mechanische Vagusreizung,
2. antiarrhythmische Medikamente,
3. elektrische Kardioversion.

Die mechanische Reizung (1) kann durch einen massierenden Druck auf den Karotissinus (rechts besser als links) über etwa 5 Sekunden erfolgen. Sehr wirksam ist auch das Valsalva-Manöver (Blasen in ein Manometer mit einem Druck von ca. 30 mmHg über 15–30 Sekunden), wobei die Erfolgsraten im Liegen höher als im Stehen sind. Hilfreich kann auch das rasche Trinken von Sprudel sein, vor allem das anschließende Aufstoßen beendet häufig den Anfall.

Das Antiarrhythmikum der Wahl zur Unterbrechung einer supraventrikulären Tachykardie ist Verapamil. Es werden langsam und unter Monitorkontrolle 5–10 mg (1–2 Ampullen) i. v. gegeben.

Alternativ kommt, besonders wenn die Differentialdiagnose WPW-Syndrom oder ventrikuläre Tachykardie zu erwägen ist, die intravenöse Gabe von Ajmalin (Gilurytmal, Richtdosis 50 mg) in Betracht. Die Gabe von Digitalis statt Verapamil zur Kontrolle der Herzfrequenz wird nicht empfohlen. Die benötigten Dosen sind sehr hoch (z. B. 1 mg Digitoxin), und die Steuerbarkeit ist schlecht. Dazu kommt, daß bei einer ganzen Reihe von Patienten die Tachykardie durch eine Überdigitalisierung ausgelöst ist (was dem behandelnden Arzt unter Umständen nicht bekannt sein kann), so daß die weitere Gabe kontraindiziert ist.

Ist der Patient hämodynamisch stabil, kann die Unterbrechung einer *anhaltenden* Tachykardie und die Überführung in einen Sinusrhythmus mit Chinidin (orale Aufsättigung mit bis zu 1,5 g innerhalb von 6–8 Stunden) und gleichzeitig Verapamil (80 mg zu Beginn, weitere 80 mg nach 6–8 Stunden; erforderlich zur Verhinderung einer eventuellen raschen Überleitung der Vorhofaktionen auf die Kammern) erfolgen. Bei hämodynamischer Instabilität (Dyspnoe, Blutdruckabfall, Angina pectoris) ist eine Therapie dringlicher. Hier sollte nach Einleiten einer kurzen Narkose (z. B. mit 20 mg Etomidat [1 Ampulle Hypnomidate]) eine **elektrische** R-Zacken-getriggerte, synchronisierte **Kardioversion** (3.) erfolgen. Bei regelmäßigen Tachykardien, wie der paroxysmalen atrialen Tachykardie, genügt meist eine relativ geringe Energie (25–100 Ws). Auf die elektrische Kardioversion sollte auch zurückgegriffen werden, wenn durch die genannten Antiarrhythmika zwar eine Herabsetzung der Herzfrequenz erzielt werden konnte (durch eine Teilblockierung der Überleitung im AV-Knoten), die Tachykardie auf Vorhofebene jedoch weiterhin fortbesteht. Nach einem solchen Eingriff muß der Patient wenigstens 6 Stunden überwacht bleiben. Erscheint das Risiko der Kardioversion zu hoch, so kommt auch eine **tachykarde Vorhofstimulation** (Überstimulation) in Frage.

Die **Anfallstherapie der Tachykardien bei Präexzitationssyndromen** ähnelt dem oben dargestellten. Medikamente der Wahl sind Antiarrhythmika der Gruppe Ic (z. B. Propafenon (Rytmonorm: 0,5 bis 1 mg/kg KG), Flecainid (Tambocor: 1 mg/kg KG) sowie Prajmalin (Klasse Ia; Gilurytmal: 50 mg), an zweiter Stelle auch Betablocker. **Verapamil** und **Digitalis** sind jedoch **kontraindiziert**, da sie durch eine Blockierung der AV-Überleitung zur Umkehr der Tachykardie von der üblichen orthodromen Form (Übertritt der Erregung in die Kammer über den AV-Knoten, Rückleitung über die akzessorische Bahn) in eine antidrome Form (Übertritt der Erregung in den Ventrikel über die akzessorische

Bahn, Rückleitung über den AV-Knoten) und damit zu einer erheblichen Beschleunigung der Tachykardie mit Verbreiterung der Kammerkomplexe führen können. Wie bei den oben beschriebenen anderen supraventrikulären regelmäßigen Tachykardien ist bei hämodynamischer Instabilität eine Kardioversion durchzuführen. Auch bei einem medikamentösen Kardioversionsversuch sollte immer die sofortige Möglichkeit einer elektrischen Kardioversion gegeben sein, um eventuelle Akzelerationen therapieren zu können.

Die **Anfallstherapie ventrikulärer Tachykardien** bei Patienten mit organischer Herzerkrankung ist meist dringlich. Bei hämodynamischer Stabilität kann die Wirkung intravenös (möglichst zentralvenös) applizierter Antiarrhythmika abgewartet werden. Geeignete Substanzen sind Lidocain (Xylocain 5%), bei nach 200 mg immer noch fehlender Wirkung im zweiten Schritt Propafenon (70 mg, langsam!). Da sich die negativ inotrope und chronotrope Wirkung addierten, wird von der Gabe eines weiteren Antiarrhythmikums bei Erfolglosigkeit abgeraten. Vielmehr sollte dann – wie bei Patienten mit instabiler Hämodynamik sofort indiziert – eine elektrische Kardioversion in Narkose erfolgen (s. o.). Da es sich um eine regelmäßige Rhythmusstörung handelt, genügt meist eine geringe Energie (25–100 Ws).

Wurde primär ein Kardioversionsversuch unternommen und war dieser wirkungslos, so steigen die Erfolgschancen nach schrittweiser Gabe der genannten Antiarrhythmika. Kann die ventrikuläre Tachykardie durch diese Maßnahmen noch immer nicht beherrscht werden, kommt eine notfallmäßige Aufsättigung mit Amiodarone in Frage. Die Dosis muß dabei an die Herzfunktion angepaßt werden. Bei annähernd normaler Ventrikelfunktion werden 5 mg/kg KG (ca. 250–400 mg in 40 ml Lävulose); 1 Ampulle = 3 ml = 150 mg), bei eingeschränkter Ventrikelfunktion die Hälfte hiervon in 20 Minuten infundiert. Durch eine anschließende Defibrillation kann dann doch noch häufig ein stabiler Rhythmus wieder erreicht werden.

Die Frage, ob eine **Langzeitprophylaxe bei paroxysmalen Tachykardien** erforderlich ist, hängt von der Art der Herzrhythmusstörungen und der Häufigkeit der Anfälle ab. Bei selten eintretenden **supraventrikulären Tachykardien** (z. B. weniger als 1mal im Monat) und fehlender Kreislaufbeeinträchtigung wird man auf eine Prophylaxe verzichten. Bei häufigeren Anfällen oder bei hämodynamischer Beeinträchtigung ist eine anfallsverhütende Medikation angezeigt. Zu letzterer Gruppe gehören auch Patienten mit künstlichen Herzklappen, welche ab einer Herzfrequenz von ca. 150/min. funktionell zur akuten Klappeninsuffizienz führen. Zur Therapie sind (außer bei Präexzitationssyndromen) vor allem Calciumantagonisten vom Verapamiltyp (z. B. Verapamil 3mal 80–120 mg/die) angezeigt, alternativ können auch Betablocker (z. B. Sotalol [Sotalex 2mal 80–160 mg/die]), Propranolol [z. B. Dociton, 3mal 10 bis 3mal 80 mg]) eingesetzt werden. Nur selten ist die zusätzliche Gabe eines Antiarrhythmikums (Chinidin [z. B. Chinidin duriles, 3mal 250 mg/die; in Kombination mit 80 mg Verapamil als Cordichin im Handel, Richtdosis 3mal 1] oder Disopyramid [z. B. Rytmodul retard, 2mal 250 mg/die]) erforderlich. In schweren, mit den genannten Medikamenten nicht therapierbaren Fällen kann auch Amiodarone zur Anwendung kommen (Cordarex: Aufsättigung mit 600–1000 mg/die über 1 Woche, dann z. B. 200 mg/die). Können die Anfälle auch mit dieser Behandlung nicht unterdrückt werden, kommt eine **Katheterablation** des AV-Knotens in Frage. Danach besteht jedoch meist eine Schrittmacherabhängigkeit.

Bei **Präexzitationssyndromen** eignen sich **zur Anfallsprophylaxe** – wenn die Anfälle häufig oder hämodynamisch ungünstig sind – besonders Klasse-Ic- und -III-Antiarrhythmika, evtl. in Kombination. **Ventrikuläre Tachykardien** bedürfen bei fehlender Grunderkrankung keiner Therapie, bei vorliegender Ventrikelfunktionsstörung wird aber eine antiarrhythmische Medikation empfohlen (s. Abschnitt Extrasystolen). Eine Behandlung kann dann als wirksam angesehen werden, wenn alle ventrikulären Tachykardien unterdrückt werden (näheres s. S. 253). Wenn diese Therapie nicht ausreicht, kommt als therapeutische Alternative eine **Katheterablation** des Arrhythmiefokus oder ein entsprechender **operativer Eingriff** in Frage. Mußte der Patient bereits einmal wiederbelebt werden, so wird heute unter bestimmten Voraussetzungen die **Implantation eines automatischen Kardioverter-Defibrillators** (**AICD**) empfohlen. Durch sie kann – wahrscheinlich mit größerer Verläßlichkeit als mit Medikamenten – der u. U. fatale Ausgang ventrikulärer Tachykardien verhindert werden. In sehr schweren Fällen kann alternativ auch eine Herztransplantation erwogen werden.

Nach einer Tachykardie finden sich im EKG häufig ST-Senkungen, die wie eine Myokardischämie aussehen. Die Kenntnis dieses **Posttachykardiesyndroms** ist aus differentialtherapeutischen Überlegungen heraus wichtig.

Die **Prognose supraventrikulärer Tachykardien** ist im allgemeinen günstig. Nur in den Fällen, in denen eine schwere organische Herzerkrankung vorliegt, kann eine solche Tachykardie zur gefährlichen Kreislaufinsuffizienz führen. Die **Prognose ventrikulärer Tachykardien** hängt entscheidend von der Ventrikelfunktion ab. Bei normalem Ventrikel kommt ihr keine Bedeutung zu, bei starker Einschränkung ist mit einer Jahresmortalität von 20–40% zu rechnen.

Vorhofflattern und -flimmern

Unter **Vorhofflattern** versteht man die schnelle *regelmäßige* atriale Kontraktion (Frequenz 220 bis 350/min). Die Aktionen werden – als Folge einer wechselnden Überleitungsblockierung im AV-Knoten – in aller Regel nur unregelmäßig auf die Herzkammern übergeleitet. Beim **Vorhofflimmern** besteht eine rasche *ungeordnete* elektrische Aktivität der Vorhöfe, es findet keine nennenswerte Kontraktion mehr statt; die Herzkammern werden nur unregelmäßig erregt, es besteht eine **absolute Arrhythmie.** Es gibt Übergänge zwischen diesen beiden Formen. In beiden Fällen erfüllen die Vorhöfe ihre Pumparbeit praktisch nicht mehr. Die Ursachen dieser Rhythmusstörung sind die gleichen, die im Abschnitt „Extrasystolen" genannt wurden: Überlastung der Vorhöfe, Myokardschädigung durch Myokardiopathien, koronare Herzkrankheit, Vitien oder Myokarditis, abnorme nervale oder humorale Einflüsse (z. B. bei Hirnerkrankungen, Schilddrüsenüberfunktion). Auch kardial stimulierende Medikamente (Katecholamine, Theophyllinderivate, Psychopharmaka, Digitalis u. a.) kommen als Auslöser in Frage.

Beim **gesunden Myokard** führen das Vorhofflimmern und Vorhofflattern, wenn es unregelmäßig übergleitet wird, zur **unregelmäßigen Tachykardie** (**Tachyarrhythmia absoluta**). Häufiges Hin- und Herspringen zum Sinusrhythmus und zurück ist möglich. Die Herzleistung wird durch die Herzrhythmusstörung nicht wesentlich beeinträchtigt.

Beim **vorgeschädigten Myokard** bleibt die Kammerfrequenz häufig relativ langsam (**Bradyarrhythmia absoluta**). Gelegentliche Pausen bis zu 3,5 Sekunden zwischen 2 Herzaktionen sind als normal anzusehen. Körperliche Belastungen führen nicht selten zu überschießendem Frequenzanstieg und stark verzögertem Frequenzrückgang in der Erholungsphase.

Die **Diagnose vorübergehender Anfälle** kann schwierig sein. Manche Patienten geben nur uncharakteristische Beschwerden wie gelegentli-

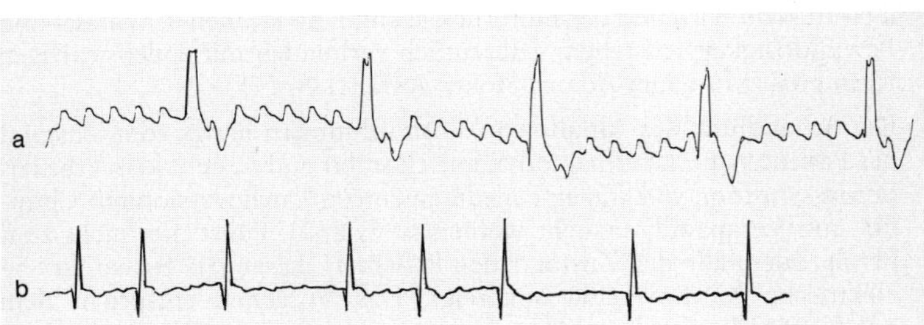

Abb. 87 a) Vorhofflattern; gut sind die hochfrequenten Flatterwellen (Frequenz ca. 300/min) zu erkennen, die unregelmäßig auf die Kammern übergeleitet werden. Die Kammerkomplexe sind linksschenkelblockartig deformiert. b) Vorhofflimmern mit den typischen feinen Flimmerwellen und der absoluten Arrhythmie ches Leeregefühl im Kopf, leichten Schwindel oder anginöse Herzbeschwerden an. Andere beschreiben das typische Auftreten eines anfallsweisen unregelmäßigen Herzschlagens oder -rasens. Am ehesten ist die Diagnose mit einem Langzeit-EKG zu sichern. Treten die Herzrhythmusstörungen bei Belastungen auf, so ist auch ein Belastungs-EKG diagnostisch hilfreich.

Bei **dauernder absoluter Arrhythmie** verspüren die Patienten, wenn sie indolent sind, nichts von der unregelmäßigen Tätigkeit des Herzens. Ihre objektive körperliche Leistungsfähigkeit ist aber vor allem bei vorbestehender Herzerkrankung deutlich eingeschränkt. Andere klagen über Kurzatmigkeit, Schwindelneigung, eine dauernde Unruhe in der Herzgegend und sind in ihrem Allgemeinbefinden erheblich gestört.

Bei der **allgemeinen Untersuchung** fällt nur ein unregelmäßiger Herzschlag auf, wobei manchmal die Entscheidung schwerfällt, ob nicht ein Sinusrhythmus mit zahlreichen Extrasystolen besteht. Wenn die Frequenz hoch liegt, kommt es durch frustrane Kontraktionen zu einem **Pulsdefizit.** Beim Vorhofflattern kann man in einzelnen Fällen die Flatterwellen an der Pulsation der Halsvenen erkennen, wenn man den Patienten flach legt, oder wenn die Halsvenen durch eine Einflußstauung gefüllt sind. Zur Sicherung der **Diagnose** ist ein EKG notwendig (s. Abb. 87).

Als **Komplikationen** drohen besonders beim Vorhofflimmern **Embolien** aus den sich kaum entleerenden Vorhöfen in den großen oder kleinen Kreislauf, also insbesondere Lungen-, Hirn- und Extremitätenembolien. Es können auch die Nieren, die Leber, die Milz, Darmabschnitte, seltener die Herzkranzgefäße betroffen sein. Beim Vorhofflattern ist die Emboliegefahr geringer, da sich die Vorhöfe, wenn auch nur mit geringer Amplitude, noch koordiniert kontrahieren. Bei ausgeprägter Tachykardie oder Bradykardie droht die Gefahr, daß das Minutenvolumen zu klein wird und der Blutdruck absinkt. So können Schwindel und Bewußtlosigkeit entstehen, gelegentlich verbunden mit epilepsieartigen Krämpfen (Morgagni-Adams-Stokes-Anfälle) (S. 275).

Die **Behandlung des Anfalls von Vorhofflimmern** hängt vom Zustand des Patienten ab. Ist er hämodynamisch stabil und besteht kein Präexzitationssyndrom, so kann eine medikamentöse Kardioversion mit Chinidin und Verapamil versucht werden (s. S. 261). Führt dies nicht zum Erfolg oder läßt der Zustand des Patienten dies nicht zu, so ist die elektrische Kardioversion angezeigt. Das Vorgehen entspricht dem auf S. 261 dargestellten Ablauf, nur werden bei der Rhythmisierung unregelmäßiger Herzrhythmusstörungen meist höhere Energien (200–360 Ws) benötigt. Aufgrund des **Embolierisikos** mit Ausschwemmen von Thromben als Folge der wieder regelmäßigen Vorhofaktion ist bei Vorhofflimmern, das länger als 24 Stunden besteht, sowie bei Patienten mit Embolieanamnese eine 14tägige Antikoagulation indiziert

(Ausnahme: Mitralinsuffizienz; s. dort). Nach dem Eingriff soll diese noch für mindestens 4 Wochen weitergeführt werden, da auch noch eine verzögerte Mobilisierung wandständiger Thromben möglich ist. Nach Kardioversion muß der Patient für wenigstens 6 Stunden überwacht bleiben.

Ob eine **Prophylaxe der Anfälle** erforderlich ist, hängt von der Häufigkeit und der Schwere der auftretenden Symptome ab. Bei sonst Gesunden mit seltener Anfallshäufigkeit (z. B. weniger als 1mal pro Monat) ist im allgemeinen keine vorsorgliche Medikation angezeigt. Sind die Anfälle häufiger und treten Symptome auf, womit besonders bei Patienten mit vorbestehenden Herzerkrankungen zu rechnen ist, so ist eine prophylaktische Einnahme von Medikamenten indiziert. Dies gilt besonders auch für das WPW-Syndrom, das bei Vorhofflimmern zu lebensgefährlichen Tachykardien bis hin zum Kammerflimmern degenerieren kann. Verapamilartige Calciumantagonisten, die zur Unterdrükkung regelmäßiger Tachykardien gut geeignet sind, reichen bei paroxysmalen Tachyarrhythmien meist nicht aus, so daß die zusätzliche Gabe eines Klasse-Ia-Antiarrhythmikums erforderlich wird. Es wird auf das Vorgehen auf S. 262f verwiesen. In die Behandlungsstrategie müssen einige differentialtherapeutische Erwägungen einfließen: So wird man bei schwerer Herzinsuffizienz Digitalis den Calciumantagonisten vorziehen, Betablocker sind ganz zu meiden; kommt es unter der Medikation zu schwerer Bradykardie, so ist unter Umständen eine Schrittmacherimplantation unumgänglich. Auf die spezielle Therapie beim WPW-Syndrom wird auf S. 263 eingegangen. Bei medikamentös nicht beherrschbaren Anfällen kommt therapeutisch eine elektrische Ablation des AV-Knotens in Frage (s. S. 263).

Die **Behandlung von chronischem Vorhofflimmern** bzw. **chronischen atrialen Tachykardien** hängt ebenfalls von mehreren Erwägungen ab. Prinzipiell sollte immer ein Regularisierungsversuch unternommen werden, da hierdurch die Herzleistung zu- und das Embolierisiko abnimmt. Hierzu eignen sich die oben ausgeführten medikamentösen Maßnahmen, bei Unwirksamkeit ist eine Kardioversion indiziert. Von einem Kardioversionsversuch ist jedoch in der Regel abzusehen, wenn

1. auch unter entsprechender Dauermedikation der Therapieerfolg früherer Regularisierungsversuche immer nur kurze Zeit anhielt;
2. Thromben in den Vorhöfen (Echokardiogramm) nachgewiesen werden konnten;
3. eine Überdigitalisierung oder eine Elektrolytentgleisung besteht;
4. die Rhythmusstörung bereits seit mehr als einem Jahr besteht;
5. die zugrundeliegende Herzerkrankung einen anhaltenden Therapieerfolg unwahrscheinlich erscheinen läßt (z. B. Mitralstenose mit einem Vorhofdurchmesser von mehr als 5,5 cm).

Bezüglich des praktischen Vorgehens zur Rhythmisierung und gegebenenfalls erforderlichen Antikoagulation wird auf die vorhergehenden Abschnitte verwiesen. Kann eine Rhythmisierung nicht erreicht werden, so muß versucht werden, durch Gabe von verapamilartigen Calciumantagonisten oder erforderlichenfalls Digitalis ein der Norm entsprechendes Frequenzprofil in Ruhe und unter Belastung zu erzielen.

Die **Hauptkomplikationen** vor allem der länger anhaltenden Tachyarrhythmia absoluta sind das Auftreten einer **Herzinsuffizienz** (bei vorgeschädigtem Herzen) sowie **Thromboembolien** in den kleinen und großen Kreislauf. Bezüglich der Therapie einer akuten und chronischen Herzinsuffizienz wird auf S. 80ff verwiesen. Die Frage, ob eine **Antikoagulation** zur Thromboembolieprophylaxe erforderlich ist, kann nicht allgemein beantwortet werden. Generell besteht eine Indikation, wenn es bereits zu embolischen Ereignissen gekommen ist. Auch wird man relevante Mitralstenosen (Stadium 3 und 4) mit linksatrialen Durchmessern über 5,5 cm antikoagulieren. Bei isoliertem Vorhofflimmern und leichten Mitralstenosen besteht allenfalls eine relative Indikation zur Antikoagulation. Vorhofflimmern auf dem Boden einer Mitralinsuffizienz bedarf keiner Antikoagulation, da sich durch die Turbulenzen im linken Vorhof offenbar keine Thromben entwickeln.
Thrombozytenaggregationshemmer sind grundsätzlich keine Behandlungsalternative zur Antikoagulation. Lediglich bei älteren Patienten, bei denen das Vorhofflimmern aufgrund einer kardialen Beteiligung bei generalisierter arterieller Verschlußkrankheit entstanden ist, kann eine prophylaktische Wirkung nachgewiesen werden. Es ist jedoch anzunehmen, daß die beobachtete Abnahme embolischer Komplikationen nicht auf der Reduktion kardial entstandener Thromben beruht; wahrscheinlich wird die Entstehung von Thromben auf den atherosklerotischen Läsionen in den Arterien, vor allem wohl in der Aorta, vermindert.

Die **Prognose** eines Patienten wird durch Vorhofflimmern beeinträchtigt; statistisch gesehen geht diese Rhythmusstörung mit einer Verdoppelung der Gesamt- und kardiovaskulären Mortalität einher.

Kammerflattern und -flimmern

Die Auswirkungen von Kammerflattern und -flimmern auf den Kreislauf sind wesentlich größer als von Vorhofflattern und -flimmern, da die Blutzirkulation stark vermindert oder sogar unterbrochen wird.

Die häufigste **Ursache** für diese Herzrhythmusstörungen ist der frische Myokardinfarkt; 20–40% der betroffenen Patienten fallen ihnen zum Opfer. Diese Rhythmusstörungen können jedoch auch bei allen anderen Herzerkrankungen in fortgeschrittenen Stadien auftreten: Vitien, Myokardiopathien und Myokarditis. Eine über 0,5 s verlängerte zeitkorrigierte QT-Zeit (QT_c, s. S. 20) geht ebenfalls mit einem erhöhten Risiko für diese Herzrhythmusstörungen einher. Die Verlängerung kann erworben sein (z. B. nach Myokardinfarkt) oder als **angeborenes QT-Syndrom** auftreten (mit Taubheit: Jervell-Lange-Nielsen-Syndrom; ohne Taubheit: Romano-Ward-Syndrom). Weiterhin können diagnostische Verfahren wie ein Belastungs-EKG, eine Herzkatheteruntersuchung oder eine elektrophysiologische Untersuchung Kammerflattern und Kammerflimmern induzieren. Als Ursache kommen schließlich Nebenwirkungen von Pharmaka (Katecholamine, Intoxikation mit Digitalis, Psychopharmaka, Hypokaliämie nach Diuretika- und Corticoidtherapie u. a.) und Stromunfälle (auch nach nicht EKG-getriggertem Versuch einer elektrischen Kardioversion!) in Frage.

Beim frischen Infarkt gehen diesen schweren Rhythmusstörungen häufige ventrikuläre Extrasystolen voraus. Dabei gelten solche, die in die frühe T-Welle fallen (R auf T, Stadium Lown V), als besonders gefährlich, da sie die Tachykardie triggern können. In den übrigen Fällen ist die Häufigkeit ventrikulärer Arrhythmien nicht allein verantwortlich für eine maligne Entartung der Rhythmusstörung. Dazu kommt es erst beim Hinzutreffen mehrerer begünstigender Faktoren wie ungünstiger Einfluß des autonomen Nervensystems, Elektrolytverschiebungen, Myokardischämie u. a. Diese Überlegungen erklären, wieso der Nach-

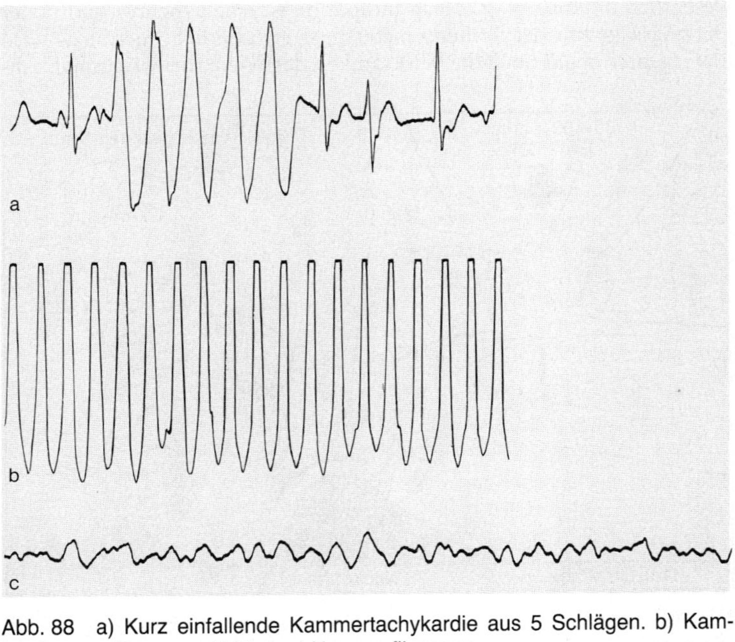

Abb. 88 a) Kurz einfallende Kammertachykardie aus 5 Schlägen. b) Kammerflattern, Frequenz 300/min c) Kammerflimmern weis bisher nicht erbracht werden konnte, daß die Reduktion von *Arrhythmien* durch Antiarrhythmika die Inzidenz von Kammerflattern und -flimmern günstig beeinflußt; die Herzrhythmusstörung ist nur ein Glied in der Kette.

Klinisch ist der Patient pulslos und blaß. Bei Kammerflattern kann das Bewußtsein noch erhalten sein, bei Kammerflimmern sind die Patienten tief bewußtlos. Im **EKG** sieht man die typischen Kurven (Abb. 88).

Die **Therapie** muß sofort einsetzen, denn bereits nach 3 Minuten völligen Kreislaufstillstands ist mit dem Eintreten irreversibler Hirnschäden zu rechnen. Da bei Herzkranken ein plötzlicher Kreislaufstillstand bekanntermaßen in aller Regel kardialer Genese ist, ist es im Frühstadium gerechtfertigt, die **ABC-Regel umzukehren** in **CAB:** Bei zu Anfang noch ungestörter Atmung kann, um Zeit zu gewinnen, mit der externen Herzmassage begonnen werden (Abb. 89). Der **präkordiale Faustschlag,** der einer Energie von rund 1 Ws entspricht, hat nur Sinn, wenn der **Kreislaufstillstand bezeugt** eintritt. Ansonsten verursacht er nur Zeitverlust. Erst wenn die Atmung ebenfalls sistiert, wird auch mit Punkt A (Atemwege) und B (Beatmung) fortgesetzt. Stets sollte man für zwei Helfer sorgen, da die „Einhelfermethode" (15 Herzmassagen, 2 Beatmungen) der „Zweihelfermethode" (5 Herzmassagen, 1 Beatmung) wesentlich unterlegen ist. Nach Intubation ist eine Synchronisation der Herzmassage mit der Atmung nicht mehr erforderlich; hierdurch wird im Gegenteil sogar noch die Wirksamkeit der Wiederbelebungsmaßnah-

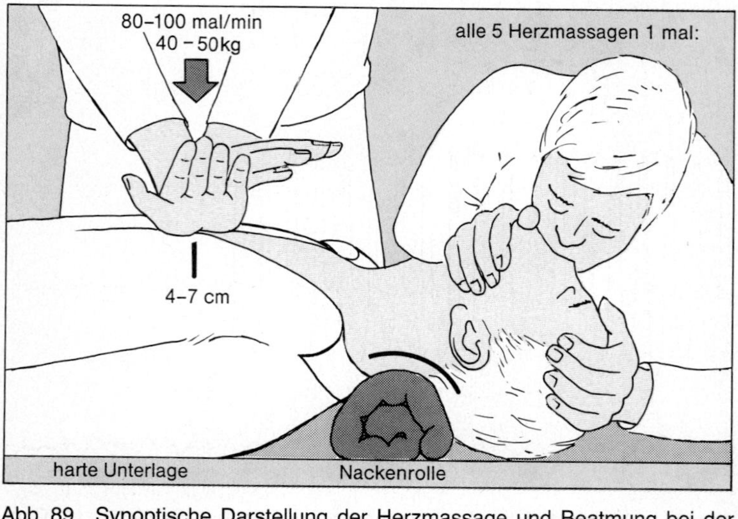

Abb. 89 Synoptische Darstellung der Herzmassage und Beatmung bei der Wiederbelebung

men gesteigert. Die Effizienz der Herzmassage kann am peripheren Puls (A. carotis, besser: A. femoralis), dem Kleinerwerden der Pupillen und dem Rosigwerden der Haut erkannt werden. Abb. 90 zeigt ein Beispiel für einen femoral gemessenen arteriellen Druck bei Herzmassage. Links im Bild zeigt sich eine extreme Hypotonie bei Kammerflimmern (Mitteldruck 35 mmHg). In Bildmitte setzt die Herzmassage (ca. 100mal/min) ein, was sofort mit einem Anstieg des Mitteldrucks auf 50 mmHg und des Spitzendrucks auf knapp 100 mmHg einhergeht. Das Bewußtsein wurde durch diese Maßnahmen jedoch nicht wieder erreicht.

Kommt durch diese Maßnahmen die eigene Herzaktion nicht wieder in Gang, so ist die Behandlung der Wahl die rasche elektrische Defibrillation mit hoher Energie (300–360 Ws). Bei Erfolglosigkeit kann so vorgegangen werden, wie in Tab. 62 skizziert: nach jeweils zentralvenöser oder endotrachealer Gabe von Lidocain bzw. Adrenalin wird erneut

Tabelle 62 Beispiel für das Vorgehen bei Kammerflimmern

Herzmassage
Beatmung
elektrische Defibrillation mit 300–360 Ws
bei Erfolglosigkeit: wiederholen
bei Erfolglosigkeit: zentralvenöse oder endotracheale Gabe von 100 mg Lidocain
elektrische Defibrillation mit 300–360 Ws
bei Erfolglosigkeit: zentralvenöse oder endotracheale Gabe von 1 mg Adrenalin in 10 ml NaCl
elektrische Defibrillation mit 300–360 Ws
bei Erfolglosigkeit: zentralvenöse Gabe eines weiteren Antiarrhythmikums, z. B. 70 mg Propafenon
elektrische Defibrillation mit 300–360 Ws
bei Erfolglosigkeit: zentralvenöse oder endotracheale Gabe von 1 mg Adrenalin in 10 ml NaCl
elektrische Defibrillation mit 300–360 Ws
bei Erfolglosigkeit: zentrale Gabe von Amiodarone (s. S. 263)
nach Aufsättigung: elektrische Defibrillation mit 300–360 Ws
bei längerdauernder Reanimation (> 10 min): Natriumbicarbonat 8,4%, Korrektur am besten anhand einer Blutgasanalyse, ansonsten 50–80 ml, evtl. alle 10 weiteren min. 50 ml

ein Defibrillationsversuch unternommen. Grundsätzlich ist bei weiterer Erfolglosigkeit der Versuch mit einem weiteren Antiarrhythmikum aus einer anderen Klasse, z. B. Propafenon, gerechtfertigt. Erfolge wurden schließlich nach notfallmäßiger Aufsättigung mit Amiodarone (s. S. 262) verzeichnet.

Nach erfolgreicher Reanimation ist eine sorgfältige stationäre Diagnostik bezüglich des Rezidivrisikos erforderlich. Diese wird in aller Regel neben den üblichen elektrokardiographischen Verfahren (Ruhe-, Belastungs- und Langzeit-EKG) auch eine Herzkatheteruntersuchung, gegebenenfalls ergänzt durch eine **elektrophysiologische Untersuchung,** umfassen.

Die **Langzeittherapie** nach Wiederbelebung hängt von der auslösenden Ursache ab. Nach Abklingen eines frischen Myokardinfarktes oder Abklingen der Nebenwirkungen von Medikamenten ist die Prognose im allgemeinen gut, eine antiarrhythmische Behandlung ist nur bei fortbestehenden schweren Arrhythmien indiziert. In allen anderen Fällen ist bei Vorliegen einer schweren Herzerkrankung eine antiarrhythmische Therapie erforderlich (s. S. 250f). Dabei müssen einzelne ventrikuläre Arrhythmien um 80–90% reduziert werden, Ketten müssen vollständig supprimiert werden, um die Behandlung als erfolgreich anzusehen. Beim QT-Syndrom haben sich Betablocker als besonders wirksam erwiesen, gegebenenfalls ergänzt durch ein Klasse-Ib-Antiarrhythmikum. Bei besonders gefährdeten Patienten sollte aufgrund der therapeutischen Unsicherheit, die mit der Gabe von Antiarrhythmika verbunden ist, die **Implantation eines Defibrillators** geprüft werden.

Die spontane **Prognose** dieser malignen Herzrhythmusstörungen ist ungünstig, die Überlebensraten nach 1 Jahr liegen unter 70%. Durch die Implantation eines Defibrillators konnte sie bei bestimmten Patientengruppen auf über 90% angehoben werden.

Bradykarde Rhythmusstörungen

Bradykarden Herzrhythmusstörungen liegen Erregungsbildungsausfälle und Erregungsleitungsverzögerungen oder -ausfälle zugrunde.

Als **sinuaurikuläre** oder sinuatriale **Blockbildung** wird die zeitweise Unterbrechung der Erregungsleitung vom Sinusknoten zum Vorhof bezeichnet. Die Diagnose kann nur durch das EKG gestellt werden (Abb. 91). Man findet den Ausfall einer oder mehrerer Systolen bei erhaltendem Grundrhythmus. Die Deutung wird durch das Hinzutreten von Ersatzsystolen erschwert.

Man unterscheidet heute, nachdem Ableitungen vom Sinusknoten und His-Bündel möglich sind, 3 Grade. Beim ersten besteht eine einfache Leitungsverzögerung, beim zweiten kommt es zeitweise zu Überleitungsblockierungen, und beim dritten Grad ist die Überleitung zwischen

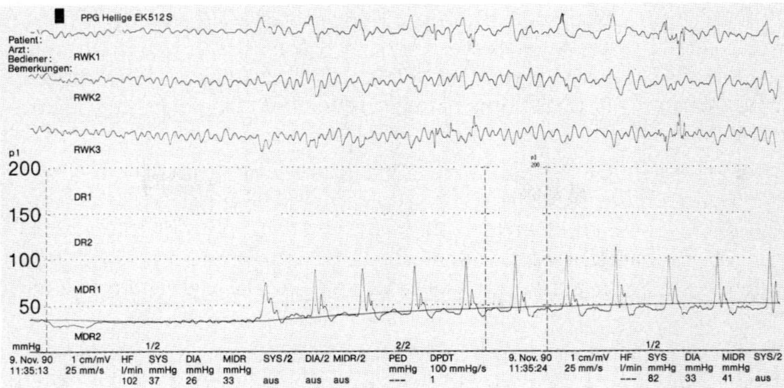

Abb. 90 Femorale Arteriendruckkurve während Herzmassage (s. Text)

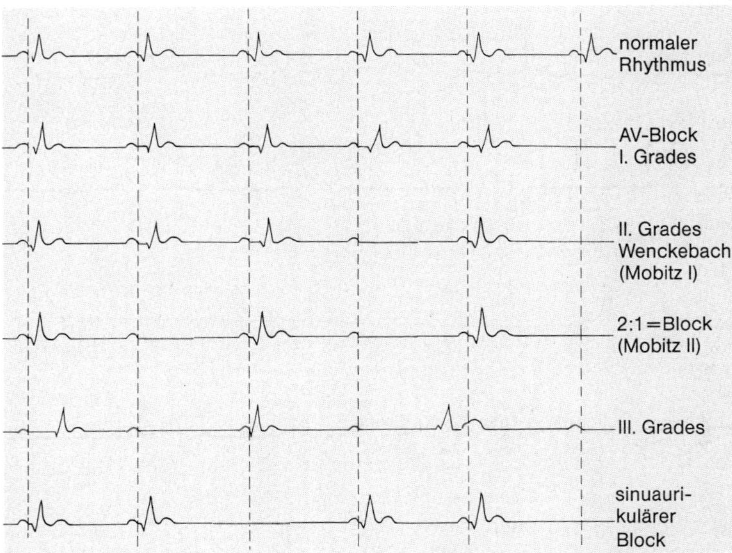

Abb. 91 Schematische Darstellung häufiger Erregungsleitungs-Blockierungen

Sinusknoten und Vorhof vollständig unterbrochen. Es muß ein sekundäres Erregungszentrum einspringen. Als **Ursache** kommen die koronare Herzkrankheit, Myokardiopathien, Myokardhypertrophien bei Vitien, eine Myokarditis sowie negativ inotrope Medikamente (wie Digitalis, Betablocker, Calciumantagonisten) in Frage.

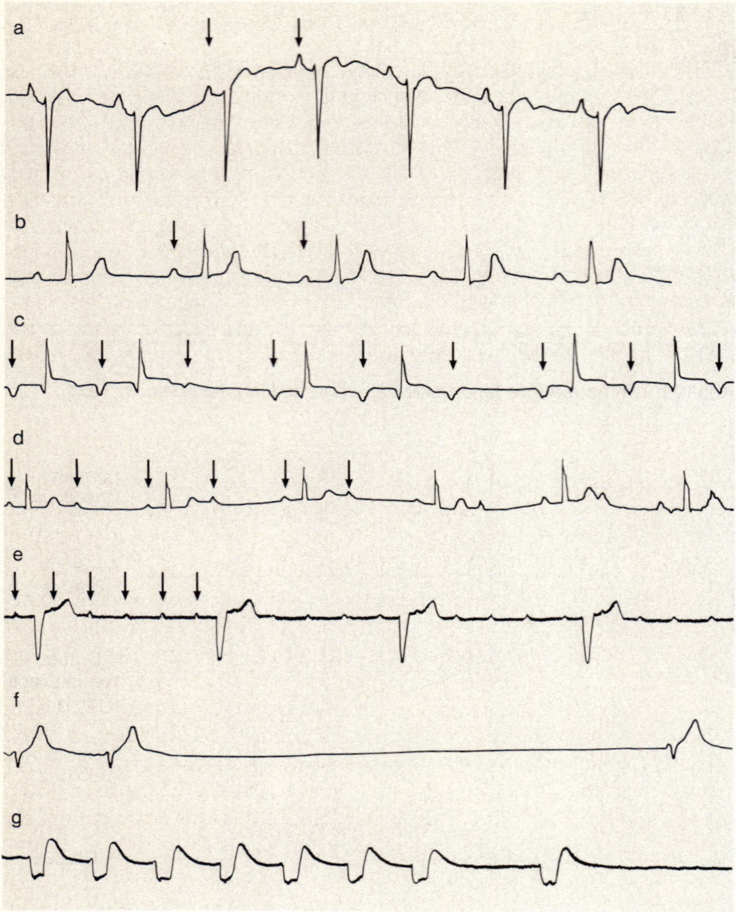

Störungen der **atrioventrikulären Überleitung** verlängern den Abstand zwischen der Vorhoferregung (P-Zacke im EKG) und den Kammern (QRST) oder sie heben die Überleitung vollständig auf. Auch sie können verschiedene Grade erreichen: Als **I. Grad** bezeichnet man eine einfache Verlängerung der Überleitung (PQ) über 0,2 s bei einer Frequenz über 70 und 0,22 s bei langsamerer Frequenz.

Personen mit ausgeprägter „Vagotonie" und Trainierte weisen oft eine leichte Verlängerung von PQ auf. Sie geht aber während und sofort nach Belastung sowie im Stehen auf normale Werte zurück. Daher

◀ Abb. 92 Verschiedene regelmäßige Bradykardieformen (Pfeile zeigen P-Wellen an)
a) Zum Vergleich: normaler Sinusrhythmus, normales PQ (0,14 s). b) AV-Block I (PQ 0,24 s). c) AV-Block II, Typ Wenckebach (= Mobitz I): Gut erkennbar sind die länger werdenden ersten beiden PQ-Intervalle, bis die 3. P-Welle dann nicht mehr beantwortet wird. d) AV-Block II, Typ Mobitz (= Mobitz II): hier eine 2 : 1-Überleitung, d. h., jede 2. P-Welle löst eine Ventrikelerregung aus. e) AV-Block III: Die P-Wellen, die eine Frequenz von 110/min haben, lösen keine Kammeraktion mehr aus. Die Ventrikel schlagen mit einer Eigenfrequenz von 25/min, die Verbreiterung der Kammerkomplexe ist gut zu erkennen. f) Sinusstillstand ohne Kammerersatzschläge; dies verursacht hier eine Pause von 7 Sekunden. g) Sterbendes Herz: stark verbreiterte Kammerkomplexe ohne erkennbare P-Wellen mit langsamer werdender Aktion, schließlich folgt der Übergang in die Asystolie

---

gehört zur Diagnostik des AV-Blocks I die Durchführung eines Belastungs-EKG. Hat die Überleitungsstörung eine organische Erkrankung des Herzens als Ursache oder ist sie Folge negativ chronotroper Medikamente (Digitalis, Betablocker, Calciumantagonisten vom Verapamiltyp), so bleibt die Verkürzung (weitgehend) aus.

Eine Möglichkeit für eine Blockierung **II. Grades** stellt die **Wenckebach-Periodik** dar. Die Überleitung verlängert sich von Schlag zu Schlag, bis schließlich eine Kammerkontraktion vollständig ausbleibt (Abb. 91 und 92 c). Der 1. nachfolgende Schlag beginnt wieder mit einem normalen PQ. Man beobachtet diese Form der Blockierung nicht nur bei Herzkranken, sondern gelegentlich auch beim Gesunden. Seltener findet sich eine intermittierende vollständige AV-Blockierung. Es wird nur noch jede 2., 3. oder 4. Vorhofaktion auf die Kammern übergeleitet (**Typ Mobitz** II, Abb. 93 d). Es handelt sich hier immer um ein geschädigtes Herz.

Diese Blockform geht gewöhnlich zeitweise oder endgültig in eine vollständige Blockierung (AV-Block **III. Grades**, Abb. 92 e) über. Bei ihr schlagen Vorhöfe und Kammern ganz unabhängig voneinander, die Vorhöfe mit einer Frequenz um 80/min, die Kammern unter 40/min. Infolge der Kammerbradykardie kann das Herz nur ein kleines Minutenvolumen fördern.

Wenn das **primäre** Erregungsbildungszentrum, der Sinusknoten, ausfällt, so setzt in der Regel das **sekundäre,** der AV-Knoten, ein. Seine Frequenz liegt zwischen 40 und 60/min. Man bezeichnet dies als **Ersatzrhythmus.** Je nach Ursprung der Erregung kann man einen **oberen, mittleren und unteren Knotenrhythmus** unterscheiden. Die Vorhöfe werden dabei häufig retrograd erregt, wobei die P-Welle kurz vor, mitten im oder kurz nach dem QRS in Ableitung II und III negativ zur

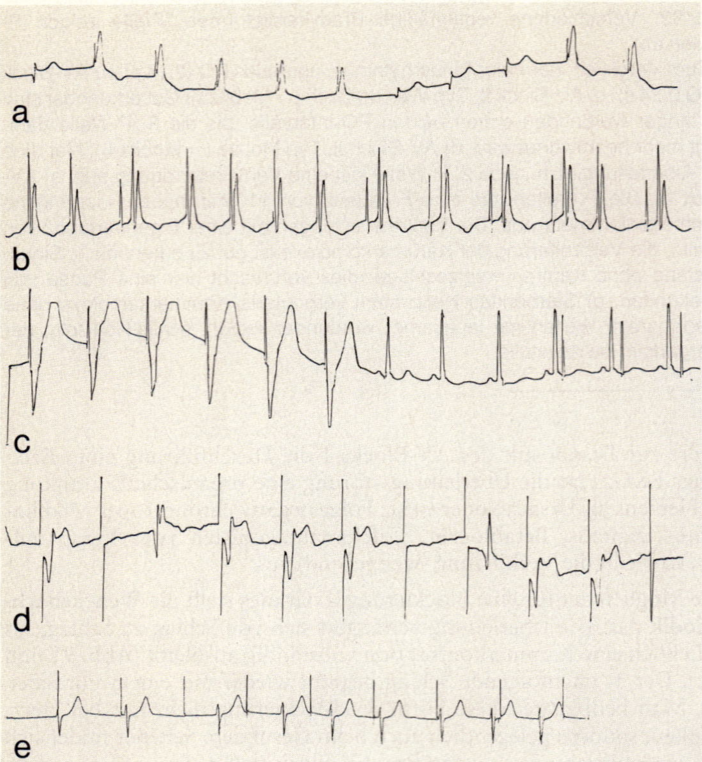

Abb. 93 a) Normaler VVI-Schrittmacher: einem Normalschlag folgend 5 Schrittmacheraktionen, da eine Eigenaktion auf sich warten läßt; nach weiteren 3 Normalschlägen wird wieder der Schrittmacher aktiv. b) Typischer DDD-Schrittmacher bei einem Patienten mit AV-Block III: Liegt eine Vorhoferregung vor (P-Welle), so arbeitet der Schrittmacher im VAT-Modus, d. h., er triggert den Ventrikel vorhofgesteuert (1., 2., 4.–7., 12. Aktion). Bei Ausfall der P-Welle stimuliert der Schrittmacher sowohl die Vorhöfe als auch sequentiell die Kammern (Doppelspike). c) VVI-Schrittmacher mit Entrance-Block (Sensing-Defekt): Die Ventrikelstimulation erfolgt ordnungsgemäß (Schlag 1–6), bei einsetzender Eigenaktion des Herzens werden die Spikes jedoch nicht unterdrückt, was vor allem bei den letzten Komplexen gut zu sehen ist. d) Exit-Block: 4 Schrittmacher-Spikes bleiben ohne elektrische Erregung der Herzkammer (hier: Sondendislokation). e) Beispiel für einen Kabelbruch: Schrittmacher-Spikes lösen keine Kammerkontraktion aus, Ventrikelaktionen inhibieren nicht die Schrittmacheraktivität

Tabelle 63 Indikationen zur Schrittmacherimplantation

Absolute Schrittmacherindikationen

Wenn symptomatisch:
Sinusknotenerkrankung
AV-Block I (Nachweis einer infrabifurkalen Blockierung im His-Bündel-EKG)
AV-Block II, Typ Wenckebach
angeborener AV-Block III
bifaszikulärer Block ohne und mit AV-Block I
bifaszikulärer Block ohne und mit AV-Block II Typ Wenckebach

Wenn asymptomatisch:
AV-Block II, Typ Mobitz
erworbener AV-Block III
bifaszikulärer Block mit AV-Block II, Typ Mobitz
kompletter trifaszikulärer Block

Relative Schrittmacherindikation

Wenn symptomatisch, aber:
eine dokumentierte Bradykardie ohne eindeutige Korrelation zu Symptomen besteht

Keine Schrittmacherindikation

generell:
monofaszikuläre Blockformen (Rechtsschenkelblock, Linksschenkelblock)
suprabifurkaler AV-Block I

Wenn asymptomatisch:
Sinusbradykardie, auch wenn Frequenz unter 40/min
AV-Block II, Typ Wenckebach
angeborener AV-Block III
bifaszikulärer Block ohne und mit AV-Block I
bifaszikulärer Block ohne und mit AV-Block II, Typ Wenckebach

Darstellung kommt. Dieser Knotenrhythmus kann bei vollständig Herzgesunden beobachtet werden, er begleitet jedoch auch organische Herzerkrankungen. Falls das AV-Knoten-Zentrum im Falle eines Sinusstillstandes nicht einspringt, kommen in der Regel **tertiäre** Zentren zum Zuge, deren Grundfrequenz zwischen 20 und 30 liegt. Jetzt kommt er in der Regel zur **klinischen Symptomatik:** die Patienten entwickeln bei geringer Belastung oder in Ruhe Dyspnoe, Angina pectoris oder Schwindel. Fallen bei schweren Herzerkrankungen auch die tertiären Ersatzrhythmen aus, so folgt ein mehr oder weniger langer völliger Herzstillstand mit Auftreten eines **Morgagni-Adams-Stokes-Anfalls** (Synkope, meist in Verbindung mit Krampfanfällen).

Tabelle 64 Schrittmacher-Code: Genutzte Buchstaben und ihre Funktion

1. Buchstabe	2. Buchstabe	3. Buchstabe	4. Buchstabe	5. Buchstabe
O (keine)	**O** (keine)	**O** (keine)	**O** (keine)	**O** (keine)
A (Vorhof)	**A** (Vorhof)	**T** (triggert)	**P** (einfach programmierbar)	**P** (antitachykard)
V (Kammer)	**V** (Kammer)	**I** (inhibiert)	**M** (multiprogrammierbar)	**S** (Schock)
D (Dual V, A)	**D** (Dual V, A)	**D** (Dual T, I)	**C** (Kommunikation, Telemetrie)	**D** (Dual P, S)
			R (frequenzadaptiv)	

Die **Differentialdiagnose** dieser bradykarden Herzrhythmusstörungen kann nur durch ein EKG erfolgen. Lediglich der AV-Block III verursacht zeitweise den klassischen **Kanonenschlag,** einen lauten Herzton, der durch das Zusamentreffen einer Vorhof- und Kammerkontraktion entsteht.

Die **Therapie** der bradykarden Herzrhythmusstörungen richtet sich wenn immer möglich gegen die auslösende Ursache. Da dies zumeist negativ chronotrope Medikamente sind, ist eine Änderung der Pharmakotherapie häufig bereits ausreichend (z. B. Umstellung von Verapamil auf Nifedipin). Ist eine kausale Behandlung nicht möglich, hängt die Indikation zur weitergehenden Therapie von der Symptomatik ab. Ein prinzipieller Handlungsbedarf besteht, wenn im Zusammenhang mit einer Bradykardie Synkopen, eine Herzinsuffizienz in Ruhe und/oder unter Belastung sowie Zeichen einer allgemeinen zerebralen Minderdurchblutung auftreten. Herzfrequenzstimulierende Atropinderivate und Katecholamine sind dann angezeigt, wenn nur mit einem kurzfristigen Bestehen der Bradykardie zu rechnen ist (z. B. beim Hinterwandinfarkt oder bei Medikamenteneinwirkung). Anderenfalls ist die Implantation eines Herzschrittmachers erforderlich. Über die Indikation zur Schrittmacherimplantation gibt Tab. 63 Auskunft.

Es gibt **verschiedene Schrittmachersysteme.** Der Schrittmachertyp ist mit einem 5-Buchstaben-Kode versehen, der in Tab. 64 näher beschrieben ist. Der erste Buchstabe gibt dabei den Ort der Stimulation an, der

Tabelle 65 Zeitplan zur Nachsorge nach Schrittmacherimplantation

Schrittmacher-Kontrolle (Nr.)	Zeit (Monate)	Neuimplantation	Impulsgeberwechsel
1	0	Wundverhältnisse Basisfunktionen nicht obligate Parameter	Wundverhältnisse Basisfunktionen nicht obligate Parameter Endeinstellung
2	1	Wundverhältnisse Basisfunktionen	Wundverhältnisse Basisfunktionen
3	3	Basisfunktionen Endeinstellung	Basisfunktionen
4	6	Basisfunktionen	Basisfunktionen
5	12	Basisfunktionen	Basisfunktionen
6	18	Basisfunktionen	Basisfunktionen
7	24	Basisfunktionen	Basisfunktionen

2. den Ort des Registrierens, der 3. die gewählte Antwortart, der 4. die Programmierbarkeit und der 5. antitachykarde Funktionen. Der am häufigsten genutzte Typ ist der Demand-Schrittmacher auf Ventrikelebene. Bei ausreichender Eigenaktion des Herzens ist er durch die im Ventrikel empfangenen Signale inhibiert, unterschreitet das Herz jedoch die vorgegebene kritische Eigenfrequenz, dann wird er mit einer starren Frequenz aktiviert. Dieser Schrittmacher wird mit **VVI** charakterisiert: Stimulationsort ist der (rechte) Ventrikel, Empfangsort ist ebenfalls der Ventrikel, Eigenaktionen des Herzens inhibieren den Schrittmacher. Ein anderer typischer Einstellungsmodus ist der **VAT**-Schrittmacher, der sich zur Überbrückung eines AV-Blocks III eignet: Der Ventrikel (V) wird mit Impulsen gesteuert (T), die im Vorhof (A) empfangen werden. Dieses System erlaubt also eine Frequenzsteigerung der Kammern unter Belastung. Wesentlich aufwendiger sind die **DDD**-Systeme, die sowohl bei Bedarf die Vorhöfe bzw. Kammern stimulieren als auch bei entsprechender Eigenaktion inhibiert werden können (Abb. 93).

Die üblichen Schrittmachersysteme arbeiten, wenn keine Eigenaktionen des Herzens vorliegen, mit einer starren Steuerfrequenz. Da dies die Leistungsfähigkeit eines Patienten empfindlich beeinträchtigen kann,

Tabelle 66 Die häufigsten Schrittmacherkomplikationen

Probleme bei der Implantation

Betäubungsrisiko
tachykarde und bradykarde Herzrhythmusstörungen bei Sondenplazierung
Wundblutungen
Wundbettinfektion
Hämatothorax, Pneumothorax

Probleme nach der Implantation

Batterieerschöpfung
Sondendislokation
Bruch der Schrittmacherelektrode
Infektion des Schrittmacherkabels
Myokardperforation des Kabels
Reizschwellenerhöhung
Muskelzucken
Drucknekrose der Haut über dem Schrittmacher
Thrombose der großen Venen

Tabelle 67 Beispiel für das Vorgehen bei Bradykardie/Asystolie

Herzmassage

Beatmung

0,25 mg Orciprenalin (= ½ Ampulle Alupent) i.v. oder endotracheal

bei Erfolglosigkeit: 1 mg Adrenalin in 10 ml NaCl i.v. oder endotracheal

bei Erfolglosigkeit: wiederholen

bei Erfolglosigkeit: temporärer Schrittmacher (perkutan mit Pflasterelektroden, transösophageal, venös, nur im Notfall intrakardial)

bei Erfolglosigkeit: Versuch einer Defibrillation mit 300–360 Ws, da gelegentlich feines Kammerflimmern eine Asystolie vortäuscht

bei Erfolglosigkeit: Gabe von 1 mg Adrenalin intrakardial

bei längerdauernder Reanimation (> 10 min): Natriumbicarbonat 8,4%, Korrektur am besten anhand einer Blutgasanalyse, ansonsten 50–80 ml, evtl. alle 10 weiteren Minuten 50 ml

wurden sogenannte physiologische Systeme entwickelt, die in der Lage sind, anhand verschiedener Sensorfunktionen eine körperliche Belastung zu registrieren und in dieser Situation die Herzfrequenz anzuheben (4. Buchstabe: R). Sie erlauben dem Patienten eine größere Flexibilität. Schließlich können Schrittmacher zur Unterbrechung tachykarder

Tabelle 68 Häufige Gründe für einen plötzlichen Tod

Kardiale Ursachen:
koronare Herzkrankheit
Myokardiopathien
Aortenstenose
Cor pulmonale
Mitralklappenprolaps
akute Perikardtamponade (z. B. nach Trauma, Herzinfarkt)
Unterbrechung der Erregungsbildung oder -leitung
tachykarde Rhythmusstörung inkl. WPW-Syndrom
QT-Syndrom (Jervell-Lange-Nielsen-, Romano-Ward-Syndrom)
rechtsventrikuläre Dysplasie
Morbus Ebstein
Morbus Fallot
anomaler Abgang einer Koronararterie aus der Pulmonalarterie (Bland-White-Garland-Syndrom)
intramural verlaufende Koronargefäße
Myokarditis
koronare Arteriitis
Neoplasma des Herzens

Extrakardiale Ursachen:
Intoxikationen
akuter Blutverlust (z. B. gastrointestinal, nach Ruptur großer Arterien [z. B. dissezierendes Aortenaneurysma])
akute zerebrale Blutung
Lungenerkrankungen, Lungenembolie

Herzrhythmusstörungen eingesetzt werden, wofür verschiedene Funktionen angeboten werden (5. Buchstabe: antitachykarde Systeme, Defibrillatoren).

Herzschrittmacher arbeiten in den meisten Fällen über viele Jahre wartungs- und störungsfrei. Funktionskontrollen in regelmäßigen Abständen sind jedoch indiziert, um eventuelle Umstellungen des Systems auf die individuellen Gegebenheiten des Patienten vornehmen zu können, den Ladezustand der Batterie prüfen und technische Defekte aufspüren zu können (Tab. 65). Berücksichtigt werden muß auch die eventuelle Einnahme von **Antiarrhythmika** der Klassen Ia und c sowie II und III, die dosisabhängig einen **Anstieg der Reizschwelle** zwischen 30 und 70% und somit einen **Exit-Block** auslösen können. Besonders hohe Reizschwellenanstiege werden unter Flecainid gesehen (bis über 300%). Antiarrhythmika können aber auch einen **Entrance-Block** (**Sensing-Defekte**) verursachen, wenn sie zu einer Verbreiterung der Kammerkomplexe führen.

Mögliche Probleme sind in Tab. 66 aufgelistet. Ein Beispiel für Schrittmacher mit **Entrance-Block (Sensing-Defekt)** (Schrittmacher registriert nicht die Eigenaktion des Herzens und sendet unbeeinflußt weiter Spikes) sowie mit **Exit-Block** (Schrittmacher sendet Spikes, diese werden jedoch nicht vom Myokard beantwortet) finden sich in Abb. 93.

Bei einem **bewußtlosen Patienten mit Bradykardie** liegt eine **Notfallsituation** vor, die sofortiges Handeln erfordert. Bereits nach 3 Minuten zerebraler Minderdurchblutung muß mit irreversiblen Schäden gerechnet werden. Tab. 67 zeigt mögliche Behandlungsweisen.

Plötzlicher Herztod

Plötzliche Todesfälle können durch eine Reihe kardialer und extrakardialer Erkrankungen ausgelöst werden. Tab. 68 gibt eine Übersicht über häufige Ursachen. Unter einem **plötzlichen Herztod** versteht man den kardialen Tod, der Sekunden bis maximal 10 Minuten nach Eintritt von Symptomen eintritt. Der großen Mehrzahl dieser Fälle liegt eine akute Rhythmusstörung zugrunde. Auch dem plötzlichen **Tod beim Sport** liegt nahezu immer eine kardiale Erkrankung zugrunde (Myokardiopathien, koronare Herzkrankheit), unter Umständen wurde sie durch einen Anabolika-Abusus noch verschlimmert.

Sofort einsetzende Wiederbelebungsmaßnahmen werden nur bei Patienten mit Herzrhythmusstörungen Erfolg haben. Ein akutes myokardiales Pumpversagen oder eine akute Perikardtamponade nach Trauma oder Myokardinfarkt sind in aller Regel nicht behebbar.

Weitere Herzrhythmusstörungen

Hier wurden nur die häufigsten Störungen des Herzrhythmus und der Erregungsleitung besprochen. Auf die Interferenzdissoziation, auf den wandernden Schrittmacher und andere kann nicht eingegangen werden. Hier wird auf die EKG-Bücher verwiesen.

Nicht zu den Rhythmusstörungen im eigentlichen Sinne gehört der **Pulsus alternans,** denn er stört nicht die Herzschlagfolge. Es wird vermutet, daß der Pulsus alternans die Folge eines wechselnden kontraktilen Zustandes mindestens eines Teiles des Myokards der linken Kammer ist. Es findet sich hierdurch ein stärkerer Pulsschlag abwechselnd mit einem schwächeren, was sich besonders auffällig bei der Blutdruckmessung zeigt. Der Pulsus alternans ist das Zeichen einer schweren Schädigung der Ventrikelmuskulatur.

Als **Pulsus paradoxus** wird eine Blutdrucksenkung während der Inspiration um mehr als 10 mmHg bezeichnet. Er findet sich bei Pericarditis exsudativa und constrictiva sowie im Kreislaufschock.

Störungen der Erregungsausbreitung

Die Erregungsausbreitung wird durch Hypertrophie und Dilatation oder durch Nekrosen und Narben verändert.

Erregungsausbreitungsstörungen **in den Vorhöfen** werden besonders unter Sympathikotonie beobachtet: z. B. nimmt während und direkt nach körperlichen Belastungen die Amplitude der P-Zacken zu. Negative P-Zacken in Ableitung II und V_4-V_6 können eine organisch bedingte Ausbreitungsstörung anzeigen. Differentialdiagnostisch kommt eine ektope Vorhoferregung in Frage, bei der jedoch unter Belastung in aller Regel eine Positivierung der P-Zacken eintritt. Insgesamt ist den atrialen Ausbreitungsstörungen keine große klinische Bedeutung beizumessen, zumal sie besonders bei vegetativ labilen Personen gefunden werden.

Elektrokardiographische Zeichen einer Erregungsausbreitungsstörung **in den Kammern** durch eine Myokardhypertrophie, Schenkelblöcke und Präexzitationssyndrome wurden in den jeweiligen Kapiteln besprochen. Der **Linksschenkelblock** ist in der großen Mehrzahl der Patienten durch eine organische Herzerkrankung bedingt (Abb. 21) (dilatative Myokardiopathie, koronare Herzkrankheit, schweres Linksherzvitium). Hierauf beruht die im statistischen Mittel eher ungünstige Prognose eines Patienten mit Linksschenkelblock. Tatsächlich wird die Prognose von der Schwere der Grundkrankheit bestimmt. Aufgrund der Erregungsrückbildungsstörung kann beim Linksschenkelblock keine ST-Strecken-Diagnostik in bezug auf eine Myokardischämie erfolgen.

Ein **unvollständiger Rechtsschenkelblock** findet sich recht häufig beim Herzgesunden und hat dann meist die Konfiguration RSr′. Demgegenüber kann die Konfiguration rSR′ auf eine pathologische Volumenbelastung des rechten Ventrikels (z. B. beim Vorhofseptumdefekt, Abb. 60) hinweisen.

Dem **vollständigen Rechtsschenkelblock** (Abb. 23, 94) liegt im Gegensatz zum Linksschenkelblock häufig keine organische Herzerkrankung zugrunde. Ursächlich kommen jedoch auch alle das Myokard schädigenden Erkrankungen in Frage. Die Prognose des Rechtsschenkelblocks hängt – analog zum Linksschenkelblock – vom Vorliegen und der Schwere der Grunderkrankung ab und ist im statistischen Mittel günstig. Aufgrund der ungestörten Erregungsrückbildung in Ableitung V_4-V_6 erlaubt der Rechtsschenkelblock eine Beurteilung der ST-Strecke bei der Diagnostik der koronaren Herzkrankheit.

Besonderes Augenmerk verdient die Kombination eines Rechtsschenkelblocks mit zusätzlichem **Hemiblock,** also der zusätzlichen Zerstörung des linksanterioren oder linksposterioren Faszikels (Abb. 94).

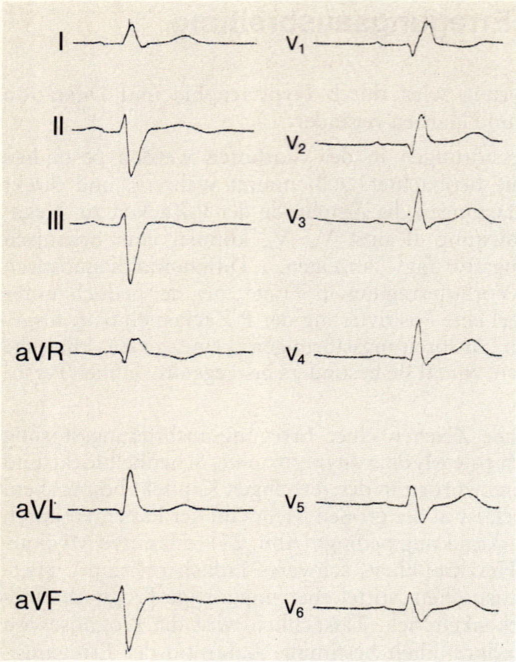

Abb. 94 Bifaszikulärer Block: linksanteriorer Hemiblock und Rechtsschenkelblock

Man spricht dann von einem **bifaszikulären Block.** Selbst wenn ein AV-Block I. Grades gleichzeitig vorliegt, so kann hieraus noch **keine Schrittmacherindikation** abgeleitet werden, solange keine Symptome bestehen (s. Tab. 63). Lediglich beim frischen Herzinfarkt wird man einen temporären Schrittmacher erwägen.

Schließlich kommen uncharakteristische Veränderungen der Erregungsausbreitung vor, die weder dem Bilde eines Links- noch Rechtsschenkelsblocks entsprechen. Gewöhnlich liegt eine ausgedehnte Schädigung der Herzmuskulatur zugrunde. Dies gilt besonders für den **Arborisationsblock,** bei dem die QRS-Gruppe klein und gesplittert ist.

Von **Niedervoltage** spricht man, wenn in den Extremitätenableitungen der größte positive oder negative Ausschlag unter 0,5 mV (= 5 mm) liegt. Sie kann peripher durch Emphysem, Adipositas und Ergüsse bedingt sein. Zur Niedervoltage können jedoch auch myokardiale

Erkrankungen führen. Besonders sind hier die **Speicherkrankheiten** (z. B. Amyloidose) zu nennen. Schließlich wird eine Niedervoltage bei Perikardergüssen sowie bei Hypothyreose beobachtet.

Leistungsstarker Kreislauf

Der Kreislauf, also Herz und Gefäßsystem, des Schwerarbeiters und des auf Dauerleistung trainierten Sportlers bedarf einer gesonderten Besprechung, da er in vielem vom durchschnittlich Trainierten abweicht (Tab. 69). Nur zu leicht kommt es bei Unkenntnis des Trainingszustandes eines Patienten zu Fehldiagnosen.

Schon nach einem Training über wenige Tage verlangsamt sich die **Herzfrequenz** in Ruhe und steigt unter Belastung auf weniger hohe Werte an. Die Kapillarisierung der Muskulatur und ihr Gehalt an Myoglobin nehmen zu, so daß die maximale Ausschöpfbarkeit für Sauerstoff aus dem arteriellen Blut größer wird. Dies gilt sowohl für die periphere als auch für die Herzmuskulatur. Der Wirkungsgrad der Muskeldurchblutung wird erhöht. Die arteriovenöse Differenz für Sauerstoff erreicht beim Trainierten unter einer Belastung, die ein Untrainierter allerdings nicht erreicht, höhere Werte. Die Pulsfrequenz in Ruhe kann auf Werte unter 40/min absinken, in einzelnen Fällen wurden 32 Schläge in der Minute beobachtet. Das EKG ließ dabei lediglich eine Sinusbradykardie erkennen.

Der Kreislauf des Trainierten steht unter einem vorwiegenden Vagustonus. Der systolische **Blutdruck,** beim Liegenden gemessen, kann sogar

Tabelle 69 Veränderungen von Herz und Kreislauf durch körperliches Training

Herz	**Peripherie**
Senkung der Herzfrequenz	Ökonomisierung der Muskelarbeit
Senkung des Blutdrucks	Stärkere Kapillarisierung der Muskulatur
leichte Verlangsamung der Überleitung (Verlängerung von PQ)	Erhöhung des Myoglobingehaltes
Senkung des myokardialen Sauerstoffbedarfs	Erhöhung der Kreislaufökonomie
Erhöhung des Myoglobingehaltes	Senkung eines erhöhten Blutzuckers
Erhöhung der Koronarreserve	Verlangsamung der Blutgerinnung
Physiologische Hypertrophie	Förderung einer Gewichtsabnahme
Vermehrtes Restblut	Senkung der Blutfette
	Förderung des körperlichen und seelischen Wohlbefindens

weniger als 100 mmHg betragen, die Blutdruckamplitude ist relativ klein. Die Druckreserve unter Belastung wird vorwiegend dadurch vergrößert, daß der Blutdruck im großen Kreislauf im Vergleich zum Untrainierten geringer ansteigt und erst während der maximalen Leistung systolisch 200 mmHg überschreitet.

Die Atmung ändert sich dagegen durch körperliches Training nur gering. Das Herz („**Sportherz**") paßt sich an die vermehrte Volumenleistung, die ihm während der starken Belastungen abgefordert wird, durch eine Anpassungsvergrößerung (Vermehrung des Restblutes) an. So kann es ein größeres Schlag- und Minutenvolumen fördern als das untrainierte Herz. Seine Schlagvolumenreserve ist also erhöht, d. h., es kann sein Schlagvolumen stärker vergrößern als ein Herz mit weniger Restblut.

Als Folge der Umstellung des Kreislaufs geht der Puls nach Beendigung der Belastung schon in der 1. Minute der Erholungsphase erheblich zurück, ebenso auch der systolische Druck, während der diastolische sogar unter den Ausgangswert absinkt. Bei der Kreislaufuntersuchung nach Belastung wird daher oft eine wesentliche Veränderung vermißt, das Absinken des diastolischen Druckes nach Belastung möglicherweise als Zeichen einer Kreislaufschwäche gedeutet.

Röntgenologisch ist das Herz des Schwerarbeiters oder Langstreckensportlers allgemein vergrößert. Es unterscheidet sich nicht von einem geschädigten Herzen. Auch die Hili sind stärker mit Blut gefüllt, entsprechend der allgemeinen Zunahme des Blutvolumens. Der linke Vorhof wölbt sich nicht selten weiter als normal vor. Wenn zufällig gleichzeitig ein funktionelles systolisches Geräusch besteht, stellt man leicht fälschlich die Diagnose einer Mitralinsuffizienz. Die **Echokardiographie** belegt die Vergrößerung der Herzhöhlen und schließt eine Funktionsstörung aus.

Auch das **EKG** ist oft verändert. Die PQ-Zeit überschreitet in Ruhe nicht selten den obersten Normalwert bei Bradykardie von 0,22 s. Die P-Zacken sind flach, auch die T-Zacken können weniger positiv sein als beim Untrainierten. Während und kurz nach Belastung und im Stehen sind alle diese Veränderungen nicht mehr nachweisbar. In etwa 20% findet man bei Langstreckensportlern in V_1 einen „unvollständigen Rechtsschenkelblock", also die rSR'-Form ohne Verbreiterung von QRS.

Pathologisch-anatomische Kontrollen haben ergeben, daß das Sportherz das „kritische Herzgewicht" von 500 g nach Linzbach nicht überschreitet. Dementsprechend finden sich makroskopisch und histologisch, wenn keine Dopingmittel genommen wurden, keine Zeichen einer Schädigung. Auffallend sind die Größe der Herzhöhlen, eine Dickenzunahme aller Herzwände und besonders weite Koronargefäße.

Letztere lassen untereinander mehr Verbindungen erkennen als das untrainierte Herz.

Nach Reindell entspricht das „Sportherz" einem physiologischen Zustand, während das Herz des Untrainierten durch übermäßige Schonung einen Teil seiner Reserven verloren hat. Die Lebenserwartung wird durch Dauersport nicht herabgesetzt. Manche Untersuchungsergebnisse sprechen dafür, daß Dauertraining einen gewissen Schutz vor koronarer Herzkrankheit verleiht und daß, wenn es dennoch, besonders bei Rauchern, zu einem Infarkt kommt, die gute Kollateralbildung die Überlebenschancen erhöht. Mit vernünftigem Training auf Dauerleistung kann ohne Bedenken schon im Kindesalter begonnen werden.

Der Trainierte verfügt also über einen Kreislauf, der in Ruhe und unter Belastung besonders ökonomisch arbeitet. Wir können daher ein dosiertes aufbauendes Training zur Ökonomisierung des Kreislaufs bei Patienten einsetzen, die an Störungen mit zu geringer oder mit überschießender Kreislaufleistung leiden. Dadurch wird nicht nur ihre Leistungsfähigkeit gesteigert, auch die Kreislaufregulation in Körperruhe stabilisiert sich.

Kreislaufregulationsstörungen

Hypodyname, hypotone Regulationsstörung

Bei einer unzureichenden Leistung des Kreislaufs ist eine ausreichende Durchblutung der Organe nicht mehr möglich. In leichten Fällen macht sich diese Störung nur im Stehen bemerkbar, in schwereren auch im Liegen. Eine kritische untere Blutdruckgrenze kann nicht angegeben werden, da erhebliche individuelle Unterschiede bestehen. Bei einem an einen Bluthochdruck gewohnten Patienten kann bereits ein Blutdruck um 100 mmHg systolisch zu Symptomen führen, andere tolerieren noch Werte um 80 mmHg. **Klinisch** stehen zerebrale Symptome wie Schwindel, Müdigkeit und Schwäche, in schweren Fällen sogar Ohnmachtsanfälle, im Vordergrund. Aber auch die körperliche Leistungsfähigkeit ist eingeschränkt.

Die häufigste Form ist die **sympathikotone Reaktion,** bei der der Abfall des Blutdrucks nach dem Aufstehen von einer Tachykardie begleitet wird. Ursächlich für diese orthostatische Regulationsstörung kommen neben einer konstitutionellen Veranlagung vor allem Trainingsmangel, schwerere allgemeine Erkrankungen (vor allem, wenn sie mit Bettruhe verbunden sind), akuter fieberhafter Infekt, akute und chronische Anämie, Schilddrüsen- oder Nebennierenunterfunktion, schwere chronisch-venöse Insuffizienz, übermäßiger Alkoholgenuß, psychische Störungen oder Medikamente (Diuretika, Laxantien, Sedativa) in Frage. Der **asympathikotonen Reaktion,** bei der der Blutdruckabfall *nicht* von einer Herzfrequenzsteigerung begleitet wird, liegen immer ernste Erkrankungen zugrunde (Amyloidose, Diabetes mellitus).

Die **Diagnose** einer hypotonen Regulationsstörung kann durch Blutdruck- und Pulsmessungen im Liegen und nach Aufstehen erfolgen. Bei der sympathikotonen Reaktion steigt die Herzfrequenz um mehr als 20/min an, gleichzeitig fällt der Blutdruck um mehr als 10 mmHg ab. Bei der asympathikotonen Reaktion bleibt der Frequenzanstieg aus. Die **EKG-Veränderungen** sind wenig spezifisch, es kommen ST-Senkungen und T-Negativierungen vor. Bei der **Röntgenuntersuchung** findet man im Stehen ein auffallend kleines Herz, während im Liegen das Herzvolumen normal ist. Kardiale Erkrankungen als Ursachen können durch ein **Echokardiogramm** ausgeschlossen werden.

Therapeutisch richten sich die Bemühungen wenn immer möglich gegen die zugrundeliegende Erkrankung. Daran schließt sich **körperliches Training** an, das an die jeweilige Leistungsfähigkeit des Kranken angepaßt werden muß. Unterstützend kann das Tragen einer elastischen Strumpfhose sein, die ein Versacken des Blutes in die untere Körperhälfte verhindert. Nur selten ist die Gabe von **Medikamenten** erforderlich. In Frage kommen Sympathomimetika wie das Etilefrin (Effortil) oder Mutterkornalkaloide. Die Wirksamkeit ist jedoch begrenzt. In schweren Fällen, vor allem bei der asympathikotonen Form, kann die vorübergehende Gabe eines Mineralocorticoids erforderlich werden (z. B. Astonin H 0,1 bis 0,3 mg/die).

Die **Prognose** eines Patienten mit hypotoner Regulationsstörung hängt von der auslösenden Erkrankung ab. Handelt es sich um ein rein konstitutionelles Problem, so ist die Lebenserwartung normal.

Hyperdyname Regulationsstörung

Unter dieser Diagnose werden Erkrankungen zusammengefaßt, die sich durch eine Tachykardie und Hyperzirkulation mit und ohne Hypertonie auszeichnen. Hauptvertreter ist das **hyperkinetische Herzsyndrom,** eine Veranlagung, die das weibliche Geschlecht bevorzugt. Eine hyperdyname Regulationsstörung kann jedoch z. B. auch Folge einer Hyperthyreose oder anderer schwerer Erkrankungen sein bzw. durch besondere Streßsituationen und Trainingsmangel ausgelöst werden.

Klinisch fällt eine ausgesprochene Ruhetachykardie (meist über 100/min) auf. Eine Erhöhung des Blutdrucks ist möglich. Nicht selten kann ein uncharakteristisches Systolikum mit einem P. m. über Erb zu hören sein. Bei einer **Ergometrie** zeigt sich eine stark überschießende Herzfrequenz mit nur langsamer Rückbildung in der Erholungsphase. **Echokardiographisch** kann eine normale oder hyperdyname Ventrikelfunktion dokumentiert werden. Falls differentialdiagnostisch erforderlich, ist die Durchführung einer Rechtsherz-Katheteruntersuchung indiziert, bei der ein erhöhtes Herzzeitvolumen bei noch normalen Druckverhältnissen im kleinen Kreislauf nachgewiesen werden kann.

Die **Therapie** richtet sich wenn möglich gegen die auslösende Grunderkrankung. Ist Trainingsmangel die Ursache, so muß langsam aufbauendes körperliches Training erfolgen. Beim hyperkinetischen Herzsyndrom ist lediglich eine symptomatische Behandlung möglich, wobei sich Betablocker als besonders geeignet erwiesen haben (z. B. Propranolol, 3mal 10–40 mg/die).

Das Herz bei Hypertonie im großen Kreislauf

Auf die Technik der Blutdruckmessung und die Problematik bezüglich der Bewertung der erhobenen Ergebnisse wurde auf S. 9ff ausführlich eingegangen. Als oberster normaler Blutdruckwert, gemessen nach Riva Rocci, gilt 140/90 mmHg. Werte bis 160/95 sind grenzwertig erhöht, darüber sicher pathologisch. Liegt der diastolische Blutdruck ständig über *120 mmHg,* so spricht man von einer *malignen Hypertonie.* Wichtig ist, daß die Diagnose einer Hypertonie nicht anhand einiger weniger Meßwerte diagnostiziert werden darf, da erhebliche situationsbedingte Schwankungen vorkommen. Wiederholte Messungen, auch unter heimischen Bedingungen, sind erforderlich, in Zweifelsfällen sollte eine Messung über 24 Stunden mit einem tragbaren Recorder erfolgen (s. S. 14).

Klinisch wird die arterielle Hypertonie nach einer Empfehlung der WHO in 3 Stadien eingeteilt (Tab. 70). Diese Einteilung spiegelt die Gefährdung des Patienten durch den Bluthochdruck wider, wobei der *Erhöhung des diastolischen Blutdrucks* die *entscheidende Bedeutung* zukommt. Besonders betroffene Organe sind das Herz (Entwicklung einer Myokardhypertrophie bis hin zur Herzinsuffizienz sowie einer koronaren Herzkrankheit), das Gehirn (Entstehung intrazerebraler Blutungen), die Augen (Entstehen einer Retinopathie), die Nieren (Auftreten einer Niereninsuffizienz) sowie das periphere Gefäßsystem. Es besteht eine direkte Korrelation zwischen der Höhe des Blutdrucks und der Schwere der Organschädigung. Die maligne Hypertonie ist immer mit Organschäden verbunden.

Tabelle 70 Einteilung der Hypertonie (nach WHO)

Stadium I:	Hypertonie ohne Veränderungen des kardiovaskulären Systems
Stadium II:	Hypertonie mit Linkshypertrophie und beginnenden Augenhintergrundveränderungen, jedoch ohne sonstige Organveränderungen
Stadium III:	Hypertonie mit sekundären Organschäden (Herzinsuffizienz, koronare und zerebrale Durchblutungsstörungen, Niereninsuffizienz, deutliche Veränderungen des Augenhintergrunds)

Pathophysiologisch kann ein Volumen- von einem Widerstandshochdruck unterschieden werden, wobei Übergangsformen die Regel sind. Die häufigste Form ist der **„rote" Volumenhochdruck** (Volhard), er betrifft vornehmlich den systolischen Blutdruck. Diese Form charakterisiert den adipösen Hochdruckpatienten. Sie kommt bei allen Erkrankungen mit zu hoher Förderleistung des Herzens vor, so bei Aorteninsuffizienz, arteriovenösen Aneurysmen, hyperkinetischem Herzsyndrom, Streß und Hyperthyreose. Eine systolische Blutdruckerhöhung ist auch für die Bradykardie charakteristisch und entsteht durch das hohe Schlagvolumen. Dieser Hypertonieform stellt man den **„blassen" Widerstandshochdruck** (Volhard) gegenüber, der mit einer vorwiegend diastolischen Blutdruckerhöhung einhergeht. Hier sind vor allem renoparenchymatöse Erkrankungen, Tumoren der Nebennieren sowie Gefäßerkrankungen (Aortenisthmusstenose, entzündliche Gefäßerkrankungen) als Ursache zu nennen.

Bei mehr als 80% der Betroffenen läßt sich die **Ätiologie** der Hypertonie nicht klären („essentielle Hypertonie"). Beteiligt sind hier zweifellos genetische Faktoren. Umwelteinflüsse wie Streß, Unausgeglichenheit, Überernährung u. a. kommt eine verschlimmernde Bedeutung zu. Eine wichtige Rolle spielt der Alkoholkonsum, wobei unentschieden ist, ob der Alkohol die Blutdruckerhöhung verursacht oder manche Menschen mit Neigung zu erhöhtem Blutdruck (z. B. streßbedingt) vermehrt Alkohol trinken. Wichtig ist die Medikamentenanamnese, da auch Medikamente nicht selten an einer Hypertonie beteiligt sind: ACTH, Corticoide, Ovulationshemmer, trizyklische Antidepressiva, katecholaminhaltige Nasentropfen, Carbenoxolon. Auch das plötzliche Auslassen einer Behandlung mit Betablockern oder Clonidin kann einen akuten Hochdruck verursachen. Die *Auslösung* einer chronischen Hypertonie durch Streß ist nicht belegt, eine Verschlimmerung ist jedoch möglich.

Die **Klinik** der **akuten Hypertonie** (**hypertone Krise**) ist durch einen anfallsartig ansteigenden Bluthochdruck auf Werte meist über 220/120 mmHg charakterisiert. Dazu treten erhebliche Beschwerden. Sie stammen zum einen vom **Zentralnervensystem** und äußern sich in vom Nacken ausstrahlenden Kopfschmerzen, zentralem Erbrechen, Sehstörungen, Lähmungen, Desorientierung bis hin zur Somnolenz. **Kardial** können ein schwerer Angina-pectoris-Anfall, Herzrhythmusstörungen (meist eine Tachyarrhythmia absoluta) und eine akute Linksherzinsuffizienz auftreten. **Renal** kann es zu Niereninsuffizienz, Oligurie, Hämaturie, Proteinurie und schließlich Azotämie kommen. Häufig tritt starkes Nasenbluten hinzu. Gefährliche **Komplikationen** stellen intrakranielle oder subdurale Blutungen, ein Myokardinfarkt, ein Herzversagen und ein dissezierendes Aortenaneurysma dar.

Die **Klinik** der **chronischen Hypertonie** ist meist wesentlich weniger dramatisch. Viele Patienten sind völlig beschwerdefrei, andere beklagen gelegentliches Nasenbluten, Kopfschmerzen, Belastungsdyspnoe, vermehrtes Herzklopfen, eine Angina pectoris oder eine Leistungsminderung.

Der Umfang der erforderlichen **diagnostischen Abklärung** hängt von der Schwere des Hochdrucks ab. Nach hypertoner Krise ist sie grund-

Tabelle 71 Wichtige diagnostische Schritte zur Abklärung einer Hypertonie

Anamnese	Hochdruck seit wann bekannt? Herzerkrankungen Schlaganfall Nierenerkrankungen Medikamente Antikonzeptiva Schwangerschaftskomplikationen Rauchen, Alkohol familiäre Belastung
Körperliche Untersuchung	mehrfache Blutdruckmessung, auch an den Beinen Größe, Gewicht Auskultation des Herzens Auskultation und Palpation der großen Gefäße neurologischer Status
Laborwerte	Kreatinin Kalium Glucose Fette Harnsäure Urinstatus und -sediment
Wenn $RR_{diast} > 100$ mmHg	EKG Echokardiogramm Röntgen-Thorax Augenhintergrund Nierensonographie
Wenn $RR_{diast} > 105$ trotz Zweifachtherapie, bei unklarer Niereninsuffizienz, besonders wenn neu unter ACE-Hemmern aufgetreten, oder bei sonographisch auffälligem Nierenbefund	Messung des Plasmareninanstieges nach ACE-Blockade („Captopril-Test"); i.v./i.a. DSA (venöse Angiographie) der Nieren; Plasmacortisol und Aldosteron; Plasmanoradrenalin und Adrenalin; geg. nach Clonidinstimulation; Computertomographie der Nieren

sätzlich indiziert. Tab. 71 gibt eine Übersicht über ein mögliches Programm. Es zielt zum einen auf die möglichen sekundären Ursachen einer Hypertonie, zum anderen auf eventuelle Folgeschäden. Wesentliche Bedeutung hat das **EKG.** Lange Zeit bleibt es normal, es weist aber meist einen Linkstyp auf. Im Laufe der Zeit werden die R-Zacken in Ableitung V_5 und V_6 sowie die S-Zacken in Ableitung V_1 größer, der Sokolow-Lyon-Index als Maß für die Linksherzhypertrophie (Summe jeweils der größten R- und S-Zacke in diesen Ableitungen) übersteigt 3,5 mV. Hier sind allerdings falsche Einschätzungen möglich, da dieser Wert stark konstitutionsabhängig ist und bei Mageren und Jugendlichen ebenfalls häufig über diesem Grenzwert liegt. Verläßlicher ist die Bestimmung der R-Zacke in Ableitung aVL (> 0,75 mV pathologisch). Mit zunehmender Linksherzhypertrophie werden die T-Zacken flacher, schließlich werden sie negativ, und die ST-Strecke senkt sich über dem linken Ventrikel unter die Nullinie. Häufig kommt es jetzt auch zu einer leichten Verbreiterung des QRS-Komplexes auf 0,12 s mit trägem Anstieg von R, die Spitze von R in V_6 ist gegenüber der in V_1 über 0,35 s verspätet (s. Abb. 95). Im **Echokardiogramm** kann die Kammerhypertrophie dokumentiert werden, in fortgeschritteneren Stadien läßt sich die Ventrikeldilatation und die Einschränkung der Kontraktilität nachweisen.

Die **Behandlung der hypertensiven Krise** ist dringlich. Eine Senkung des Blutdrucks innerhalb von 15–30 Minuten ist anzustreben. Das therapeutische Ziel sollte in der Regel um 180/100 mmHg liegen. Eine weitere Senkung des Blutdrucks kann so gefährlich sein wie der Hochdruck selbst, da eine Organminderdurchblutung mit den entsprechenden Komplikationen auftreten kann (ischämischer Hirninsult, Myokardinfarkt, Nierenversagen). **Allgemeine Maßnahmen** umfassen eine Lagerung mit aufrechtem Oberkörper und gegebenenfalls eine leichte Sedierung (z. B. mit Morphium). Die **medikamentöse Differentialtherapie** geht aus Tab. 72 hervor. Die Auswahl der Substanzen zielt auf das Leitsymptom der hypertensiven Krise. Steht die Linksherzinsuffizienz im Vordergrund, so führt eine Vor- und Nachlastsenkung am schnellsten zum Ziel. Bei Angina pectoris bzw. einem frischen Myokardinfarkt ist die zusätzliche Gabe eines Analgetikums angezeigt. Bei zerebraler Symptomatik zeigt das Nifedipin die günstigste Wirkung.

Mit der **Therapie der chronischen Hypertonie** muß nach Bestätigung der Blutdruckwerte begonnen werden. Die Dringlichkeit richtet sich dabei nach der Schwere der erhobenen Werte. Bei maligner Hypertonie (diastolischer Blutdruck über 120 mmHg) ist eine stationäre Therapie zwingend, bei diastolischen Blutdrücken über 110 mmHg sollte sofort mit der Behandlung angefangen werden. Sie richtet sich wenn möglich gegen die auslösende Grundkrankheit. Ist dies nicht möglich oder nicht ausreichend, so muß sowohl durch **allgemeine Maßnahmen** als auch

Tabelle 72 Differentialtherapie der hypertonen Krise

Linksherzinsuffizienz	1. Nitroglycerin (sublingual 0,8–2,4 mg, i.v. bis 12 mg/h 2. Furosemid (20–40 mg i.v.) 3. Urapidil (Ebrantil) (2mal 12,5 mg i.v. im Abstand von 15 Min.) 4. Nifedipin (10 mg oral [Kapsel anstechen, schlucken lassen], nach 10–15 Min. wiederholen, evtl. Dauerinfusion (0,5–1,5 mg/h) 5. Clonidin (2mal 0,075 mg i.v. im Abstand von 20 Min.)
Angina pectoris/ Myokardinfarkt	1. Nitroglycerin (oral 0,8–2,4 mg, i.v. bis 12 mg/h) 2. Morphium (10 mg i.v.) 3. Urapidil (Ebrantil) (2mal 12,5 mg i.v. im Abstand von 15 Min.) 4. Nifedipin (10 mg oral [Kapsel anstechen, schlucken lassen], nach 10–15 Min. wiederholen, evtl. Dauerinfusion [0,5–1,5 mg/h]) 5. Clonidin (2mal 0,075 mg i.v. im Abstand von 20 Min.)
Enzephalopathie	1. Nifedipin (10 mg oral [Kapsel anstechen, schlucken lassen], nach 10–15 Min. wiederholen, evtl. Dauerinfusion [0,5–1,5 mg/h]) 2. Urapidil (Ebrantil) (2mal 12,5 mg i.v. im Abstand von 15 Min.) 3. Dihydralazin (Nepresol) (2mal 6,25 mg i.v. im Abstand von 15 Min.) (nur wenn kein Hirndruck!)
Hirninfarkt	1. Nifedipin (10 mg oral [Kapsel anstechen, schlucken lassen], nach 10–15 Min. wiederholen, evtl. Dauerinfusion [0,5–1,5 mg/h]) 2. Urapidil (Ebrantil) (2mal 6 mg i.v. im Abstand von 15 Min.) 3. Dihydralazin (Nepresol) (2mal 6,25 mg i.v. im Abstand von 15 Min.) (nur wenn kein Hirndruck!)
akute Aortendissektion	Behandlungsziel: RR_{syst} um 100 mmHg 1. Nitroprussid-Natrium (Nipruss) (0,3–6 μg/kg KG/min), zusammen mit Na-Thiosulfat 2. Betablocker

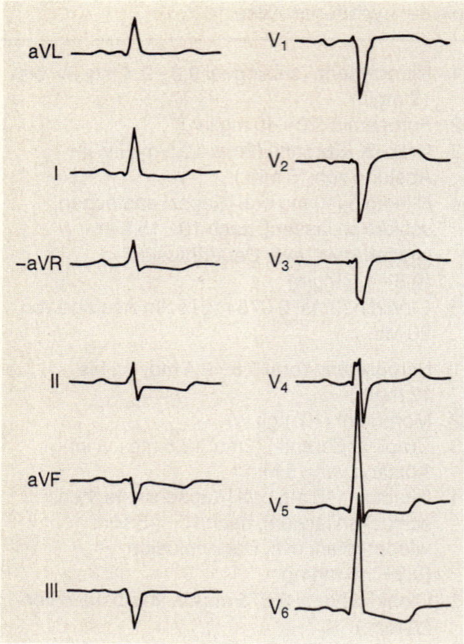

Abb. 95 Beispiel für eine schwere Linksherzhypertrophie. Der Sokolow-Lyon-Index beträgt 4,9 mV, R in V_1 ist 1,0 cm hoch (1 mV). Gut erkennbar sind die typischen linkspräkordialen Erregungsrückbildungsstörungen

durch eine **medikamentöse Therapie** eine Einstellung des Hochdrucks angestrebt werden. Die allgemeinen Maßnahmen sind in Tab. 73 zusammengestellt. Zur Behandlung gehören ausreichende Ruhephasen, evtl. ergänzt durch autogenes Training, regelmäßige körperliche Bewegung (Wandern, Spazierengehen, keine Sportarten mit akutem hohem Anstrengungsgrad). Eine vernünftige Ernährung soll eine Normalisierung des Körpergewichts bewirken. Demgegenüber wird die Kochsalzzufuhr bei Patienten ohne Niereninsuffizienz nicht mehr so streng beschränkt wie in früheren Jahren.

Diese allgemeinen Maßnahmen reichen jedoch in der Regel nicht aus. Eine medikamentöse Therapie ist erforderlich. Die Empfehlung der *Deutschen Liga zur Bekämpfung des hohen Blutdrucks* ist in Abb. 96 wiedergegeben. Beispiele für Betablocker sowie Dosierungsanweisungen finden sich auf S. 213 ff, für Diuretika auf S. 73, für Calciumantagonisten auf S. 212 ff und für ACE-Hemmer auf S. 76. Ein gut geeigneter Calciumantagonist zur Blutdrucktherapie ist neben den genannten Substanzen das Nitrendipin (Bayotensin, Richtdosis: 1mal 10 bis 2mal 20 mg). Zu den α1-Blockern zählen Urapidil (Ebrantil, Richtdosis: 2mal

Tabelle 73 Richtlinien zur Allgemeinbehandlung der Hypertonie

Mindestens 8 Stunden Nachtruhe
Nach Möglichkeit Mittagsruhe
Erholsame, entspannende Wochenenden und Ferien
Vermeidung von Aufregung („Seelenhygiene“)
Autogenes Training, wenn möglich und angezeigt
Keine körperliche Überanstrengung, jedoch körperliche Bewegung je nach Blutdruckhöhe, Allgemein- und Herzzustand
Knappe und relativ salzarme Diät
Beseitigung eines Übergewichts
Zurückhaltung bei Kaffee, Tee und alkoholhaltigen Getränken

30–90 mg) und das Doxazosin (z. B. Diblocin, Richtdosis 1mal 1–4 mg). Betablocker lassen sich gut mit Calciumantagonisten vom Nifedipintyp kombinieren. Eine Kombination mit Calciumantagonisten vom Verapamiltyp wird jedoch aufgrund der möglichen erheblichen Bradykardie und negativen Inotropie nicht empfohlen.

Tab. 74 gibt differentialtherapeutische Hinweise bezüglich des Einsatzes der Einzelsubstanzen. Bei der koronaren Herzkrankheit sind Diure-

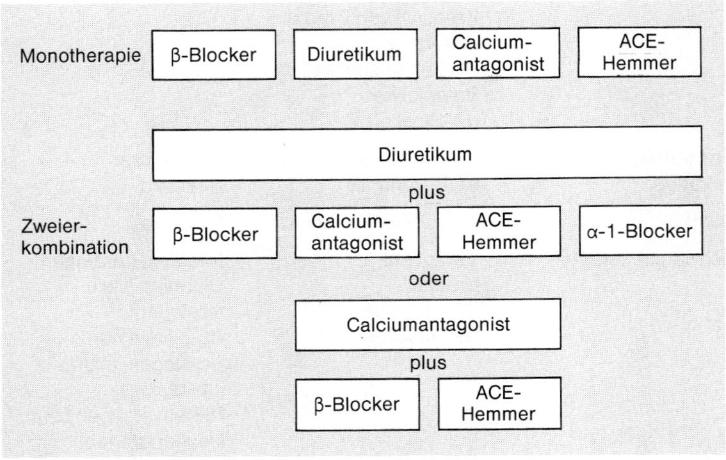

Abb. 96 Medikamentöse Therapie bei arterieller Hypertonie

Tabelle 74 Differentialtherapie der chronischen Hypertonie

Begleiterkrankungen	Zu bevorzugen	Eher ungünstig
Tachykardie	Betablocker, Calciumantagonisten vom Verapamiltyp ACE-Hemmer zentrale Rezeptor-Stimulatoren	Calciumantagonisten vom Nifedipin-Typ
Bradykardie	Calziumantagonisten vom Nifedipin-Typ ACE-Hemmer	Calciumantagonisten vom Verapamil-Typ Betablocker
koronare Herzkrankheit	Calciumantagonisten Betablocker ACE-Hemmer	Diuretika
Herzinsuffizienz	ACE-Hemmer Diuretika	Betablocker Calciumantagonisten
Diabetes mellitus	Calciumantagonisten ACE-Hemmer	Diuretika Betablocker
Obstruktive Lungenerkrankungen	Calciumantagonisten α 1-Blocker	Betablocker ACE-Hemmer
Niereninsuffizienz	Calciumantagonisten nicht Kalium sparende Diuretika (ab einem Kreatinin von 2 mg/dl bevorzugt Schleifendiuretika) Betablocker α 1-Blocker	ACE-Hemmer kaliumsparende Diuretika
Fettstoffwechsel-störungen	Calciumantagonisten ACE-Hemmer	Betablocker Diuretika
Gicht	alles außer Diuretika	Diuretika
Schwangerschaft	Verapamil Urapidil Dihydralazin Betablocker	Nifedipin (teratogen) Diuretika (viele teratogen) ACE-Hemmer (teratogen, akutes tubuläres Nierenversagen beim Neugeborenen)

tika eher zu vermeiden, da sie durch Elektrolytverschiebungen Herzrhythmusstörungen begünstigen und Stoffwechselstörungen auslösen können. Vergleichbares gilt für den Diabetes mellitus. Hier sind jedoch auch Betablocker weniger geeignet, da die Betablockade klinische Zeichen einer Hypoglykämie maskieren kann. Bei Patienten mit Herzinsuffizienz sollten Betablocker nicht und Calciumantagonisten nur mit Zurückhaltung eingesetzt werden. Bei Patienten mit obstruktiven Lungenerkrankungen werden Betablocker aufgrund ihrer bronchospastischen Nebenwirkung nicht angewandt. ACE-Hemmer können bronchitische Beschwerden noch verschlimmern. Die antihypertensive Therapie bei Niereninsuffizienz hängt vom Kreatininwert ab. Bei Werten unter 2 mg/dl sind die üblichen Substanzen wirksam, bei Werten über 3 mg/dl kommen als Diuretika nur Schleifendiuretika in Frage. Vor „Kaliumsparern" wird aufgrund einer möglichen Hyperkaliämie bei diesem Krankheitsbild gewarnt. ACE-Hemmer können bei Nierenarterienstenosen eine rasche Zunahme der Niereninsuffizienz bewirken, bei parenchymatösen Nierenerkrankungen können sie dagegen gegeben werden. Aufgrund ihrer Stoffwechselneutralität werden bei Fettstoffwechselstörungen Calciumantagonisten und ACE-Hemmer bevorzugt. Die Behandlung der Hypertonie in der Schwangerschaft ist durch die teratogene Wirkung vieler Medikamente schwierig.

Kann durch eine Zweifachtherapie kein ausreichender antihypertensiver Effekt erzielt werden, müssen mehrere Substanzen kombiniert werden. Generell wird von der Kombination zweier Medikamente aus der gleichen Substanzgruppe abgeraten (nicht z. B. einen Kalziumantagonisten vom Verapamil- und Nifedipin-Typ). Auch sollten wegen der negativ-inotropen und negativ-chronotropen Wirkung Betablocker und Kalziumantagonisten vom Verapamil-Typ nicht miteinander kombiniert werden. Zur Kombinationsbehandlung eignen sich jedoch weitere antihypertensiv wirksame Substanzen, die bisher noch nicht zum Einsatz kamen (Tab. 75). Vor einer Intensivierung einer antihypertensiven Therapie ist immer zu bedenken, daß eine fehlende Patienten-Compliance der häufigste Grund für eine unzureichende Blutdrucksenkung ist.

Über die **maximale Wirkungsdauer** nach Absetzen der Antihypertonika können folgende Angaben gemacht werden:

- Diuretika, 2–7 Tage,
- Spironolacton, 5 Tage,
- Calciumantagonisten, 12–48 Stunden,
- Betablocker, 1–3 Tage,
- ACE-Hemmer, 12–72 Stunden,
- Clonidin und Verwandte, 2–5 Tage,
- Dihydralazin, 3–8 Stunden.

Tabelle 75 Weitere antihypertensiv wirkende Substanzen

Gruppe	Präparat	Tagesdosis	wichtige Nebenwirkungen
zentrale Rezeptor-Stimulatoren	Clonidin (Catapresan)	2mal 75 bis 2mal 250 µg	Sedierung, Potenzstörungen, verstopfte Nase, Depressionen, Bradykardie (cave: Kombination mit Betablockern und Calciumantagonisten vom Verapamiltyp)
	Guanfacin (Estulic)	1mal 1–2 mg	wie Clonidin
	Moxonidin (Cynt, Physiotens)	1- bis 2mal 200 µg	weniger als Clonidin
Arterielle Vasodilatatoren	Dihydralazin (Nepresol)	3mal 12, 5–50 mg	Herzfrequenzanstieg, Angina pectoris, gastrointestinale Beschwerden, Ödeme, Lupus erythematodes
	Minoxidil (Lonolox)	1mal 5 bis 4mal 10 mg	Herzfrequenzanstieg, Ödeme, Hypertrichose
Prostaglandinsynthesestimulation	Cicletanin (Justar)	1mal 50–200 mg	Schwindel, Kopfschmerz, Magen-Darm-Unverträglichkeit, Bradykardie, Kaliummangel

Bis auf welche Werte soll man einen chronisch erhöhten Blutdruck senken? Diese Frage läßt sich nicht einheitlich beantworten. Sie hängt vom Alter des Patienten ab. Beim jüngeren Hypertoniker strebt man normotensive Werte an (140/90 mmHg). Bei älteren Menschen (über 60) sollte man zunächst eine Absenkung des Blutdrucks in den Grenzwertbereich (um 160/95) ansteuern, bei über 80jährigen liegt das Ziel noch höher (um 180/100). Eine zu rasche und intensive Blutdrucksenkung birgt das Risiko von zerebralen Insulten und Herzinfarkten.

Der klinische **Verlauf** der Hypertonie wird von den eintretenden Organschädigungen bestimmt. Aus kardialer Sicht steht die Entwicklung einer koronaren Herzkrankheit (s. S. 195 ff) sowie einer Herzinsuffizienz im Vordergrund. Nach Strauer wird die Entstehung einer kardialen Schädigung in 4 Stadien eingeteilt (Tab. 76). Im Stadium I und II ist eine konsequente antihypertensive Therapie ausreichend. Im Stadium III und IV reicht dies häufig nicht aus, eine zusätzliche **Digitalisierung** ist erforderlich.

Die **Prognose** der Patienten mit arterieller Hypertonie ist bei einer konsequenten antihypertensiven Behandlung günstig. Die Mortalität konnte um 20–40% gesenkt werden. Dies beruht jedoch in erster Linie auf einem Rückgang der zerebrovaskulären und nicht der kardiovaskulären Komplikationen. Verschiedene Berichte in der Literatur weisen darauf hin, daß die Mortalität bei zu starker Blutdrucksenkung sogar ansteigt, was durch eine Zunahme koronarer Ereignisse bei zu niedrigem koronaren Perfusionsdruck und medikationsbedingte Stoffwechselveränderungen erklärt werden könnte.

Tabelle 76 Einteilung des Hypertonikerherzens

Stadium I:	Selten Herzbeschwerden Herzsilhouette, Ventrikelfunktion und Koronarangiogramm normal
Stadium II:	Häufig Herzbeschwerden (Angina pectoris) Herzsilhouette und Ventrikelfunktion (Ruhe, Belastung) noch normal
Stadium III:	Häufig Beschwerden (Angina pectoris, Belastungsdyspnoe) Herzsilhouette vergrößert Einschränkung der Ventrikelfunktion und Kontraktilität unter körperlicher Belastung
Stadium IV:	Klinische Zeichen dekompensierter Herzinsuffizienz Herzsilhouette deutlich vergrößert Einschränkung der Ventrikelfunktion in Ruhe

Das Herz bei Hypertonie im kleinen Kreislauf

Ein krankhaft erniedrigter Blutdruck im kleinen Kreislauf als eigenes Krankheitsbild ist unbekannt. Eine pulmonale Hypertonie findet sich dagegen durchaus häufig. Die hauptsächlichen Ursachen sind in Tab. 77 zusammengestellt. Eine unkomplizierte Hypertonie im großen geht mit normalem Druck im kleinen Kreislauf einher! Während körperlicher Belastung steigt in beiden Kreislaufabschnitten der Druck prozentual in etwa gleicher Weise an.

Tabelle 77 Hypertonie im kleinen Kreislauf

Primäre Form, z. T. familiär

Sekundäre Form als Folge von:

1. Erkrankungen des Herzens und des Kreislaufs:

   Insuffizienz des linken Ventrikels
   Mitralstenose, Mitralinsuffizienz, Vorhofmyxom, Perikarditis
   Links-rechts-Shunt
   Rechts-links-Shunt

2. Erkrankungen der Lunge:

   Lungenemphysem
   Asthma bronchiale, obstruktive Bronchitis
   Zerstörung von Lungenparenchym durch Tuberkulose, Tumor u. a.
   Lungenfibrosen bekannter und unbekannter Genese
   postoperativ nach Lungenoperationen
   alveoläre Hypoventilation
   Medikamente (Bleomycin, Amiodarone, Nitrofurantoin, Appetitzügler u. a.)

3. Erkrankungen der Lungengefäße:

   Lungenembolie (akut oder chronisch rezidivierend)
   primäre und sekundäre Pulmonalsklerose
   Endangiitis obliterans
   Panarteriitis nodosa
   Lungenvenenthrombose

4. Atmungsbehinderung:

   Kyphoskoliose
   ausgedehnte Zwerchfellverwachsungen
   Schlaf-Apnoe-Syndrom

Beruht die Rechtsherzbelastung auf Veränderungen im Bereich der Lungen, so spricht man von einem **Cor pulmonale.** Man unterscheidet eine chronische von einer akuten Form.

Chronisches Cor pulmonale

Die Drucksteigerung im Lungenkreislauf löst zunächst vermehrte Atemnot aus. Später, wenn der Gasaustausch durch Verdickung der Endothelzellen und verlangsamte Durchströmung der Kapillaren erschwert wird, tritt zur Atemnot die Zyanose, die neben den Lippen auch Zunge und Konjunktiven betrifft. Als Folge der Dyspnoe steht das Zwerchfell in Inspirationsstellung. Schließlich bilden sich Uhrglasnägel und trommelschlegelartige Auftreibungen an den Endgliedern von Fingern und Zehen. Bei der Auskultation fällt eine Verstärkung des 2. Pulmonaltones auf, nicht selten verbunden mit Tachykardie. Während tiefer Einatmung werden bei schlanken Personen unter dem Schwertfortsatz des Sternums die Pulsationen des rechten Ventrikels tastbar *(Harzersches Zeichen)*. Bald entwickeln sich die Zeichen des Rechtsherzversagens (S. 53 ff).

Das **EKG** gibt oft den ersten Hinweis auf eine pulmonale Hypertonie. Die P-Zacke wird in Ableitung II und III spitz und größer als 2 mm (0,2 mV). In V_1 zeigt sich das „gotische P", also ein spitzes P, dessen Schenkel den gleichen an- und absteigenden Winkel aufweisen (s. Abb. 25, S. 58). Erst später wird QRS verändert. Es wird rechtstypisch, bis schließlich Zeichen der Rechtsüberlastung hervortreten ($R_{V1} > 0{,}7$ mV, R/S > 1). Letzteres ist meist erst dann der Fall, wenn der mittlere Druck im rechten Ventrikel auf über das Doppelte der Norm erhöht ist (Abb. 97).

Die **Röntgenuntersuchung** kann wichtige Aufschlüsse vermitteln. Das Herz ist im ganzen zunächst nicht vergrößert, die Ausflußbahn des rechten Ventrikels legt sich aber vermehrt der vorderen Thoraxwand an. Später tritt eine Vergrößerung des rechten Vorhofs hinzu. Die Hauptstämme der Lungenarterien sind erweitert, die peripheren Äste erscheinen dagegen eng, die Teilungswinkel sind stumpfer als normal. Ein ausgesprochenes Tanzen der Hili („hilar dancing") findet sich nur bei Links-rechts-Shunt, also wenn arterielles Blut aus der linken Herzhälfte in die rechte übertritt.

Mit Hilfe des **Echokardiogramms** lassen sich Größe und Dicke der Kammern des rechten Herzens, die Klappenfunktion, die Weite der A. pulmonalis und der Pulmonalarteriendruck bestimmen.

Die Diagnose einer pulmonalen Hypertonie kann durch eine **Rechtsherzkatheteruntersuchung** gesichert werden.

Von einer latenten pulmonalen Hypertonie spricht man, wenn der pulmonale Mitteldruck ohne Medikation in Ruhe unter 20 mmHg und

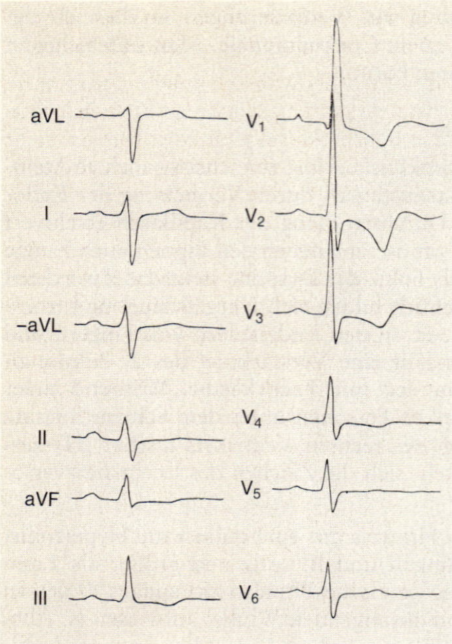

Abb. 97 Beispiel für ein EKG einer 55jährigen Patientin mit schwerer idiopathischer pulmonaler Hypertonie

bei 50 Watt Belastung über 28 mmHg liegt. Eine manifeste pulmonale Hypertonie liegt bei Ruhe-Mitteldrücken über 20 mmHg vor.

Die **Laboruntersuchungen** decken meist eine Polyglobulie mit Erhöhung des Hämatokrits auf, die Zahl der Leukozyten und Thrombozyten ist dagegen normal.

Die **Behandlung** richtet sich wenn immer möglich gegen die auslösende Erkrankung. Dazu kommen Atem- und Krankengymnastik sowie eine vernünftige Ernährung, die auf eine Normalisierung des Körpergewichts zielt. Falls eine spezifische Behandlung nicht möglich oder nicht ausreichend ist, ist bei entsprechender Symptomatik eine **medikamentöse Therapie** angezeigt. Diese richtet sich nach den auf S. 82 für die Therapie der Rechtsherzinsuffizienz gegebenen Empfehlungen. Wichtig ist, daß Digitalis vorsichtig dosiert werden muß, da es das Auftreten von Herzrhythmusstörungen begünstigen kann. Eine vorübergehende Senkung der pulmonalen Hypertonie wurde für Nitrate und Molsidomin sowie ACE-Hemmer nachgewiesen. Versuchsweise können auch Calciumantagonisten eingesetzt werden, die – möglicherweise über eine Wirkung im Lungengefäßbett – zu einer Senkung des pulmonalen Hochdrucks führen können. Weitere Maßnahmen sind je nach Erfordernis ein Aderlaß (bei Hämatokritwerten über 60%), eine Sauerstoff-Langzeittherapie oder eine Antikoagulation (nach Lungenembolie).

Einer besonderen Besprechung bedarf das wahrscheinlich recht häufig auftretende **Schlafapnoe-Syndrom,** dem heute auch das **Pickwick-Syndrom** zugeordnet wird. Unter einem Schlaf-Apnoe-Syndrom versteht man eine nächtliche Atemregulationsstörung mit Atempausen von mindestens 10 Sekunden. Als pathologisch werden 10 oder mehr solcher Anfälle pro Stunde angesehen. Hauptsächlich betroffen sind Männer im mittleren Lebensalter, 80% sind übergewichtig und 80% haben eine arterielle Hypertonie. Es kann eine zentrale Form, bei der der Atemantrieb ausfällt, von einer peripheren, obstruktiven Form, bei der die Oropharynxmuskulatur bei erhaltenem Atemantrieb kollabiert, sowie eine Mischform unterschieden werden. Die Atemstörungen führen zu wiederholten Hypoxämien und Hyperkapnien, die bei den Betroffenen die typischen Zeichen eines Schlafentzuges (Müdigkeit, Konzentrationsstörungen, Gereiztheit, Impotenz) feststellen lassen. Häufig schnarchen die Patienten.

Die **kardialen Folgeschäden** können bedrohlich sein. In vielen Fällen kommt es zu einer pulmonalen Hypertonie, nicht selten treten hypertensive Krisen auf. Häufig sind auch Angina-pectoris-Anfälle sowie maligne tachykarde und bradykarde Herzrhythmusstörungen (Abb. 98). Asystolien bis 12 s wurden beobachtet.

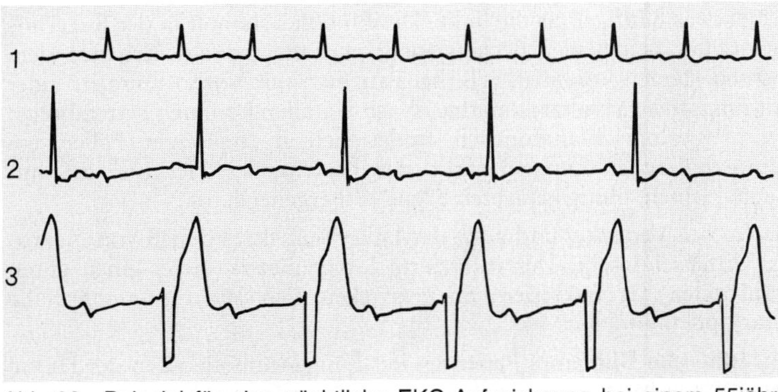

Abb. 98 Beispiel für eine nächtliche EKG-Aufzeichnung bei einem 55jährigen, adipösen Patienten mit Schlafapnoe-Syndrom. Zur Zeit der EKG-Registrierung betrug der arterielle pO_2-Wert 50 mmHg, der CO_2-Wert 55 mmHg. Innerhalb weniger Minuten wechselte das Bild zwischen einem Sinusrhythmus mit AV-Block I (1), AV-Block II Typ II (2) und einem AV-Block III mit Kammerersatzschlägen (3)

Zur **Diagnostik** sind spezielle Recorder erforderlich, die die Atembewegungen, die Sauerstoffsättigung des Blutes und eine EKG-Registrierung ermöglichen.

Therapeutisch ist in jedem Falle eine Behandlung einer arteriellen Hypertonie sowie der Herzrhythmusstörungen angezeigt. Übergewicht muß unbedingt abgebaut werden. Auf Alkohol und zentral dämpfende Medikamente wie Sedativa oder Betablocker muß verzichtet werden. Die eigentliche Therapie der Schlapapnoe besteht aus einer „Schlafhygiene" (strenger Tag-Nacht-Rhythmus) und der Gabe von retardierten Theophyllinpräparaten (z. B. 400 mg zur Nacht). Diese Substanzen wirken besonders günstig, da sie zu einer signifikanten Senkung des pulmonalen Hochdrucks beitragen. In schweren, therapierefraktären Fällen ist eine nächtliche kontinuierliche nasale Überdruckbeatmung (nCAP) notwendig, auf die der Patient in einer Klinik eingestellt wird. Ohne Therapie ist die **Prognose** bei häufigen Anfällen (mehr als 20 Anfälle pro Stunde) ungünstig. Das Leben des Patienten ist besonders durch Arrhythmien bedroht. Die Prognose läßt sich durch die genannten Maßnahmen wesentlich bessern.

Akutes Cor pulmonale

Das akute Cor pulmonale wird in der Regel durch einen Asthmaanfall oder eine **Lungenembolie** ausgelöst. Ein Embolus zerschellt meist zu einem Teil, so daß neben dem Verschluß eines großen Gefäßes zahlreiche kleinere bis kleinste Arterien im Bereich der ganzen Lunge betroffen sind. Die Unter- und Mittelfelder werden bevorzugt befallen, die rechte Seite etwas häufiger als die linke. Der Embolus stammt in der Regel aus den tiefen Bein- oder Beckenvenen; er kann jedoch auch aus dem rechten Herzen kommen, z. B. bei Patienten mit Vorhofflimmern oder mit dilatativer Myokardiopathie. Nach Unfällen kommen Fettembolien vor. Pathologisch-anatomisch findet sich in typischen Fällen ein hämorrhagischer Lungeninfarkt mit begleitender Pleuritis, die mit einem kleinen, blutig gefärbten Erguß einhergehen kann.

Der rechte Ventrikel und auch der linke Ventrikel können von Nekrosen durchsetzt sein. Der infarzierte Lungenbezirk bietet einen guten Nährboden für Bakterien. So entwickelt sich leicht sekundär eine Infarktpneumonie.

Das **klinische Bild** eines Patienten mit Lungenembolie ist in der Hälfte der Fälle sehr typisch. Häufig sind adipöse, bettlägerige Patienten betroffen. Besonders Entzündungen des tiefen Beinvenensystems, operative Eingriffe (vor allem orthopädische und abdominalchirurgische), bestimmte Medikamente (Corticoide, orale Antikonzeptiva, hochdosierte Diuretika), eine Polyglobulie sowie eine Geburt erhöhen das Risiko. Thrombosen in der V. cava inferior bleiben meist unerkannt. Bei

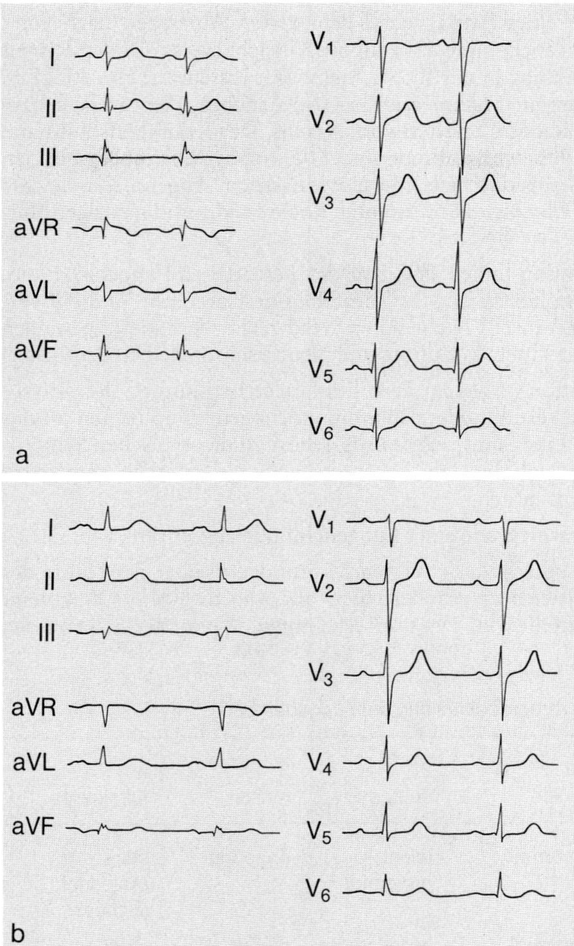

Abb. 99 EKG bei akuter Rechtsüberlastung durch einen Asthmaanfall (a) im Vergleich zum Ausgleichs-EKG (b). Während des Anfalls tiefes S in I, V_4 und V_5, nur angedeutetes P-pulmonale in II und V_1

Beinvenenthrombosen zeigt sich eine mehr oder weniger deutliche Schwellung und Druckschmerzhaftigkeit über dem Verlauf der großen Schenkelvene. Dopplersonographische Untersuchungen und gegebenenfalls eine Phlebographie erhärten die Verdachtsdiagnose.

Beim Umbetten eines Bettlägrigen, dem ersten Aufstehen nach einer Operation oder auch ohne erkennbare Ursache verspürt der Patient plötzlich einen Schlag in der Brust, Atemnot, Hustenreiz, Herzklopfen. Etwas später kommen Schmerzen bei der Atmung (Pleurareiz) hinzu. Oft wird etwas blutiges Sputum vorgebracht. Das Krankheitsbild kann so typisch sein, daß der Erfahrene sofort die richtige Diagnose stellt: ein ängstlicher Gesichtsausdruck mit aufgerissenen Augen, eine leichte blasse Zyanose, beschleunigte Atmung, Tachykardie und niedriger Blutdruck.

Bei der **Auskultation** finden sich über den betroffenen Lungenbezirken, meist den Unterfeldern, fein- bis mittelblasige Geräusche und ein verschärftes Atemgeräusch. Nicht selten werden die Veränderungen nach 24 Stunden mit leichter Dämpfung und pleuritischem Reiben deutlicher.

Der 2. Pulmonalton ist akzentuiert. Ein Dreierrhythmus (Galopprhythmus) wird selten vermißt, Herzrhythmusstörungen komplizieren oft das Krankheitsbild. **Eine Sinustachykardie gehört zu den typischen Symptomen der Lungenembolie.** Die Leber erscheint gelegentlich vergrößert und ist druckempfindlich.

Man kann **4 Schweregrade** einer Lungenembolie abgrenzen (Tab. 78).

Das **EKG** weist innerhalb der ersten 24 Stunden in über der Hälfte der Fälle charakteristische Veränderungen auf, die in Abb. 100 gezeigt werden. Man spricht vom Typ nach McGinn u. White, der sich von den

Tabelle 78 Schweregradeinteilung der Lungenembolie

Schweregrad	1 klein	2 submassiv	3 massiv	4 fulminant
art. Blutdruck	normal	leicht erniedrigt	erniedrigt	stark erniedrigt (Schock)
Pulmonalarteriendruck	normal	leicht erhöht	erhöht (PA-Mitteldruck $>$ 25 mm Hg)	stark erhöht (PA-Mitteldruck $\gg$ 30 mm Hg)
pO_2	normal	leicht erniedrigt	erniedrigt	stark erniedrigt
Gefäßverschluß	periphere Äste	Segmentarterien	PA-Hauptast mehrere Lappenarterien	PA-Hauptstamm oder beide Hauptäste

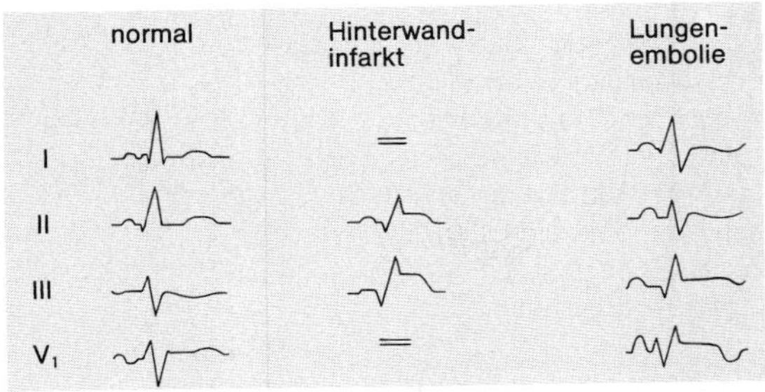

Abb. 100 Zur elektrokardiographischen Differentialdiagnose zwischen Hinterwandinfarkt und Lungenembolie

Veränderungen durch einen Hinterwandinfarkt mittels der Regel unterscheiden läßt:

„Beim Hinterwandinfarkt gleichen sich Ableitung II und III (Q II, Q III), bei der Lungenembolie dagegen I und II (S I, S II)."

Ein EKG-Beispiel findet sich in Abb. 101 a.

Im frischen Stadium ist ein Röntgenbild der Lungen häufig unergiebig. Nur selten ist die Hypoperfusion einer Lunge so deutlich sichtbar wie in Abb. 101 b.

Das Röntgenbild kann nach 24 Stunden eine charakteristische dreieckförmige Verschattung in der Lunge aufweisen, deren Spitze zum Hilus zeigt. Diagnostisch entscheidend ist die Durchführung einer **intravenösen digitalen Subtraktionsangiographie** (Abb. 101 c). Demgegenüber ist die Lungenszintigraphie mit ihren häufigen falsch positiven Befunden bei Patienten mit begleitenden Lungenerkrankungen zurückgetreten.

Kleinere Embolien **verlaufen** so atypisch, daß sie nicht erkannt werden. Sie stammen meist aus einem vergrößerten und flimmernden rechten Vorhof, besonders bei einem Klappenfehler. Der Patient klagt über Schmerzen „in der Herzgegend", anschließende Resorptionstemperaturen werden als Grippe oder als Bronchopneumonie gedeutet. Manchmal tritt nur plötzlich eine absolute Arrhythmie oder, falls diese schon besteht, eine Extrasystolie auf, oder man beobachtet einen erneuten Schub einer Rechtsherzinsuffizienz mit Zunahme der Leberstauung ohne sonst erkennbare Ursache. Solche rezidivierenden kleinen Lungenembolien bilden meist die Ursache für eine stark auffallende Zyanose, wie man sie besonders bei Vitien mit relativer Trikuspidalinsuffizienz beobachtet. Die physikalischen Lungenbefunde werden vermißt oder entsprechen denen einer Bronchopneumonie, und auch EKG sowie Röntgenbefund können im Stich lassen. In anderen Fällen entsteht so rasch ein schwerer **Schockzustand**, oft mit Lungenödem durch die

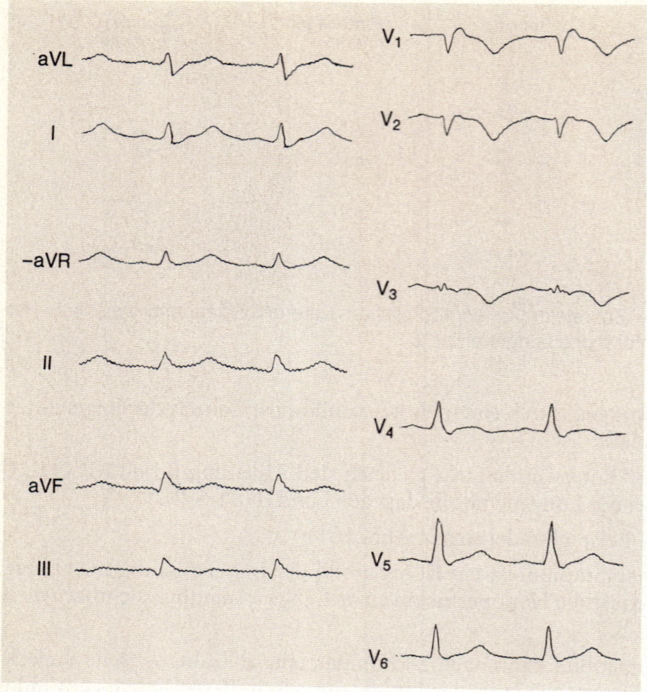

a

Abb. 101 Beispiel für eine akute Lungenembolie bei einer 34jährigen Frau 7 Tage nach Kniegelenkoperation
a) Im EKG zeigt sich der S_I-Q_{III}-Typ, rechtsschenkelblockartig verbreiterte QRS-Komplexe, stark negative T-Wellen in V_1 bis V_3 und eine Sinustachykardie. b) Im Röntgen-Thorax zeigt sich eine schwere einseitige Hypoperfusion rechts bei Hyperperfusion links als Folge einer massiven rechtsseitigen Lungenembolie. c) Die digitale Subtraktionsangiographie zeigt einen nahezu vollständigen Perfusionsausfall der rechten Lunge

Drucksteigerung in der A. pulmonalis, so daß sich nicht erst das typische Krankheitsbild entwickeln kann. Der Schock kann in wenigen Sekunden vom Tod gefolgt sein, sich aber auch über viele Stunden mit fraglichem Ausgang hinziehen. Wenige Stunden nach dem Ereignis steigt die Körpertemperatur bis auf etwa 39 °C (Resorptionsfieber).

Die wichtigste **Differentialdiagnose** der Lungenembolie ist der Herzinfarkt. In Einzelfällen kann die Untescheidung sehr schwierig sein, da die Symptomatik ähnlich ist, beide Erkrankungen zu EKG-Veränderungen führen und die respiratorische Situation eingeschränkt sein kann.

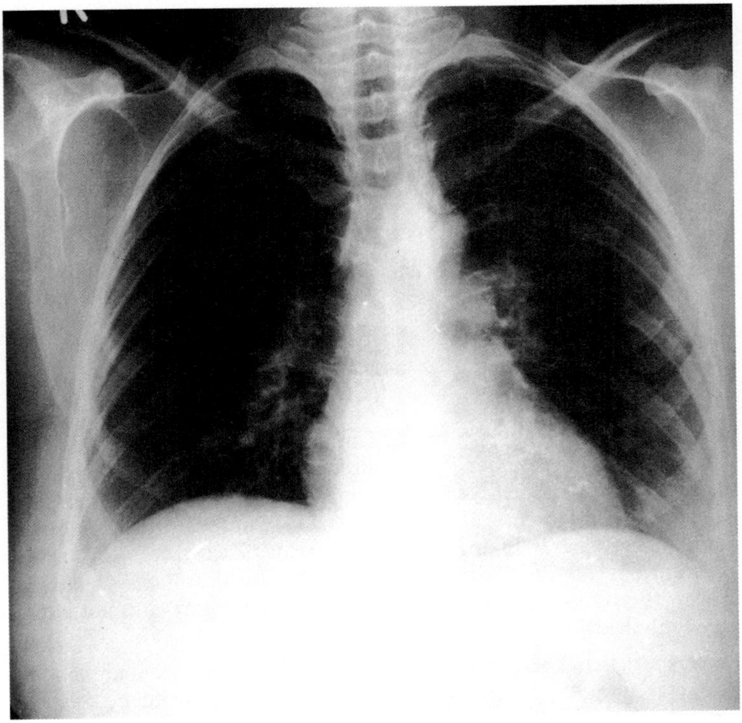

Abb. 101 b

Das allgemeine klinische Bild (s. o.), das Vorliegen von Risikofaktoren und die Anamnese deuten jedoch meist in die richtige Richtung. Grundsätzlich ist differentialdiagnostisch an eine Lungenembolie bei allen Schockformen, Lungenerkrankungen und Thoraxschmerzen zu denken. Pathologisch-anatomische Untersuchungen zeigen, daß nach wie vor eine Vielzahl von Lungenembolien unerkannt eintreten.

Die **Therapie** des akuten Cor pulmonale richtet sich zum einen gegen die auslösende Ursache. Ein schwerer Asthmaanfall muß so rasch wie möglich unterbrochen werden. Bei der Lungenembolie muß der Embolus so schnell wie möglich beseitigt werden. Dies erfolgt in der Regel am besten mittels Thrombolytika (z. B. Urokinase; Initialdosis 250 000 E in 30 Minuten, dann 100 000 E pro Stunde, Behandlung nach klinischem Erfolg bis zu 10 Tagen; alternativ ultrahohes Dosierungsschema: 9 Mill. Einheiten über 6 Stunden, falls erforderlich Wiederholung am 2. und 3. Tag). Bei vitaler Indikation wird man auf die Kontraindikationen

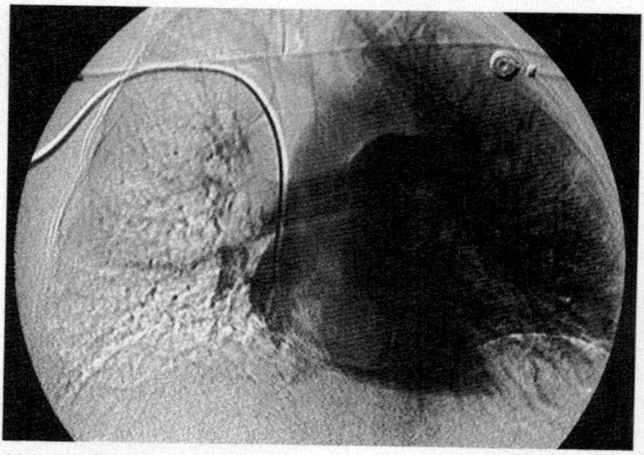

Abb. 101 c

keine Rücksicht nehmen können. Unter Umständen ist eine niedriger dosierte lokale Lyse (über Pulmonaliskatheter) vorzuziehen. Die systemischen Auswirkungen bleiben bei einer solchen Behandlung geringer. Ansonsten erfolgt eine alleinige Heparinisierung (5000 E als Bolus, dann Richtdosis: 20 E/kg KG; therapeutisches Ziel: Verlängerung der PTT um das 1,5- bis 2,5fache bzw. der TZ auf das 3- bis 4fache der Norm). Bei Obstruktion eines Hauptstammes kommt eine notfallmäßige Embolektomie in Frage.

Diese speziellen Therapien werden durch allgemeine Maßnahmen wie Schmerz- und Angstbekämpfung (Morphin), Sauerstoffgabe (gegebenenfalls Beatmung), Schockbehandlung (Katecholamine, s. S. 79 ff) ergänzt. In bestimmten Fällen, so bei idiopathischer pulmonaler Hypertonie oder chronisch-obstruktiver Lungenerkrankung, kann eine Rekompensation einer akuten kardialen Dekompensation durch intravenöse Gabe von Prostaglandin E_1 (Alprostadil, z. B. Prostavasin, Richtdosis 50 – 100 ng/kg KG in 20 Minuten) erleichtert werden.

Nach überstandener Lungenembolie muß eine **Klärung der Ursachen** erfolgen, um in der Lage zu sein, Rezidive so sicher wie möglich zu verhindern. Bei Bein- und Beckenvenenthrombosen sind Kompressionsstrümpfe ratsam, meist ist eine langfristige **Antikoagulation** angezeigt.

Die **Prognose** wird sehr unterschiedlich angegeben. Der erste Schub bedingt eine Sterblichkeit von über 20%, in etwa 30% der Fälle folgt ein zweiter, der oft zum Tode führt. Die Rekonvaleszenz bedarf gewöhnlich mehrerer Monate. Der Lungeninfarkt vernarbt zwar bald, die Gefäße können aber nur langsam rekanalisieren, und dies oft nur ungenügend. Der rechte Ventrikel bedarf einiger Zeit, um die bei körperlicher Belastung notwendige Drucksteigerung aufzubringen. Tachykardie und leichte Lippenzyanose sind oft noch nach einem halben Jahr nachweisbar.

Herz und Trauma

Spitze und stumpfe Thoraxtraumen können zur direkten Herzschädigung führen. Von einer **Commotio cordis** spricht man bei vorübergehenden, funktionellen Störungen (vor allem Herzrhythmusstörungen und labile EKG-Veränderungen) ohne Enzymerhöhung im Blut. Von einer *Contusio* wird bei organischer, bleibender Schädigung gesprochen. Alle Arten von Schädigungen sind denkbar (Tab. 79): Störung oder Unterbrechung des koronaren Blutflusses, Klappenrupturen (vor allem Aorteninsuffizienzen), Muskelrupturen mit Perikardtamponade oder akutem Ventrikelseptumdefekt, Herzrhythmus- und leitungsstörungen. Schließlich können *Fremdkörper* verbleiben, denen jedoch meist keine Bedeutung zukommt.

Praktisch die größte Bedeutung haben **Myokardinfarkte** durch traumatischen Koronarverschluß. An diese Komplikation ist bei allen Thorax-

Tabelle 79 Die Folgen einer indirekten Herzverletzung

Perikard:
Hämoperikard, Herzbeuteltamponade

Herzkranzgefäße:
Zerreißung (traumatischer Herzinfarkt)

Herzmuskel:
Zerreißung der Vorhof- oder Kammerwand (traumatischer Septumdefekt), Herzbeuteltamponade
Abriß eines Papillarmuskels (traumatische Mitral- oder Trikuspidalinsuffizienz)
muskuläre Herzinsuffizienz, z. B. durch Einblutung

Spezifisches System:
Herzrhythmusstörungen (Kammerflimmern und -flattern, Vorhofflimmern und -flattern, akuter Herzstillstand)
atrioventrikulärer Block, Schenkelblock

Schädigung des Klappenapparates:
traumatische Insuffizienz der Aorten- oder Mitralklappen, seltener der anderen Klappen

Weitere Folgen:
Kreislaufkollaps mit folgendem Herzinfarkt (bei Koronarsklerose)
Volumenbelastung durch traumatisches arteriovenöses Aneurysma
postkommotionelle Kreislaufstörungen

traumen zu denken, weswegen die Anfertigung eines vollständigen EKG obligat ist. Geht es um eine **Begutachtung**, so muß grundsätzlich ein klarer kausaler Zusammenhang zwischen dem schädigenden Ereignis und dem Myokardinfarkt erkennbar sein. Das Zeitintervall zwischen dem Trauma und dem Eintritt des Myokardinfarktes ist individuell zu bewerten. In der Regel wird es nur wenige Stunden betragen; es werden aber auch Spätfolgen diskutiert, wenn im Laufe des Lebens andere Erkrankungen dazugekommen sind, die ihrerseits zu einer Verminderung der Sauerstoffversorgung des Herzens führen (z. B. schwere Lungenkrankheiten). Es brauchen dann im Intervall keine Brückensymptome zu bestehen. Der Nachweis der Kausalität ist bei Spätfolgen in der Regel jedoch sehr schwierig.

Zwei Schädigungsmechanismen können beim traumatischen Myokardinfarkt unterschieden werden:

1. Es liegt eine *direkte, dokumentierte Thoraxschädigung* vor. In diesen Fällen verursacht das (spitze oder stumpfe) Brusttrauma eine direkte Schädigung des Herzens (z. B. Kranzgefäßriß oder Dissektionen, akuter Gefäßverschluß). Hierdurch kann ein Myokardinfarkt – selbst bei zuvor anatomisch unauffälligem Kranzgefäßsystem – ausgelöst werden.
2. Das *Trauma* wirkt *herzfern* ein. Es treten im Krankheitsverlauf jedoch Komplikationen ein, die *im Falle einer vorbestehenden koronaren Herzkrankheit* zum Myokardinfarkt führen (schwere Blutungsanämie; Lungenembolie; schwerer Infekt u. a.). Im Einzelfall kann es schwierig sein zu entscheiden, ob dem Unfall nur der Stellenwert einer *Gelegenheitsursache* zukommt oder die Begleitumstände *tatsächlich ursächlich* anzuschuldigen sind.

Weniger häufig führen Traumen zu **Myokardrupturen**, die fast immer sofort tödlich enden, und zu **Herzrhythmusstörungen.** Bei diesen Schädigungen besteht immer ein enger zeitlicher Zusammenhang zum Unfall.

Stromunfälle können ebenfalls erhebliche Herzschädigungen bewirken. Im Niederspannungsbereich haben maligne Herzrhythmusstörungen (Kammerflimmern [70%] oder Herzstillstand [30%]) die größte Bedeutung. Nur sofort eingeleitete Wiederbelebungsmaßnahmen können das Leben retten. Im Hochspannungsbereich kommen organische Herzschäden hinzu.

Es ist von besonderer Bedeutung, daß Traumen nicht nur Herzerkrankungen auslösen, sondern vorbestehende auch wesentlich verschlimmern können. Darüber hinaus kann davon ausgegangen werden, daß Vorschädigungen des Herzens (z. B. eine koronare Herzkrankheit, Herzklappenfehler) die *Verletzungsbereitschaft* erhöhen. Daher ist gegebenenfalls eine genaue Erhebung der Anamnese und eine Prüfung alter Untersuchungsbefunde erforderlich.

Das Herz im Alter

Die Leistungsfähigkeit des Herzens nimmt mit zunehmendem Alter allmählich ab, ohne daß diesem Befund in der Regel ein besonderer Krankheitswert mit therapeutischen Konsequenzen zukommt. Ursache hierfür ist eine zunehmende Atherosklerose, die auch die Kranzgefäße betrifft, eine zunehmende Steifigkeit und Funktionseinschränkung der Herzklappen sowie in einigen Fällen die Entwicklung einer senilen Altersamyloidose (die nichts mit der Amyloidose anderer Genese zu tun hat). Hinzu kommt u. a. als Folge eines Nachlassens der Elastizität des peripheren Gefäßsystems ein langsam steigender arterieller Blutdruck, der zu einer vermehrten kardialen Belastung führt.

Da mit zunehmendem Alter im allgemeinen die körperlichen Belastungen nachlassen, brauchen diese Veränderungen keine Symptome zu verursachen. In schwereren Fällen treten jedoch die entsprechenden Leitsymptome in den Vordergrund, so daß eine Behandlung notwendig werden kann. Diesbezüglich wird auf die einzelnen Kapitel in diesem Buch verwiesen.

Besondere Belastungen bei Herzkranken

Schwangerschaft und Herzkrankheit

Eine Schwangerschaft bedingt für das Herz eine vermehrte Volumenleistung. Es besteht in den letzten Monaten zudem eine Ödemneigung, die sich bei der Herzkranken in peripheren Ödemen und im Lungenödem manifestieren kann. Hinzu kommt in diesen Monaten eine stärkere Belastung durch die Gewichtszunahme der Schwangeren. Die Belastung durch die Entbindung läßt sich unter fachgemäßer Leitung relativ gering halten.

Eine **Herzinsuffizienz** im Stadium I und II (S. 44), gleich welcher Ursache, erhöht bei den heutigen Behandlungsmöglichkeiten das Risiko nur gering. Im Stadium III und IV steigt jedoch die mütterliche und kindliche Sterblichkeit deutlich an, so daß eine Unterbrechung der Schwangerschaft erforderlich werden kann. Die Schwangere muß sorgfältig zunächst bei den üblichen Vorsorgeuntersuchungen kontrolliert werden und rechtzeitig vor der Entbindung in stationäre Behandlung kommen. Meist empfiehlt sich die Hinzuziehung eines Kardiologen.

Die Behandlung der Herzinsuffizienz mit Herzglykosiden wird in üblicher Weise durchgeführt. In den ersten 3 Monaten sollte nach Möglichkeit von der Gabe von Diuretika, die sich von Sulfonamiden ableiten, abgesehen werden. Kaliumsparende Medikamente sind kontraindiziert. Man versucht mit Schonung und weitgehend salzarmer Diät auszukommen.

Die erhöhten Blutdruckwerte bei **Hypertonikerinnen** gehen oft während der Schwangerschaft zurück. Andernfalls versucht man auch hier in den ersten 3 Monaten mit allgemeinen Maßnahmen auszukommen. Bezüglich der medikamentösen Therapie wird auf Tab. 74, S. 298, verwiesen.

Eine echte **Angina pectoris** wird nur ausnahmsweise während der Schwangerschaft beobachtet. Nitrate und Calciumantagonisten vom Verapamiltyp können verordnet werden.

Auch bei **Herzrhythmusstörungen** empfiehlt sich während der Schwangerschaft Zurückhaltung mit medikamentöser Therapie, insbesondere in den ersten Monaten, in den späteren Monaten der Schwangerschaft können notfalls Chinidin, Verapamil und auch ein kardioselektiver Betablocker verordnet werden.

Operationen bei Herzkranken

Dringliche, akut lebensnotwendige Operationen sollen beim Herzkranken in jedem Falle versucht werden. Bei nicht dringlichen Eingriffen muß das Risiko in jedem einzelnen Fall abgewogen werden.

Dabei gilt allgemein die Regel, daß **Herzinsuffizienzen** im Stadium I und II (S. 44) keine merkliche Erhöhung des Narkose- und Operationsrisikos bedingen, während es im Stadium III und IV ansteigt. Ungünstig ist, wenn letztere mit Vorhofflimmern einhergehen. Zur Operationsvorbereitung sollte bei manifester Herzinsuffizienz möglichst vor einer Operation das Herz rekompensiert werden. Eine Digitalisgabe bei Patienten ohne Herzinsuffizienz, also eine prophylaktische Digitalisierung, hat sich nicht bewährt, denn die postoperative Neigung zu Herzrhythmusstörungen nimmt zu, die Gesamtmortalität wird ungünstig beeinflußt.

Bei Patienten mit leichter **Hypertonie** sollten 3 Wochen vor der Operation postganglionäre Blocker abgesetzt werden. Die übrigen Blutdrucksenker können bis zum geplanten Eingriff verabreicht werden. Allgemein kann gesagt werden, daß Hypertoniker Operationen verhältnismäßig gut überstehen. Perioperativ läßt sich ein erhöhter Blutdruck gut mit intravenös appliziertem Nitroglycerin steuern, geeignet sind auch Nifedipin und Urapidil (s. Tab. 72, S. 295). Es ist allerdings sorgfältig darauf zu achten, daß der Blutdruck nicht zu weit gesenkt wird, um das Auftreten einer zerebralen, kardialen oder peripheren Ischämie zu verhindern.

Operationen sind meist auch bei Patienten mit **koronarer Herzkrankheit** mit vertretbarem Risiko durchführbar. Perioperativ muß gegebenenfalls eine intravenöse antiischämische Therapie mit Nitraten und/oder Calciumantagonisten durchgeführt werden. Größere Blutverluste sind unbedingt zu vermeiden bzw. durch entsprechende Substitution zu behandeln; ab einem Hb von 10 g/l steigt das Infarktrisiko beträchtlich an. Acetylsalicylsäure sollte in der Regel 7 Tage vor einem operativen Eingriff abgesetzt werden.

Patienten mit künstlichen Herzklappen und **Patienten mit Vorhofflimmern** benötigen häufig eine **Antikoagulation.** Der TPZ sollte bei kleineren Operationen, bei denen eine gute Blutstillung möglich ist (z. B. Zahnziehen) im oberen Normbereich liegen (25–30%). Ist eine größere Operation erforderlich, so muß der TPZ über 50% liegen, um das Blutungsrisiko zu begrenzen. Wurden Antikoagulantien aus vitaler Indikation gegeben (z. B. bei künstlichen Herzklappen), so sollte bis zur Operation und danach, sobald das akute Blutungsrisiko vorbei ist und keine wesentliche Nachblutung erfolgt ist, mit einer intravenösen Heparingabe (Richtdosis 20 E/kg KG) begonnen werden. Meist ist dies 8 Stunden nach dem Eingriff möglich.

Patienten mit **Herzschrittmachern** dürfen Operationen unterzogen werden. Besondere Vorsicht ist jedoch bezüglich der Benutzung elektrischer Geräte wie Elektrokautern angebracht. Moderne Schrittmachersysteme können durch die auftretenden elektromagnetischen Felder umprogrammiert werden oder ihre Programmierung verlieren bzw. bei Anwendung dieser Geräte in unmittelbarer Schrittmachernähe sogar ganz ausfallen. Sicherheitshalber sollte man bei manchen Modellen präoperativ eine Umprogrammierung auf einen VVT-Mode erwägen, so daß keine Inhibierung der Schrittmacheraktion durch äußere elektrische Ströme eintreten kann.

Besonderes Augenmerk ist bei Herzpatienten auf eine sorgfältige **Thromboembolieprophylaxe** zu richten. Besonders bei herzinsuffizienten Patienten ist die Rekonvaleszenz häufig verzögert, erforderliche Diuretika können das Risiko weiter erhöhen.

Ausdrücklich wird an dieser Stelle auch noch einmal auf das **Endokarditisrisiko** bei Patienten mit angeborenen und erworbenen Herzfehlern sowie mit künstlichen Herzklappen verwiesen, weswegen in aller Regel perioperativ eine Endokarditisprophylaxe erforderlich ist (s. S. 97).

Herzkranke im Verkehr

Aktive Fahrtauglichkeit

Die im folgenden wiedergegebene Beurteilung der aktiven Fahrtauglichkeit beruht auf Empfehlungen des Bundesministers für Verkehr von 1985 und kann nur als Versuch angesehen werden, die äußersten Grenzen des Tolerierbaren festzulegen. Liegen zusätzliche Erkrankungen neben den angesprochenen vor (z. B. Diabetes mellitus, Lungenerkrankungen u. a.), ist die Fahrtauglichkeit weiter eingeschränkt.

Bei **kardialen Erkrankungen** besteht **Fahruntauglichkeit** grundsätzlich bei starker Einschränkung der körperlichen Leistungsfähigkeit (Ruhebeschwerden, NYHA IV), 3 Monate nach frischem Herzinfarkt (bei kompliziertem Verlauf: 6 Monate), bei instabiler Angina pectoris, Endokarditis und bedrohlichen Herzrhythmusstörungen (tachykarde und bradykarde supra- und ventrikuläre Herzrhythmusstörungen mit drohender oder tatsächlicher Beeinträchtigung der Kreislaufleistung). Die **Fahrerlaubnis** gemäß **Klasse 2** und zur **Personenbeförderung** kann nicht gegeben werden, wenn hämodynamisch ungünstige Herzrhythmusstörungen (auch nach erfolgreicher Therapie), eine deutliche Ventrikelfunktionsstörung sowie eine Einschränkung der Leistungsfähigkeit des Stadiums NYHA III und IV vorliegen. Das Führen der Kraftfahrzeuge der **Klassen 1** und 3–5 kann in der Regel bei fehlenden schwerwiegenden Herzrhythmusstörungen und Fehlen einer Ruheherzinsuffizienz gestattet werden. Nach erfolgreicher Herzoperation kann unter Einhaltung der genannten Kriterien eine Fahrerlaubnis ausgesprochen werden. In jedem Falle sind regelmäßige **Nachuntersuchungen** erforderlich (bei Fahrgastbeförderung in 6monatlichen, ansonsten in 12–24monatlichen Intervallen).

Eine Einschränkung der Fahrtüchtigkeit ergibt sich auch bei arterieller **Hypertonie.** So sind Patienten mit hypertensiver Krise (plötzlicher Blutdruckanstieg mit Angina pectoris oder zerebralen Begleitsymptomen wie Benommenheit, Kopfschmerzen, Schwindel) und maligner Hypertonie (s. S. 291) grundsätzlich fahruntüchtig. Patienten mit mäßiger bis schwerer Hypertonie (diastolischer Blutdruck über 100 mmHg *mit* Organveränderungen) sind zum Führen der Kraftfahrzeuge Klasse 2 und für die Fahrgastbeförderung ungeeignet. Für die Fahrzeugklassen 1 und 3–5 muß die Fahrerlaubnis an 2jährliche internistische und evtl. neurologische Nachbegutachtungen geknüpft werden. Bei Hypertoniepatienten mit ständiger diastolischer Blutdruckerhöhung über 100 mmHg, aber *ohne* Organveränderungen ist die Fahrerlaubnis an 3jährige Nachbegutachtungen gebunden. Vorübergehende Fahruntüchtigkeit kann auch bei Patienten mit neu therapierter Hypertonie (Gefahr zerebraler und kardialer Nebenwirkungen durch Blutdrucksenkung) bestehen. Es können zumindest Auflagen gefordert werden.

Fahruntüchtigkeit bei **Hypotonie** besteht dann, wenn hypotoniebedingt anfallsweise Bewußtseinsstörungen auftreten.

Für verschiedene Aufgabenbereiche, wie z. B. Piloten und Lokomotivführer gelten wesentlich strengere Bestimmungen. Meist ist hier eine invasive Abklärung (Herzkatheter) erforderlich.

Der Arzt ist verpflichtet, dem Patienten seine Bedenken gegen die Fahrtüchtigkeit zu erläutern. Dies gilt besonders auch für die Phase einer **Medikamenteneinstellung oder -umstellung.** Er muß, unter Umständen unter Hinzuziehung von Angehörigen, gegebenenfalls darauf hinwirken, daß der Patient Auflagen einhält. In seltenen, gravierenden Fällen kann es erforderlich werden, daß die Polizei eingeschaltet wird.

Passive Fahrtauglichkeit

Selbst wenn der Herzkranke nicht mehr aktiv am Straßenverkehr teilnehmen darf, so kann ihm doch in den meisten Fällen das Reisen weiter gestattet werden. Er soll sich vor einer Reise jedoch mit seinem Hausarzt besprechen und für einen ausreichenden Vorrat an Medikamenten sorgen.

Grundsätzlich sind **Bahnfahrten** langen Autofahrten vorzuziehen. 6 Monate nach einem Herzinfarkt darf, wenn eine Leistung von 75 Watt erbracht werden kann, auch eine **Flugreise** angetreten werden. Ein Aufenthalt von **wenigen Stunden** in **größerer Höhe** wird von Herzkranken erstaunlich gut vertragen. Man ist daher mit der Erlaubnis, Bergbahnen zu benutzen, recht großzügig geworden. Zur Vorsicht wird lediglich bei Höhen über 3000 m gemahnt. An der Bergstation sollen die Patienten sich jedoch nicht stärker belasten. Den übrigen Teil des Tages und die Nacht sollten sie dann an einem Ort verbringen, der nicht höher als 1200 m über dem Meeresspiegel liegt, es sei denn, sie vertrugen bisher größere Höhen.

Medikamente und Fahrtüchtigkeit

Eine Vielzahl von Medikamenten beeinträchtigt die Fähigkeit, ein Fahrzeug zu steuern. Besondere Bedeutung haben **blutdrucksenkende Medikamente,** die vor allem zu Beginn der Therapie zu Müdigkeit, Unaufmerksamkeit und sogar Schwindel führen können. Mehrere Substanzen wirken auch direkt sedierend, was gefährliche Folgen haben kann. Zur Vorsicht muß auch beim Neubeginn einer Therapie mit **Antiarrhythmika** geraten werden. Das Ausmaß der Besserung von Herzrhythmusstörungen durch diese Medikamente läßt sich nicht vorhersagen, im Gegenteil, Antiarrhythmika können sogar gefährliche Herzrhythmusstörungen induzieren. Vor Erteilung einer Fahrerlaubnis sollte die Wirkung am besten anhand eines Langzeit-EKG objektiviert werden. Schließlich bedarf es kaum der Erwähnung, daß **Sedativa** die Fahrtüchtigkeit stark einschränken oder ganz aufheben können.

Begutachtung von Herz- und Kreislauferkrankungen

Die Begutachtung von Herz-Kreislauf-Kranken erfordert eine sorgfältige Erhebung *subjektiver* und *objektiver* Daten. Bezüglich der einzelnen Erkrankungen wird auf die entsprechenden Kapitel in diesem Buch verwiesen. Die Begutachtung des Grades der Behinderung und der Minderung der Erwerbsfähigkeit nach dem sozialen Entschädigungsrecht bzw. dem **Schwerbehindertengesetz** orientiert sich an den „Anhaltspunkten für die ärztliche Gutachtertätigkeit" vom Bundesministerium für Arbeit und Sozialordnung, deren Empfehlungen im folgenden kurz wiedergegeben sind. Genauere Angaben sind dem Beitrag von Harald Klepzig im Buch „Medizinische Begutachtung" von H. H. Marx, Thieme, 1992, zu entnehmen.

Die allgemeine Beurteilung der Leistungsminderung lehnt sich an die Stadieneinteilung der Herzinsuffizienz nach NYHA (s. S. 44) an. Der Grad der Behinderung bzw. die Minderung der Erwerbsfähigkeit wird nach den Angaben in Tab. 80 bemessen, wobei durchschnittliche seelische Begleiterscheinungen mit berücksichtigt sind. Gegebenenfalls führt ein besonderes berufliches Betroffensein zu höheren Prozentzahlen.

In die Beurteilung im Rahmen der **Rentenversicherung** gehen neben der Einschätzung der allgemeinen Leistungsfähigkeit, die in Anlehnung an

Tabelle 80 Beurteilung der Leistungsminderung

	GdB/MdE
Ohne wesentliche Leistungsbeeinträchtigung selbst bei schwerer körperlicher Belastung, keine Einschränkung der Soll-Leistung bei Ergometerbelastung	0–10%
Mit Leistungsbeeinträchtigung bei mittelschweren Belastungen, Beschwerden und Auftreten pathologischer Meßdaten bei Ergometerbelastung mit 75 Watt, wenigstens 3 Minuten	20–40%
Mit Leistungsbeeinträchtigung bereits bei alltäglicher leichter Belastung, Beschwerden und Auftreten pathologischer Meßdaten bei Ergometerbelastung mit 50 Watt, wenigstens 3 Minuten	50–70%
mit zeitweisen Dekompensationszeichen	80%
Mit Leistungsbeeinträchtigung bereits in Ruhe, langdauernde schwere Dekompensationszeichen	90–100%

die „Anhaltspunkte" erfolgt, **berufsspezifische Erwägungen** in die Errechnung des Ausmaßes der Berufsunfähigkeit ein. Hier ist also eine genaue Kenntnis der spezifischen Situation des Betroffenen erforderlich.

Für Herzrhythmusstörungen ergibt sich die Beurteilung anhand von Tab. 81.

Eine Hypotonie geht in der Regel nur mit einer geringen Behinderung einher (Tab. 82). Liegt ihr eine schwere organische Erkrankung zugrunde, so bestimmt diese die MdE bzw. den GdB.

Auch die arterielle Hypertonie geht, wenn sie gut eingestellt ist, nur mit einer niedrigen MdE bzw. GdB einher. In schwereren Fällen kann jedoch Invalidität resultieren (Tab. 83).

Tabelle 81 Beurteilung von Herzrhythmusstörungen

Herzrhythmusstörungen	GdB/MdE
ohne hämodynamische Auswirkungen	0–10%
mit leichten hämodynamischen Auswirkungen (geringe Belastungsinsuffizienz) wie bei Vorhofflimmern, häufigen supra- und ventrikulären Extrasystolen, gelegentlichen paroxysmalen Tachykardien	20–40%
Mit schweren hämodynamischen Auswirkungen (Belastungsinsuffizienz) wie ausgeprägte Tachykardie oder Bradykardie sowie gehäuften paroxysmalen Tachykardien	50–80%
Maligne Herzrhythmusstörungen (ventrikuläre Tachykardien, Kammerflattern und -flimmern, Asystolien mit Adams-Stokes-Anfällen	50–80%
Eine über diese Angaben hinaus gehende Leistungsbeeinträchtigung kann aus dem Grundleiden resultieren	
Schrittmacherimplantation	30%
mit Herzinsuffizienz	s. Tab. 80
Schenkelblöcke: Beurteilung aufgrund der Leistungsfähigkeit	s. Tab. 80

Tabelle 82 Beurteilung der Hypotonie

Hypotonie	GdB/MdE
mit leichten Beschwerden	0–10%
mit häufigen Schwindelerscheinungen und Kollapsneigung	20%

Tabelle 83 Beurteilung der Hypertonie

Leichte Form RR zeitweilig oder konstant erhöht mit Werten von 160–195/95–105 mmHg; leichte Augenhintergrundveränderungen (Fundus hypertonicus I); keine Organbeteiligung; keine oder nur leichte Kopfschmerzen	GdB/MdE 0–10%
Mittelschwere Form RR konstant erhöht mit Werten von 180–230/110–120 mmHg; deutliche Augenhintergrundveränderungen (Fundus hypertonicus I–II); allenfalls geringe Linkshypertrophie des Herzens, keine wesentliche Organbeeinträchtigung; zeitweilig Herz- und/oder Kopfbeschwerden	20–40%
Schwere Form RR konstant erhöht mit Werten von über 220/115 mmHg; schwere Augenhintergrundveränderungen (Fundus hypertonicus II–III); Beeinträchtigung der Herz-, Nieren- und/oder Hirnfunktion je nach Art und Ausmaß der Organbeteiligung	50–100%
Maligne Form diastolischer RR konstant über 130 mmHg; schwerste Augenhintergrundveränderungen (Fundus hypertonicus III–IV); Organbeteiligung (Herz, Nieren, Gehirn)	100%

Weiterführende Literatur

Biersack, H. J., P. A. Cox: Radioisotope Studies in Cardiology. Nijhoff, Dordrecht 1985
Braunwald, E. (Hrsg.): Heart Disease, 3rd. ed. Baillière Tindall, London 1988
Brusis, O. A., H. Weber: Handbuch der Koronargruppenbetreuung, 3. Aufl. Perimed, Erlangen 1990
Bubenheimer, P., G. D. Kneissl: Doppler-Echokardiographie. VCH Edition Medizin, Weinheim 1989
Büll, U., G. Hör: Klinische Nuklearmedizin, 2. Aufl. Edition Medizin, Weinheim (1990)
Feigenbaum, H.: Echocardiography, 3rd. ed. Lea & Febiger, Philadelphia 1981
Gilman, A. G., L. S. Goodman, A. Gilman: The pharmacological basis of therapeutics, 8th. ed. Baillière Tindall, London 1990
Halhuber, C. M. J., K. Traenckner (Hrsg.): Prävention und Rehabilitation der koronaren Herzkrankheit. Echo, Köln 1987
Heinecker, R., Gonska, B. D.: EKG in Praxis und Klinik, 13. Aufl. Thieme, Stuttgart 1992
Holldack, K.: Auskultation und Palpation, 11. Aufl. Thieme, Stuttgart 1991
Hurst, J. W. (Hrsg.): The Heart, 7nd. ed. McGraw-Hill, New York 1990
Kaltenbach, M., H. Klepzig (Hrsg.): Röntgenologische Herzvolumenbestimmung. Springer, Berlin 1982
Kaltenbach M., H. Roskamm (Hrsg.): Vom Belastungs-EKG zur Koronarangiographie. Springer, Berlin 1980
Klepzig, H.: Aorteninsuffizienz – Diagnostik, Therapie, Verlauf. Thieme, Stuttgart 1989
Klepzig, H.: Erkrankungen des Herzens. In: Marx, H. H., H. Erwes: Erkrankungen des Herzens und der Gefäße. In: Marx, H. H. (Hrsg.): Medizinische Begutachtung, 6. Aufl. Thieme, Stuttgart 1992
Klepzig, H., H. Klepzig jr: Das kranke Herz – Ein Patientenbuch der Deutschen Herzstiftung. TRIAS, Stuttgart 1990
Köhler, E.: Klinische Echokardiographie, 2. Aufl. Enke, Stuttgart 1989
Kuschinsky, G., H. Lüllmann: Kurzes Lehrbuch der Pharmakologie und Toxikologie, 12. Auf. Thieme, Stuttgart 1989
Lichtlen, P.: Koronarangiographie, 2. Aufl. Perimed, Erlangen 1990
Lüderitz, B. (Hrsg.): Ventrikuläre Herzrhythmusstörungen. Springer, Berlin 1981
Marx, H. H. (Hrsg.): Medizinische Begutachtung. 6. Aufl. Thieme, Stuttgart 1992
Reindell, H., P. Bubenheimer, H. H. Dickhuth, L. Görnandt: Funktionsdiagnostik des gesunden und kranken Herzens. Thieme, Stuttgart 1988
Riecker, G. (Hrsg.): Klinische Kardiologie, 3. Aufl. Springer, Berlin 1991
Rietbrock, H., H. A. Staib, D. Loew (Hrsg.): Klinische Pharmakologie. Steinkopff, Darmstadt 1990
Roskamm, H., H. Reindell: Herzkrankheiten, 3. Aufl. Springer, Berlin 1989
Sandøe, E., B. Sigurd: Klinische Elektrokardiologie der Arrhythmien. Publishing Partners Verlag, Bingen 1991
Sold, G.: Zweidimensionale Echokardiographie. Urban & Schwarzenberg, München 1986
Strauer, B. E.: Das Hochdruckherz, 3. Aufl. Springer, Berlin 1991

Sachverzeichnis